Der Sponsoringvertrag als Innengesellschaft

Europäische Hochschulschriften

Publications Universitaires Européennes
European University Studies

Reihe II
Rechtswissenschaft

Série II Series II
Droit
Law

Bd./Vol. 2187

PETER LANG
Frankfurt am Main · Berlin · Bern · New York · Paris · Wien

Stefan Röhrborn

Der Sponsoringvertrag als Innengesellschaft

Abschluß, Vollzug und Leistungsstörungen

PETER LANG
Europäischer Verlag der Wissenschaften

Die Deutsche Bibliothek - CIP-Einheitsaufnahme

Röhrborn, Stefan:

Der Sponsoringvertrag als Innengesellschaft : Abschluss, Vollzug und Leistungsstörungen / Stefan Röhrborn. - Frankfurt am Main ; Berlin ; Bern ; New York ; Paris ; Wien : Lang, 1997
(Europäische Hochschulschriften : Reihe 2, Rechtswissenschaft ; Bd. 2187)
Zugl.: Saarbrücken, Univ., Diss., 1996
ISBN 3-631-31802-2

D 291
ISSN 0531-7312
ISBN 3-631-31802-2

Printed in Germany 1 2 3 4 6 7

Meinen guten Freunden

Die rechtswissenschaftliche Integration des Sponsoringvertrags in unsere Zivilrechtsordnung gehört zur Disziplin der Analyse moderner Vertragstypen. Moderne Vertragstypen haben die Arbeit am Lehrstuhl von Prof. Dr. Dr. Michael Martinek M.C.J. (New York) und am Institut für Europäisches Recht an der Universität des Saarlandes in Saarbrücken in der Vergangenheit geprägt. Dankenswerterweise durfte ich daran für mehrere Jahre mitwirken. Mein besonderer Dank gilt daher Herrn Prof. Martinek. Er regte die Bearbeitung des Themas an, er betreute und begleitete die Dissertation als Doktorvater. Ihm verdanke ich zahlreiche fruchtbare Auseinandersetzungen, diesseits und jenseits rechtlicher Fragestellungen.

Für die Anfertigung dieser Disertationsschrift gewährte mir die Universität des Saarlandes ein großzügiges Stipendium nach dem Landesgraduiertenförderungsgesetzes.

Ich danke Herrn Christian Pahl für die Erstellung der Druckvorlage und die EDV-mäßige Betreuung der Arbeit, Frau Bettina Kneip für die Korrekturen und allen voran Frau Marion Luttenberger für ihre beharrliche und ausgeglichene Motivationsarbeit.

Saarbrücken, November 1996

Gliederung und Inhaltsverzeichnis

Literaturverzeichnis

Werner Ansorge, Die steuerliche Behandlung des Sozio-Sponsoring, BB 1995, S. 2505 ff.

Kurt Ballerstedt, Der gemeinsame Zweck als Grundbegriff des Rechts der Personengesellschaften JuS 1963, S. 253 ff.

Adolf Baumbach/Wolfgang Hefermehl, Wettbewerbsrecht, 18. Auflage, München 1995.

Adolf Baumbach/Alfred Duden – Klaus Hopt, Handelsgesetzbuch, Kommentar, 28. Auflage, München 1989.

Jürgen F. Baur, Vertragliche Anpassungsregelungen, Heidelberg 1983.

Rainer Bechtold, Kartellgesetz – Gesetz gegen Wettbewerbsbeschränkungen, Kommentar, München 1993.

Hans Axel Benger, Ökonomisches Lexikon, Band 1, 2. Auflage, Berlin 1970.

Emilio Betti, Der Typenzwang bei den römischen Rechtsgeschäften in die sogenannte Typenfreiheit des heutigen Rechts, in Festschrift für Leopold Wenger, Bd. 1, 1944 S. 249 ff.

Stefan Beulke, Vertragsrechtliche Besonderheiten im Sportsponsoring – Vorbeugendes Risikomanagement durch Vertragsgestaltung, in Leitfaden Sponsoring und Event-Marketing, Düsseldorf 1995.

Volker Beuthien, Zweckerreichung und Zweckstörung im Schuldverhältnis, Tübingen 1969.

Henry Campbell Black, Black's Law Dictionary, 6. Auflage, 8. Nachdruck der Jahrhundertausgabe 1891–1991, Minnesota, USA 1994.

Reinhard Bork, Der Sponsorenhinweis beim Ereignissponsoring – eine wettbewerbsrechtliche Zwischenbilanz ZuM 1988, S. 322 ff.

Gottfried Breuninger – Susanne Rückert, Gegenstand und Besteuerung des Sozio-Sponsoring, DB 1993, S. 503 ff.

Michael Brückner/Sabine Schormann, Sponsoring-Kompaß, Taschenbücher für die Wirtschaft, Band 69, Heidelberg 1996.

Dieter Brüggemann, Das Handelsvertreterrecht im Schnittpunkt personenbezogener und unternehmensbezogener Strukturelemente, ZHR 131 (1968), S. 1 ff.

Manfred Bruhn/Rudolf Mehlinger, Rechtliche Gestaltung des Sponsoring, Band I, Allgemeiner Teil 2. Auflage, München 1995.

ders., Rechtliche Gestaltung des Sponsoring Band II, Spezieller Teil, 1. Auflage,München 1994.

Manfred Bruhn, Unternehmen als Mäzene und Sponsoren, 2. Auflage, Frankfurt 1991.

ders./Mussler, D. , Sponsoring-Fibel – Planung und Durchführung des Sponsoring für Sportvereine, Heft 10 der vom Deutschen Sportbund herausgegebenen Arbeitshilfen und Anleitung zur Theorie und Praxis-Organisation (Verwaltung), Frankfurt 1991.

ders., Möglichkeiten der Erweiterung des Werbevolumens durch Sponsoring und Product-Placement, Markenartikel 1988, S. 224.

ders, Sponsoring als Instrument der Markenartikelwerbung, Markenartikel 1987, S. 191 ff.

ders., Planung des Sponsoring, in Arnold Hermanns, Sport- und Kultursponsoring, München 1989.

ders., Sportsponsoring – Strategische Verklammerung in die Unternehmenskommunikation, Bonn 1988.

ders., Sponsoring, Handwörterbuch des Marketing, 2. Auflage, 1995, Spalte 2341 – 2353.

Herbert Buchner, Zur rechtlichen Struktur der Personengesellschaften, AcP 169 (1969), S. 489 ff

Hans Charmatz, Zur Geschichte und Konstruktion der Vertragstypen im Schuldrecht, Brünn 1937.

Carl Creifels, Rechtswörterbuch, 12. Auflage, München 1994.

Georgios Dellios, Zur Präzisierung der Rechtsfindungsmethode bei »gemischten« Verträgen, München 1981.

Herman Dilcher, Typenfreiheit und inhaltliche Gestaltungsfreiheit bei Verträgen, NJW 1960, S. 1040.

Norbert Drees, Sportsponsoring, 3.Auflage, Leverkusen 1992.

ders., Charakteristika des Sportsponsoring, in Arnold Hermanns, Sport- und Kultursponsoring, München 1989.

Jean Nicolas Druey, Verträge auf Informationsleistung, Festschrift für Walter R. Schluep, Zürich, 1988.

Josef Duchène, Sponsoring der Unternehmen im Einkommen- und Kapitalsteuerrecht, 1996.

Volker Emmerich, Das Recht der Leistungsstörungen, 3. Auflage, München 1991.

ders., Kartellrecht, 7. Auflage, München 1994.

ders. u.a. Grundlagen des Vertrags- und des Schuldrechts, Frankfurt/Main, 1972.

Ennecerus-Lehmann, Recht der Schuldverhältnisse, 15. Auflage, Tübingen, 1958.

Stefan L. Erdtmann, Sponsoring und emotionale Erlebniswerte, Dissertation Wuppertal, 1988.

Walter Erman, Handkommentar zum Bürgerlichen Gesetzbuch, 1. Band, §§ 1 – 805 BGB , 9. Auflage, Münster 1993..

Josef Esser, Grundsatz und Norm in der richterlichen Fortbildung des Privatrechts, 4. Auflage, Heidelberg 1990.

Josef Esser/Eike Schmidt, Schuldrecht Band I Allgemeiner Teil, 8. Auflage, Heidelberg 1995.

Josef Esser/Hans-Leo Weyers, Schuldrecht Besonderer Teil Band II, 7. Auflage, Heidelberg, 1991.

Herbert Fenn, Arbeitsverhältnisse und sonstige Beschäftigungsverhältnisse, Eine Skizze zur Freiheit der Rechtsformwahl und zum Rechtsformzwang im Arbeitsrecht, Festschrift für Bosch, Bielefeld 1976, S. 171 ff.

Wolfgang Fikentscher, Schuldrecht, 8.Auflage, Berlin 1992.

ders., Zu Begriff und Funktion des Gemeinsamen Zwecks im Gesellschafts- und Kartellrecht, Festschrift für Harry Westermann, Karlsruhe, 1974, S. 87 ff.

Werner Flume, Allgemeiner Teil des Bürgerlichen Rechts, Erster Band, Die Personengesellschaft, Berlin 1977.

ders., Allgemeiner Teil des Bürgerlichen Rechts, Zweiter Band: Das Rechtsgeschäft, Berlin 1983.

ders., Die Problematik der Zustimmungspflicht des Gesellschafters einer Personengesellschaft zu Gesellschafterbeschlüssen und zur Änderung des Gesellschaftsvertrages, Festschrift für Fritz Rittner, Berlin 1991, S. 119 ff.

Peter Frank, Zeichenrecht und Olympische Spiele, BB 1966, S. 1173.

Friedrich Karl Fromm/Wilhelm Nordemann, Urheberrecht, 8. Auflage, Stuttgart, 1994.

Gabler Wirtschaftslexikon, Band 1, 12. Auflage, München 1988.

Hans-Georg Gadamer, Wahrheit und Methode Bd. 1 Gundzüge einer philosophischen Hermeneutik, 6. Auflage, Heidelberg, 1990.

Otto Friedrich Freiherr von Gamm, Kartellrecht, 2. Auflage, Köln 1990.

Hans Geibel, Die Innengesellschaft, Dissertation, Gießen 1935.

Joachim Gernhuber, Austausch und Kredit im rechtlichen Verbund – Zur Lehre von den Vertragsverbindungen, Festschrift für Larenz, München 1973, S. 455 ff.

ders., Handbuch des Schuldrechts – Das Schuldverhältnis, Tübingen 1989.

Otto v.Gierke, Deutsches Privatrecht, Band III, Schuldrecht, München und Leipzig 1895.

ders., Dauerschuldverhältnisse, JherJB 64 (1914) S. 359 ff.

Wolfgang Gitter, Gebrauchsüberlassungsverträge, Handbuch des Schuldrechts, Band 7, Tübingen 1988.

Gunter Greffenius/Winfrid Borcherdt, Vertragsrechtliche Praxis der Werbung durch Spitzensportler, in Wolfgang Grunsky (Hrsg) Werbetätigkeit und Sportvermarktung – Verbands-, vertrags- und arbeitsrechtliche Probleme, Heidelberg, 1987.

Jacob Grimm und Wilhelm Grimm, Deutsches Wörterbuch, 3. Auflage, Leipzig 1862.

Wilhelm Haarmann, Wegfall der Geschäftsgrundlage bei Dauerrechtsverhältnissen, Berlin 1979.

Peter Hanau/Klaus Adomeit, Arbeitsrecht, 11. Auflage, Berlin 1994

Winfried Hassemer, Tatbestand und Typus, Köln 1968.

Thomas Hauser, Der Sponsoring-Vertrag im schweizerischen Recht, Dissertation Zürich, 1991.

Heidelberger Kommentar zum Handelsgesetzbuch, 4. Auflage, Heidelberg 1995.

Jürgen Helle, Besondere Persönlichkeitsrechte, Tübingen, 1991.

Günter Henn, Patent-, Know-How- und Lizenzvertrag, Heidelberg, 1992.

Frauke Henning/Boedewig, Sponsoring, AfP 1991, S. 487 – 493.

dies., Product Placement und Sponsoring, GRUR 1988, S.867.

dies., Wettbewerbsrechtliche Probleme der Werbung mit Prominenten, BB 1983, S.605 ff.

Arnold Hermanns, Sponsoring – zukunftsorientiertes Instrument der Marktkommunikation, München 1989.

Walter Hillermeier, Freiheit und soziale Verantwortung im Vertragsrecht, BB 1976, S. 725 ff.

Heinrich Hoeninger, Untersuchungen zum Problem der gemischten Verträge, 1. Band, Die gemischten Verträge in ihren Grundformen, Mannheim, Leipzig 1910.

Helmut Hoffmanns, Nachwirkende Nebenpflichten von Schuldverhältnissen, Köln 1986.

Norbert Horn, Die Vertragsdauer als schuldrechtliches Regelungsproblem, in Gutachten und Vorschläge zur Überarbeitung des Schuldrechts, Band 1, Köln 1981, S. 551 ff.

ders., Neuverhandlungspflicht, AcP 181 (1981), S. 255 – 287.

Ulrich Huber, Typenzwang, Vertragsfreiheit und Gesetzesumgehung, JurA, 1970, S. 784 ff.

ders., Verpflichtungszweck, Vertragsinhalt und Geschäftsgrundlage, JuS, 1972, S. 57 ff.

Heinrich Hubmann/Manfred Rehbinder, Urheber- und Verlagsrecht, 8. Auflage, München 1995.

Heinrich Hubmann, Gewerblicher Rechtsschutz, 5. Auflage, München 1988.

Werner Hüffer, Zur gesellschaftsrechtlichen Treuepflicht als richterlicher Generalklausel, Festschrift für Steindorf 1990, S. 59 ff.

Mary Hutchings-Reed, IEG Legal Guide to Sponsorship, International Events Group, Inc, Chicago, Illinois 1989.

Ulrich Immenga/Ernst-Joachim Mestmäcker, Gesetz gegen Wettbewerbsbeschränkungen – Kommentar zum Kartellgesetz, München 1992.

Günther Jahr, Funktionsanalyse von Rechtsfiguren als Grundlage einer Begegnung von Rechtswissenschaft und Wirtschaftswissenschaft, Zeitschrift für Betriebswirtschaft 1966, S. 757.

Günther Jahr, Das Recht des Franchising – konzeptionelle, rechtsvergleichende und europarechtliche Analysen, Baden-Baden, 1991.

Rainer Kanzleiter, Schranken und Zulässigkeit von Wettbewerbsverboten in Gesellschaftsverträgen, DNotZ 1989, S. 195 ff

Arthur Kaufmann, Winfried Hassemer (Hrsg.) Einführung in die Rechtsphilosophie und Rechtstheorie der Gegenwart, 6.Auflage,Heidelberg 1994.

Hans-Günther Kern, Die ökonomische Theorie der Langzeitverträge, JuS 1992, S. 13 ff.

Sibylle Kessal-Wulf, Die Innenverbände, Dissertation Frankfurt, 1995.

Gerhard Köbler, Juristisches Wörterbuch, 7. Auflage, München 1995.

Helmut Köhler, Grundprobleme der Lehre von der Geschäftsgrundlage, JA 1979, S. 498 ff.

Helmut Köhler, Unmöglichkeit und Geschäftsgrundlage bei Zweckstörungen, Heidelberg 1971.

Helmut Kollhosser, Zustimmungspflicht zur Abänderung von Gesellschaftsverträgen bei Personenhandelsgesellschaften, Festschrift für Harry Westermann, Karlsruhe 1974, S. 275 ff.

Horst Konzen, Gesellschafterpflicht und Abgeordnetenmandat, AcP 172 (1972) S. 317 ff.

Philip Kotler/Friedhelm Bliemel, Marketing-Management – Analyse, Planung, Umsetzung und Steuerung, 7. Auflage, Stuttgart 1992.

Ernst A. Kramer, Neue Vertragsformen der Wirtschaft, 2. Auflage, Bern, Stuttgart, Wien 1993.

Werner Kroeber-Riehl, Strategie und Technik der Werbung, verhaltenswissenschaftliche Ansätze, Stuttgart 1988.

Friedrich Kübler, Gesellschaftsrecht, 4. Auflage, Heidelberg, 1994.

Jochen Kühl, Rechtstatsächliche Konstruktionen der Werbung durch Verbände und Vereine, in Wolfgang Grunsky (Hrsg) Werbetätigkeit und Sportvermarktung, Verbands-, vertrags- und arbeitsrechtliche Probleme, Heidelberg, 1987.

Karl Larenz, Methodenlehre der Rechtswissenschaft, 6. Auflage, Berlin 1991.

ders., Allgemeiner Teil des deutschen Bürgerlichen Rechts, 7. Auflage, München, 1989.

ders., Schuldrecht I, Allgemeiner Teil , 14. Auflage, München 1987.

ders., Lehrbuch des Schuldrechts, 2. Band, Besonderer Teil, 12. Auflage, München 1981.

ders.-Canaris Schuldrecht Besonderer Teil, Band II 2, 13. Auflage, München 1994.

ders., Das allgemeine Persönlichkeitsrecht im Recht der unerlaubten Handlung, NJW 1955, S. 521.

Detlef Leenen, Typus und Rechtsfindung – Bedeutung der typologischen Methode für die Rechtsfindung dargestellt am Vertragsrecht des BGB, München 1971.

Erich Lichtenstein, Der Lizenzvertrag im engeren Sinne, NJW 1965, S. 1839 ff.

Manfred Löwisch, Arbeitsrecht, 3. Auflage, Düsseldorf, 1991.

Michael Martinek, Moderne Vertragstypen, Band I, Leasing und Factoring, München 1991.

ders., Moderne Vertragstypen Band II, Franchising, Know-How-Verträge, Management- und Consultingverträge, München 1992.

ders., Moderne Vertragstypen Band III Computerverträge, Kreditkartenverträge sowie sonstige moderne Vertragstypen, München 1993.

ders., Franchising, Heidelberg 1987.

Wernhard Möschel, Recht der Wettbewerbsbeschränkungen, Köln 1983.

ders., Dogmatische Struktur des bargeldlosen Zahlungsverkehrs, AcP, 186, S. 207 ff.

Klaus Müller, Schuldrecht Besonderer Teil, Heidelberg, 1990.

Münchener Kommentar zum Bürgerlichen Gesetzbuch

Band 1, Allgemeiner Teil, §§ 1 – 240, 3. Auflage, München 1993.

Band 2, Schuldrecht Allgemeiner Teil, §§ 241 – 432, 3. Auflage, München 1994.

Band 3, Schuldrecht Besonderer Teil, 1. Halbband §§ 433 – 651, 3. Auflage, München 1993.

Band 3, Schuldrecht Besonderer Teil, 2. Halbband §§ 652 – 853, 2. Auflage, München 1986.

Münchener Handbuch des Gesellschaftsrechts, Band 1, München 1995.

Münchener Handbuch des Arbeitsrechts, Band 1, München 1992.

Benno Mugdan, Die gesamten Materialien zum BGB für das Deutsche Reich, Band II Recht der Schuldverhältnisse, Berlin 1899.

Walter Nappe, Die synallagmatische Verknüpfung von gesellschaftlichen Beitragsleistungen, Dissertation, Kiel 1934.

Stephan Netzle/Peter Forstmoser, Sponsoring von Sportverbänden – Vertrags-, persönlichkeits- und vereinsrechtliche Aspekte des Sportsponsoring, Zürich 1988.

Fritz Nicklisch, Der komplexe Langzeitvertrag, Heidelberg 1987.

ders., Empfiehlt sich eine Neukonzeption des Werkvertragsrechts? – unter besonderer Berücksichtigung komplexer Langzeitverträge, JZ 1984, S. 757 ff

Wilhelm Nordemann, Wettbewerbsrecht, 7. Auflage, Baden-Baden 1993.

Ferdinand Regelsberger, Vertrag mit zusammengesetztem Inhalt oder Mehrheit von Verträgen?, JherJb 48, 1904, S. 453 ff.

Wolfgang von Reinersdorff, Zur Dogmatik des Einwendungsdurchgriffs, Berlin, 1984.

Fritz Rittner, Wettbewerbs- und Kartellrecht, 5. Auflage, Heidelberg 1995.

Jens Rogge, Die Bedeutung von Treuhandverhältnissen bei der Innengesellschaft, Kiel 1963.

Peter Roth, Sportsponsoring – Grundlagen, Strategien, Fallbeispiele, 2. Auflage, München 1989.

Jörg Rüggeberg, Product Placement und Sponsorship – Neue Formen der Werbung im Rundfunk ?, GRUR 1988, S. 873 ff.

Rainer Salfeld, Wettbewerbsverbote im Gesellschaftsrecht, Dissertation Frankfurt/Main, 1987.

Stephan Salzmann, Die Neuverhandlungsklausel als ein Problem ergänzender Vertragsauslegung, Dissertation München 1986.

Sigmar-Jürgen Samwer, Olympische Bezeichnungen und Embleme in der Wirtschaftswerbung, DB 1970, S. 1774 ff, 1820 ff.

Günter Schaub, Arbeitsrechtshandbuch, 8. Auflage, München 1996.

Schlegelberger-Kommentar zum Handelsgesetzbuch, Band 3, Halbband 1, 5. Auflage, München 1992.

Walter R. Schluep, Innominatverträge, Basel 1979.

Walter Schmalzing, Steuerliche Probleme des Sponsoring, in Hermanns Arnold, Sport- und Kultursponsoring, München 1989.

Hans Dieter Schmid/Peter Trenk-Hinterberger, Grundzüge des Arbeitsrechts, 2. Auflage, München 1994.

Karsten Schmidt, Handelsrecht, 4. Auflage, Köln,1994

ders., Gesellschaftsrecht, 2. Auflage, Köln 1991.

ders., Wettbewerbsverbot und Kartellverbot, BB 1979, S. 1173 ff.

ders., Vertragliche Wettbewerbsverbot im deutschen Kartellrecht, ZHR 149 (1985), S. 1 ff.

ders., Zur Außenhaftung der Innengesellschaft – LG Konstanz NJW 1987, 2521- JUS 1988, S. 2521 ff

Walther Schmidt, Zur sozialen Wirklichkeit des Vertrages, Berlin 1983.

Otto Schreiber, Gemischte Verträge im Reichsschuldrecht, JherJb 60 (1912), S. 106 ff.

Paul Schürmann, Gesellschaftliche Trends und Sponsoring, in Arnold Herrmanns, Sport- und Kultursponsoring, München 1989.

Joachim Schulze-Osterloh, Der gemeinsame Zweck der Personengesellschaften, Berlin 1973.

Eberhard Schwark, Zur Schuldrechtsreform, JZ 1980, S. 741 ff.

Peter Schwerdtner, Anfechtbarkeit und Nichtigkeit von Dauerschuldverhältnissen – Fehlerhafte (faktische) Vertragsverhältnisse –, Jura 1989, S. 642 ff.

Hugo Seiter, Vertrags- und arbeitsrechtliche Probleme der Werbung durch Spitzensportler, in Wolfgang Grunsky (Hrsg) Werbetätigkeit und Sportvermarktung, Verbands-, vertrags- und arbeitsrechtliche Probleme, Heidelberg, 1987.

Stefan Sigulla, Vertragstypologie und Gesetzesleitbilder im modernen Dienstleistungsrecht, Dissertation Frankfurt 1987.

Hans Theodor Soergel – Kommentar zum Bürgerlichen Gesetzbuch

Band 1, Allgemeiner Teil, §§ 1 – 240, 12. Auflage, Stuttgart 1988.

Band 2, Schuldrecht I, §§ 241 – 432, 12. Auflage, Stuttgart 1991.

Band 3, Schuldrecht II, §§ 433 – 515, 12. Auflage, Stuttgart 1991.

Band 4, Schuldrecht III, §§ 705 – 853, 11. Auflage, Stuttgart 1985.

Walther Skaupy, Zu den Begriffen Franchise, Franchisevereinbarung und Franchising, NJW 1992, S. 1785 ff.

Andreas von Specht, Sponsorship als Marketinginstrument, Markenartikel 1986, S. 514 ff.

Julius Staudinger – Kommentar zum Bürgerlichen Gesetzbuch

Buch 1, Allgemeiner Teil, §§ 1 – 20, 13. Auflage, Berlin 1995.

Buch 1, Allgemeiner Teil §§ 21 – 103, 13. Auflage, Berlin 1995.

Buch 2, Recht der Schuldverhältnisse, §§ 241 – 243, 13. Auflage, Berlin 1995.

Buch 2, Recht der Schuldverhältnisse, §§ 293 – 327, 13. Auflage, Berlin 1995.

Buch 2, Recht der Schuldverhältnisse, §§ 433 – 534, 13. Auflage, Berlin 1995.

Buch 2, Recht der Schuldverhältnisse, §§ 652 -.704, 13. Auflage, Berlin 1995.

Buch 2, Recht der Schuldverhältnisse, §§ 652 – 740, 12. Auflage, Berlin 1991.

Hans Werner Steckhan, Die Innengesellschaft, in Berliner Juristische Abhandlungen, Dissertation Erlangen-Nürnberg, 1966.

Ernst Steindorff, Gesetzeszweck und gemeinsamer Zweck in § 1 GWB, BB 1977, S. 569 ff.

Herbert Stumpf/Michael Groß, Der Lizenzvertrag, 6. Auflage, Heidelberg 1993.

Walter Stimpel, Aus der jüngeren Rechtsprechung des Bundesgerichtshofes zum Gesellschaftsrecht, ZGR 73, S. 73 ff.

Heinrich Sudhoff, Der Gesellschaftsvertrag der Personengesellschaften, 6. Auflage, München 1985.

Gunther Teubner, Verbund, Verband oder Verkehr – zur Außenhaftung von Franchising-Systemen, ZHR 154 (1990), S. 295 ff.

Horst Tilch, Deutsches Rechtslexikon, Band 3, 2. Auflage, München 1992.

Steven Townley/Edward Grayson, Sponsorship of Sport, Art and Leisure: Law, Tax and Business Relationships, Sweet & Maxwell, London 1984.

Peter Ulmer, Wirtschaftslenkung und Vertragserfüllung – Zur Bedeutung staatlicher Lenkungsmaßnahmen für die vertragliche Geschäftsgrundlage, AcP 174 (1974) S. 167 ff.

Vahlens Großes Wirtschaftslexikon, Band 2, 2. Auflage, München, 1994.

Vahlens Großes Marketing Lexikon, Hermann Diller (Hrsg.) München 1992.

Klaus Viehweg, Sport und Sponsoring, SpuRt 1994 Teil I S. 6 ff, Teil II S. 73 ff.

ders, Zur Einführung -Sport und Recht, JuS 1983, S. 825 ff.

Hansjörg Weber, Sicherungsgeschäfte, 4. Auflage, München 1994.

Neil George Weiand, Der Sponsoring-Vertrag, Beck'sche Musterverträge, München 1995.

ders., Kultur- und Sportsponsoring im deutschen Recht unter besonderer Berücksichtigung urheber-, medien- und wettbewerbsrechtlicher Aspekte, Berlin 1993.

ders., Rechtliche Aspekte des Sponsoring, NJW 1994 S. 227 ff.

Günther Weick, Die Idee des Leitbildes und die Typisierung im gegenwärtigen Vertragsrecht, NJW 1987, S. 11 ff.

Johannes Weisser, Gesellschafterliche Treuepflicht bei der Wahrnehmung von Geschäftschancen, DB 1989, S. 2010 ff

Konrad Wernicke, Der Konkurs des Gesellschafters einer vermögenslosen BGB-Gesellschaft, WM 1981, S. 862 f.

Harm Peter Westermann, Der Sportler als Arbeitnehmer besonderer Art – zur Durchdringung von arbeitsrechtlichen Bestimmungen durch vereins- und verbandsautonome Bestimmungen, in Eike Reschke (Hrsg.) Sport als Arbeit – zur rechtlichen Stellung von Amateuren und Profis, Heidelberg, 1985.

ders., Vertragsfreiheit und Typengesetzlichkeit im Recht der Personengesellschaften, Heidelberg 1970.

Franz Wieacker, Die Methode der Auslegung des Rechtsgeschäfts, JZ 1967, S. 385 ff.

Herbert Wiedemann, Gesellschaftsrecht Band 1, Grundlagen, München 1980.

Georg Wiesner, Die Lehre von der fehlerhaften Gesellschaft, Dissertation Heidelberg 1980.

Heinrich Wimmer, Möglichkeiten und Grenzen des Sponsoring im Rahmen der Marketingaktivitäten von Anbietern, Augsburg 1985.

K.-E. Wirtz, Rechtliche Probleme des Sponsoring, in Hermanns, Arnold: Sport- und Kultursponsoring, München 1989.

Wolfgang Zöllner-Karl Georg Loritz, Arbeitsrecht, 4. Auflage, München 1992.

Erster Teil: Einführung

A. Die Diskrepanz zwischen Realität und Normativität im Recht des Sponsoringvertrags

I. Das normative Defizit im Sponsoringrecht

Sponsoring ist eine aus dem Rechts- und Wirtschaftskreis des Common Law der Vereinigten Staaten von Amerika und England in das kontinentale Europa importierte Vertragsform[1] und hat sich in einer durch Dynamik und schnelles Wachstum gekennzeichneten Entwicklung einen prominenten Platz im Spektrum unternehmerischer Kommunikationsmöglichkeiten gesichert. Sponsoring findet statt in den Bereichen Sport, Kultur und neuerdings auch in sozialen und umweltpolitischen Belangen. Der Umstand, daß sich Sponsoring in der deutschen Rechtswirklichkeit längst fest etabliert hat – die Vokabel ist auch dem juristischen Laien seit vielen Jahren geläufig[2] – täuscht über die Schwierigkeiten in der Faßbarkeit dieser unternehmerischen Kommunikationsform aus rechtlicher Sicht hinweg. Beim Sponsoring besteht eine erhebliche Lücke zwischen der Realität und der Normativität, zwischen Sein und Sollen. Mehr noch: Es steht zu befürchten, daß bei den Sponsoringbeteiligten selbst krasse Fehlvorstellungen darüber bestehen, was es denn – normativ – bedeutet, das sie da – realiter – tun.

Die mit dem Sponsoring zusammenhängenden Problemfelder und Interessen können in der Rechtswirklichkeit von den beteiligten Parteien allein vertraglich erfaßt und bewältigt werden: Die Parteien schließen einen Sponsoringvertrag. Die Lage ist also keine andere als beim Abschluß eines Kauf-, Miet- oder Dienstvertrags, denn auch dort vereinbaren die Parteien, was zwischen ihnen im Hinblick auf die Vertragsdurchführung und Konfliktbewältigung gelten soll. Kommt es dann zum Konflikt, so können die Kaufvertragspartner auf das inter partes gesetzte Regelwerk zurückgreifen. Nicht durch Auslegung auszufüllende Vertragslücken können bei den kodifizierten Vertragstypen durch ein gesetzlich geregeltes Konfliktbewältigungs- und Risikozuweisungsprogramm geschlossen werden.

1 Arnold Herrmanns, Sponsoring-Zukunftsorientiertes Instrument der Marktkommunikation, in Sport- und Kultursponsoring, München 1989, S. 1 f; Klaus Viehweg, Sponsoring und Sportrecht, in SPuRT 1/2 1994; Thomas Hauser, Der Sponsoring-Vertrag im schweizerischen Recht, S. 5; Bruhn-Mehlinger, Rechtliche Gestaltung des Sponsoring, Band 1, 2. Auflage, 1995, S. 1; Neil George Weiand, Rechtliche Aspekte des Sponsoring, NJW 1994, S. 227; ders., Kultur- und Sportsponsoring im deutschen Recht, S. 21; Staudinger-Martinek, 13. Auflage, 1995, zu §675, Rn E 41.

2 Neal George Weiand, Kultur- und Sportsponsoring im deutschen Recht; S. 19 kennzeichnet das Sponsoring als Novum der deutschen Rechtswissenschaft und weist darauf hin, daß der Begriff des Sponsoring bereits acht von zehn Westdeutschen bekannt ist; Manfred Bruhn, Sponsoring – Unternehmen als Mäzene und Sponsoren, S. 6 spricht von einem »Modethema« in den Medien.

Beim Sponsoringvertrag ist die Lage eine gänzlich andere. Denn weder finden sich auf zivilrechtlicher Ebene spezifische gesetzliche Regelungen[3], noch existiert ein sponsoringvertragliches Gewohnheitsrecht, das auftretende Vertragslücken auszufüllen imstande wäre. Anders als bereits »klassische« moderne, nicht kodifizierte Vertragstypen[4], wie das Leasing oder das Franchising, hat sich der Sponsoringvertrag noch nicht in einem jahrelangen kreativen Auslese- und Abschürfungsprozeß im Kräftefeld von Rechtsprechung, Wissenschaft und Kautelarjurisprudenz zu einem klar abgrenzbaren Verkehrstypus des modernen Vertragsrechts profilieren können[5]. Belegt wird dies durch die magere höchstrichterliche Rechtsprechung, die erst in zwei Fällen Gelegenheit hatte, zum Thema Sponsoring im weitesten Sinne Stellung zu beziehen[6]; dies jedoch nur im Hinblick auf das öffentlich-rechtliche Problemfeld der Trennung von redaktionellem Programm und Werbung im Fernsehen. Auch die rechtswissenschaftliche Bearbeitung des Sponsoring steht noch am Anfang. Das Beziehungsgeflecht des Sponsoring ist bis dato entweder nur punktuell oder aus einem rechtsberatendem Blickwinkel heraus durchdrungen worden[7]. Dabei greift ein überwiegender Teil der Literatur zum Sponsoring betriebswirtschaftliche und marktstrategische Aspekte und oft auch in einer nur empirischen Darstellung auf[8]. Als markantester Punkt läßt sich die noch zu beleuchtende Erscheinungsvielfalt und die dynamische Anpassungs- und Entwicklungsgabe des Sponsoring kennzeichnen, die es schwierig macht, dem Sponsoring auf der Spur zu bleiben und es rechtswissenschaftlich »einzufangen«.

3 Lediglich im Rundfunkstaatsvertrag von 1991 Art. 1 §7 findet sich eine medienrechtliche Regelung des Sponsoring.

4 Zum Begriff der »Modernen Vertragstypen« siehe Michael Martinek, Moderne Vertragstypen, Band I, S. 4.

5 A.A. Neal George Weiand, Kultur- und Sportsponsoring im deutschen Recht S. 90 ff, ders. in NJW 1994, S. 230, Rechtliche Probleme des Sponsoring, geht von einem bereits eigenständigen Vertragstyp aus. Staudinger-Martinek, 13. Auflage, 1995, §675 E 41 geht von einem noch in Teilen amorphen Gebilde aus, Heinrichs in Palandt Einf v §305 RN 14 meint: »Der Sponseringvertrag ist ein atypischer Vertrag, der dabei ist, sich zu einem typischen zu entwickeln«.

6 BGHZ 110, S.278 = NJW 1990, S. 3199 f »Wer erschoß Boro?« und BGHZ 117, S.353 = NJW 1992, S. 2089 »Agfa«.

7 Beispielhaft: Neal George Weiand, Kultur- und Sportsponsoring im deutschen Recht unter besonderer Berücksichtigung urheber-, medien- und wettbewerbsrechtlicher Aspekte; ders. Der Sponsoringvertrag – Beck'sche Musterverträge; Stephan Netzle, Sponsoring von Sportverbänden – vertrags-, persönlichkeits- und vereinsrechtliche Aspekte; Bruhn-Mehlinger, Rechtliche Gestaltung des Sponsoring – Vertragsrecht, Steuerrecht, Medienrecht, Wettbewerbsrecht.

8 Beispielhaft: Norbert Drees, Sportsponsoring;Peter Roth, Sportsponsoring; Manfred Bruhn, Sponsoring – Unternehmen als Mäzene und Sponsoren;Heinrich Wimmer, Möglichkeiten und Grenzen des Sponsoring im Rahmen der Marketingaktivitäten von Anbietern; Arnold Hermanns (Hrsg.)Sponsoring – zukunftsorientiertes Instrument der Marktkommunikation, Thomas Hauser, Der Sponsoringvertrag im schweizerischen Recht unter besonderer Berücksichtigung kommunikativer Aspekte des Sport-, Kultur- und Sozio-Sponsoring; Brückner-Schormann, Sponsoring-Kompaß, 1996.

Zu alledem haben die Kautelarjuristen nur marginale Beiträge zur Ordnung und Ausformung des Sponsoring geliefert. Dies liegt zum einen daran, daß die Parteien und ihre Rechtsanwälte sponsoringvertragliche Streitigkeiten statt der ordentlichen Gerichtsbarkeit privaten Schiedsrichtern zur Begutachtung und Entscheidung vorlegen, wo weniger nach Recht und Unrecht geurteilt, sondern mehr nach Kosten und Nutzen verhandelt wird. Hinzu kommt eine grundsätzliche Abneigung der Sponsoringparteien, ihre Differenzen vor dem Richter auszutragen. Die psychologische Belastung der im Sponsoringvertrag anzutreffenden vielfältigen und auf besonderes Vertrauen gegründeten Beziehungen durch einen öffentlichen Rechtsstreit birgt das Risiko einer nachhaltigen Mißstimmung des Beziehungsklimas für die Zukunft. Eine solche Mißstimmung gefährdet nicht nur die Binnenbeziehung im Sponsoring, sondern auch die Effektivität des Sponsorships nach außen hin. Das Sponsorship soll Geschlossenheit und Harmonie der Partner vermitteln[9], damit der angestrebte Effekt des positiven Imagetransfers stattfinden kann. Überdies geben die Sponsoringpartner Details ihrer vertraglichen Regelung, in denen es um beträchtliche Summen Geld geht, nicht zuletzt aus steuerlichen Aspekten heraus nur ungern preis[10].

Mangels Publizität und Richterspruch bietet sich der Wissenschaft somit kein Ansatzpunkt zu einer in die Tiefe und die Breite gehenden Erörterung, Kommentierung und Erfassung der mit dem Sponsoring zusammenhängenden Rechtsprobleme. Auf diese Weise wird der Sponsoringvertrag einem öffentlichen Konturierungsprozeß entzogen.

II. Integrations- und Ordnungsanliegen im Recht des Sponsoringvertrags

Das Sponsoring leidet nicht an einem allgemeinem, sondern lediglich an einem speziellen Kodifikationsmangel. Der Rückgriff auf die Normen des allgemeinen Schuldrechts zur Bewältigung der mit dem Sponsoring zusammenhängenden Konflikte ist indes unbefriedigend, da die §§ 241 – 432 BGB keine vertragstypenspezifischen Lösungsprogramme bereitstellen. Dem bisher untätig gebliebenen Gesetzgeber kann indes kein Vorwurf gemacht werden, denn einer Kodifikation des Sponsoringvertrags stehen (noch) die Neuheit und die Wechselhaftigkeit dieser Erscheinung auf der Bildfläche der Rechtswirklichkeit entgegen.

9 Karl-Ernst Wirtz, Rechtliche Probleme des Sponsoring, in Arnold Hermanns (Hrsg.) S. 252

10 Es werden regelmäßig Vertraulichkeitsklauseln in das Vertragswerk auf genommen, die es den Parteien untersagen, über den Inhalt des Vertrags, insbesondere über den Inhalt der wechselseitig geschuldeten Leistungen Stillschweigen zu bewahren. Darüber hinaus stieß der Verfasser auf eine hartnäckige Reserviertheit bei Sponsoring-Agenturen, Sponsoren und Sponsoringnehmern, wenn es um Fragen nach Vertragsgestaltung und Konfliktbewältigung ging.

Zu Recht werden seit langem der Ordnungsbedarf und das Integrationserfordernis für neue nicht kodifizierte Vertragstypen betont[11]. Die auf die Pandektistik des 19. Jahrhunderts aufbauende systematisch-logische Struktur der im BGB kodifizierten Vertragstypen erweist sich als Hürde in der Bewältigung empirisch-historisch gewachsener Rechtsfiguren US-amerikanischer Herkunft, wie es im Falle des Franchising, des Leasing oder des Factoring bereits eindrucksvoll deutlich wurde und wird und wie es sich auch beim Sponsoring darstellt. Diese Hürde gilt es zu überwinden. Denn die normative Erfassung dessen, was die Parteien in einer unübersehbaren Vielzahl von Fällen mit geringen Abweichungen gleichgerichtet vereinbaren, steht im Dienste der Transparenz und der Sicherheit unserer Zivilrechtsordnung. Erst die vollständige Integration neuer Vertragsformen in das bestehende und tradierte Vertragstypengefüge läßt deren Nutzbarmachung als Rechtsinstitut für die Zukunft zu und kann Unsicherheiten in der Rechtsanwendung wie auch den Mißbrauch der Vertragsfreiheit zur Ausnutzung eines Kräfteungleichgewichts zulasten Schwächerer vermeiden helfen.

Wie dringend der Ordnungs- und Integrationsbedarf beim Sponsoring ist, offenbart die Bandbreite der im Schrifttum vorherrschenden rechtlichen Einschätzungsalternativen dieser Vertragsform. Die alles andere als einheitlichen Qualifikationsversuche beschreiben den Sponsoringvertrag als Verbindung mehrerer selbständiger typischer Austauschverträge oder als einen einheitlichen typengemischten Vertrag oder auch als einen Vertrag eigener Art, wobei die Typenelemente ebenso unterschiedlich beurteilt werden wie die vertragstypologische Einordnung des sponsoringvertraglichen Gesamtgefüges. Miet-, pacht-, dienst-, werk- und geschäftsbesorgungsrechtliche Elemente werden bejaht oder verneint, lizenzvertragliche Komponenten als dominant oder ausgeschlossen betrachtet[12]. Zu seinem dogmatischen Tiefpunkt gelangt der Sponsoringvertrag, wenn er als unter einer Rechtsbedingung stehendes Finanzierungsinstrument verstanden wird[13]. Von einer verläßlichen Basis einer rechtlichen Einordnung kann für das Sponsoring bisher also nicht ausgegangen werden.

11 Walter Schluep, Innominatverträge, S. 771; Günter Weick, Die Idee des Leitbildes und die Typisierung im gegenwärtigen Vertrasrecht, NJW 1978, S. 11 (15); Herman Dilcher, Typenfreiheit und inhaltliche Gestaltungsfreiheit bei Verträgen; NJW 1960, S. 1040 (1043); Georgios Dellios, Zur Präzisierung der Rechtsfindungsmethode bei gemischttypischen Verträgen, S. 44 f; Walter Hillermeier, Freiheit und soziale Verantwortung im Vertragsrecht, BB 1976, S. 725 (726); Eberhard Schwark, Grundsätzliche Fragen einer Überarbeitung des Schuldrechts, JZ 1980, S. 740 ff; Michael Martinek, Moderne Vertragstypen Band I, S. 10, dort bezichtigt er die modernen Vertragstypen der Attacke auf die klassische Vertragstypenordnung.

12 Zu den einzelnen Qualifikationsversuchen siehe unten Dritter Teil E I – VI.

13 So Horst Tilch, Deutsches Rechtslexikon Band 3, 2. Auflage, 1992, S. 467.

III. Gegenstand und Zielsetzung der Arbeit

Spätestens seit dem Erscheinen der drei Bände von Martinek[14] stehen moderne Vertragstypen im Rampenlicht einer kompakten rechtswissenschaftlichen Begutachtung, die weit über das Maß und den Inhalt einer empirischen Bestandsaufnahme hinausgeht. Eine in diesem Lichte erste umfassende Bearbeitung des Sponsoring aus rechtswissenschaftlichem Blickwinkel heraus und mit rechtswissenschaftlicher Methode scheint nach dem vorstehenden Befund der Diskrepanz zwischen Realität und Normativität angezeigt. Dabei soll bei der Begutachtung das Sportsponsoring als Exempel im Vordergrund stehen. Die hierbei gewonnenen Erkenntnisse lassen sich ohne Mühe auf die anderen Betätigungsfelder des Kultur-, Sozio- und Umweltsponsoring übertragen. Bei der Rechtsnatur- und Rechtsfolgenbestimmung unberücksichtigt bleiben müssen öffentlichrechtliche, insbesondere medienrechtliche Aspekte. Steuerrechtliche Fragen können nur dort Beachtung finden, wo sie für das Verständnis der Vertragsgestaltung oder der konkreten Interessenkonstellation der Parteien von Bedeutung sind. Die Bestimmung des Standorts und der Funktion des Sponsoring im Konzert der Möglichkeiten unternehmerischer Kommunikation steht zu Beginn der Ausführungen, mit dem Ziel, das betriebswirtschaftliche Anliegen der Sponsoringpartner zu verdeutlichen. Im Anschluß gilt es das Beziehungsgeflecht des Sponsoring in seiner empirisch-realen Typizität zu begreifen. Die Vertragsbeteiligten und ihre verfolgten Interessen sollen dargestellt und typische Leistungsinhalte aufgegriffen werden. Die empirisch-reale Grundtypologie des Sponsoringvertrags bildet dann den Anknüpfungspunkt für das Aufspüren von strukturellen und inhaltlichen Parallelen zu kodifizierten und bereits etablierten nicht kodifizierten Vertragstypen. Neben den klassischen Methoden zur Erfassung von Innominatverträgen sind auch moderne Qualifikationsstrategien auf den Prüfstein zu stellen. Das Ziel der Untersuchung ist es, die für das Sponsoring gültigen Rechtsregeln für den Abschluß, die Durchführung und die Beendigung des Vertrags aufzufinden.

B. Der Begriff des Sponsoring

I. Begriffsdefinition

»Sponsio« wird als lateinische Vokabel mit »feierlichem Versprechen« und »Verlöbnis« übersetzt. Der »Sponsor« ist der »Bürge«, »Sponsus« die »Bürgschaft«. Diese Bedeutungen haben sich bis in die jüngere Vergangenheit in deutschen Wörterbüchern gehalten[15]. Erst seit 1981 weisen deutsche und anglo-amerikanische Rechtswörterbücher sämtlich einen

14 Michael Martinek, Moderne Vertragstypen, Band I,II, III, München 1991 – 1993.

15 Wörterbuch der Brüder Jacob und Wilhelm Grimm, 3. Auflage, Leipzig 1832.

wenn auch sehr uneinheitlichen Eintrag unter dem Begriff des »Sponsoring« auf[16]. Der aus dem amerikanischen Englisch importierte Begriff des Sponsors bedeutet übersetzt Geldgeber, Gönner, Förderer und weist somit erste Bezüge zu dem auf, was heute unter Sponsoring funktional zu verstehen ist.

An Zahl und Variationen reich sind die Versuche, Sponsoring in seinem Funktionsmechanismus begrifflich zu umschreiben. Hierin wird bereits deutlich, wie komplex und facettenreich diese Erscheinung in der Wirtschaftspraxis ist. Als Minimaldefinition läßt sich diejenige von Netzle kennzeichnen[17], der den Sponsor im Sport als denjenigen definiert, »der zugunsten eines Athleten oder seiner Organisation eine wirtschaftliche Leistung erbringt und damit einen unmittelbaren oder mittelbaren kommerziellen Nutzen anstrebt«. Diese Umschreibung ist jedoch, wie auch der Gemeinplatz, Sponsoring sei eigennützige Fremdförderung oder qualifizierte Imagewerbung[18], auf die Sichtweise des Sponsors reduziert und spiegelt nur einen marginalen Ausschnitt aus dem komplexen Beziehungs-, Interessen- und Leistungsgeflecht des Sponsoring wider.

Als thematisch umfassendste Umschreibung hebt sich diejenige von Wimmer[19] ab: »Sponsoring ist der Transfer von Geld- oder Sachmitteln durch erste Anbieter oder Zwischennachfrager/Zwischenanbieter zur Förderung eines Bereichs, der von der Gesellschaft oder Teilen daraus als nutzbringend oder förderungswürdig erachtet wird und ohne Unterstützung nicht oder nicht in der von der Gesellschaft angestrebten Form realisierbar ist. Als Gegenleistung läßt sich der Empfänger der Förderleistung in den Dienst marktkommunikationsbezogener Zielsetzungen des Gebers stellen«.

Dazwischen liegen mehrere uneinheitliche Definitionen und Umschreibungen, die exemplarisch bei Weiand[20] und Townley-Grayson[21] aufgeführt und von den wenigen anderen deutschsprachigen Schriften zum Sponsoring[22] aufgegriffen sind.

16 Bis in die 80-er Jahre findet sich in deutschen Rechtswörterbüchern überhaupt kein Eintrag unter dem Begriff Sponsoring. Siehe auch Carl Creifels, Rechtswörterbuch, 12. Auflage, 1994, S. 1089; Gerhard Köbler, Juristisches Wörterbuch, 7. Auflage, 1995, S. 355; Horst Tilch, Deutsches Rechtslexikon, Band 3, 2. Auflage, 1992, S. 467; Black's Law Dictionary, Sixth edition (centennial edition 1891-1991, by Henry Campbell Black, USA 1994, S. 1402. Bei Palandt-Heinrichs, 54. und 55. Auflage,1994 und 1995 Einf v §305, Rn 14 ist unverständlicherweise von Sponsering die Rede.

17 Stephan Netzle, Sponsoring von Sportverbänden, S. 12.

18 Carl Creifels, Rechtswörterbuch, 12. Auflage, München 1994, S. 1089; Gerhard Köbler, Juristisches Wörterbuch, 7. Auflage, 1995, S. 355; Horst Tilch, Deutsches Rechtslexikon, Band 3, 2. Auflage, 1992, S. 467.

19 Heinrich Wimmer, Möglichkeiten und Grenzen des Sponsoring im Rahmen der Marketingaktivitäten von Anbietern, S. 3.

20 Neal George Weiand, Kultur- und Sportsponsoring im deutschen Recht; S. 28 f.

21 Townley-Grayson, Sponsorship of Sport, Art and Leisure, S. 3 f.

22 Manfred Bruhn, Sponsoring, S.21; Bruhn-Mehlinger, Rechtliche Gestaltung des Sponsoring, Band 1, 2. Auflage, 1995, S.4; Norbert Drees, Sportsponsoring, S. 3;Stephan Netzle, Sponsoring von Sport-

Danach läßt sich Sponsoring als strategisches Instrument der Unternehmenskommunikation kennzeichnen, bei dem der Sponsor eine oder mehrere Personen oder ein Ereignis mit geldwerten Mitteln unterstützt, um sich durch die Einräumung von Nutzungs- und Verwertungsrechten an den Rechtsgütern des Förderungsempfängers dessen Publikumswirksamkeit unter Ausnutzung der Massenmedien für seine unternehmerischen Ziele zunutze zu machen. Der Sponsor ist der Förderer, der Gesponserte der Förderungsempfänger und Sponsoring die Tätigkeit, die final auf die Förderung zu bestimmten Zwecken gerichtet ist. Das Sponsorship bezeichnet das konkrete Projekt der Förderung, das auf Grundlage der Vereinbarung zwischen den Beteiligten realisiert werden soll.

Alle bisherigen Bemühungen -so auch hiesige-, Sponsoring begrifflich-funktional zu fassen, haben eines gemein: Sie sind an dem betriebswirtschaftlichen Ergebnis des Sponsoring orientiert und geben für die Suche nach der rechtlichen Struktur nur wenig her[23]. Dies auch deshalb, weil jede noch so detailgenaue Begriffsbildung unvollständig sein muß, denn -wie noch zu zeigen sein wird- das Sponsoring kennt viele Spielarten und Nuancen, die in ihrer gesamten Bandbreite nicht in wenige Worte zu fassen sind. Das Sponsoring bietet in seiner rechtsgeschichtlichen Ausdifferenziertheit noch zu wenig Profil für eine allgemeingültige rechtliche Definition, die immer erst am Ende, nicht aber -wie hier- am Anfang einer Entwicklung stehen kann. Für die rechtswissenschaftliche Betrachtung ist die Begriffsbildung daher nicht nur von untergeordnetem Interesse, sondern auch mit dem Risiko der Begriffsjurisprudenz des 19. Jahrhunderts[24] behaftet. Der Versuch, das Sponsoring einer Begriffsdefinition zuzuführen, ist einmal mehr ein Beispiel dafür, daß jedes begriffliche Abstrahieren in die Sinnentleerung führen muß[25]. Dennoch ist eine betriebswirtschaftliche Deskription des Sponsoring nicht gänzlich ohne Wert, denn sie erfaßt immerhin die wesentlichen Funktionsabläufe aus der Sicht des Sponsors und leistet damit zumindest für das Gesamtverständnis des Sponsoring einen wesentlichen Beitrag.

verbänden, S.13; Arnold Hermanns, Sponsoring – Zukunftsorientiertes Instrument der Marktkommunikation, in Arnold Hermanns (Hrsg.) Sport- und Kultursponsoring, S. 5 f.; Stefan Erdtmann, Sponsoring und emotionale Erlebniswerte, S. 6; Thomas Hauser, Der Sponsoringvertrag im schweizerischen Recht, S.14; Peter Roth, Sportsponsoring, 2.Auflage, 1989, S.44, Martinek in Staudinger 13. Aufl 1995 zu §675 Rn E 41; Klaus Viehweg, Sponsoring und Sportrecht, in SpuRt 1-2 1994; Townley-Grayson, Sponsorship of Sport, Art and Leisure, S.4; Mary Hutchings Reed, Legal guide to Sponsorship, verzichten dagegen auf eine Definition und geht von der Kenntnis des Begriffes und des Konzepts des Sponsoring beim Leser aus.

23 Anders Manfred Bruhn, Sponsoring, S. 5, 54 ff, der an die betriebswirtschaftliche Beschreibung des Sponsoring für eine rechtliche Qualifikation anknüpfen.

24 Karl Larenz, Methodenlehre der Rechtswissenschaft, 6. Auflage, 1991, S.19 ff.

25 Karl Larenz, Methodenlehre der Rechtswissenschaft,6. Auflage, 1991, S.453 f.

II. Historischer Rückblick und Entwicklungen

Der zu Beginn geschilderte Mangel an Publizität und diskursiver Kommunikation in der rechtlichen Ausformung des Sponsoring soll indes nicht zu der -unzutreffenden- Vermutung verleiten, Sponsoring gäbe es erst seit gestern. Vielmehr offenbart dieser Befund ein jahrzehntelanges kautelarjuristisches Untergrunddasein.

Die historischen Wurzeln der Fremdförderung reichen bis in die Tage vor Beginn unserer Zeitrechnung zurück, als der Freund und Vertraute des Kaisers Augustus mit Namen Gaius Clinius Maecenas (70 – 8 v.Chr.) den Dichtern Horaz, Vergil und Properz Unterstützung gewährte und so eine fruchtbare Verbindung zwischen Kunst und Kommerz herstellte[26]. Er wurde zum Namensgeber für die heute unter dem Begriff des Mäzenatentums zu verstehende wirtschaftlich uneigennützige Unterstützung einer Person, ohne dafür eine äquivalente Gegenleistung zu erhalten. Insbesondere blieb und bleibt der Mäzen in seinen Förderungsaktivitäten ungenannt, worin der markante äußere Unterschied zum Sponsoring zu sehen ist[27]. Gegen Ende des 19. Jahrhunderts entwickelte sich in den USA das sogenannte »corporate giving«, das mit dem etwa zeitgleich in Deutschland aufkommenden Spendenwesen gleichzusetzen ist[28]. Die systematische materielle Unterstützung von gesellschaftlichen Belangen in Kunst, Wissenschaft und Sozialdiensten wie zum Beispiel die von Museen, Universitäten, Krankenhäusern, stand und steht dabei im Zentrum der Förderungsaktivität. Als Triebfeder für eine spendenartige Unterstützung insbesondere in der Nachkriegszeit trat gleichwertig neben den Fördergedanken die Möglichkeit der steuerlichen Geltendmachung der aufgewendeten Mittel und der damit verbundenen Senkung des der Steuerpflicht unterliegenden Einkommens. Mit diesem Umstand löste sich auch das dem Mäzenatentum eigentümliche persönliche Band zwischen Förderer und Empfänger der Förderleistung.

Die Sportförderung im erklärten Eigeninteresse entstand zunächst in England bereits im 19. Jahrhundert, als es darum ging, bei Sportveranstaltungen größeren Umfanges wie Cricket-Turnieren, Pferderennen in Derby, Ascot und Epsom oder Tennis in Wimbledon Produkte monopolistisch

26 Dabei ist bis heute unklar, ob Maecenas nicht auch von politischen Motiven zur Förderung der Dichter angetrieben wurde und somit auch dem heutigen Mäzenatentum fremde, egoistische Zielsetzungen verfolgte.

27 Anders Klaus Viehweg in SpuRt,1-2, 1994, Sponsoring und Sportrecht Teil I, der den Unterschied und die begriffliche Abgrenzung des Sponsoring zum Mäzenatentum als unklar bezeichnet.

28 Bruhn-Mehlinger, Rechtliche Gestaltung des Sponsoring, Band 1,2. Auflage, 1995, S.1ff, Thomas Hauser, Der Sponsoring-Vertrag im schweizerischen Recht, S. 20, Meyers Enzyklopädisches Lexikon, Mäzenatentum, Band 15, Mannheim 1975, Norbert Drees,Sportsponsoring, S. 8.

feilzubieten und somit die kommunikative Wirkung des Sports für ein bestimmtes Produkt auszunutzen[29]. In den sechziger Jahren mit dem Aufkommen und der flächendeckenden Verbreitung des Fernsehens wurde die sogenannte »Schleichwerbung« geboren. Dabei wurde in Form der sogenannten Bandenwerbung z.B. in Fußballstadien der dem Fernsehen innewohnende Multiplikatoreffekt zur Verbreitung von Werbebotschaften im redaktionellen Programm genutzt.

Gegen Ende der siebziger Jahre formierte sich zunächst in den Vereinigten Staaten, dann auch in Europa zunehmend das, was heute unter Sponsoring zu verstehen ist. Gezielt wurden Förderungsmöglichkeiten in Sport und Kultur zur Einbindung in die unternehmerischen Marketingstrategien aufgespürt[30]. Mit der Richtlinie Nr. 26 des internationalen olympischen Komitees (IOC) von 1983 wurde das Sponsoring im Sportbereich nahezu völlig liberalisiert und damit auch die seit Beginn der siebziger Jahre erklärte ablehnende Haltung des Deutschen Sportbundes (DSB) zwangsweise beendet[31].

Es ist beachtlich, daß sich sämtliche genannten Förderungsvarianten nicht etwa gegenseitig und nacheinander in ihrer Existenz abgelöst hätten. Lediglich ein Bedeutungswandel ist zu verzeichnen. Mäzenatentum, Spendenwesen, Sportwerbung und Sponsoring sind in unterschiedlich starker Ausprägung und Finanzvolumen nebeneinander getreten und stehen heute jedes für sich als Instrument der Fremdförderung zur Verfügung. Als kennzeichnendes Element dieser viele hundert Jahre alten Geschichte der Fremdförderung läßt sich der Wandel in der Förderungsmotivation hervorheben. Wenn zunächst altruistisch-ideelle Motive den Ausschlag für die Unterstützung anderer gaben, werden heute in der modernen Sponsoringpraxis egoistisch-reale Zielsetzungen nicht nur eingestanden, sondern explizit in den Vordergrund gestellt. Der Gegenleistungsgedanke im untechnischen Sinne dominiert die Förderungsstrategien der Gegenwart. Steuerliche Motive spielen allseits eine wichtige Rolle. Längst hat sich das Interesse an der Bewahrung und dem Vorantreiben von Kunst und Kultur im weitesten Sinne vom selbstlosen Ideal zu einem an individuellen Zielsetzungen orientierten, marktstrategischen Instrument gewandelt.

29 Townley-Grayson, Sponsorship of Sport, Art and Leisure, S.1 f, Norbert Drees, Sportsponsoring, S. 8.

30 Bruhn-Mehlinger, Rechtliche Gestaltung des Sponsoring, Band 1,2. Auflage, 1995, S 1; Neal George Weiand, Kultur- und Sportsponsoring im deutschen Recht S. 27; Norbert Drees, Sportsponsoring, S.9.

31 Norbert Drees, Sportsponsoring, S.53; Die 1974 vom DSB verabschiedete »Leitlinie für Werbung im Sport« suchte den Sport von wesensfremden Einflüssen frei zu halten und begrenzte das Sponsoring- und Werbeengagement der Wirtschaft. Die IOC-Richtlinie Nr. 26 von 1983 hob die DSB-Leitlinie auf.

Dieser Befund entzieht sich indes eines gerade auch moralischen Werturteils. Denn es ist bei einem geschätzten Umsatz von allein in Deutschland über 2,5 Milliarden DM[32] nicht mehr zu leugnen, daß die meisten der prominenten Sport- und Kulturereignisse in der Gegenwart ohne das moderne Sponsoring schlicht nicht stattfänden. Von den Olympischen Spielen über die Fußballweltmeisterschaften zu Tennisturnieren in der ganzen Welt, von Nachwuchsfestivals im Jazz zu den Salzburger Festspielen werden Ereignisse, Personen und Vereinigungen von unternehmerischer Seite weltweit gesponsert und somit deren Wirken und Fortbestehen als Kulturgut bis in die Zukunft gesichert.

C. Betriebswirtschaftliche und soziologische Vorüberlegungen zum Sponsoring

I. Sponsoring als Instrument unternehmerischer Kommunikation[33]

Die ethymologische Qualifikation des Sponsoring als Fremdförderung und Partnerschaft im weitesten Sinne spiegelt nicht annähernd die Komplexität der diesem Konzept zugrunde liegenden Interessen, Zweck- und Zielsetzungen der Beteiligten wider. Ohne die Kenntnis der betriebswirtschaftlichen und soziologischen Basisdaten ist eine moderne Rechtsfigur – so auch das Sponsoring – rechtswissenschaftlich nicht zu begreifen[34]. Insbesondere die Abgrenzung zu wesensverwandten Kommunikationsinstrumenten der Wirtschaft macht die Eigenständigkeit der Stellung des Sponsoring und dessen dynamische Anpassungsgabe an den Zeitgeist und multimediale Entwicklungen, aber auch mögliche Vertragskonstellationen deutlich.

Die Unternehmenskommunikation macht neben der Produktpolitik, der Distribution und der Kontrahierungspolitik nur einen Teilbereich dessen aus, was insgesamt unter den Begriff und die Tätigkeit des Marketing zu fassen ist. Unter Kommunikation in dem genannten Kontext versteht sich die von einem Unternehmen ausgehende gezielte und bewußte Sendung

32 Zu den uneinheitlichen Schätzungen siehe Norbert Drees, Sportsponsoring, S. 11 f; Neal George Weiand, Rechtliche Aspekte des Sponsoring, in NJW 1994, S. 227; ders., Kultur- und Sportsponsoring im deutschen Recht, S. 48; Stephan Netzle, Sponsoring von Sportverbänden, S. 3; Bruhn-Mehlinger, Rechtliche Gestaltung des Sponsoring, Band II, S.1; Manfred Bruhn, Sponsoring, S. 46 f.

33 Zur unterschiedlichen dogmatischen Einordnung des Sponsoring in den Kommunikationsmechanismus von Unternehmen siehe Manfred Bruhn, Sponsoring, S. 51 ff, Norbert Drees, Sportsponsoring, S. 19 ff;Thomas Hauser, Der Sponsoring-Vertrag im schweizerischen Recht, S. 50; Andreas D. von Specht, Sponsoring als Marketinginstrument, Markenartikel 1986, S. 514 ff; Arnold Hermanns, Sponsoring – zukunftsorientiertes Instrument der Marktkommunikation, in Sport- und Kultursponsoring, S. 1 ff,

34 Günther Jahr, Funktionsanalyse von Rechtsfiguren als Grundlage einer Begegnung von Rechtswissenschaft und Wirtschaftswissenschaft, Zeitschrift für Betriebswirtschaft, 1966, S. 757 (758).

von auf den relevanten Markt gerichteten Informationen[35]. Dabei bedient sich der »Sender« bestimmter klassischer Mittel, wie Werbung, Verkaufsförderung und Öffentlichkeitsarbeit, in jüngerer Vergangenheit aber auch neuer Instrumente wie Messen, Verkaufsausstellungen, Design und Verpackung[36]. Zu diesen neuen Instrumenten zählt auch das Sponsoring, das indes kein aliud zu den bisher genannten darstellt, sondern vielmehr eine auf die jeweiligen Bedürfnisse der Beteiligten abgestimmte Kombination mehrerer, zuweilen auch aller verfügbaren Kommunikationsmittel. Man spricht vom Sponsoring als Kommunikationsmix[37].

Indessen darf Sponsoring nicht mit einem der klassischen Kommunikationsmittel gleichgesetzt werden, wie dies zu Unrecht häufig mit der Sportwerbung geschieht[38], sondern ist in seiner Instrumentalität und Zielsetzung im Einzelfall von jenen abzugrenzen[39]. Während Werbung eine produktbezogene finale Beeinflussung des Konsumenten durch die Übermittlung einer konkreten Botschaft zum Ziel hat, liegt dem Sponsoring weit weniger an der punktuellen Kundeninformation. Beim Sponsoring wird lediglich der Name oder das Firmenzeichen des Sponsors in Verbindung mit dem Gesponserten -mittelbar durch die Medien- ohne jede weitere Botschaft zur Kenntnis des Verbrauchers gebracht. Dafür wird dem Sponsoring generell ein höherer emotionaler Gehalt beigemessen als der Werbung[40]. Beide Spielarten der Unternehmenskommunikation schließen sich indes nicht aus. Die für die Förderung hingegebene Gegenleistung des Gesponserten kann, muß aber nicht zwangsläufig in einer Werbeleistung bestehen[41]. Umgekehrt werden von der Sportwerbung auch andere Instrumente als das Sponsoring erfaßt[42]. Überdies wird bei der Werbung die Zielgruppe in einem zeitlich und gegenständlich begrenzten, nämlich allein kommerziellen Umfeld angesprochen,

35 Hermanns, Arnold, Kommunikationsmodell der Werbung; S.108 ff.

36 Thomas Hauser, Der Sponsoringvertrag im schweizerischen Recht, S. 12; Heinrich Wimmer, Möglichkeiten und Grenzen des Sponsoring.., S. 7; Manfred Bruhn, Sponsoring, S.21 und 53 f; Peter Roth, Sportsponsoring, S. 44ff; Norbert Drees, Sportsponsoring, S. 3, 5; Stefan Erdtmann , Sponsoring und emotionale Erlebniswerte, S.1.

37 Neal George Weiand, Kultur- und Sportsponsoring im deutschen Recht, S.25; Heinrich Wimmer, Möglichkeiten und Grenzen des Sponsoring, S. 7; Manfred Bruhn, Sponsoring , S. 5, 17,149 ff; Norbert Drees, Sportsponsoring, S.4; Peter Roth, Sportsponsoring, S. 46.

38 So z.B. Thomas Hauser, Der Sponsoring-Vertrag im schweizerischen Recht, S. 25; Frauke Henning-Boedewig; Product-Placement und Sponsoring, GRUR, 1988, S. 867 (870); Philip Kotler-Friedhelm Bliemel, Marketing-Management, 7. Auflage, 1992, S. 473 und 953, setzen gar Sponsoring mit Public Relations und Product Placement gleich.

39 Beispielhaft: Manfred Bruhn, Sponsoring, S. 151, Sponsoring im Verbund mit anderen Kommunikationsmitteln, S.152 Grafik der Integration von Sponsoring in den Kommunikationsapparat der Adam Opel AG.

40 Peter Roth, Sportsponsoring, S. 47; Norbert Drees, Sportsponsoring , S. 21.

41 Zu den typischen Leistungsinhalten im Sponsoring siehe unten Zweiter Teil C

42 Stephan Netzle,Sponsoring von Sportverbänden, S. 13.

während Sponsoring auf die anvisierte Zielgruppe verhaltensorientiert in der omnipräsenten und vor allem positiven Welt der Freizeit trifft.

Das Kommunikationsinstrument der Verkaufsförderung hebt sich vom Sponsoring zunächst durch das Moment der Punktualität ab. Verkaufsförderung will durch einmalige und kurzfristige verbraucherorientierte Aktionen zusätzliche außergewöhnliche Kaufanreize schaffen. Sponsoring ist demgegenüber strategisch flächendeckend und dauerhaft angelegt und zielt nicht primär auf ein konkret nachweisbares Absatzplus ab, sondern vielmehr auf eine Stabilisierung und eine Steigerung des gesamten Unternehmensimages. Das Ziel der Imagesteigerung hat Sponsoring mit der allgemeinen Öffentlichkeitsarbeit gemein, jedoch ist die durch die Öffentlichkeitsarbeit angesprochene Zielgruppe weiter als beim Sponsoring, namentlich die Gesamtheit der Personen, die in irgendeiner Weise mit dem Unternehmen in Berührung kommen kann. Im Gegensatz zum Sponsoring ist die Öffentlichkeitsarbeit zudem unternehmens- und informationsbezogen[43]. Beim Product placement werden gezielt Produkte in der gegenüber dem Sponsoring künstlichen Welt von Fernsehsendungen, Kinofilmen oder TV-Shows durch die Darsteller verwendet[44]. Auf die reale Person des Verwenders kommt es dabei anders als beim Sponsoring nicht erstrangig an.

Stärker als bei den klassischen Kommunikationsmitteln ist die Wirkungsweise des Sponsoring in seiner Gesamtplanung und Zielsetzung auf eine vollkommene Einbindung in die Unternehmensphilosophie des Sponsors und des Sponsoringnehmers angewiesen und daher Teil einer ganzheitlichen »corporate identity«[45]. Insbesondere wird der Gesponserte in seiner Funktion als Sportler oder Sportmannschaft oder Veranstalter eines prominenten Sportereignisses zum Repräsentant einer ganzheitlichen Unternehmenspersönlichkeit, wie auch umgekehrt der Sponsor das Image und die »corporate identity« des Sponsoringnehmers mitprägt.

II. Sponsoring als Antwort auf eine unbefriedigende Werbesituation

1. Die Defizite des klassischen Unternehmenskommunikationsmarkts

Sponsoring ist eine Erscheinung nicht nur des modernen Wirtschafts-, sondern auch des modernen Freizeitlebens. Dem ständig steigenden Umfang

43 Zur oft nicht ganz einheitlichen Abgrenzung der einzelnen Instrumente der Unternehmenskommunikation in Bezug auf das Sponsoring siehe die Übersichten bei Peter Roth, S. 51ff; Thomas Hauser, Der Sponsoring-Vertrag im schweizerischen Recht, S. 24 ff, Norbert Drees, Sportsponsoring, S. 19 ff.

44 Zu den rechtlichen Problemen des product placement siehe: Frauke Hennig-Boedewig, Product-placement und Sponsoring, in GRUR 1988, S. 867 f mwN.

45 Zum Begriff der »corporate identity« siehe Norbert Drees, Sportsponsoring, S. 28 f.

von Freizeit, dem durch eine kontinuierlich sinkende Lebens- und Wochenarbeitszeit und eine stetig steigende Ausdifferenzierung der gesellschaftlichen Arbeitsteilung Vorschub geleistet worden ist, begegnen die Produktion und das Marketing der Unternehmen mit einer ausgeprägten Freizeitorientierung[46]. Während sich die Freizeitgestaltung neben der Quantität auch in der Qualität von einer Konsum- und Erholungsorientierung in den fünfziger und sechziger Jahren hin zu einer Erlebnisorientierung in den achtziger Jahren gewandelt hat[47], hat sich die klassische Werbung überwiegend quantitativ entwickelt. Die Konkurrenz auf dem Medienmarkt ist durch das Hinzutreten zahlreicher privater Rundfunk- und Fernsehanbieter härter, der gesamte Medienmarkt vielfältiger geworden. Die Werbezeiten im Fernsehen stiegen in den vergangenen Jahrzehnten um 90% an, bei gleichbleibender Fernsehzeit des Zuschauers[48]. Der Werbemarkt gilt als gesättigt, wenn nicht übersättigt, die werbemäßige Aufnahmekapazität des Umworbenen gilt als erschöpft, wenn nicht gar überfordert. Es existiert ein nicht zu bewältigendes Überangebot an medialen Informationen und Werbebotschaften, die vom Verbraucher zum größten Teil unreflektiert verdrängt oder gänzlich ignoriert werden[49]. Hinzu kommt eine zunehmend bei der jüngeren Konsumentengenerationen auszumachende hartnäckige Verweigerungshaltung gegenüber der Werbung, die sich u.a. im sogenannten »Zapping« – dem Ausblenden von Werbeblöcken im TV äußert[50]. Zunehmend verhallt klassische Werbung ungesehen.

Darüber hinaus hat sich die Struktur des Werbemarkts durch gesetzgeberische oder auch freiwillige Beschränkungen wie in der Tabak- oder Arzneimittelindustrie dergestalt verändert, daß Werbung für bestimmte Produkte, in bestimmter Form oder zu bestimmten Zeiten nicht mehr statthaft ist[51].

46 Zu den empirischen Erhebungen von Arbeitszeit- und Freizeitveränderungen siehe Paul Schürmann, Gesellschaftliche Trends und Sponsoring, in Arnold Hermanns, Sport- und Kultursponsoring, 1989, S. 239 f.

47 Zur Entwicklung der Freizeitgestaltung siehe Peter Roth , Sportsponsoring, S. 35.

48 Peter Roth, Sportsponsoring, Kapitel »Zahlen und Daten« S. 449 – 468; Manfred Bruhn, Sponsoring, S. 106 ff.

49 Peter Roth, Sportsponsoring, S. 11; Manfred Bruhn, Sponsoring, S. 22; Kroeber-Riehl, Kommunikation im Zeitalter der Informationsüberlastung, in Marketing, ZfP 3/1988 S. 182;ders. Strategie und Technik der Werbung, S. 20 f; Frauke Henning Boedewig, Wettbewerbsrechtliche Probleme der Werbung mit Prominenten, BB 1983, S. 605; Arnold Hermanns, Sponsoring – Zukunftsorientiertes Instrument der Marktkommunikation, in Sport- und Kultursponsoring, S. 1 (4).

50 Arnold Hermanns, Sponsoring – Zukunftsorientiertes Instrument der Marktkommunikation, in Arnold Hermanns (Hrsg.), Sport- und Kultursponsoring, S. 1 (9); Jörg Rüggeberg, Product Placement und Sponsoring – Neue Formen der Werbung im Rundfunk?, GRUR 1988, S. 873 (874); Kroeber-Riehl, Strategie und Technik der Werbung, S. 25; Manfred Bruhn, Sponsoring als Instrument der Markenartikelwerbung, in Markenartikel 1987, S. 190.

51 Siehe nur §22 LMBG für Tabakwerbung und §10 HWG für Heilmittel; zu den rechtlichen Fragen der medien- und werberechtlichen Grundlagen und Beschränkungen des Sponsoring siehe Bruhn-Mehlinger, Rechtliche Gestaltung des Sponsoring, Band I, S. 174 ff.

Werbung in sämtlichen Medien hat sich inflationär verteuert. Auch wenn mit dem Anstieg der Zahl an Medien im Print- und TV-Bereich die der Wirtschaft zur Verfügung gestellten Werbemöglichkeiten in zeitlicher und räumlicher Hinsicht stark angestiegen sind, so ist die bestehende Nachfrage an Werbeplatz und -zeit nicht zu sättigen. Effektive Werbung wird somit zur bedrohlichen Last im unternehmerischen Finanzhaushalt.

2. Die kommunikationspsychologische Funktionsweise des Sponsoring

In dieses Werbe- und Informationsdilemma stößt das Sponsoring, indem es sich in die attraktive und emotional aufgeladene Welt der Freizeit begibt, in der nicht nur die Werbungsmüdigkeit des Umworbenen, sondern auch bestehende Werbeverbote für den Unternehmer kostengünstig ausgehebelt werden können. Die Erlebnisorientierung der neuzeitlichen Freizeitgestaltung wird im Sponsoring zur Verknüpfung von Freizeit-Wirklichkeit und Marke bzw. Produkt strategisch aufgearbeitet.

Die bei dem Umworbenen bestehenden emotionale Erlebniswerte[52] werden für den Kommerz unmittelbar urbar gemacht. Das Zugriffsobjekt beim Sponsoring ist also nicht wie bei der klassischen Werbung der Verstand des Umworbenen, sondern allein dessen Emotionen; einerseits diejenigen, die er bei seiner Freizeitgestaltung empfindet und andererseits diejenigen, die er mit dem gesponserten Ereignis, dem Verein oder der geförderten Person verknüpft. Es geht um Identifikation des Umworbenen mit dem Sponsoringobjekt einerseits und synergetisch mit dem Sponsor andererseits. Das Sponsoring zielt auf einen Imagetransfer ab, begnügt sich aber auch damit. Der Sponsor nimmt durch sein Förderungsengagement einerseits unmittelbar teil an der aktiven oder über die Medien wahrgenommenen passiven Freizeitgestaltung des Umworbenen und wird somit zu dessen Partner und Teamkollegen. Andererseits macht das Sponsoring den Umworbenen über die Brücke des Produkts oder der Marke gleichzeitig zum Teamkollegen und Partner des Sponsoringnehmers. Das bei der durch das Sponsoring angesprochenen Zielgruppe bestehende positive Image der geförderten Persönlichkeit, des Vereins oder des Ereignisses wird somit auf den Sponsor und dessen Marke bzw.

52 Zum Begriff der »Emotionalen Erlebniswerte« siehe Stefan Erdtmann, Sponsoring und emotionale Erlebniswerte, S. 5.

53 Zur Wirkung von Leitbildwerbung und der Freud'schen werbepsychologischen Wirkungsweise siehe Frauke Henning-Boedewig, Wettbewerbsrechtliche Probleme der werbung mit Prominenten, in BB 1983 S. 605 (606).

Produkte übergeleitet. Man mutmaßt insoweit die Möglichkeit des Konsumenten, durch den Gebrauch eines Produkts oder einer Marke eine Annäherung an sein vom Sponsoringnehmer geprägtes Ich-Ideal erzielen zu können[53]. Aber auch umgekehrt wird das mit dem Produkt, der Marke oder dem Sponsorenunternehmen verbundene Image auf den Sponsoringnehmer projeziert.

Sponsoring zielt also nicht zwingend auf eine direkte Werbung für eine Marke oder ein Produkt ab, sondern lediglich auf die von jeder Information bereinigte Präsentation der Verbindung einer Marke oder eines Produkts mit der geförderten Person, dem Verein oder dem Ereignis. Die Verknüpfung der Namen von Sponsor und Gesponsertem selbst ist die Botschaft, deren Auswertung dem Umworbenen und dessen Emotionen überlassen wird. Der durch die schlichte Nennung des Sponsors in Wort oder Bild gleichsam auf null reduzierte Informationsgehalt des Sponsoring unterliegt so nicht dem Risiko, in der Masse an Werbebotschaften unterzugehen.

3. Aushebelung von Werbeverboten und Einsparung von Kosten

Die betriebswirtschaftlichen Anliegen der Sponsoringpartner, die Welt der Freizeit und die Medien werden durch das Sponsoring strategisch in einen Funktionszusammenhang gesetzt[54]. Das konkrete Sponsorship bezieht die Massenmedien in seine Wirkungsmechanismen und Funktionsabläufe ein, indem diese bei ihrer redaktionellen Berichterstattung über gesponserte Personen, Vereine oder Ereignisse in der Regel ungefragt und unfreiwillig als Trägermedium und Multiplikator der »Sponsion« zwischen Förderer und Gefördertem fungieren. Bestehende zeitliche oder gegenständliche Werbebeschränkungen lassen sich auf diese Weise umgehen. Beispielsweise kann der Aufdruck einer prominenten Zigarettenmarke auf einem Formel-1-Vehikel im öffentlich-rechtlichen Fernsehen sonntags für die Zeitdauer einer gesamten Rennübertragung vom Zuschauer wahrgenommen werden, ohne daß der Tatbestand des Werbeverbots für Tabakwaren oder des Werbeverbots an Sonn- und Feiertagen in öffentlich-rechtlichen Fernsehsendern erfüllt wäre. Während der medialen Berichterstattung über die geförderte Tätigkeit kann dem Zuschauer die Verknüpfung des Sponsorennamens mit dem Gesponserten übermittelt werden, ohne teure, oft millionenschwere Werbezeit oder kostspieligen Werbeplatz des sendenden Mediums »einkaufen« zu müs-

54 Manfred Bruhn, Sponsoring, S.29 spricht bei der Verknüpfung von Wirtschaft, Freizeit und Medien gar vom »Magischen Dreieck des Sponsoring«.

sen. Damit werden beim Sponsoring ungleich höhere Kontaktzahlen mit ungleich höherer Kontaktintensität erreicht, als dies bei der klassischen Werbung der Fall ist[55]. Das für das Sponsorship insgesamt aufgewendete Kostenpaket ist dabei wesentlich kleiner als der Preis, der für den Einkauf gleichwertiger Werbezeit oder gleichwirksamen Werbeplatzes mit gleichen Kontaktzahlen und gleicher Kontaktintensität zu zahlen wäre.

D. Zusammenfassung des Ersten Teils

Sponsoring ist ein Instrument unternehmerischer Kommunikation, das sich fest neben den klassischen Marketingmöglichkeiten wie der Werbung im Unternehmen des Sponsors und dem des Sponsoringnehmers etabliert hat. Sponsoring hat sich vom altruistischen Mäzenatentum über die klassische Sportwerbung zu einem eigenständigen Instrument der eigennützigen Fremdförderung entwickelt, in dem der Egoismus und der Kollektivismus den Altruismus überlagern und verdrängen.

Ein sorgfältig geplantes Sponsorship macht die Nachteile klassischer Werbung wett, indem es Werbeverbote zu umgehen und hohe Werbekosten zu mindern vermag und durch die in der Regel unfreiwillige Einbindung der Massenmedien zu einem für alle Beteiligten effektiven und lukrativen Marketinginstrument avanciert.

Trotz der beachtlichen volkswirtschaftlichen Bedeutung des Sponsoringvertrags besteht ein eklatantes normatives Defizit, das es mittels einer rechtswissenschaftlichen Typologisierung und Erfassung zu überwinden helfen gilt.

55 Zu Studien über die Kontaktzahlen und Kontaktqualität beim Sportsponsoring siehe Ekkehart Pfister in Peter Roth, Sportsponsoring, S. 207 ff;Manfred Bruhn, Sponsoring, S.164.

Zweiter Teil: Vom deskriptiven Begriff des Sponsoring zum Realtypus des Sponsoringvertrags

A. Real-empirische Bestandsaufnahme des Sponsoringvertrags[56]

I. Probleme der real-empirischen Vertragstypenbildung beim Sponsoring

1. Die Variationsbreite und der organischer Sinnzusammenhang

Die real-empirische Bestandsaufnahme des Sponsoringvertrags verläuft entlang der immer wiederkehrenden Vertragsmerkmale und der in einer Vielzahl von Fällen sich wiederholenden Verhaltensrituale der Sponsoringpartner. Die Bildung einer empirischen Grundtypologie im Recht des Sponsoringvertrags gestaltet sich indes schwierig, denn eine einzige herausragende realtypische Erscheinungsform des Sponsoring gibt es nicht. Sponsoring ist mehr ein Sammelbegriff, unter den sich mehrere unterschiedliche Gattungen von Vertragsgestaltungen subsumieren lassen, die in manchen Punkten mehr oder weniger ähnliche, in anderen deutlich abweichende Strukturen aufweisen. Die einzelnen Vertragsbestandteile insgesamt sind in ihrem organischen Sinnzusammenhang derart auf die Individualität der Parteien, der zu fördernden Tätigkeit oder der verfolgten Zielvorstellungen abgestimmt, daß sich eine einheitliche real-empirische Typizität nicht ausmachen läßt. Weiter noch: Die Individualität und Uneinheitlichkeit der in Sponsoringverträgen getroffenen Abreden ist selbst realtypisches Wesensmerkmal des Sponsoring. Dem Erfindungsreichtum der Beteiligten, allein was den vereinbarten Leistungsinhalt betrifft, ist bislang keine Grenze gesetzt. Die hierin liegende Flexibilität und dynamische Anpassungsgabe des Sponsoring an wirtschaftliche, gesellschaftliche und rechtliche Strömungen macht dessen Stärke als Instrument der Unternehmenskommunikation und der Finanzierung förderungswürdiger Tätigkeiten aus.

2. Die uneinheitliche Regelungstiefe

Als ein weiteres Problem für die Bildung eines real-empirischen Sponsoringvertragsmodells erweisen sich der uneinheitliche Ausdiffenrenzie-

56 Grundlage der Erfassung der realen Vertragswelt des Sponsoring sind Musterverträge in Neal George Weiand, Der Sponsoringvertrag, Beck'sche Musterverträge; Manfred Bruhn, Sponsoring, Anhang I Musterveträge; Bruhn-Mehlinger, Rechtliche Gestaltung des Sponsoring, Band II, S. 56, 61, 64; Peter Roth, Sportsponsoring, Darstellung von praktischen Sponsoringengagements, S. 295 – 393; zahlreiche Musterverträge, die von Sponsoren und Sponsoringnehmern zu Verfügung gestellt wurden, jedoch auf ausdrückliche Bitte nicht im Wortlaut preisgegeben werden sollten; mustervertragliche Darstellungen in Thomas Hauser, Der Sponsoring-Vertrag im schweizerischen Recht, S.186 f, 202 f, 208 f, 210 – 220, 229-234.

rungsgrad und die uneinheitliche Regelungstiefe, mit denen von Kautelarjuristen Sponsoringvertragswerke gestaltet werden. Dies mag auch auf andere Vertragstypen der Rechtswirklichkeit zutreffen, ist jedoch im Sponsoringvertrag aus unterschiedlichen Gründen besonders ausgeprägt.

Zum einen läßt sich die Tendenz zur vertraglichen Fixierung allein der Mindestinhalte und Primärleistungsverpflichtungen feststellen. Dies liegt in der Sorge begründet, auf dem in weiten Teilen noch unbeackerten Feld des Sponsoring nicht allen Risiken entgegensehen und durch ein Regelwerk antizipatorisch begegnen zu können. Daneben besteht die Besorgnis, sich durch ein dichtes Netz von Regelungsdetails der Dynamik und Flexibilität des Sponsoring zu begeben und Vertragsverhandlungen unnötig zu verzögern oder zu blockieren. Unsicherheiten in der rechtlichen Einschätzung der Abreden seitens der Vertragsarchitekten mögen hinzukommen.

Demgegenüber finden sich auch in hohem Maße ausdifferenzierte Sponsoringvertragswerke mit der Begründung, daß nur eine detailgenaue in die Breite und in die Tiefe gehende Regelung des Vertragswerks die für das hochsensible und wirtschaftlich gewichtige Gebäude des Sponsoring erforderliche Rechtssicherheit schaffe. Überdies müßten dem Richter für den Streitfall ausreichend Anhaltspunkte für eine sach- und interessengerechte Auslegung des Vertrags an die Hand gegeben werden[57].

Das kautelarjuristische Spannungsfeld zwischen Mindestregelung einerseits und Detailregelung andererseits macht es schwierig, eine einheitliche realtypische Regelungsstruktur in der sponsoringvertraglichen Praxis aufzufinden. Und dennoch läßt sich aus der Vielfalt der Möglichkeiten, Sponsoringverträge zu gestalten[58], in der Rechtswirklichkeit eine Entwicklung zur Ausformung bestimmter, immer wiederkehrender Parameter ausmachen, die in nahezu jedem Vertrag über ein Sponsorship unabhängig von der Variationsbreite individueller Abreden zu finden sind und sich deshalb als wesenstypisch kennzeichnen lassen.

II. Realtypische Klassifizierung der Sponsoringverträge

Zunächst gibt es Kriterien, anhand derer die Vertragsgestaltung in der Rechtspraxis ausgerichtet ist und die inhaltlich eine gewisse Modifikati-

57 Zum Meinungsstand siehe Neal George Weiand, Der Sponsoring-Vertrag, Beck'sche Musterverträge S. 2, Karl-Ernst Wirtz, Rechtliche Probleme des Sponsoring, in Arnold Herrmanns, Sport- und Kultursponsoring, S. 252; Stefan Beulke, Vertragsrechtliche Besonderheiten im Sportsponsoring – Vorbeugendes Risikomanagement durch Vertragsgestaltung, in Leitfaden Sponsoring und Event-Marketing, 1995, S. 2.

58 Zu den arithmetischen Kombinationsmöglichkeiten der Vertragsgestaltung siehe Manfred Bruhn, Sponsoring, S. 33 ff.

onsbreite zulassen, ohne den Sponsoringvertrag in seinen Ausformungen realer Typizität zu verschleiern, zu verschieben oder zu verzerren. Sie markieren die Grenzlinien eines Korridors, innerhalb dessen sich die sponsoringvertragliche Praxis wesenstypisch bewegt und die die Modellhaftigkeit des Sponsoringvertrags in der Rechtswirklichkeit ausmachen. Diese Kriterien realtypischer Vertragsgestaltung sind:

- der Gegenstand der Leistung des Sponsors: Ausrüstervertrag, Ausstattungsvertrag, allgemeiner Fördervertrag, der klassische »Werbevertrag«.
- die Art der Gegenleistung des Gesponserten: Aktives Mitwirken an der Kommunikationspolitik des Sponsors oder nur passives Bereitstellen von Nutzungsrechten.
- das Sponsoringobjekt: Einzelperson, Verein/Verband, Ereignis/Veranstalter[59]

Die hier als wesenstypisch gekennzeichneten Parameter können allesamt miteinander kombiniert werden und schließen einander nicht aus. Sicher lassen sich noch weitere für die Vertragspraxis des Sponsoring charakteristische Kriterien aufstellen, anhand derer die in der Rechtswirklichkeit ablaufende Vertragsgestaltung eingeteilt werden kann[60]. Indes ist eine Anhäufung einer Vielzahl von Charakteristika nicht zwingend fruchtbar für die Erfassung der real-empirischen Typizität des Sponsoringvertrags, da er dadurch an seiner Modellhaftigkeit verliert. Die einzelnen Parameter eines individuell ausgehandelten Sponsoringvertrags müssen vielmehr auf der Ebene einer normativen Würdigung erfaßt werden, der die nachfolgenden Kapitel gewidmet sind.

III. Typische Grundbausteine eines Sponsoringvertrags

Jeder Sponsoringvertrag weist drei, gleichsam vor die Klammer zu ziehende Mindestelemente auf. Diese Grundbausteine sind für den Sponsoringvertrag in der Rechtswirklichkeit wesenstypisch und unverzichtbar und können daher als sponsoringvertragliche essentialia negotii bezeichnet werden:

59 Thomas Hauser, Der Sponsoring-Vertrag im schweizerischen Recht, S. 178, klassifiziert das Sponsoring ausschließlich nach Personen-, Institutions- und Veranstaltungssponsoring und sieht darin die drei realtypologischen Grundformen des Sponsoringvertrags.

60 Manfred Bruhn, Sponsoring, S. 34 f; Bruhn-Mehlinger, Rechtliche Gestaltungdes Sponsoring, Band I, S. 8; Neal George Weiand, Kultur und Sportsponsoring im deutschen Recht, S. 36f; Roth, Sportsponsoring, S.69 f; Thomas Hauser, Der Sponsoring-Vertrag im schweizerischen Recht, S. 78 f; erwähnt werden Parameter wie die Leistungsebene auf der das Sponsorship stattfindet, die Zahl der Sponsoren und das Verhältnis der einzelnen Co-Sponsoren zueinander, die Art des Sponsors, die Art der Nutzung des Sponsorship auf seiten des Sponsors, die Art und Weise der Einbindung des Sponsorships in die Marketingstrategie des Unternehmens, Art des kommunikativen Auftritts, Beteiligungsintensität des Sponsors, Umfang der Sponsor-Leistung, Zielgruppenorientiertheit des Sponsoring etc..

- die Gewährung zweckgebundener geldwerter Förderungsmittel seitens des Sponsors an den Sponsoringnehmer und die Einbindung des Gesponserten in die Unternehmenskommunikationskonzeption und -aktivität des Sponsors,
- die Überlassung von Nutzungsrechten an immateriellen Rechtsgütern an den Sponsor und die Einbindung des Sponsors in die Aktivitäten des Gesponserten und
- die gemeinsame Verfolgung der Durchführung und die Optimierung des Imagetransfers des Sponsorships während der gesamten Sponsoringdauer.

B. Die Beteiligten des Sponsoringvertrags

I. Der Sponsor

Unternehmen in den Rechtsformen der Kapitalgesellschaft oder Personenhandelsgesellschaft sind die am häufigsten anzutreffenden Sponsoren im Sportbereich. Die klare Tendenz der Sponsoren zur juristischen Person des Privatrechts gründet sich auf die erklärte Gewinnerzielungsabsicht privatwirtschaftlicher Unternehmen, in die das Sponsoring als strategisches Instrument eingebettet ist. Beim Sportsponsoring treten natürliche Personen, Stiftungen und Vereine so wie Körperschaften des öffentlichen Rechts als Sponsoren in den Hintergrund[61]. Privatrechtliche und öffentlichrechtliche Stiftungen und öffentlich-rechtliche Körperschaften sind durch ihren engen Stiftungszweck oder öffentlichen Auftrag gebunden und regelmäßig an Gewinnerzielung gehindert[62] und scheiden deshalb für die Rolle des Sportsponsors aus. Private Einzelpersonen, die nicht Unternehmer sind, treten eher im Bereich des Spendenwesens oder der mäzenatischen Förderung in Erscheinung.

Sponsoren können einzeln Sponsorships initiieren, oder sich aber zu Sponsoren-Pools zusammenschließen, um ein Sponsorship gemeinsam durchzuführen. Dies ist insbesonderes beim Ereignissponsoring der Fall. Die Sponsorunternehmen schließen sich dabei in der Form der BGB-Gesellschaft zusammen, werden aber jedes für sich Partei des Sponsoringvertrags.

61 Manfred Bruhn, Sponsoring, S. 36; Townley-Grayson, Sponsorship of Sport, Art and Leisure, S. 38f; Bruhn-Mehlinger, Rechtliche Gestaltung des Sponsoring, Band I, S. 20; dagegen: Thomas Hauser, Der Sponsoring-Vertrag im schweizerischen Recht, S. 30, beschränkt den Sponsor auf allein privatrechtliche Strukturen.

62 Im Bereich des Kunst-, Kultur-, Sozio- und Ökosponsoring tritt der Fördergedanke stärker in den Vordergrund und öffentlichrechtliche und privatrechtliche Stiftungen und Körperschaften finden sich verstärkt auf der Seite der Sponsoren.

II. Der Gesponserte

1. Natürliche Person

Die Förderung eines Einzelathleten kann als die Grundform des Sponsoring bezeichnet werden. Vertragspartner des Sponsors ist die Einzelperson des Athleten, der entweder direkt mit dem Sponsor oder über eine Agentur kontrahiert.

2. Institutionelles Sponsoring von Vereinen oder Verbänden

Wenn Mannschaften oder eine ganze Sportart gesponsert werden sollen, so ist Partei des Sponsoringvertrags nicht der einzelne Athlet, der der Mannschaft angehört oder die geförderte Sportart betreibt, sondern der Verein, aus dem die Mannschaft hervorgeht, oder der Verband, der die jeweilige Sportart institutionalisiert[63]. Sportverein und Sportverband sind in aller Regel als rechtsfähige Vereine körperschaftlich organisiert. Ihr Rechtsstatus wird über die §§ 21, 23 ff BGB bestimmt[64].

3. Der gesponserte Veranstalter eines Ereignisses

Veranstalter eines Ereignisses können Privatpersonen oder auch Personenvereinigungen und Körperschaften sein. Sportveranstaltungen werden von Vereinen, Verbänden auf nationaler und internationaler Ebene, wie auch von Unternehmen oder Körperschaften des öffentlichen Rechts ausgerichtet. Vertragspartei des Sponsoringvertrags und folglich Sponsoringnehmer wird allein der Ausrichter der Veranstaltung in seiner jeweiligen Rechtsform. Auch hier ist wie beim institutionellen Sponsoring eine scharfe Trennung vorzunehmen zwischen dem für das Vertragsverhältnis allein relevanten Außenverhältnis des Sponsoringnehmers zum Sponsor einerseits und dem Binnenverhältnis des Sponsoringnehmers zu den einzelnen Akteuren der Veranstaltung, namentlich den Athleten, andererseits.

63 Zur binnenrechtlichen Problematik der Abschlußkompetenz des Vorstandes gegenüber dem einzelnen Athleten siehe Stephan Netzle, Sponsoring von Sportverbänden, S.50, S. 150 und unten Zweiter Teil, E.

64 Das Sponsoring von nicht rechtsfähigen Vereinen (§54 BGB) ist zwar denkbar, jedoch in der Praxis eine Randerscheinung und soll es auch in dieser Darstellung bleiben.

C. Die typischen Leistungsinhalte der vertraglichen Rechtsbeziehungen im Sponsoring

I. Leistungen des Sponsors an den Gesponserten

1. Primärleistungen

Sportsponsoren finden sich nicht nur in den sportverwandten Branchen, vielmehr ist nahezu jede Branche dem Sponsoring, insbesondere dem Sportsponsoring gegenüber aufgeschlossen[65]. Man unterscheidet zwischen Sponsoren, die eine unmittelbare Produktverbindung zu der geförderten Tätigkeit aufweisen, von solchen, die nur eine Imageverbindung zwischen ihrem Produkt oder ihres Unternehmens und dem Gesponserten aufweisen, und solchen Sponsoren, die weder durch Produkte noch durch Image von Produkt und Unternehmen zu dem Empfänger der Sponsorenleistung in Verbindung stehen[66]. Die Festlegung der Primärleistungsinhalte wird von der Branchenherkunft des Sponsors mitbestimmt, die Charakteristik der Leistungsinhalte variiert mit der Kommunikationsstrategie des Sponsors. So werden Ausrüsterverträge naturgemäß von Herstellern von Ausrüstungsgegenständen abgeschlossen, allgemeine Förder- und Promotionsverträge über Geldleistungen eher von Unternehmen sportfremder Branchen.

Die Primärleistungsinhalte können sich wie folgt zusammensetzen:

- Geldleistung an den Gesponserten (mit oder ohne Zweckbindung), Zahlungsweise, Zahlungstermin, Zahlungsort, Zahlung an den Vertragspartner oder an Dritte, auf Treuhandkonten
- Übertragung von Lizenzen auf den geförderten Verein (üblicherweise werden Bundesligamannschaften im Basketball nach dem Sponsorunternehmen benannt)
- Leistungsprämien (WM-Titel, Klassenerhalt, Weltrekord, Turniersieg)
- Lieferung und Bereitstellung von Ausrüstungsgegenständen (Sportgeräte und Bekleidung) aus dem Unternehmen des Sponsors, aus Drittunternehmen (selten), zu bestimmten Terminen sukzessive, an bestimmten Orten.
- Lieferung und Bereitstellung von Gegenständen, die nicht unmittelbar mit der geförderten Tätigkeit zusammenhängen (Autos, Kosmetika, Getränke...)

65 Man denke nur an das Sponsoring einer Fußballmannschaft der Bundesliga durch die Beate Uhse GmbH, Versicherungen, Banken, Energieversorger, Automobilhersteller, Medien, Chemie- und Bauunternehmen, Bekleidungs- und Kosmetikhersteller etc..

66 Neal George Weiand, Kultur- und Sportsponsoring im deutschen Recht, S. 36; Thomas Hauser, Der Sponsoring-Vertrag im schweizerischen Recht, S. 53; Norbert Drees, Sportsponsoring;, S. 50; ders. Charakteristika des Sportsponsoring, in Arnold Hermanns, Sport- und Kultursponsoring, S. 51.

2. Sonstige typische Leistungsvereinbarungen

- Einbeziehung der einzelnen Mitglieder einer Mannschaft des gesponserten Vereins in den Schutzzweck des Vertrags oder in die Leistungsberechtigung
- Dienstleistungen, in Form von serviceorientierten Leistungen, Fahrdienste, Social events, Rahmenveranstaltungen, Ausstellungen, Catering, insbesondere beim Vereins/Verbands- und Ereignissponsoring
- Anzeigen in der Fachpresse, Präsentation des Gesponserten durch den Sponsor in der Öffentlichkeit, Autogrammstunden
- Beiordnung eines ständigen Beraters für den Sponsoringnehmer

II. Leistungen des Gesponserten an den Sponsor

1. Primärleistungen

a. Einzelathlet

Nutzungsüberlassung des allgemeinen Persönlichkeitsrechts (Leitbildwerbung) zu Werbezwecken, Name des Gesponserten, Bild des Gesponserten, gesprochenes Wort

An dieser Stelle gilt es, ein wichtiges Datum explizit herauszustellen, das noch an anderer Stelle rechtliche Relevanz zeitigt: Die Durchführung der geförderten Aktivität selbst ist nicht Leistungsgegenstand des Sponsoringnehmers[67]. Das »Ob« obliegt allein dem Willen des Geförderten. Allenfalls das »Wie« kann im Leistungsstörungsberich Bedeutung erlangen. Allerdings besteht regelmäßig eine vertraglich vereinbarte Zweckbindung der Fördermittel, so daß Gelder, Sach- und Dienstleistungen nur für die geförderte Aktivität verwendet werden dürfen. Darüber ist regelmäßig am Ende der Vertragsdauer Rechnung zu legen. Inwieweit die Durchführung der geförderten Aktivität Geschäftsgrundlage für den Sponsoringvertrag ist, gilt es im Kapitel der Leistungsstörungen zu erörtern.

b. Verein/Verband

- Nutzungsüberlassung des Vereins-bzw Verbandsnamens zu Werbezwecken
- Bereitstellung von vereins-, verbandseigenen Werbeflächen

67 Dagegen sind Thomas Hauser, Der Sponsoringvertrag im schweizerischen Recht, S. 296, und Neal George Weiand, Rechtliche Aspekte des Sponsoring, in NJW 1994 S. 230 der Auffassung, daß sich der Sportler dem Sponsor gegenüber auf der Grundlage des Sponsoringvertrags verpflichtet, während der Vertragsdauer die geförderte Tätigkeit auch wirklich auszuüben.

- Einräumung des Rechtes zur Nutzung von Organisationsmitteln des Vereins, Verbands zu Werbezwecken
- Gewährung einer Garantiehaftung für die Umsetzung des Sponsoringvertrags in die Binnenstruktur des Vereins (Stichwort: Aktivenvereinbarung)

Auch beim institutionellen Sponsoring gehört das Bewerkstelligen der Vereins- und Verbandsaktivität so wie die Aktivitäten der Mitglieder und Mannschaft nicht zur vertraglich vereinbarten Primärleistungspflicht; das »Wie« der Ausübung der Vereins- und Verbandsaktivitäten kann sich im Gefüge der Nebenverpflichtungen auswirken.

c. Veranstalter eines Ereignisses

- Benennung der Veranstaltung nach dem Sponsor – Titelsponsoring (BMW-Open)
- Bereitstellung der Werberechte (Werbeflächen, Organisationsmittel),
- TV-Übertragungsgarantien (Übertragungszeit und Reichweite), die zuvor mit den einzelnen Sendern vertraglich abgesichert sind.
- Bereitstellung des Ereignisumfeldes für sekundäre Veranstaltungen des Sponsors (Stichwort: Das Turnierumfeld als Erlebnislandschaft)
- Die Durchführung der Veranstaltung gehört nicht zur Leistungsverpflichtung des Veranstalters dem Sponsor gegenüber. Das »Ob« ist vom »Wie« zu trennen.

2. Sonstige typische Leistungsvereinbarungen

- Verpflichtung, eine bestimmte Ausrüstungsgegenstände zu benutzen; Gebrauchs- und Präsentationspflicht im Wettkampf, im Training, bei öffentlichen Auftritten (TV, Autogrammstunden), und diese Gegenstände nicht zu verändern hinsichtlich Markenzeichen, Firmenlogi etc. und nicht Markenzeichen, Firmenloge anderer Hersteller anzubringen;
- Verpflichtung, auf der Wettkampfkleidung Mitteilungsträger (Firmenlogo etc.) des Sponsors -oftmals an einer vertraglich festgelegten Stelle- zu tragen (Präsentationspflicht);
- Verpflichtung zur persönlichen Mitwirkung an Werbemaßnahmen des Sponsors wie Autogrammstunden, Empfänge, Messeauftritte, Werbespots;
- Vergabe von »Titeln« wie offizieller Ausrüster, offizieller Sponsor, Hauptsponsor (»Sponsorentitel«);

- Einräumung von vereins- oder verbandsrechtlichen Veto- oder gar Mitbestimmungsrechten für den Sponsor[68];
- Einrichtung von VIP-Bereichen für Angehörige des Sponsorunternehmens;
- Anzeigen in Veranstaltungsprogrammen und Fachpresse;
- Zurverfügungstellung von VIP-Eintrittskarten für den Sponsor.

III. Typische Nebenabreden im Sponsoringvertrag

1. Beratungspflichten

Regelmäßig werden im Sponsoringvertrag wechselseitige Beratungspflichten normiert. Der Sponsoringnehmer hat insbesondere bei Ausrüsterverträgen dem Sponsor seine Erfahrungen mit dem Produkt im Wettkampf und im Training mitzuteilen und Anregungen zur Verbesserung zu geben. Der Sponsor verpflichtet sich zur Beratung des Gesponserten in Ausrüstungs- und Materialfragen, aber auch in Marketingbelangen findet eine umfassende Beratungstätigkeit durch den Sponsr statt.

2. Konkurrenzklauseln

Die Stellung des Sponsors im Marketingkonzept des Sponsoringnehmers wird vertraglich genau beschrieben. Der Sponsor kann exklusiver Alleinsponsor sein, dann besteht ein vertraglicher Ausschluß zum Abschluß weiterer Sponsoringverträge. Es können explizit Fremdwerbeverbote vereinbart werden. Ist der Sponsor dagegen Haupt-, Co- oder Nebensponsor, so ist der Abschluß weiterer Sponsoringverträge durch den Sponsoringnehmer nach Abstimmung mit den jeweils anderen Sponsoren gestattet. Ebenso wird dem Sponsor ein Konkurrenzverbot zugunsten des Sponsoringnehmers vertraglich auferlegt. Er soll nicht gleiche oder ähnliche Sponsoringverträge mit Wettbewerbern des Sponsoringnehmers -ohne dessen ausdrückliche Zustimmung- abschließen können.

3. Neuverhandlungsklauseln

Da weder die Sponsoringparteien noch die fachkundigen Agenturen sämtliche Entwicklungen während eines Sponsorships bis ins Detail vorauszusehen in der Lage sind, werden die Inhalte verschiedener Hauptleistungsverpflichtungen zu einem Teil nur rahmenartig festgelegt. Dabei

68 Zur Problematik der Einflußnahme des Sponsors auf vereins- oder verbandsinterne Entscheidungen siehe Stephan Netzle, Sponsoring von Sportverbänden, S. 53 ff.

versprechen die Sponsoringpartner einander die grundsätzliche Bereitschaft, diese Rahmenverpflichtungen durch Neuverhandlungen während des Sponsorships zu präzisieren. Auf diese Weise vermeiden die Parteien einen unnötigen Regelungsballast, der sich durch den Versuch einer lückenlosen Problem- und Ereignisantizipation im Vertragswerk anhäufen und die Vertrauensbeziehung der Sponsoringpartner belasten würde.

4. Kündigungsrechte

Grundsätzlich werden Sponsoringverträge für eine bestimmte Zeitdauer geschlossen, nach deren Ablauf der Vertrag von selbst endet, vorbehaltlich einer einvernehmlichen Verlängerung. Beim Single- und Institutionssponsoring beträgt die Basisvertragslaufzeit mindestens ein Jahr mit einfacher oder doppelter Verlängerungsoption für ein weiteres Jahr. Eine ordentliche Kündigung ist in der Regel ausgeschlossen. Überdies verabreden die Parteien ein beiderseitiges außerordentliches Kündigungsrecht unter Benennung der wichtigsten Auflösungstatbestände.

5. Vertragsstrafe, Schadensersatz

Für den Fall einer nachhaltigen Leistungsstörung oder Nichteinhaltung des Garantieversprechens (s.o.) werden Vertragsstrafen und pauschalierte Schadensersatzsummen in das Vertragswerk aufgenommen. Besonders die Lieferung von für das Sponsorship essentiellen Ausrüstungs- oder Organisationsmitteln so wie die Einhaltung der Konkurrenzverbote werden durch Vertragsstrafeabreden gesichert.

6. Optionsrechte

Beiderseits werden Optionsrechte zur Fortsetzung des Vertragsverhältnisses zu gleichbleibenden oder veränderten Bedingungen eingeräumt, die auszuüben an eine Frist gebunden werden.

7. Zustimmungs- und Genehmigungsvorbehalte

Um der Stellung des Sponsors gegenüber anderen Sponsoren gerecht zu werden, läßt sich der Sponsor Genehmigungsvorbehalte für den Abschluß weiterer Sponsoringverträge vom Sponsoringnehmer einräumen. Aber auch bevorstehende TV-Auftritte, Interviews und ähnlich publikumswirksame Auftritte des Gesponserten werden vereinzelt von Zustimmung und Genehmigung des Sponsors abhängig gemacht. Das Ziel ist hierbei die Vermeidung von Konfliktpotentialen und dem Risiko einer sponsoringwidrigen Imageschädigung.

8. Fixierung nachvertraglicher Rechte und Pflichten

Für den nachvertraglichen Zeitraum werden insbesondere Verschwiegenheits- und Treuepflichten vereinbart. Aber auch nachvertragliche Aufbrauchsfristen für das erstellte Werbematerial (TV-Spots, Namensnutzung für Produkte etc.) finden regelmäßig Eingang in das Sponsoringvertragswerk, um dem Sponsor die Ausnutzung der Werbemöglichkeiten zu sichern, ohne später eventuellen Schadensersatzansprüchen ausgesetzt zu sein.

IV. Sonstige, nicht sponsoringtypische Vereinbarungen

1. Öffnungsklauseln

Da auch den Sponsoringpartnern die sich aus den §§ 134, 138 BGB ableitenden Rechtsfolgen übermäßger Bindung und Knebelung des Vertragsgegners bekannt sind, vereinbaren die Parteien regelmäßig sogenannte Öffnungsklauseln, die es z.B. dem Gesponserten ermöglichen, im Falle der Unwirksamkeit eines Werbeverbotes Sponsoringverträge mit weiteren Sponsoren abzuschließen, ohne das gesamte Vertragswerk in Frage zu stellen.

2. Wohlverhaltensklauseln

Die Vertragsparteien verpflichten sich, alles zu unterlassen, was dem Vertragszweck und den erkennbaren Interessen einer Partei zuwiderläuft. Insbesondere werden hier Treue-, Rücksichtnahme- und besondere Verhaltenspflichten präzise normiert, die verhindern sollen, daß ein Imageschaden auf der Seite des jeweils anderen Vertragspartners entsteht. Kennzeichnend für die Vereinbarung der Wohlverhaltenspflicht ist deren Gegenseitigkeit. Der Wohlverhaltenspassus ist nicht nur an den Gesponserten, sondern auch an den Sponsor adressiert[69].

3. Haftungsbeschränkungsklauseln

Bei den beiderseits umfangreich vereinbarten Beratungspflichten wird regelmäßig ein beiderseitiger Haftungsausschluß vereinbart, der wiederum durch Öffnungsklauseln gegen die Sanktionswirkung des § 138 BGB abgesichert ist.

69 Zwar begegnen allgemeinen Wohlverhaltensklauseln prozessualen Bedenken, da sie eine nur schwer bestimmbare Leistungspflicht festlegen, deren Durchsetzbarkeit sich wie jede andere Leistungspflicht auch am Bestimmtheitsgrundsatz des §253 ZPO messen lassen muß. Dennoch bieten die Wohlverhaltensklauseln einen brauchbaren Ansatz zur Vertragsauslegung.

4. Schiedsgerichtsklauseln

Insbesondere beim internationalen Sponsoring und beim Ereignissponsoring werden Schiedsgerichtsklauseln zwischen den Parteien vereinbart. Die schnelle Abwicklung und Klärung von Konflikten sprechen gerade beim Ereignissponsoring für eine schiedsrichterliche Streitschlichtung. Beim Sponsoring von Einzelpersonen ohne den Umweg über rechtsfähige Verwertungsgesellschaften oder Agenturen tritt die Möglichkeit einer eindeutigen Zuständigkeitszuweisung hinzu. Denn nach § 38 ZPO ist eine Gerichtsstandvereinbarung von Nichtkaufleuten, zu denen Einzelsportler regelmäßig zu zählen sind, nur in den engen Grenzen des Abs. II und III zulässig.

D. Das sponsoringvertragliche Umfeld

I. Das Verhältnis des geförderten Vereins/Verbandes zu seinen Mitgliedern

Streng zu trennen ist beim institutionellen Sponsoring die sponsoringvertragliche (Außen-) Beziehung zwischen dem Sponsor und dem Verein oder dem Verband einerseits von der Binnenbeziehung zwischen dem Verein oder dem Verband zu den Mitgliedern und den Einzelathleten der Mannschaft andererseits[70]. Ein Wechsel des Mitgliederbestandes oder der Mannschaftszusammensetzung hat auf Bestehen oder nicht Bestehen des Sponsoringvertrags keinen Einfluß. Der professionelle Athlet ist im Rahmen seines überwiegend als Arbeitsverhältnis zu qualifizierenden Rechtsverhältnisses nur seinem Verein oder Verband gegenüber zur Durchführung der sportlichen Aktivität verpflichtet[71]. Das allein auf der Mitgliedschaft beruhende personenrechtliche Verhältnis des Amateursportlers zu seinem Verein kann im Außenverhältnis zum Sponsor weder berechtigend noch verpflichtend wirken[72]. Leistungsstörungen im Verhältnis

70 Zur Problematik der Konkurrenz zwischen Innen- und Außenverhältnis im Verbandssponsoring siehe Stephan Netzle, Sponsoring von Sportverbänden, S. 53 ff, 146 ff.

71 Zum Verhältnis Athlet und Verein bzw. Verband siehe auch: Westermann, in Eike Reschke (Hrsg.), Sport als Arbeit – zur rechtlichen Stellung von Amateuren und Profis, » Der Sportler als Arbeitnehmer besonderer Art« -zur Durchdringung von arbeitsrechtlichen Regelungen durch vereins-, und verbandsautonome Bestimmungen« S. 35, (37); Seit langem ist anerkannt, daß die Erbringung sportlicher Leistung in Vereinen Gegenstand eines Arbeitsverhältnisses sein kann: Weisemann, Sport-Spiel-und Recht, S. 10 ff; nach BAG in NJW 1980, S.470, sind Profifußballer Angestellte der Bundesligavereine im Sinne des §616 II 1 BGB; Hueck-Nipperdey, Arbeitsrecht, Band I 7.Aufl. 1963, S. 35;Zöllner-Loritz, Arbeitsrecht, 4. Auflage, 1992, S. 44; §10 des Lizenzspielerstatuts des Deutschen Fußballbundes, RdA 1982 S. 59 ff, »Lizenzspieler sind Arbeitnehmer besonderer Art eines vom DFB lizenzierten Vereins. Die Mitgliedschaft in diesem Verein ist für die Dauer des Vertragsverhältnisses ausgeschlossen.«; Meyer-Cording, Die Arbeitsverträge der Berufsfußballspieler, in RdA 1982 S. 13ff.

72 Die Mitgliedschaft als solche ist allerdings ein »sonstiges Recht« im Sinne des §823 I BGB und entfaltet somit inter omnes Wirkung auch im Außenverhältnis. Zu der rechtlichen Stellung des Amateurs siehe: Hugo Seiter, Vertrags- und arbeitsrechtliche Probleme der Werbung durch Spitzensportler, in Wolfgang Grunsky (Hrsg.) Werbetätigkeit und Sportvermarktung, S. 43.

zwischen Athlet und Verein oder Verband können aber unter dem Aspekt des Wegfalls der Geschäftsgrundlage beim Sponsoringvertrag Bedeutung erlangen[73]. Darüber hinaus werden in der Praxis sogenannte Aktivenvereinbarungen zwischen dem Verband oder Verein und den Athleten geschlossen, in denen die Umsetzung des Sponsoringvertrags zu einer dem Verband oder dem Verein gegenüber bestehenden Pflicht des Athleten erhoben wird. Auch ist eine Einbeziehung des Einzelathleten in den Sponsoringvertrag als leistungsberechtigter oder schutzwürdiger Dritter denkbar[74].

Dennoch ist der einzelne Athlet der Hauptakteur des Sponsorships, obgleich er nicht Partei des Sponsoringvertrags ist. Er kommt in den Genuß der Förderleistung, um seinetwillen wird der Vertrag vom Sponsor überhaupt erst abgeschlossen. Er ist der mittelbare Nutznießer des Vertrags, er ist der Imageträger. Dies gilt für den einzelnen Skiläufer im Deutschen Skiverband ebenso wie für die Mannschaftsmitglieder prominenter Fußballvereine. Bei Mannschaftssportarten wie Fußball oder Eishockey verteilt sich die Imageträgerschaft jedoch auf mehrere oder gar alle Mannschaftsmitglieder. Probleme der Konkurrenz meherer Sponsoringverträge und der Bindungswirkung des Sponsoringvertrags zulasten Dritter sind noch zu erörtern.

II. Steuerliche Parameter des Sponsoringvertrags

1. Gemeinnützigkeit, Steueraspekte beim Sponsoring von Amateurvereinen und -verbänden

Die Fremdförderung von Amateurmannschaften in Vereinen und Verbänden wird durch eine steuerrechtliche Komponente um eine Dimension erweitert[75]. Um den Status der Steuerfreiheit als gemeinnütziger Verein im Sinne des § 52 AO nicht zu verlieren, gründen Verbände und Vereine Marketinggesellschaften in der Rechtsform einer GmbH, deren alleinige Gesellschafter sie werden und der sie die gesamten Marketingaktivitäten übertragen[76]. Beispielhaft sei nur die Deutsche Sportmarke-

73 Zur Leistungsstörungsdiskussion in diesem Punkt siehe unten Vierter Teil C V 3b.

74 Dazu siehe unten Kapitel Dritter Teil C VI.

75 Bei der Förderung von Berufssportvereinen und -verbänden besteht keine Möglichkeit für den Verein oder Verband der Körperschafts-, Gewerbe- oder Umsatzsteuer zu entgehen, weil diese eine nachhaltige wirtschaftliche und über den Zweck einer gemeinnützigen Aktivität hinausgehende Tätigkeit ausüben.

76 Greffenius-Borcherdt, Vertragsrechtliche Praxis der Werbung durch Spitzensportler, in Grunsky, Werbetätigkeit und Sportvermarktung, S. 5; Jochen Kühl, Rechtstatsächliche Konstruktionen der Werbung durch Verbände und Vereine, in Grunsky, Werbetätigkeit und Sportvermarktung, S. 36; Hugo Seiter, Vertrags- und arbeitsrechtliche Probleme der Werbung durch Spitzensportler, in Grunsky, Werbetätigkeit und Sportvermarktung, S. 57; Walter Schmalzing, Steuerrechtliche Probleme des Sponsoring, in Arnold Hermanns, Sport- und Kultursponsoring, S. 259 f.

ting GmbH (Verwertungsgesellschaft der Deutschen Sporthilfe und des NOK) genannt. So wird Partei des Sponsoringvertrags nicht der Verein oder Verband und auch nicht der einzelne Athlet, sondern vielmehr die Verwertungsgesellschaft. Im Sponsoringvertrag wird dann die Mitwirkungspflicht des Vereins oder Verbandes am konkreten Sponsorship fixiert. Damit werden die Leistungsverpflichtungen nicht vom Verein oder Verband, sondern allein von der Marketing-GmbH dem Sponsor gegenüber erfüllt. Die Sponsorenleistung fließt steuertechnisch nur der Marketing-GmbH zu. So wird sichergestellt, daß der Verein nach § 5 I Nr. 9 S.1 und 2 KstG und § 24 KstG körperschaftsteuerfrei und auch gemäß § 3 Nr. 6 GewStG gewerbesteuerfrei bleibt, da er keinen wirtschaftlichen Geschäftsbetrieb im Sinne des § 65 AO ausübt. Weiterhin verbleibt dem Verein oder Verband auch die in § 4 Nr. 8 UStG fixierte Umsatzsteuerfreiheit. Was anfällt, sind allenfalls geringer besteuerte Einkünfte aus Vermögensverwaltung in Form der ausgeschütteten Gewinne der GmbH. Damit behält der Verein aus fiskalischen Tatbeständen heraus den Status der Gemeinnützigkeit nach §§ 51 – 68 AO und kann gleichzeitig -über den Umweg der dann körperschaftsteuerpflichtigen GmbH- Sponsoring betreiben und Einnahmen erzielen. Darüber hinaus können die Athleten in den Genuß von Sponsoringleistungen aus der Hand vereins- und verbandsexterner Förderer kommen, ohne ihren für die Teilnahme an den Olympischen Spielen konstitutiven Amateurstatus zu gefährden[77].

2. Verbands- und vereinsinitiierte Pools

Aus ähnlicher Motivations- und Interessenlage heraus haben einige Sportdachverbände sogenannte Pools in der Rechtsform der GmbH, wie den »Ski-Pool« oder den »Tennis-Pool« gebildet. Hier bietet der Verband über den aus dem gemeinnützigen Verein ausgelagerten Pool mehreren Sponsoren gleichzeitig an, ihre Förderleistung dem Pool gegenüber zu erbringen. So sind nicht nur die Steuervorteile gewahrt, sondern es ist auch eine optimale Versorgung der Sportler mit Finanzmitteln, Ausrüstung und Dienstleistungen sichergestellt. Diese Pools sind äußerlich mit den bereits genannten Sponsoren-Pools zu vergleichen. Sie unterscheiden sich aber durch die Initiativrichtung. Hier geht die Sponsoringinitiative vom Verband aus, dort von den Sponsoren selbst. Beim verbandsinitiierten Sponsoring haben die Sponsoren keinen Einfluß auf die Zusammensetzung des Sponsorenpools und können insbesondere Wettbewerber nicht vom Pool ausschließen.

77 Nach der Regel 26 und 53 des IOC dürfen Amateursportler zu den Olympischen Spielen nur zugelassen werden, wenn sie die Nutzungsrechte an ihrem allgemeinen Persönlichkeitsrecht niemand anderem als dem NOK übertragen haben.

Auf keinen Fall jedoch dürfen die Vermarktungsgesellschaften der Vereine und Verbände mit den am Sponsoringvertrag zunehmend beteiligten Agenturen gleichgesetzt werden[78]. Die Marketinggesellschaften der Vereine und Verbände vertreten ausschließlich die Vereins- und Verbandsinteressen und verstehen sich nicht als Agenturen. Die Vermarktungsgesellschaften betreiben Selbst-, die Agenturen Fremdvermarktung, auch dann, wenn ihnen die Nutzungsrechte von den Sponsoringnehmern zur Verwertung exkluxiv übertragen wurden. Die Konkurrenzsituation der Vermarktungsgesellschaften der Vereine und Verbände zu den Sponsoring-Agenturen ist daher eine nur scheinbare.

3. Sponsor, Sponsoringnehmer und Agentur

Damit der Sponsoringnehmer in den Genuß der möglichst vollen Sponsoringleistung kommen kann, sind für die Vertragsgestaltung und das konzeptionelle Vorgehen steuerliche Aspekte von hervorragender Bedeutung. Läßt sich der Gesponserte auf eine eigene Vermarktung seiner geldwerten Rechtsgüter ein, so läuft er Gefahr, je nach Rechtsform und Umfang der Betätigung, der Körperschafts- oder Gewerbesteuerpflicht zu unterliegen und so lediglich eine um den Steuerabzug geminderte Sponsoringsumme einbehalten zu dürfen. Überträgt er indessen seine vermarktungsfähigen Rechte auf eine Agentur, so sind die ihm daraus zufließenden Einnahmen solche aus Vermögensverwaltung nach § 65 I Nr 3 AO, die einer wesentlich geringeren Besteuerung als bei der Gewerbe- und Körperschaftsteuer unterliegen[79]. Darüber hinaus fällt bei der in eigenem Namen durch eine Agentur durchgeführten Verwertung der Rechtsgüter für den Gesponserten keine Umsatzsteuer an. Dem Sponsor ist es regelmäßig gleichgültig, wem gegenüber er steuertechnisch die Sponsorenleistung erbringt, da seine Aufwendungen in aller Regel als gewinnmindernde Betriebsausgaben gemäß § 4 IV EStG zu qualifizieren sind. Dies macht für ihn auch den Nachteil wett, nicht in die steuerrechtlich relevante, weil günstige Spendenregelung zu fallen, die sich nur auf dem Sportsponsoring unzugängliche Zuwendungen zu gemeinnützigen, kirchlichen oder mildtätigen Zwecken bezieht[80].

78 In der Literatur werden die Marketing-GmbHs und die Pools bisweilen mit den SportSponsoring-Agenturen funktional gleichgesetzt. Norbert Drees, Sportsponsoring, S. 56 , 70; ders. Charakteristika des Sportsponsoring, in Arnold Hermanns, Sport- und Kultursponsoring, S. 56 f; Manfred Bruhn, Sponsoring, S. 87.

79 Walter Schmalzing, Steuerrechtliche Aspekte des Sponsoring, in Arnold Hermanns, Sport- und Kultursponsoring, S. 259 (266).

80 Darüber hinaus wird dem Sponsor die steuerlich günstige Spendenregelung nur selten zugute kommen, da er die Sponsoringleistung nur um der vom Leistungsempfänger versprochenen Gegenleistung willen erbringt, und damit der Spende das wesenstypische Merkmal der Gegenleistungsfreiheit fehlt.

Beim Individualsponsoring schaltet der gesponserte Einzelathlet häufig zwischen sich und die Agentur noch eine eigene Verwertungsgesellschaft, der er die vermarktungsfähigen Verwertungsrechte zur exklusiven Nutzung überträgt. Diese Verwertungsgesellschaft wird in einem Staat angesiedelt, in dem die steuerliche Belastung (Einkommen-, Körperschaft-, Gewerbe-, Vermögensteuer etc.) niedriger ist als in der Bundesrepublik Deutschland. Vertragspartner des durch die Agentur vermittelten Sponsoringvertrags sind dann der Sponsor und die Verwertungsgesellschaft.

III. Mittelbar Beteiligte des Sponsoringvertrags

1. Agenturen[81]

Zur Realisierung und Optimierung der Sponsorships schalten die Vertragsparteien immer häufiger Agenturen in ihr Sponsoringkonzept ein. Hierbei stehen ihnen eine Vielzahl von unterschiedlichen Agenturformen zur Verfügung. Dabei haben sich insbesondere von den klassischen Werbeagenturen auf Sponsoring spezialisierte Fachagenturen abgesetzt, die teils als Niederlassungen US-amerikanischer Agenturen und teils als Neugründungen auftreten. Diese Agenturen, auch »Markthelfer« genannt, treten auf als internationale Sportvermarktungsagenturen, die den Sponsoren internationale Sportgroßveranstaltungen gleichsam als »Paket« anbieten und diese Ereignisse komplett vermarkten. Sportler-Agenturen stehen auf der Seite der gesponserten Athleten, die sie in der Regel längerfristig und exklusiv in allen rechtlichen und finanziellen Belangen gegenüber allen Beteiligten umfänglich in finanziellen, steuerlichen und betriebswirtschaftlichen Belangen beraten. Neben Spezialagenturen für Banden- und Sportstättenwerbung und Lizenzagenturen für gewerbliche Schutzrechte existieren SportSponsoring-Agenturen, die potentiellen Sponsoren und Gesponserten einen sogenannten »Full-service« anbieten.

Alle Agenturen werden innerhalb zwei verschiedener Rechtskonstruktionen tätig: Entweder sie handeln in eigenem Namen als Abschlußagenten, wenn der Agentur die Nutzungsrechte zur Ausübung vom Gesponserten übertragen werden, oder sie handeln in fremdem Namen als Vermittlungsagent, wenn ein Vermittlungsauftrag von Sponsor oder Gesponsertem vorliegt.

81 Norbert Drees, Sportsponsoring,, S. 55 f; ders. Charakteristika des Sportsponsoring, in Arnold Hermanns, Sport- und Kultursponsoring, S. 57; Bruhn-Mehlinger, Rechtliche Gestaltung des Sponsoring, Band I, S.22; Heinrich Wimmer, Möglichkeiten und Grenzen des Sponsoring im Rahmen der Marketingaktivitäten von Anbietern, S. 16; Ein Agentur-Mustervertrag findet sich bei Peter Roth, Sportssponsoring, S. 237.

Je nachdem, in welcher Rechtsqualität die Agenturen für ihre Klienten tätig werden, ergeben sich für die Agentur folgende Leistungsinhalte aus dem Agenturvertrag:

- Aquisition und Übernahme von Werberechten gegen Entgelt zur Vermarktung in eigenem Namen und auf eigene Rechnung; Akquisition und Vermittlung von Verträgen auf Provisionsbasis, Handeln in fremdem Namen auf fremde Rechnung,
- Vermittlung von Serviceleistungen wie Autogrammstunden, Pressetermine, Messeauftritte, Verkaufs- und PR-Aktionen,
- eigenverantwortliche Durchführung von Sponsorships, Kontrolle und Überwachung der initiierten und eigenen Sponsorships,
- Beratung und Entwicklung der Sponsoringkonzeption für den Sponsor aus betriebswirtschaftlicher und rechtlicher Sicht, Abstimmung des Sponsorships mit der Gesamtkommunikationsstrategie des Sponsors,
- Karriereberatung und -planung für den Gesponserten, Managementberatung für das Sponsorenunternehmen, Erstellung von Sponsoring-Paketen für Ereignissponsoring,
- Kontaktpflege zu den Medien, zu potentiellen Sponsorunternehmen und Veranstaltern förderungswürdiger Ereignisse, zu Sportlern und Vereinen/Verbänden,
- laufende Rechnungslegung und Buchführungsarbeiten für den Sponsor und den Gesponserten, Anlage-, Vermögens- und betriebswirtschaftliche Beratung
- Serviceleistungen wie Zahlungsverkehr, Hotel-, Flug-, Reiseservice, Pressearbeit, Medienauswertung und Erfolgskontrolle der Sponsorships.

2. Die Medien

Das für das Sponsoring prominenteste Medium ist das öffentlich-rechtliche und private Fernsehen, aber auch Printmedien und Rundfunk lassen sich für das Sponsoring nutzbar machen. Dabei sind diese Massenmedien betriebswirtschaftlich und funktionstechnisch wesentlicher Bestandteil der Sponsoringkonzeption[82]. Allerdings sind sie nicht unmittelbar in den Sponsoringvertrag eingebunden, es sei denn, ein Medium tritt selbst als Sponsor oder Gesponserter in Erscheinung. Werden Werberechte, wie z.B. Senderechte für ein Sportereignis, von Agenturen oder dem Gesponserten

82 Zur Rolle der Medien aus betriebswirtschaftlicher Sicht siehe oben Erster Teil, C II 2.

unmittelbar an die Medien veräußert, so ist dies vom Sponsoringvertrag rechtlich zu trennen, auch wenn wirtschaftlich ein Funktionszusammenhang zwischen dem Sponsorship und dessen medialer Verbreitung besteht. Besondere Erscheinungsformen, wie die das konkrete Sponsorship flankierende zusätzliche Kontaktpflege (Geld-, Sach-, Dienstleistungen) des Sponsors zu den Journalisten und Berichterstattern, können als wettbewerbsrechtlich bedenkliche Auswüchse qualifizert werden, die indes außerhalb der vertraglichen Sphäre des Sponsoring ablaufen[83].

Die rechtliche Verbindung der Medien zum Sponsoring beschränkt sich auf eine delikts- und wettbewerbsrechtliche, die weder für die realtypologische, noch die normativ-logische und idealtypologische Erfassung des Beziehungsgeflechts im Sponsoring von Bedeutung ist. Der in der Beteiligung der Medien liegende Multiplikatoreffekt des Sponsoring wirkt sich jedoch mittelbar auf die sponsoringvertraglichen Nebenpflichten der Vertragsparteien aus, die zu benennen und zu normativ würdigen einem späteren Kapitel vorbehalten sind[84].

E. Typischer Aufbau des Sponsoringvertrags

Der gewöhnliche Aufbau eines Sponsoringvertrags erweist sich als gänzlich unspektakulär[85]. Regelmäßig wird eine Präambel an den Vertragsanfang gestellt, die die Parteien und den Vertragszweck genau bezeichnet. Oft wird hier bereits die Stellung des Sponsors als Exklusiv- oder Haupt- bzw. Co-Sponsor fixiert. Zuweilen wird auch bereits die (Grund-) Laufzeit in die Präambel aufgenommen. Anschließend werden die Primärleistungspflichten des Sponsors und die des Gesponserten beschrieben. Es folgen Vereinbarungen über Konkurrenzsponsorships und Wettberwerbsverbote, Zustimmungserfordernisse, Wohlverhalten, Optionsrechte, Schiedsgerichtsklauseln, Vertragsbeendigung und Zahlungs- bzw. Lieferungsmodalitäten, wobei die optische und redaktionelle Vertragsgestaltung keinen festen Regeln unterliegt. In einem anhang zum Vertrag werden einzelne Leistungsgegenstände präzise aufgeführt.

83 Zur wettbewerbsrechtlichen Fragestellung im Hinblick auf die Beziehung zwischen Sponsor und den Medien siehe: Bruhn-Mehlinger, Band I, S. 117 ff und S. 222; Neal George Weiand, Kultur- und Sportsponsoring im deutschen Recht, S. 190 ff.

84 Dazu siehe unten Vierter Teil A II und C III.

85 Ähnliche Strukturen im redaktionellen und optischen Vertragsaufbau finden sich auch in anderen Vertragstypen. Siehe z.B. den Aufbau des Franchisingvertrags bei Michael Martinek, Moderne Vertragstypen, Band II, S. 36.

F. Zusammenfassung des Zweiten Teils

Es lassen sich drei Grundvarianten des Sponsoring in der Rechtswirklichkeit ausmachen: das Individualsponsoring einzelner natürlicher Personen, das institutionelle Sponsoring von Vereinen und Verbänden und schließlich das Sponsoring von Veranstaltungen. Alle Sponsoringverträge weisen mehr oder minder gleichbleibende und damit typische Leistungsinhalte auf der Seite des Sponsors und derjenigen des Sponsoringnehmers auf. Es besteht ein Mixtum an Leistungsverpflichtungen, das sich aus Sach-, Geld-, Dienstleistungen, Unterlassungs- und konkreten Verhaltenspflichten zusammensetzt.

Die Dauerhaftigkeit und die noch zu verdeutlichenden kooperativen und integrativen Elemente des Sponsoringvertrags machen es verständlich, daß die vertragliche Normsetzung hinter den realen Verhaltensweisen der Parteien einerseits und andererseits hinter dem Anspruch auf vollständige Normgebung zwangsläufig zurückbleiben muß. Der Sponsoringvertrag ist zum einen mehr als das, was zwischen den Parteien in Wort und Schrift vereinbart wird. Zum anderen erweist er sich als ein im Hinblick auf das anwendbare Recht unvollkommenes Normengefüge. Erst die normative Würdigung der expliziten Vereinbarungen kann die impliziten Interessen und Zwecksetzungen des Sponsoringvertrags auffinden und sponsoringtypische Konfliktfälle einer gerechten Lösung zuführen helfen.

Dritter Teil: Rechtsnaturdebatte

A. Einleitung, methodisches Vorgehen

Die Rechtsnaturdebatte beschäftigt sich mit der Frage, auf welche Weise die vertraglichen Realtypen normativ mit dem Instrumentarium des bestehenden Vertragsrechts zu erfassen sind. Erst die Klarheit über die Rechtsnatur eines realen Vertragstyps kann die anschließende Frage nach dem im Konfliktfall anwendbaren Rechtsfolgenprogramm beantworten helfen. Der Sponsoringvertrag ist an dieser Stelle auf seine Gemeinsamkeiten und Unterschiede zu etablierten Vertragstypen zu untersuchen, um dann eine Einordnung in die allgemeine Vertragstypologie vornehmen zu können. Die Qualifikation des Sponsoringvertrags als ein konkreter Vertragstyp, als ein typengemischter Vertrag oder als ein Vertrag eigener Art, oder gar das Auseinanderfallen des Sponsoringvertrags in eine lediglich wirtschaftlich einheitliche Verbindung rechtlich zu trennender Verträge sind mögliche Einschätzungsalternativen, die in Wissenschaft und Praxis sämtlich vertreten werden[86].

Auf der Suche nach der Rechtsnatur eines Vertrags bieten sich zwei Grundformen der Vorgehensweise an: Das begriffsorientierte und das typologische Vorgehen. Beiden Methoden ist gemein, daß der zu untersuchende konkrete vertragliche Realtypus mit Tatbestandsmerkmalen normierter Vertragstypen in Beziehung gesetzt wird. Bei der ersteren Variante wird unter einem Tatbestandsmerkmal ein klassenlogischer Begriff verstanden, bei dem das Subsumtionsergebnis eine binäre Struktur aufweist: Entweder der Begriff ist erfüllt oder er ist eben nicht erfüllt. Die Zuordnung des zu untersuchenden Elements zum gesetzlichen Tatbestandsmerkmal ist dabei ein rein mechanischer Vorgang, der den zu untersuchenden Vertragstyp in seine arithmetischen Bestandteile ohne Rücksicht auf individuelle Parteiabreden oder organische Sinnzusammenhänge zerlegt[87], mit dem gerade für den Rechtsanwender unschätzbaren Vorteil der Praktikabilität, der Rechtssicherheit und der Rechtsklarheit[88].

86 Zu der gesamten Bandbreite der normativen Einschätzungsalternativen in Wissenschaft und Praxis siehe oben Erster Teil A II.

87 Auf die Darstellung der Möglichkeiten einer Berührung des sogenannten Begriffshofes unter Aussparung des Begriffskerns nach Walter Schluep, Innominatverträge, S. 789, soll hier verzichtet werden. Zur Abgrenzung von Begriff und Typus siehe Detlef Leenen, Typus und Rechtsfindung,, S. 42; Michael Martinek, Moderne Vertragstypen Band 1, S. 19; Stefan Sigulla,Vertragstypologie und Gesetzesleitbilder, S. 109.

88 Walter Schluep, Innominatverträge S. 789, 792; Detlef Leenen, Typus und Rechtsfindung, S. 179; Esser-Schmidt, Schuldrecht Allgemeiner Teil, 8. Auflage, 1995, S. 116; Karl Larenz, Methodenlehre der Rechtswissenschaft; S. 433; Hans Charmatz, Zur Geschichte und Konstruktion der Vertragstypen im Schuldrecht, S. 348, 349.

Das Wesen des typologischen Vorgehens liegt demgegenüber in einer wertenden Betrachtungsweise[89]. Die Tatbestandsmerkmale des zu begutachtenden Vertragstyps werden dabei als typologische, nicht randscharf abgrenzbare und elastische Merkmale mit einer gewissen Variationsbreite verstanden, bei denen die Subsumtion unter dem Diktat einer funktionalen Betrachtungsweise zugunsten einer ausgeprägten Sachgerechtigkeit steht.

Die Vorteile der typologischen Vorgehensweise liegen deutlich auf der Hand: Das moderne Vertragstypenrecht ist mit der pandektistisch geprägten Leitbildfunktion des kodifizierten Vertragstypenrechts nur noch mit Mühe zu begreifen[90]. Zwar liegen den Urtypen des römischen Vertragsrechts auch rechtswirkliche Realtypen in Form von sich ständig wiederholenden Verhaltensweisen des Kontrahierens zugrunde, indes haben sich die rechtswirklichen Kontrahierungsrituale der Parteien seit dieser Zeit derart grundlegend verändert, daß sich der Einbau moderner Vertragstypen in das tradierte Vertragstypengefüge als spröde erweist[91]. Allein die Vokabeln, mit denen vertragliche Parameter benannt werden, sind dieselben geblieben, ihre Bedeutung und ihr Sinngehalt haben sich mit den Jahrhunderten grundlegend gewandelt. Zu Recht werden die modernen Vertragstypen als eine »Attacke« auf das tradierte Vertragstypenrecht bezeichnet[92], der nur mit einem Belassen des Typus als organischer und funktionaler Sinneinheit begegnet werden kann. Das aber leistet nur die typologische Konzeption in der Beurteilung, der Auslegung und der rechtlichen Erfassung moderner Vertragsformen, indem sie die Sachgerechtigkeit der Praktikabilität und begrifflichen Klarheit voranstellt.

Der Sponsoringvertrag soll daher auf seine typologischen Eigenheiten untersucht und mit den typologischen Merkmalen des tradierten Vertragsrechts in Beziehung gesetzt werden. Dabei ist der Untersuchungsgegenstand zunächst näher einzugrenzen.

89 Detlef Leenen, Typus und Rechtsfindung, S. 124; Walter Schluep, Innominatverträge S. 793; Karl Larenz, Methodenlehre der Rechtswissenschaft, S. 443.

90 Günter Weick, Die Idee des Leitbildes und die Typisierung im gegenwärtigen Vertragsrecht, NJW 1978, S. 13 (15); zum historischen Überblick über das Vertragstypenrecht siehe: Detlef Leenen, Typus und Rechtsfindung, S. 92; Ernst A. Kramer, Neue Vertragsformen der Wirtschaft, 2. Auflage, S. 23 f; Michael Martinek, Moderne Vertragstypen, Band 1, S. 15 f, Hans Charmatz, Zur Geschichte und Konstruktion der Vertragstypen im Schuldrecht, S. 149f; Stefan Sigulla, Vertragstypologie und Gesetzesleitbilder; S. 91 ff.

91 Eberhard Schwark, Grundsätzliche Fragen zur Überarbeitung des Schuldrechts des BGB, in JZ 1980, S.741 (743); Günter Weick, Die Idee des Leitbildes und die Typisierung im gegenwärtigen Vertragsrecht, Njw 1980, S. 11 (14); Hermann Dilcher, Typenfreiheit und inhaltliche Gestaltungsfreiheit bei Verträgen, Njw 1960, S. 1040; Karl Hillermeier, Freiheit und soziale Verantwortung im Vertragsrecht, BB 1976, S. 725 f

92 Michael Martinek, Moderne Vertragstypen, Band 1, S. 10

B. Die konzentrischen Qualitätskreise des Sponsoring

I. Sponsoring im weiteren Sinne

Die in der Rechtswirklichkeit zu vermerkenden Vertragsgestaltungen mit dem Namen Sponsoring zerfallen in zwei qualitativ unterschiedliche, konzentrische Kreise: Das Sponsoring im engeren und das im weiteren Sinn. Das Sponsoring im weiteren Sinn erfaßt alle Vertragsgestaltungen, die die materielle Förderung des Sponsoringnehmers durch den Sponsor gegen eine irgendwie geartete Gegenleistung seitens des Gesponserten beinhaltet.

Unter das Sponsoring im nur weiteren Sinn fallen insbesondere klassische Mietverträge über Werbeflächen in Sportstadien, Dienstverträge über Catering bei Sportveranstaltungen, Lizenzverträge oder schlichte Ausrüsterverträge. Charakteristisch für diese Sponsoringverträge im nur weiteren Sinn ist der Umstand, daß sie sich in einem mehr oder weniger punktuellen Primärleistungsaustausch mit ex tunc präzise fixierten, und vor allem statischen Leistungsinhalten erschöpfen. Der über die schlichte Verschiebung von Wirtschaftsgütern hinausgehende Synergieeffekt zwischen der Leistung des Sponsors und der Gegenleistung des Sponsoringnehmers tritt -wenn überhaupt- nur zufällig ein. Denn mangels einer Vereinbarung besonderer Verhaltens-, Kooperations- und zusätzlichen Leistungsverpflichtungen oder Mediengarantien läßt sich eine vertragsimmanente Effektivitätskontrolle und eine Anpassung des Sponsorships an die gegenwärtigen Bedürfnissse eines bilateralen Imagetransfers nicht bewerkstelligen. Die Vertragspartner stehen sich beim Sponsoring im nur weiteren Sinne rechtlich wie wirtschaftlich und organisatorisch gleichberechtigt in einem Austauschverhältnis gegenüber. Über die bloßen Primärleistungen hinaus ergeben sich keinerlei besondere, für Austauschverträge atypische Interessenwahrungs- oder gesteigerte Treuepflichten.

Diese Vertragsgestaltungen finden sich (noch) häufig in der Vertragswirklichkeit, sollen hier indes nicht näher beleuchtet werden, da sich deren Regelungsprogramm nach den gesetzlichen Vorschriften über den jeweiligen Vertragstyp richtet und die Qualifikation eines solchen Vertrags als Nominat- oder verkehrstypischer Innominatvertrag keine nennenswerten Probleme bereitet. Allerdings können Leistungsvereinbarungen von Sponsoringverträgen im nur weiteren Sinn Bestandteil von Sponsoringverträgen im engeren Sinn sein, die dann in ihrer Rechtsnatur und im Hinblick auf das Rechtsfolgenprogramm nicht isoliert begutachtet werden dürfen, sondern sich in ihrer Beurteilung in den Gesamtzusammenhang aller Vereinbarungen des Sponsoringvertrags stellen lassen müssen[93].

93 Zur Methode der Erfassung typengemischter, zusammengesetzter und atypischer Verträge siehe unten Dritter Teil F.

II. Sponsoring im engeren Sinne

Isoliert begutachtet werden soll auf Rechtsnatur und Rechtsfolgenprogramm das Sponsoring im engeren Sinne, jene komplexe Langzeitbeziehung zwischen dem Sponsor, dem Gesponsertem und oft auch einer Agentur. Hier werden rechtliche Verpflichtungen weit über den bloßen sichtbaren Leistungsaustausch hinaus begründet. Der Austausch von Wirtschaftsgütern zwischen Sponsor und Gesponsertem ist gar nur Nebenkriegsschauplatz, das »eigentliche« Sponsoring findet »zwischen den Zeilen« statt.

Das Sponsoring im engeren Sinne weist ein gegenüber dem Sponsoring im nur weiteren Sinn zusätzliches Plus an jenseits des bloßen Leistungsaustauschs vereinbarten Verpflichtungen auf, die durch ein strategisch-kooperatives Element miteinander verknüpft sind. Die Parteien verabreden zunächst einen bestimmten, in der Regel nach Jahren bemessenen zeitlichen Rahmen für das Sponsorship. Beim Veranstaltungssponsoring reduziert sich dieser Zeitrahmen auf die Dauer des Ereignisses inklusive einer variablen Vor- und Nachbereitungsphase. Die Sponsoringpartner verabreden dabei einen variablen Leistungsinhalt, den sie an die jeweilige Vertrags- und Vertragsumfeldsituation anpassen können. Hinzu kommt eine besonders starke Medieneinbindung des Sponsorships, die hohe Kontaktzahlen und eine starke Kontaktvariabilität und Kontaktintensität gewährleisten soll. Weiterhin kennzeichnend für das Sponsoring im engeren Sinne ist eine vielfältige und langfristige Einbindung des einen Partners in den betriebswirtschaftlichen Wirkungskreis des anderen Sponsoringbeteiligten und ein überaus sorgfältiger Aufbau eines langfristigen Sponsoringkonzeptes auf beiden Seiten, was sich in fortwährenden Abstimmungs- und Kooperationsvereinbarungen manifestiert. Darüber hinaus wird ein vertragliches Binnendurchsetzungssystem (self- executing- contract) installiert, das eine permanente Vertrags-, Wirtschaftlichkeits- und Effektivitätskontrolle und die notwendigen internen Vertragsanpassungsmechanismen sicherstellt.

Sponsoring im engeren Sinne läßt sich realtypisch als elastisches und kooperatives Verpflichtungsgefüge bezeichnen, das den Parteien kurze Reaktionsmechanismen auf rechtliche, tatsächliche und dort besonders wirtschaftliche Änderungen innerhalb und außerhalb des Vertrags gewährt.

Sponsoring im engeren Sinn ist in der Rechtswirklichkeit im Profisport und bei internationalen Großveranstaltungen wie den Olympische Spielen, Europa- und Weltmeisterschaften und weniger im lokalen und regionalen Sportbereich zu finden. Denn der organisatorische, personelle und finanzielle Aufwand eines langfristig angelegten Sponsorships rechtfertigt sich allein über den erzielbaren kommunikativen Nutzen, der erst bei einer multinationalen Verbreitung des Sponsorships in einem angemessenen Verhältnis zum Aufwand steht. Ein effektives und im Ergebnis für beide Parteien lukratives Sponsorship läßt sich nur über die Variante des Sponsoring im engeren Sinne bewerkstelligen.

C. Die typologischen Strukturelemente des Sponsoringvertrags

Um zu der Frage nach der Vergleichbarkeit des Sponsoringvertrags mit einem konkreten Nominat- oder Innominatvertrag zu gelangen, gilt es zuvörderst, allgemeine Parameter der Vertragstypologie aufzuspüren. Diese allgemeinen Parameter sind nicht an einen bestimmten Vertragstypus geknüpft, sondern fassen gleich mehrere Typen in Gruppen und Familien zusammen. Die synallagmatische Verknüpfung, die Entgeltlichkeit und der Dauerschuldcharakter der Leistungspflichten, die Integration des einen Vertragspartners in die Wirkungssphäre des anderen, der variable Leistungsinhalt, die absoluten oder relativen Fixschuldelemente, die Einbeziehung Dritter in das Schuldverhältnis und die Höchstpersönlichkeit der Leistungserbringung erweisen sich als strukturelle Charakteristika von Gruppen verschiedener Vertragstypen. Ihr Vorhandensein oder ihre Abwesenheit kennzeichnet und prägt die jeweilige Vertragstypenfamilie.

I. Die synallagmatische Verknüpfung der Leistungspflichten im Sponsoringvertrag

Die synallagmatische Verknüpfung von Leistung und Gegenleistung ist ein strukturelles Charakteristikum normativer Vertragstypen. Auf dem Weg zur Rechtsnaturbestimmung gibt der Befund der synallagmatischen Verknüpfung vertraglicher Leistungspflichten einen wertvollen Richtungsweis.

Synallagmatische Verträge sind vollkommen zweiseitig verpflichtende Verträge, in denen sich der eine Teil nur um der Leistung des anderen Teils willen selbst zur Leistung verpflichtet[94]. Dabei hebt sich die Interessenlage der Parteien in synallagmatischen Rechtsverhältnissen ab von derjenigen in unvollkommen zweiseitig verpflichtenden Rechtsverhältnissen, deren Leistungen und Gegenleistungen nicht in einem finalen Abhängigkeitszusammenhang stehen, wie bei der Leihe, dem Auftrag oder etwa dem unverzinslichen Darlehen. Dort besteht das dem Synallagma eigentümliche gegenseitige Verknüpfungsinteresse im Sinne des Prinzips

94 Karl Larenz, Schuldrecht Allgemeiner Teil, 14. Auflage, 1987, S. 204; Dieter Medicus, Bürgerliches Recht,17. Auflage, 1996 Rn 213; Joachim Gernhuber, Das Schuldverhältnis, S.309; Staudinger-Hansjörg Otto, 13. Auflage, 1995, Vorbem zu §§320 – 322, Rn 3; Esser-Schmidt, Schuldrecht Allgemeiner Teil, 8. Auflage, 1995, S. 218.

»do ut des« nicht. Die einzelnen Leistungsverpflichtungen können und müssen voneinander isoliert betrachtet werden, da ihre Entstehung und Durchsetzbarkeit nach dem Parteiwillen nicht von der Durchsetzbarkeit der jeweils anderen abhängen soll[95]. In einseitig verpflichtenden Verträgen, wie der Schenkung, der Bürgschaft, der Garantie oder dem Darlehensversprechen nach § 610 BGB steht dem Leistungsversprechen des Schuldners überhaupt keine Gegenleistungspflicht des anderen Vertragsteils gegenüber, so daß eine Qualifikation des zu untersuchenden Vertrags als ein ebensolcher immer schon dann ausscheidet, wenn es an einer auch nur irgendwie gearteten Gegenleistungsverpflichtung des Leistungsgläubigers fehlt.

Stimmen, die das Synallagma als eine unter der Bedingung der Gegenleistung im rechtstechnischen Sinne des § 159 BGB stehende Leistung definieren[96], kann nicht gefolgt werden. Denn eine Bedingung, unabhängig davon, ob sie als auflösend oder als aufschiebend zu qualifizieren ist, knüpft allein an vertragsäußere Umstände an, deren Eintritt oder Nichteintritt im Ungewissen liegt. Das Synallagma spielt sich dagegen innerhalb des Vertrags ab. Der Bestand und die Durchsetzbarkeit der Gegenleistung selbst sind vertragsimmanente Umstände und folglich einer Qualifikation als Bedingung nicht zugänglich. So kann auch an dieser Stelle bereits die von Tilch[97] vertretene Begriffsdefinition des Sponsoring als von einer Bedingung abhängende Finanzierung einer Veranstaltung oder einer Sendung, als rechtlich verfehlt angesehen werden. Denn weder ist die Gegenleistung des Sponsoringnehmers ein vertragsäußerer Umstand, noch ist deren Bestand und deren Durchführung ein ungewisses Ereignis, wie es für eine Bedingung im Rechtssinne erforderlich wäre[98]. Vielmehr ist die Leistung des Gesponserten auf eine vertragsimmanente Abrede gegründet, deren Erfüllung gerade nicht im Ungewissen bleiben soll.

Beim Sponsoring im nur weiteren Sinne läßt sich unschwer eine synallagmatische Verknüpfung der im Einzelfall bestehenden Leistungs- und Gegenleistungsverpflichtungen ausmachen, da es sich hierbei um einen gewöhnlichen Austauschvertrag handelt, in dem sich die Leistungspflichten der Parteien stets synallagmatisch gegenüberstehen. So verpflichtet

95 Staudinger-Hansjörg Otto, 13. Auflage, 1995, Vorbem zu §§320 – 322, Rn 4 und 5; Müko-Volker Emmerich, 3. Auflage, 1994, Vor §320 Rn 2.

96 Zur Bedingungslehre siehe umfassend Staudinger-Hansjörg Otto, 13. Auflage, 1995, Vorbem zu §§320-322, Rn 14.

97 Horst Tilch, Deutsches Rechtslexikon, Band 3, 2. Auflage, München 1992, S. 467.

98 Staudinger-Hansjörg Otto, 13. Auflage, 1995, Vorbem zu §§320-322, Rn 14 ff; Karl Larenz, Allgemeiner Teil des deutschen Bürgerlichen Rechts, 7. Auflage, 1989, S. 491; Müko-H.P.Westermann, 3. Auflage, 1994, §158 Rn 8; Staudinger-Dilcher, 12. Auflage, 1980, Vorbem zu §158 Rn 4 f; Soergel-Wolf, 12. Auflage, 1987, Vor §158 Rn 2.

sich der Sponsor beim schlichten Ausrüstervertrag zur Lieferung von Ausrüstungsgegenständen an den Einzelathleten, an den Verband oder an den Verein nur, um die Leistung des Gesponserten zu erhalten, namentlich das Versprechen, die mit dem Logo, dem Namen oder der Marke des Sponsors versehenen Ausrüstungsteile stets öffentlichkeitswirksam zu präsentieren. Beim Bandenwerbungsvertrag ist der Sponsor natürlich nur zur Zahlung von Geld bereit, wenn und weil ihm die Werbefläche an der Sportstätte zur Verfügung gestellt wird.

Ungleich schwieriger ist die Lage beim Sponsoring im engeren Sinn. Die bisherigen Literaturstimmen gehen allesamt ohne nähere Begründung von einer rein austauschvertraglichen Verbindung der Parteien in jedem Sponsoringvertrag aus und setzen die sich gegenüberstehenden Verpflichtungen von Sponsor und Sponsoringnehmer schon und nur deshalb in einen synallagmatischen Beziehungszusammenhang[99]. Das Synallagma wird mit einem Teil der Literatur an das Vorliegen eines reinen Austauschverhältnisses geknüpft und umgekehrt[100].

Diese reziproke Gleichsetzung von Synallagma und Austauschvertrag ist indes nur bedingt tragfähig. Ein Austauschvertrag im Sinne der §§ 320 BGB ff ist stets ein synallagmatischer Vertrag, umgekehrt indes nicht immer. Denn von der Feststellung einer synallagmatischen Verknüpfung der Leistungspflichten innerhalb eines Vertrags ist die Frage der Anwendbarkeit der §§ 320 ff BGB, die in der Tat idealtypischerweise auf Austauschverträge zugeschnitten sind, streng zu trennen[101]. Hierin wird der wichtige Unterschied zwischen dem genetischen und dem funktionalen Synallagma deutlich[102].

99 Neal George Weiand, Kultur- und Sportsponsoring im deutschen Recht, S. 69 ff, geht ganz offenbar von einem vollkommen zweiseitigen Austauschvertrag aus. Bruhn-Mehlinger, Rechtliche Gestaltung des Sponsoring, Band 1, S. 54 ff, auch Thomas Hauser, Der Sponsoring-Vertrag im schweizerischen Recht, S. 255 untersuchen den Sponsoringvertrag nur anhand kodifizierter und nicht kodifizierter Austauschverträge und nehmen deshalb die vollkommene Gegenseitigkeit der Leistungsverpflichtungen an.

100 Karl Larenz, Schuldrecht Allgemeiner Teil,14. Auflage, 1987, S. 202;ders., Schuldrecht Besonderer Teil, 12. Auflage,1988, S.374;Esser-Schmidt, Schuldrecht Allgemeiner Teil, 8. Auflage, 1995, S. 95 und S. 218; Joachim Gernhuber, Das Schuldverhältnis, S. 312, der das Synallagma mit dem rechtsgeschäftlichen Austauschzweck gleichsetzt; Dieter Medicus, Bürgerliches Recht, 17. Auflage, 1996, Rn 214; Soergel-Wiedemann, 12. Auflage,1991 vor §320, Rn 23; zum Ganzen siehe ausführlich Müko-Volker Emmerich, 3. Auflage, 1994, vor §320 Rn 4.

101 Staudinger-Martinek, 13.Auflage,1995, §675, Rn A 42; Soergel-Wiedemann, 12. Auflage, 1991, §320, Rn 5, 23; Karsten Schmidt, Gesellschaftsrecht, 2. Auflage, 1991, S. 472 f; Walter Nappe, »Die synallagmatische Verknüpfung der gesellschaftlichen Beitragsleistungen« Diss. Kiel, 1934, S. 19; Staudinger-Hansjörg Otto, 13. Auflage, 1995, Vorbem zu §§320-322, Rn 16; Müko-Volker Emmerich, 3. Auflage, 1994, Vor §320, Rn 4, 9, 16; Erman-Battes, 1. Band, 9.Auflage, 1993, Vor §320, Rn 14; a.A. Joachim Gernhuber, Das Schuldverhältnis, S. 312, 313.

102 Hierzu umfassend Karl Larenz, Schuldrecht Allgemeiner Teil, 14. Auflage, 1987, S. 202 ff; Staudinger-Hansjörg Otto, 13. Auflage, 1995, Vorbem zu §§320-322, Rn 11 ff; Müko-Volker Emmerich, 3. Auflage, 1994, Vor §320 Rn 8 ff.

Der Befund des genetisch synallagmatischen Vertrags beantwortet allein die Frage, ob nach dem Willen der Vertragspartner deren Leistungspflichten nur gemeinsam oder überhaupt nicht entstehen sollen. Das genetische fragt gerade nicht wie das funktionale Synallagma nach der Rechtsfolge der Leistungsverknüpfung, sondern nach der auf den Erhalt der Gegenleistung gerichteten subjektiven Leistungsmotivation oder den darauf gerichteten Leistungswillen[103]. Daß in einem Vertrag neben dem Erhalt der Gegenleistung mit der eigenen Leistung noch andere Geschäftszwecke simultan verfolgt werden, steht dem Synallagma nicht entgegen. Das genetische ist damit stets Voraussetzung des funktionalen Synallagmas, das funktionale muß aber nicht denknotwendig mit dem genetischen Synallagma einhergehen.

Als für den Sponsoringvertrag noch relevant werdendes Beispiel dient der Gesellschaftsvertrag. Der Gesellschaftsvertrag nach § 705 BGB ist grundsätzlich ein gegenseitiger, d.h. ein vollkommen zweiseitig verpflichtender, synallagmatischer Vertrag[104], wenn auch die sich daraus ergebenden Rechtsfolgen, wie die Frage nach der Reichweite der Anwendbarkeit der §§ 320 ff BGB, streitig sind[105]. Dabei reduzieren die kritischen Stimmen[106] bezüglich der Gegenseitigkeit der Gesellschafterpflichten die Frage des Synallagmas -fälschlicherweise- nicht nur auf die Anwendbarkeit der §§ 320 ff BGB, also das funktionale Synallagma, sondern vielmehr -fälschlicherweise- auch auf die Idealgesellschaft des BGB, die nach ihrer kodifizierten Konzeption stets eine Gesamthandsaußengesellschaft ist[107].

103 Soergel-Wiedemann, 12. Auflage, 1991, Vor §320, Rn 14; Müko-Volker Emmerich, 3. Auflage, 1994, Vor §320, Rn 15; Staudinger-Hansjörg Otto, 13. Auflage, 1995, Vorbem zu §§320-322, Rn 11; Erman-Battes, Band 1, 9. Auflge 1993, Vor §320, Rn 13; Karl Larenz, Schuldrecht, Allgemeiner Teil, 14. Auflage, 1987, S. 202 f, beschreibt gar den Fall des synallagmatischen Dreiecksverhältnisses, in dem die einzelnan Parteien sich einander nur um der Leistung eines Dritte oder an einen Dritten willen verpflichten. Dies belegt den Befund, daß die synallagmatisch verknüpften Verpflichtungen nicht zwingend innnerhalb einer Austauschbeziehung bestehen müssen.

104 Ständige Rechtsprechung RGZ 147, S. 340 (342); 163, S. 385 (388); BGH NJW 51, S. 308; WM 59, S. 54 ff Kraft-Kreutz, Gesellschaftsrecht, S. 67; Soergel-Hadding,12. Auflage, 1985, §705 Rn 44; Soergel-Wiedemann,12. Auflage, 1991, §320, Rn 5, 23; Staudinger-Martinek; 13.Auflage,1995, §675 Rn A 42;Friedrich Kübler, Gesellschaftsrecht, 4. Auflage, 1994, S. 43; Karsten Schmidt, Gesellschaftsrecht, 2. Auflage, 1991, S. 474; Werner Flume,Allgemeiner Teil des Bürgerlichen Rechts, erster Teil, Die Personengesellschaft, 1977 S. 29 ff; a.A. Joachim Gernhuber, Das Schuldverhältnis, S. 313 und Wiedemann, Gesellschaftsrecht, Band 1, Grundlagen, S.165, zumindest für die Idealgesellschaft der Gesamthandsaußengesellschaft.

105 Hierzu siehe insbes. Larenz, Schuldrecht BT, 2.Band, §60 1 b, Staudinger-Hansjörg Otto, 13. Auflage, 1995, Vorbem zu §§320-322, Rn 21.

106 Zum Meinungsstand siehe Soergel-Wiedemann,12. Auflage, 1991 vor §320 Rn 23 und Karsten Schmidt, Gesellschaftsrecht, S. 471 ff; Walter Nappe, Die synallagmatische Verknüpfung von gesellschafterlichen Beitragsleistungen, S. 73.

107 Werner Flume, Allgemeiner Teil des Bürgerlichen Rechts, Erster Band, Die Personengesellschaft, S. 8; Staudinger-Keßler, 12. Auflage, 1991, Vorbem zu §705, Rn 60; Soergel-Hadding, 11. Auflage, 1985, Vor §705, Rn 20; Müko-Ulmer, 2. Auflage, 1986, Vor §705, Rn 4 ff.

D.h. nur dort steht dem einzelnen Gesellschafter nicht der einzelne Mitgesellschafter, sondern die Gesamtheit der Gesellschafter in ihrer gesamthänderischen Verbundenheit gegenüber, und deshalb kann es nur dort zu der dogmatischen Diskussion um die Frage der funktional-synallagmatischen Verknüpfung der Gesellschafterpflichten kommen. Da es indes »die« Gesellschaft nicht gibt[108], zu viele Erscheinungsformen haben sich im Zuge der Abdingbarkeit vieler Regelungen des Gesellschaftsrecht entwickelt, kann auch die Frage, ob Gesellschafterverpflichtungen generell in einem synallagmatischen Zusammenhang stehen (können), nicht kategorisch verneint werden[109].

Vielmehr kann ohne Mühe der Befund erhoben werden, daß sich die einzelnen Gesellschafter zur Beitragsleistung zumindest auch deshalb verpflichten, weil dies auch die Mitgesellschafter tun. Daß mit der Beitragsleistung die Erreichung des gemeinsamen Zwecks gefördert werden soll, steht der Gegenseitigkeit der Verpflichtung zur Erbringung der Beiträge nicht entgegen. Denn ohne die Erbringung der Beiträge aller Gesellschafter ist die Förderung des GesellschaftsZwecks obsolet. Kein Gesellschafter würde sich zur Erbringung seines Beitrages in der Kenntnis verpflichten, daß der oder die Mitgesellschafter ihre Beiträge zu erbringen unterlassen. Der Gesellschaftsvertrag ist, wie schon im Wortlaut des § 705 BGB anklingt, kein Austauschvertrag, sondern ein Kooperationsvertrag, in dem die Gesellschafter nicht egoistische Individualinteressen, sondern zuvörderst kollektive Gemeininteressen verfolgen. Die Leistungen werden formell gesehen nicht ausgetauscht, sondern zur Erreichung des gemeinsamen Zwecks vereinigt. Die Diskussion um eine Reduzierung des Synallagmas auf die zweigliedrige Innengesellschaft ist an dieser Stelle daher nicht notwendig, denn auch bei der zweigliedrigen Innengesellschaft werden die Beitragsleistungen nur äußerlich und mangels Gesamthand notwendigerweise unter den Gesellschaftern ausgetauscht, in Wahrheit aber zur gemeinsamen Zweckförderung vereinigt[110].

108 A.A. Soergel-Wiedemann, 12.Auflage, 1991, Vor §320, Rn 23,

109 So beschränken einige Literaturstimmen das Synallagma auf die zweigliedrige Personengesellschaft, einige gar nur auf die gesamthandslose Innengesellschaft. Zum Ganzen siehe Soergel-Wiedemann, 12.Auflage, 1990, §320 Rn 29, Dieter Medicus, Bürgerliches Recht,17. Auflage, 1996, Rn 213; Karsten Schmidt, Gesellschaftsrecht,2. Auflage, 1991 S. 474 ff; Karl Larenz, Schuldrecht Besonderer Teil, 12. Auflage, 1988, S. 374, Fn 3; Ennecerus-Lehmann, 15. Bearbeitung 1957, §32 III; Erman-H.P. Westermann, Band 1, 9. Auflage, 1993, §705 Rn 41 ff.

110 Die Diskussion um die Reduzierung des Synallagmas auf die zweigliedrige (Innen-) Personengesellschaft ist daher in Wahrheit eine Diskussion um die Anwendbarkeit der §§320 ff BGB allein auf die zweigliedrige Innengesellschaft, also eine Diskussion um das funktionelle Synallagma. Dazu siehe Karsten Schmidt, Gesellschaftsrecht, 2. Auflage, 1991, S. 474 und Herbert Wiedemann, Gesellschaftsrecht,Band 1, S. 165.

So findet auch beim Sponsoring im engeren Sinne rein äußerlich ein Leistungsaustausch zwischen den Parteien dergestalt statt, daß die eine Vertragspartei der jeweils anderen unmittelbar einen Vermögensgegenstand zuwendet. Der Sponsor verschafft dem Sponsoringnehmer Ausrüstung oder sonstige Gegenstände oder auch Geld, der Gesponserte liefert im Gegenzuge Rechte zur Verwertung oder verpflichtet sich zur Mitwirkung an Werbe- und sonstigen Marketingaktionen des Sponsors. Die Frage, ob deshalb im rechtlichen Sinne ein Austauschvertrag vorliegt und schon aus diesem Grund die Leistungspflichten der Sponsoringpartner synallagmatische sind, ist an dieser Stelle nicht zu beantworten, da auch Gesellschaftsverträge, ohne Austauschverträge zu sein, dem Synallagma zugänglich sind[111].

Beim Sponsoringvertrag im engeren Sinne ist jede Leistungspflicht des einen Sponsoringpartners zu der des anderen genetisch synallagmatisch, weil der vertragscharakteristische Geschäftszweck, d.h. die Leistungsmotivation der Sponsoringpartner, nicht nur, aber auch auf den Erhalt der Gegenleistung gerichtet ist[112]. Der Wille der Sponsoringpartner geht eindeutig dahin, daß die Sponsorenleistungspflicht nicht ohne die Pflicht des Sponsoringnehmers entstehen und existieren soll und umgekehrt. Dies betrifft die dem Sponsor obliegende Pflicht zur Zahlung von Geld gegenüber der Pflicht zur Einräumung der Nutzungsrechte oder gegenüber der Mitwirkungspflicht an Werbemaßnahmen des Sponsors. Gleiches gilt für dessen Pflicht zur Bereitstellung der Ausrüstung gegenüber der dem Sponsoringnehmer obliegenden diesbezüglichen Verhaltenspflicht (Präsentationspflicht). Beim Veranstaltungssponsoring stehen sich die Geldleistungspflicht und die Verpflichtung, das Namensrecht an Veranstaltung dem Sponsor einzuräumen genetisch synallagmatisch gegenüber.

Der Sponsoringvertrag ist ohne genetisch synallagmatische Verpflichtungen nicht denkbar, denn bei jeder einzelnen Leistungs- oder Verhaltenspflicht besteht bei den Sponsoringpartnern ein ausgeprägtes Verknüpfungsinteresse mit der Leistungs- oder Verhaltenspflicht des Kontrahenten. Ohne einen Willen, der gerade auf den Erhalt der Leistung des jeweils anderen Sponsoringpartners gerichtet ist, ist das Sponsorship insgesamt nicht durchführbar. Denn aus Sicht des Sponsoringnehmers machen die Mitwirkungs- und Präsentationspflichten ohne den Erhalt der Ausrüstungsgegenstände keinen Sinn. Ebenso muß dem Sponsor an der

111 So auch Staudinger-Martinek, 13. Auflage, 1995, §675 Rn A 42; Soergel-Wiedemann,12. Auflage, 1991, §320, Rn 5, 23.

112 Die Geschäftszwecktheorie wird insbesondere von Staudinger-Hansjörg Otto, 13. Auflage, 1995, Vorbem zu §§320-322 Rn 16 und Esser-Schmidt, Schuldrecht Allgemeiner Teil, 8.Auflage, 1995, S.219 vertreten. Zu den unterschiedlichen Interessenebenen im Sponsoringvertrag siehe unten Dritter Teil, D II..

Einräumung von Nutzungsrechten durch den Sponsoringnehmer liegen, wenn er über seine Marketingaktivitäten dem Sponsorship zum Erfolg verhelfen soll. Der Erhalt der Leistung der jeweils anderen Sponsoringpartei ist notwendige Voraussetzung für die Erfüllung der sponsoringvertraglichen Pflicht zur Durchführung des Sponsorships mit dem gemeinsamen Ziel des bilateralen und synergetischen Imagetransfers. Deshalb, und nicht etwa wegen einer Qualifikation des Sponsoringvertrags als Austauschvertrag, sind die Leistungspflichten im Sponsorinvertrag genetisch synallagmatisch.

II. Die Entgeltlichkeit des Sponsoringvertrags

Für die Zuordnung oder Abgrenzung vertraglicher Realtypen von der Gruppe der Gefälligkeitsverträge steht das Strukturelement der Entgeltlichkeit zur Verfügung. Der Gedanke eines Gefälligkeitsvertrags im Sponsoring liegt insofern nicht außerhalb jeder Wahrscheinlichkeit, als die Vielzahl der Leistungen innerhalb eines Sponsoringvertrags die einzelne Leistung nicht stets einer konkreten Gegenleistung gegenüberstehen muß. Auch können besondere Zuwendungen seitens des Sponsors an den Sponsoringnehmer einem wirtschaftlich nur unverhältnismäßigen Äquivalent an Leistungen des Gesponserten an den Sponsor gegenüberstehen.

Der hier verwandte Begriff der Entgeltlichkeit befaßt sich nur mit entgeltlichen oder unentgeltlichen Verpflichtungsgeschäften und läßt den Problemkreis der entgeltlichen oder unentgeltlichen Verfügungen außer Betracht. Der den Gefälligkeitsverträgen eigene Sorgfaltsmaßstab unterscheidet sich zum Teil von der allen entgeltlichen Verträgen eigenen strengen Haftung nach § 276 BGB. Sie reicht von der Vorsatz-Fahrlässigkeitshaftung nach § 276 BGB beim Auftrag über die Reduktion der Haftung auf Vorsatz und grobe Fahrlässigkeit bei der Schenkung, § 521 BGB und bei der Leihe, § 599 BGB, bis hin zur diligentia quam in rebus suis bei der unentgeltlichen Verwahrung, § 690 BGB. Die Verneinung der Entgeltlichkeit oder entsprechend die Bejahung der Unentgeltlichkeit ist aus diesem Grunde für die Rechtsfolgenbestimmung von erheblicher Bedeutung. Desweiteren ist das Merkmal der Unentgeltlichkeit bei Verpflichtungsgeschäften relevant im Konkurs nach §§ 3 Nr. 3 und 4, 7 AnfG und 32 KO.

Die Einteilung der Rechtsgeschäfte in entgeltliche und unentgeltliche bezieht sich nur auf Zuwendungsgeschäfte. So ist die Frage nach der Entgeltlichkeit z.B. der idealtypischen Bürgschaft, des abstrakten Schuldanerkenntnisses oder der Auslobung obsolet, da sie keine Zuwendungsgeschäfte sind. Entgeltlich ist eine Zuwendung dann, wenn der Verpflichtung des einen die Verpflichtung des anderen als nach dem Parteiwillen wirtschaftlich äquivalent gegenübersteht[113]. Allerdings ist für die Entgeltlichkeit nicht stets ein Synallagma erforderlich. Zwar sind synallagmatische Verträge stets entgeltliche, nicht aber entgeltliche stets synallagmatische[114].

Da auch der Gesellschaftsvertrag ein Zuwendungsvertrag mit vollkommen zweiseitigen Vertragspflichten ist, braucht auch an dieser Stelle die Frage nach der Qualifikation des Sponsoringvertrags als Austauschvertrag noch nicht beantwortet zu werden. Der Sponsoringvertrag ist ein vollkommen zweiseitiger Vertrag und allein deshalb stellt sich die Frage nach der Entgeltlichkeit, nicht etwa aufgrund der vorschnellen Beurteilung als Austauschvertrag. Dabei bezeichnet das Strukturelement der Entgeltlichkeit nicht etwa nur eine auf die Zahlung von Geld reduzierte Gegenleistungsabrede, sondern es bezieht vielmehr jedweden Austausch von vermögenswerten Wirtschaftsgütern in den typologischen Merkmalskatalog ein. Vereinbaren die Parteien in einem Vertrag also eine Entgeltlichkeit der Leistungen, so scheidet eine Qualifikation des konkret geschlossenen Vertrags als Auftrag, Leihe, Schenkung oder unentgeltliche Verwahrung per definitionem aus.

An dieser Stelle läßt sich unschwer feststellen, daß der Sponsoringvertrag in all seinen realtypischen Ausprägungen stets ein entgeltlicher Vertrag ist[115]. Mag auch die Förderungsmotivation des Sponsors im Einzelfall durchaus noch mäzenatischen Ursprungs sein, allein der objektive Austausch von geldwerten Vermögensgegenständen, Geld des Sponsors gegen Verwertungsrechte des Sponsoringnehmers, Ausrüstung des Sponsors gegen Mitwirkung des Gesponserten, erfüllt die typologische Qualifikation des Merkmals der Entgeltlichkeit. Damit scheidet eine Qualifikation des Sponsoringvertrags als unentgeltlicher Gefälligkeitsvertrag aus.

III. Der Sponsoringvertrag als Dauerschuldverhältnis

Die zeitliche Komponente eines vertraglichen Schuldverhältnisses ist ein für dessen Rechtsnaturbestimmung und die Frage nach dem anwendbaren Konfliktbewältigungsprogramm unverzichtbares Strukturelement[116].

113 Karl Larenz, Allgemeiner Teil des deutschen Bürgerlichen Rechts, 7. Auflage, 1989, S. 330.

114 Beispielsweise kann eine Schenkung unter einer Auflage, ein entgeltlicher Vertrag sein, wenn die Auflage, als wertmäßiges Äquivalent zur Zuwendung zu sehen ist. Damit ist diese konkrete auflagenbedingte Schenkung noch lange kein synallagmatischer Vertrag. Hierzu siehe: Erman-Battes, Band 1, 9. Auflage, 1993, Vor §320 Rn 11; Joachim Gernhuber, Das Schuldverhältnis, S. 319; RAG HRR 34, 1364; RGZ 60, S. 238; 112, S. 210; a.A. offenbar Karl Larenz,Allgemeiner Teil des deutschen Bürgerlichen Rechts, 7. Auflage, 1989, S. 330, der Synallagma und Entgeltlichkeit gleichsetzt.

115 Im Ergebnis übereinstimmend Thomas Hauser, Der Sponsoring-Vertrag im schweizerischen Recht, S. 252; Neal George Weiand, Kultur- und Sportsponsoring im deutschen Recht, S. 85; Bruhn-Mehlinger, Rechtliche Gestaltung des Sponsoring, Band 1,2. Auflage, 1995, S. 71.

116 Otto von Gierke, Dauernde Schuldverhältnisse, JherJB 64 (1914), S. 355 (357); Nobert Horn, Gutachten und Vorschläge zur Überarbeitung des Schuldrechts, Band I, S. 559 und 564; Staudinger-Jürgen Schmidt, 13. Auflage, 1995, Einl. zu §241 Rn 351.

An die Zeitdauer einer vertraglichen Rechtsbeziehung sind konkrete Rechtsfolgen geknüpft, die den Inhalt der Pflichten und Rechte der Parteien mitbestimmen. Diese aus dem Dauerschuldcharakter eines Schuldverhältnisses folgernden Pflichten und Rechte manifestieren sich in einem ausgeprägten Bestandsschutz für die Vergangenheit wie auch für die Zukunft. So sind ordentliche und außerordentliche Kündigungsmöglichkeiten in Rechtsverhältnissen, die sich in punktuellem Leistungsaustausch erschöpfen unbekannt, bei Dauerschuldverhältnissen indes gemäß den §§ 565, 595, 609, 621, 626, 723 BGB die Regel. Die Folgen der Irrtumsanfechtung von Willenserklärungen nach §§ 119, 142 BGB so wie die bereicherungsrechtliche Rückabwicklung von angefochtenen Rechtsgeschäften werfen bei in Vollzug gesetzten dauerhaften Schuldverhältnissen Probleme auf, die bei punktuellen Austauschverhältnissen nicht auftreten können. Weithin ist anerkannt, daß die Rücktrittsregelungen in den §§ 346, 325, 326 BGB in Dauerschuldverhältnissen durch spezielle Regelungen über die Kündigung verdrängt werden[117]. Aber auch nebenvertragliche Obhuts-, Informations und insbesondere Treuepflichten weisen mit steigender Vertragsdauer gegenüber punktuellen Austauschverhältnissen veränderte Inhalte auf, und auch das Institut der Geschäftsgrundlage gewinnt mit steigender Vertragsdauer an Bedeutung. Mit dem Befund einer dauerschuldrechtlichen Vertragsbeziehung läßt sich ein Realtypus in die Familie der Dauerschuldverträge einordnen. Dies sind insbesondere bei den Nominatverträgen Miet-, Pacht-, Dienst-, Arbeits- und Gesellschaftsvertrag, aber auch Auftrag und Geschäftsbesorgungsvertrag, bei den Innominatverträgen an erster Stelle der Lizenzvertrag.

Das Zeitmoment kann auf verschiedene Weise in die Struktur eines Vertrags Einzug halten. Herkömmlicherweise wird zwischen Dauerschuldverhältnissen im engeren und solchen im weiteren Sinne differenziert[118]. Zu denen im weiteren Sinne zählen Sukzessivlieferungsverhältnisse und Wiederkehrschuldverhältnisse, mit denen der Sponsoringvertrag nichts gemein hat. Die dauerhafte Struktur des Sukzessivlieferungsverhältnisses besteht allein darin, daß bei einem von vornherein feststehenden und begrenzten Leistungsumfang die Gesamtleistung selbst ratenweise zu unterschiedlichen Leistungserbringungsterminen erbracht wird[119]. Zwar

117 Wiedemann, Gesellschaftsrecht, Band 1, Grundlagen, S. 164; Müko-Kramer,3. Auflage, 1994, Einl. zu §241 ff, Rn 90; Karl Larenz, Schuldrecht Allgemeiner Teil, 14. Auflage, 1987, S. 415; Otto v. Gierke, Dauernde Schuldverhältnisse, JherJb 64 (1914), S. 390; Joachim Gernhuber, Das Schuldverhältnis, S. 396.

118 Karl Larenz, Schuldrecht Allgemeiner Teil 14. Auflage, 1987, S. 29; Joachim Gernhuber, Das Schuldverhältnis, S. 378.

119 Norbert Horn, Gutachten Band I, S. 562; Staudinger-Jürgen Schmidt, 13. Auflage, 1995, Einl. zu §241 Rn 356; Joachim Gernhuber, Das Schuldverhältnis, S. 404 ff; Müko-Kramer, 3. Auflage, 1994, Einl. zu §241 ff Rn 86.

können auch beim Sponsoringvertrag Leistungen des Sponsors wie Geld- oder Sachleistung in Form von Ausrüstung dem Sponsoringnehmer peu á peu in Teilbeträgen zur Verfügung gestellt werden. Jedoch mag der Umfang der Gesamtleistung des Sponsors nur selten von Anfang an präzise feststehen. Daran ändert auch die Möglichkeit des Gesponserten nichts, die Art und den Umfang der Sach- und Geldleistungen des Sponsors mitzubestimmten oder zu frei gewählten Terminen abrufen zu können. Die Parteien verständigen sich hiermit lediglich auf die praktikabelste Durchführung des Vertrags. Außerdem ist der Sukzessivlieferungsvertrag als schlichter Austauschvertrag in seiner Beendigung lediglich an die Erfüllungswirkung der Ratenlieferung nach § 362 BGB gekoppelt. Ihm fehlt somit jedes personen- oder gemeinschaftsrechtliche Element, wie es dem Sponsoring wesenstypisch innewohnt[120].

Das Wiederkehrschuldverhältnis reduziert seine zeitliche Dimension auf eine rahmenartige Vereinbarung, die für eine längere Zeitspanne Vereinbarungen vorgibt für den Fall, daß innerhalb dieser Zeitspanne weitere Schuldverhältnisse entstehen sollen; der Leistungsinhalt ist bei Wiederkehrschuldverhältnissen nicht von der Zeitdauer, sondern von vertragsäußeren Umständen abhängig[121]. Ein solcher Rahmenvereinbarungscharakter ist dem Sponsoringvertrag nicht zu eigen. Denn die einzelnen Leistungsbeziehungen zwischen den Sponsoringpartnern sind bereits mit Abschluß des Sponsoringvertrags existent, der Sponsoringvertrag dient ja gerade der Begründung eines konkreten Schuldverhältnisses. Auf einen Abschluß zukünftiger Verträge ist der Sponsoringvertrag dagegen nicht angelegt.

Die Sponsoringparteien verabreden oft schon in der Präambel des Vertragswerks eine feste Vertragslaufzeit, die, mit Ausnahme des auf die Zeitdauer der Veranstaltung reduzierten Ereignissponsoring, selten unter einem Jahr und bis etwa drei Jahren bemessen ist. Allein aus dieser realtypischen Vereinbarung auf den Dauerschuldcharakter des Sponsoringvertrags zu schießen, ist voreilig, denn in der Bestimmung einer Vertragslaufzeit liegt zunächst nur eine Befristung nach § 163 BGB. Das Zeitmoment des Sponsoringvertrags ist dennoch das eines echten Dauerschuldverhältnisses, das üblicherweise mit den Parametern der »permanenten Pflichtenanspannung«[122], »personenrechtliche Elemente«[123] oder etwa »ver-

120 Hierzu siehe unten Dritter Teil D II 3 und E VI.

121 Norbert Horn, Gutachten Band I S. 563 Staudinger-Jürgen Schmidt, 13. Auflage, 1995, Einl. zu §241 Rn 358; Karl Larenz, Schuldrecht Allgemeiner Teil, 14. Auflage, 1987, S. 29

122 Otto von Gierke, dauernde Schuldverhältnisse, JherJB 64 (1914) S. 355 (359); Esser-Schmidt, Schuldrecht Allgemeiner Teil, 8. Auflage, 1995, §15 II; Karl Larenz, Schuldrecht Allgemeiner Teil, 14. Auflage, 1987, S. 30

123 E. Beitzke, Nichtigkeit, Auflösung und Umgestaltung von Dauerrechtsverhältnissen, 1948, S. 10

trauensvolles Zusammenwirken«[124] umschrieben wird, und das durch ein ständig neues Entstehen von Rechten und Pflichten über einen befristeten oder unbefristeten Zeitraum gekennzeichnet ist.

Der Dauerschuldcharakter des Sponsoringvertrags manifestiert sich in den folgenden Verabredungen der Parteien: Der Gesponserte verpflichtet sich über einen bestimmten oder unbestimmten Zeitraum zur Kooperation und Mitwirkung bei Werbe- und anderen Marketingmaßnahmen des Sponsors. Dies ist eine kontinuierlich fortbestehende Pflicht, die nicht als sequentielle Leistungspflicht zu unterschiedlichen Terminen zu verstehen ist. Die Präsentationspflichten der gesponserten Mannschaft oder des einzelnen gesponserten Athleten sind zu jedem Anlaß immer wieder neu entstehende Leistungspflichten. Beim Veranstaltungssponsoring besteht für die gesamte Dauer des Ereignisses die Pflicht der Parteien zur Abstimmung und Kontrolle, der Bereitstellung von Personal, dem Catering, und/oder der Nennung des Sponsors. Die dem Sponsor obliegende Pflicht zur Bereitstellung von Sach- und Geldmitteln für einen betimmten Zweck besteht ebenfalls über einen längeren Zeitraum fort, ohne daß zwingend präziser Auslieferungs- oder Zahlungstermine vereinbart wären. Auch den Sponsor treffen dauernde, immer wieder neu entstehende Kooperations-, Ab- und Zustimmungspflichten, die dem Vertragsgefüge auch aus seiner Sicht heraus den Dauerschuldcharakter geben.

In diesen realtypischen Vereinbarungen des Sponsoring ist eine ständige Pflichtenanspannung der Parteien im Hinblick auf Koordination, Abstimmung und Inhaltsbestimmung der Leistungspflichten über einen längeren Vertragszeitraum zu erkennen. Der Sponsoringvertrag im engeren Sinne ist ein Dauerschuldverhältnis in seinen realtypischen Erscheinungsformen des Individual-, Institutions- und Veranstaltungssponsoring.

IV. Das Element der Integration

1. Definition und Abgrenzung der Integration

Integration bedeutet die faktische Eingliederung einer natürlichen oder juristischen Person in die Organisationssphäre einer anderen. Aus dem Befund der organisatorischen Integration kann nicht zwingend auf eine Subordination rechtlicher Natur mit der Folge einer Weisungsgebundenheit des Integrierten geschlossen werden. Es ist hier wie sonst scharf zu trennen zwischen drei Erscheinungen in vertraglichen Schuldverhältnissen: Zunächst kann in einem Vertrag bei rechtlicher Interessengleichwer-

124 Karl Larenz, Schuldrecht Allgemeiner Teil, 14. Auflage, 1987, S. 32; Joachim Gernhuber, Das Schuldverhältnis, S. 387 f

tigkeit ein derartiges wirtschaftliches Machtgefälle bestehen, das zu einer faktischen Subordination eines Vertragspartners führt, wie es hinlänglich aus allen prominenten Konsumentenverträgen wie beispielsweise dem allgemeinen Darlehensvertrag mit einer Bank bekannt ist. Daneben existiert die faktische und funktionale Integration eines Vertragspartners in die Organisationssphäre der anderen Partei. Und schließlich ist davon die rein rechtliche Subordination des einen Vertragspartners unter die fachliche und organisatorische Weisungsgewalt des anderen Partners zu scheiden, wie sie im Arbeitsvertrag wohl am stärksten ausgeprägt ist.

Das an dieser Stelle allein relevante Element der faktischen und funktionalen Integration ist, wenn auch in unterschiedlicher Ausprägung und Tiefe für die Vertragstypen des Auftrages, des Geschäftsbesorgungsvertrags und des Arbeitsvertrags wesensmitbestimmend. So wird in der Eingliederungstheorie in weiten Stimmen der Literatur der Anknüpfungspunkt der Invollzugsetzung eines Arbeitsverhältnisses gesehen[125]. Auch gibt es Stimmen, die die »Lehre vom faktischen oder fehlerhaften Vertrag« an eine faktische Eingliederung der einen Partei in die Organisationssphäre der anderen anknüpfen, wobei sie diese Vertragstypen als »Eingliederungsverhältnisse« bezeichnen[126]. Damit ist in dem Element der faktischen und funktionalen Integration ein strukturelles Charakteristikum im zivilen Vertragsrecht zu sehen.

2. Die Integration des Gesponserten in die Kommunikationsstrategie des Sponsorunternehmens

Ausgangspunkt für die Integration des Sponsoringnehmers in die Kommunikationsstrategie des Sponsorunternehmens ist dessen Bestreben und Unterhalten einer corporate identity, dem nach außen hin vermittelten »Club-Gefühl« des Unternehmens. Die unterschiedlichen Aktivitäten eines Sponsorships werden in das Gesamtkonzept einer Unternehmenskommunikationsstrategie eingebunden[127]. Mit der Einbindung des Sponsoring in die Unternehmenskultur des Sponsors wird auch der Gesponserte als Person, Verein, Verband, Institution und Veranstalter integriert und zu einem herausragenden Symbol der corporate identity des Spon-

125 Wolfgang Zöllner-Karl-Georg Loritz, Arbeitsrecht, 4. Auflage, 1992, S. 45 und S. 133; Peter Schwerdtner, Anfechtbarkeit und Nichtigkeit von Dauerschuldverhältnissen, Jura 1989, S.642 (643); Günter Schaub, Arbeitsrechtshandbuch, 7. Auflage, 1992, S. 131 und S. 173.

126 Dieter Medicus, Bürgerliches Recht, 17. Auflage, 1996, Rn 193; Peter Schwerdtner, Anfechtbarkeit und Nichtigkeit von Dauerschuldverhältnissen, in Jura 1989, S. 642.

127 Manfred Bruhn, Sportsponsoring, S. 149, spricht von der strategischen, instrumentellen, sachlichen, zeitlichen, formalen, internen und externen Integration des Sponsoring.

sors. Damit wird nicht nur das Sponsorship in die individuellen Marketingstrategien der Sponsoringpartner funktional eingebettet, sondern auch die natürliche oder unternehmerische Persönlichkeit des Sponsoringnehmers.

Insbesondere beim Individualsponsoring, aber nicht nur dort, will der Sponsor sich der Persönlichkeit des Gesponserten bedienen, um dessen Image auf die eigenen Produkte, die Marke und das Unternehmen zu übertragen. Der Gesponserte wird in seinen Aktivitäten funktional in die Unternehmensstrategien des Sponsors eingebunden. Jeder Schritt, den der Gesponserte nach Abschluß des Sponsoringvertrags in dem der Öffentlichkeit über die Medien zugänglichen Lebensbereich tätigt, ist somit ein solcher für Wohl und Wehe des Sponsors.

Praktisch bewältigt wird die Integration durch speziell auf eine Einbindung abzielende Vertragsvereinbarungen. Zustimmungsvorbehalte für Vertragsabschlüsse mit weiteren Sponsoren, Absprachepflichten vor Werbeauftritten, Verhaltenspflichten des Gesponserten bezüglich des Verhaltens in der Öffentlichkeit, eine gebundene Marschroute und ein eingeschränkter eigener Entscheidungsspielraum des Gesponserten bei Medienauftritten oder der Auswahl von Wettkampfteilnahme sind die realtypischen auf eine Integration abzielende Vereinbarungen. Dabei wird dem Gesponserten, ob Individuum, Verband, Verein oder Veranstalter, nicht selten ein Mitarbeiter des Sponsors -oft im wahrsten Sinne des Wortes- »an die Hand gegeben«, um ständig mit dem Sponsor und dessen Marketingabteilung in Kontakt zu bleiben. Dies wird für den gesamten Bereich des öffentlichen Auftretens des Sponsoringnehmers aus Sicht des Sponsors für erforderlich gehalten. Der Sponsoringnehmer wird in seinen Medienauftritten gelenkt, angewiesen und beschränkt.

3. Die Integration des Sponsors in die Marketingstrategie des Gesponserten

Aber auch der Sponsor wird in das Berufs-, Unternehmens- Organisations- und Karrierekonzept des Sponsoringnehmers eingebunden. Auch im umgekehrten Weg findet eine faktische Integration statt, ohne aber wieder zu dem voreiligen Schluß einer rechtlichen Subordination des Sponsors zu gelangen. Auch beim Gesponserten kann im Einzelfall durchaus eine corporate identity bestehen, deren Symbol und Imageträger der Sponsor ist. Man denke dabei nur an die prominenten Fußballvereine der Bundesliga mit ihren Fan-Clubs.

Aus Sicht des Gesponserten besteht beim Sponsoring stets die Tendenz, vom Sponsor in der beruflichen und der privaten Welt vollkommen vereinnahmt zu werden[128]. Durch das Sponsorship wirkt der Sponsor mit den Instrumenten der aktiven Werbung, der medialen Verbreitung und dem damit verbundenen Synergie- und Imagetransfereffekt auf den Ruf und das Prestige des Gesponserten unmittelbar positiv, aber auch negativ ein. In dem hochsensiblen Bereich der medialen Verbreitung läuft der Gesponserte indes Gefahr, bei einseitiger oder unrichtiger, lächerlicher oder anstößiger oder irgendwie nachteilhafter Darstellung seiner Person oder Persönlichkeit (Unternehmen, Veranstalter, Verband, Verein), nicht nur beim umworbenen Konsumenten, sondern vor allem auch bei potentiellen Neusponsoren negative Vorstellungen über den Gesponserten zu wecken, und somit dessen werblichen »Marktwert« jetzt und für die Zukunft nachhaltig zu beschränken oder gar zu zerstören. Auch ein negatives Verhalten des Sponsors außerhalb des unmittelbaren Sponsorships kann sich auf das Image des Sponsoringnehmers schädlich auswirken[129]. Um dieses Risiko zu vermeiden und vor allem um allein den positiven Synergieeffekt unter Ausblendung eines negtiven Imagetransfers auszunutzen, geht der Gesponserte strategisch vor, indem er den Sponsor vertraglich instrumentalisiert und ihn zum betriebswirtschaftlichen Baustein und Rädchen in seiner gesamten Karriere-, Saison-, Veranstaltungs- oder Ereignisplanung macht.

Die Bewerkstelligung der Integration des Sponsors in die Sphäre des Sponsoringnehmers verläuft ebenso über vertragliche Abreden wie im umgekehrten Fall der Integration des Gesponserten. Der Sponsor ist vertraglich verpflichtet, in all seinen Sponsorships und den konkreten Vermarktungsaktivitäten auf die Interessen des Gesponserten Rücksicht zu nehmen und jeden einzelnen Schritt mit ihm im Voraus abzustimmen.

Das auch beim Gesponserten bestehende manifeste Konkurrenzschutzbedürfnis wird durch Wettbewerbsverbote oder Genehmigungsvorbehalte vertraglich abgesichert. Denn es ist dem Sponsoringnehmer regelmäßig nicht gleichgültig, ob seine Konkurrenten im sportlichen oder gesellschaftlichen Bereich Empfänger von Förderleistungen desselben Sponsors sind. Denn die corporate identity des Gesponserten hebt sich ab von der dessen sportlichen »Erzfeindes«. Darüber hinaus manifestiert die Intensität und die Ausprägungstiefe der dem Sponsor vertraglich auferlegten Verschwiegenheitspflicht die integrierte Stellung des Sponsors. Der

128 So auch richtig Neal George Weiand, Der Sponsoringvertrag, Beck'sche Musterverträge, S. 101 f

129 Jüngstes sehr anschauliches Beispiel ist die vorläufige Einstellung sämtlicher Aktivitäten eines Profifußballclubs für ihren Haupt-Co-Sponsor »Öger-Tours«, die das mit 187 deutschen Urlaubern in der Dominikanischen Republik verunglückte Flugzeug der Birgen-Air unter Vertrag hatte; siehe auch Artikel in F.A.Z vom 10.02.1996.

Gesponserte hat ein erhebliches Interesse an der Geheimhaltung des Vertragsinhaltes, um sich Verhandlungsspielräume gegenüber Co- oder Anschlußsponsoren zu sichern. Denn durch die Preisgabe von Leistungs- und Gegenleistungsinhalten aus dem Sponsoringvertrag können dem Gesponserten erhebliche wirtschaftliche Nachteile für die Zukunft entstehen.

Die an anderer Stelle näher zu untersuchenden Rechtsfolgen dieser beiderseitigen faktischen Integration der Sponsoringpartner können unterschiedlich sein. Im Ergebnis stehen einerseits die auftrags- oder geschäftsbesorgungsvertragliche Fremdinteressenwahrungspflicht in einer X-Struktur, d.h. eine ambivalente Subordination und Weisungsgebundenheit zur Disposition, oder eine gesteigerte Treue- und Obhutspflicht über § 242 BGB zum Gesellschaftsvertrag. Entweder wird die Integration durch rechtliche Subordination oder durch Kooperation bewerkstelligt.

Auch wenn der Grad und die Intensität der gegenseitigen Einbindung in der Rechtspraxis mit den einzelnen Verträgen variieren, so bleibt das Integrationsmoment doch realtypisches Element und Wesensmerkmal des Sponsoringvertrags. Dies wird zum Teil in der bisher angefallenen Literatur verkannt[130]. Der weithin als prägend qualifizierte Inhalt der Primärleistungen und die dahinterstehende Motivationslage der Beteiligten ist indes nur als Nebenkriegsschauplatz für die Bildung von sponsoringvertraglichen Strukturtypen und folglich auch für deren normative Würdigung zu qualifizieren.

V. Der dynamische Leistungsinhalt

Unter dynamischen Leistungsinhalten ist die Möglichkeit beider Vertragsparteien zu verstehen, den Inhalt der Primärleistungsverpflichtungen zu bestimmen oder abzuändern, ohne einen Abänderungsvertrag schließen zu müssen. Die Flexibilität und Dynamik des Inhalts von Primärleistungen ist ein strukturelles Charakteristikum verschiedener typischer Verträge und bietet daher der Rechtsnaturbestimmung und Rechtsfolgendiskussion hilfreiche Ansatzpunkte. Dabei darf mit dem Element des dynamischen oder auch bewußt offengelassenen Leistungsinhalts nicht der unbestimmte Leistungsinhalt gleichgesetzt werden, der bereits mangels Vollstreckbarkeit zur Nichtigkeit der Verpflichtung führt, da der konkrete Inhalt der Leistungspflicht auch nicht durch eine ergänzende Vertragsauslegung ermittelbar ist[131]. Die offene Verpflichtung dage-

130 Neal George Weiand, Kultur- und Sportsponsoring im deutschen Recht, S. 59 f; im Ansatz zutreffend Thomas Hauser, Der Sponsoringvertrag im schweizerischen Recht, S. 181.

131 Joachim Gernhuber, Das Schuldverhältnis, S. 210, 211; Karl Larenz, Schuldrecht Allgemeiner Teil, 14. Auflage, 1987, S. 8; Wolfgang Fikentscher, Schuldrecht, 8. Auflage, 1992.

gen ist in der konkreten Situation an dem Vertragszweck gemessen unter Berücksichtigung aller Umstände und des ausgesprochenen und »fortgedachten« Parteiwillens durchaus ermittelbar und deshalb nicht mangels Bestimmtheit nichtig.

Im Gesellschaftsvertrag nach § 705 BGB zeigt sich eine solche Leistungsoffenheit als wesenstypisches Merkmal. Der gesellschaftsrechtlichen Beitragspflicht zur Erreichung des gemeinsamen Zwecks ist eine inhaltliche Dynamik zu eigen. Grundsätzlich werden die Beitragspflichten im Gesellschaftsvertrag präzise festgelegt und nach dem Gesetzeswortlaut der Vorschrift des § 706 I BGB sind die Beiträge der Gesellschafter im Zweifel gleich. Jedoch ist die Beitragsverpflichtung stets an der Förderung des gemeinsamen Zwecks ausgerichtet. D.h. ohne detaillierte Anpassungsklauseln im Gesellschaftsvertrag und ohne Änderung des Gesellschaftsvertrags kann sich der Leistungsinhalt ändern, wenn dies zur Förderung des gemeinsamen Zwecks erforderlich ist. Als markantestes Beispiel kann die Pflicht zur Geschäftsführung als wichtigstem Anwendungsfall der Beitragspflicht herangezogen werden. Die durch einen offenen Leistungsinhalt gewährleistete Anpassungsflexibilität der Leistungsverpflichtungen ist wesenstypisch für die Gesellschaft nach dem BGB. Sie ist erforderlich, um der Gesellschaft überhaupt die Existenz zu sichern.

Verträge über Tätigkeiten wie der Auftrag oder der entgeltliche Geschäftsbesorgungsvertrag weisen ebenfalls dynamische Leistungsinhalte auf. In beiden Vertragstypen werden Tätigkeiten geschuldet, deren Inhalt sich einerseits an den Interessen des Prinzipals und andererseits an der konkreten Situation des die Tätigkeit Ausübenden messen lassen muß, wie die Vorschrift des § 665 BGB eindrucksvoll nachweist. Die konkreten Pflichten des Beauftragten oder Geschäftsbesorgers lassen sich nicht stets ex ante definieren, sondern ergeben sich erst mit dem Beginn und der Ausübung der Tätigkeit selbst. Verträge über Tätigkeiten sind nur in nur seltenen Fällen starr und detailliert ausformulierte Rechtsgrundlage für Leistungs- und Verhaltenspflichten. Vielmehr regieren die Offenheit des Leistungsprogramms und die Möglichkeit einer Korrektur von Werteverschiebungen den Auftrag und die Geschäftsbesorgung[132].

Zwar vereinbaren Vertragsparteien in der Rechtspraxis nicht selten explizite Anpassungs-, Wertsicherungs- oder Indexklauseln, um einer Störung des Vertragsgleichgewichts zulasten einer Partei durch eine lange Zeitdauer vorzubeugen, jedoch ist die Offenheit der Leistungsverpflichtung dann nicht wesenstypisches Element des normativen Strukturtypus, son-

132 Esser-Weyers, Schuldrecht Band II, Besonderer Teil, 7. Auflage, 1991, S. 310.

dern vielmehr ein zusätzliches Plus zu dem typischen Leistungsinhalt. Bei langfristigen Lieferverträgen oder Mietverträgen werden Preisanpassungsklauseln regelmäßig sogar über AGB vereinbart. Jedoch ist dies lediglich eine in der Vertragspraxis übliche Abweichung vom typischen Kaufvertrag oder Mietvertrag, zu deren Abschluß gemäß §§ 433 I, 535 I BGB stets eine fixe Vereinbarung von Kauf- und Mietpreis erforderlich ist.

Dem Sponsoringvertrag ist eine solche Offenheit von Leistungspflichten wesenstypisch zu eigen. Zwar legen die Sponsoringparteien zunächst verschiedene Hauptleistungspflichten im Vertragswerk präzise fest. So werden die vom Sponsor zu zahlende Geldsumme, die zu liefernden Ausrüstungs- oder sonstigen Gegenstände zumindest annähernd präzise bestimmt und die Überweisungs- und Lieferungsmodalitäten werden bis ins Detail fixiert. Der Leistungsinhalt und -umfang der Gesponsertenpflichten bezüglich der zu übertragenden Nutzungsrechte, der wesentlichen Mitwirkungspflichten werden ebenso exakt festgelegt, wie etwaige Leistungsprämien oder auch die Vertragsdauer. Diese Mindestregelungen sind in der Praxis stets Bestandteil des Sponsoringvertragswerkes[133] und deshalb als sponsoringvertragliche essentialia negotii zu bezeichnen.

Jedoch erschöpft sich das Sponsoring im engeren Sinne nicht allein in der Verabredung von Vermögensverschiebungen und dem Austausch von Wirtschaftsgütern. Essentialia negotii des Sponsoringvertrags sind weitere Abreden, die nur rahmenartig vereinbart werden. Ihr Leistungsinhalt wird bewußt offen gehalten, um auf die jeweilige konkrete Situation des Vertragsumfeldes oder auf die aktuelle binnenvertragliche Situation reagieren zu können und die am Vertragsziel orientierten Leistungsinhalte zu optimieren. Die bewußt offengelassenen Leistungsverpflichtungen des Sponsors und des Gesponserten sind die folgenden Verabredungen:

Der Sponsor erhält Optionsrechte auf eventuell entstehende neue Nutzungsrechte des Gesponserten. Prominentester Fall ist der Ablauf eines Co-Sponsoringvertrags, dessen frei gewordenen Position nunmehr der Hauptsponsor einnehmen will. Aber auch völlig neu entstehende Schutzrechte wie das Urheberrecht oder gewerbliche Schutzrechte lassen sich für den Sponsor ex ante sichern.

Daneben bestehen allgemeine Anpassungsklauseln bezüglich Geld- und Sachleistungen im Falle von Strategieänderungen des Sponsors oder des Gesponserten. Auch vertragsäußere Umstände wie der Popularitätsverlust oder -gewinn des Gesponserten oder Sponsors lösen Verpflichtungen der Vertragsparteien aus, die sich ex ante nicht präzise definieren lassen.

133 Siehe oben zur Problematik der vertraglichen Regelungstiefe und -breite Zweiter Teil A I 2.

Schon deshalb nicht, weil sich die den Vertrag beeinflussenden inneren und äußeren Umstände nur selten antizipieren lassen. Aus gleicher Motivationslage heraus vereinbaren die Parteien regelmäßig aufschiebende und auflösende Bedingungen hinsichtlich der Vertragsfortsetzung oder zusätzlicher Mitwirkungspflichten.

Die beiderseitigen Mitwirkungs- und Verhaltenspflichten insgesamt sind derart offengehalten, daß sie sich nur anhand der konkreten Situation zu einer exakten Leistungspflicht verdichten können. So sind beispielsweise die Verhaltenspflichten des Veranstalters, der Mannschaftsmitglieder des geförderten Vereins oder des gesponserten Einzelathleten bei Medienauftritten nur rahmenartig und pauschal festlegbar. Es liegt in der Natur der Sache, daß der konkrete Inhalt solcher Tätigkeits- und Unterlassungspflichten von ad hoc eintretenden Umständen abhängt, so daß eine Antizipation dieser Umstände durch Ausformulierung präziser Leistungs- und Verhaltensverpflichtungen ein illusionäres Unterfangen wäre. Hin und wieder vereinbaren die Sponsoringpartner ausdrücklich die Pflicht zu einer Neuverhandlung, die es den Parteien bei Auftreten bestimmter unvorhergesehener Situationen ermöglicht, die vertraglichen Leistungsinhalte einverständlich an das veränderte Vertragsklima anzupassen, ohne den Vertrag an sich in Frage zu stellen. In einer solchen vertraglich vereinbarten Neuverhandlungspflicht wird der dynamische Leistungsinhalt besonders deutlich. Dem Umstand selbst, daß die Parteien nicht selten die vertraglichen Abreden auf ein sponsoringökonomisches Minimum reduzieren, ist eine Dynamik der über die explizit formulierten Leistungsinhalte hinausgehenden Hauptleistungspflichten zu entnehmen.

Die hier genannten offenen Tatbestände, die zu einer erweiterten, eingeschränkten oder inhaltlich veränderten Leistungsverpflichtung der Sponsoringparteien führen, sind keinesfalls abschließend. Sie sind nur exemplarisch vorgedachte Problemkonstellationen, die in den Augen der Parteien das Vertragsgleichgewicht und die Erreichung des gemeinsamen Zwecks nachhaltig stören könnten.

Insgesamt ist in den Vertragswillen der Parteien nach §§ 133, 157 BGB und § 242 BGB hineinzulesen, daß veränderte Umstände im wirtschaftlichen und gesellschaftlichen Umfeld der Vertragsparteien (bis zu einem gewissen Ausmaß) nicht zur Infragestellung des Sponsorships führen sollen, sondern vielmehr die expliziten und impliziten Kooperationsmechanismen an dieser Stelle einzusetzen haben. Die bewußte Flexibilität bestimmter Leistungsinhalte im Sponsoringvertrag unterstreicht nicht nur dessen ausgeprägte kooperative Komponente, sondern stellt sich vielmehr als eines seiner eigenständigen Charakteristika dar, das seine Bedeutung für die moderne Vertragspraxis und das moderne Wirtschaftsleben deutlich hervorhebt. Denn erst der flexible Leistungsinhalt bezüglich einiger essentialia negotii beläßt und eröffnet den Parteien die Möglichkeit einer immediaten Reaktion auf alternierende Marktmechanismen über die gesamte Vertragsdauer hinweg, ohne das vertragliche Band je infrage stellen zu müssen. Kein starrer Vertragsnormenkäfig zementiert die Leistungsverpflichtungen der Parteien an den Erfordernissen des Marktes und an den Parteiinteressen vorbei ein.

VI. Die Einbeziehung vertragsfremder Dritter in den Sponsoringvertrag, insbesondere Vertrag zugunsten Dritter

Grundsätzlich ist jeder schuldrechtliche Vertrag einer Einbeziehung vertragsfremder Dritter zugänglich. Das indiziert einerseits die systematische Stellung des § 328 BGB in dem für sämtliche Vertragstypen vorbehaltlich spezieller Abweichungen geltenden allgemeinen Schuldrecht und andererseits die Erkenntnis, daß die Schutzwirkung eines jeden Vertragstypus bei Vorliegen bestimmter Mindestanforderungen außenstehende Dritte erfassen kann[134].

Deshalb dient eine dahingehende Untersuchung weniger der Rechtsnaturbestimmung von Verträgen, jedoch liefert der Befund eines echten oder auch nur unechten Vertrags zugunsten Dritter wichtige Erkenntnisse für die Frage nach dem im Konfliktfall anwendbaren Rechtsfolgenprogramm. Die Geltendmachung eigener Schadenersatz- und Gewährleistungsansprüche oder Gestaltungsrechte und Einreden durch den Dritten und die Abtretung von Ansprüchen sind die prominentesten Fragen, die mit der Einbeziehung Dritter als Leistungsempfänger oder Leistungsberechtigte verbunden sind. Da die Frage nach der Ausdehnung der Schutzwirkung eines Vertrags auf vertragsfremde Dritte allein an die Problematik vertraglicher Leistungsstörungen anknüpft, soll sie auch erst dort beantwortet werden[135].

Auch bei den realtypischen Sponsoringverträgen finden sich Vereinbarungen, die vertragsfremde Personen in die Leistungsbeziehungen zwischen Sponsor und Sponsoringnehmer einbeziehen. Die Frage, ob eine Person außerhalb des Sponsoringvertrags unmittelbar das Recht auf eine sponsoringvertragliche Leistung erwerben soll, wie es der echte Vertrag zugunsten Dritter in § 328 I BGB vorsieht, ist vornehmlich auf das institutionelle Sponsoring reduziert. Beim Individualsponsoring und Veranstaltungssponsoring dagegen besteht eine Kongruenz der Personen der Lei-

134 Karl Larenz, Schuldrecht Allgemeiner Teil, 14. Auflage, 1987, S. 226; Dieter Medicus, Bürgerliches Recht,17. Auflage, 1996, Rn 839 ff; MüKo-Gottwald, 3. Auflage, 1995, §328 Rn 60; Joachim Gernhuber, Das Schuldverhältnis, S.510; BGH NJW 59, S. 1976; BGHZ 49, S. 350 (353).

135 Dazu siehe Vierter Teil, D V.

stungsempfänger mit den Parteien des Sponsoringvertrags, vorbehaltlich einer Zwischenschaltung von Verwertungsgesellschaften. Vertragspartner ist beim institutionellen Sponsoring auf der Seite des Sponsoringnehmers der Verein oder der Verband einer Sportmannschaft. Empfänger der Sponsorenleistung aus tatsächlicher Sicht sind in aller Regel die Mitglieder der Mannschaft[136]. Sie empfangen aufgrund der Vereinbarung zwischen Sponsor und dem geförderten Verein oder Verband die Ausrüstungsgegenstände oder auch Geldleistungen, wenn auch regelmäßig nicht die gesamte Sponsoringsumme. In diesen Fällen ist der Sponsor berechtigt und verpflichtet, die von ihm zu erbringenden Sach- bisweilen auch Geldleistungen an die vertragsfremden Mannschaftsmitglieder zu bewirken, mit der Folge der Erfüllungswirkung des § 362 BGB.

Aus Sicht der Sportler ist die vertragliche Vereinbarung, daß den Mannschaftsmitgliedern des gesponserten Verbandes oder Vereins bestimmte Gegenstände und/oder Geld zu Verfügung gestellt werden soll, anhand der Vorschrift des § 328 II BGB zu beurteilen, da die Vertragsparteien die rechtliche Bedeutung dieser Vereinbarung nicht ins Vertragswerk aufnehmen. Deshalb ist zu ermitteln, ob der Dritte ein Recht erwerben, ob ein Recht des Dritten sofort oder unter bestimmten Voraussetzungen erst entstehen soll oder ob den Vertragsschließenden vorbehalten bleiben soll, das Recht des Dritten ohne dessen Zustimmung aufzuheben oder zu ändern. Oder aber, ob der Dritte keinerlei Leistung an sich selbst fordern können soll. Hierzu ist nach dem Wortlaut des § 328 II BGB auf die Umstände und dabei insbesondere auf den Zweck des Vertrags abzustellen.

Die einzig für eine Beurteilung nach § 328 BGB infrage kommende vertragliche Sach- oder Geldleistungspflicht des Sponsors ist nur eine Komponente von vielen im Gesamtwerk des Sponsorships, daß sie isoliert zu betrachten nicht dem Parteiinteresse entspricht. Konkrete Liefermengen, Liefertermine und -intervalle betten sich ein in die gesamte Sponsoringstrategie der Vertragsparteien. Mit den die bloße Bereitstellung der Ausrüstungs- oder anderen Gegenstände flankierenden, unterfütternden und fördernden Maßnahmen des Sponsoringvertrags und den dahinterstehenden Interessen der Vertragsparteien haben die Mannschaftsmitglieder, für die die Gegenstände und manches Mal auch das Geld letztlich bestimmt sind, regelmäßig nichts zu tun. Der Berührungspunkt der Vereins- und Verbandsportler mit dem Gesamtvertragswerk reduziert sich auf die bereits in der Aktivenvereinbarung fixierten Punkte eventueller Mitwirkung bei Presseterminen, Autogrammstunden und Werbespots oder der

136 Zur rechtstatsächlichen Konstruktion und steuerlichen Motiven des Institutionensponsoring siehe oben Zweiter Teil D II.

Präsentation der Ausrüstungsgegenstände im Wettkampf. Da die strategische Begleitung des Sponsorships allein den Sponsoringvertragsparteien obliegt, kann keinesfalls davon ausgegangen werden, daß ihnen an einer unmittelbaren Leistungsberechtigung der einzelnen Mannschaftsmitglieder gelegen ist. Denn die Bereitstellung der zu liefernden Gegenstände ist abhängig von vielseitigen kooperativen Elementen, die allein für die Sponsoringvertragsparteien Bedeutung haben und auf die die einzelnen Mannschaftsmitglieder keinen Einfluß haben sollen. Überdies sollen die Mannschaftsmitglieder den Sponsoringvertrag im Leistungsstörungs- oder einem sonstigen Konfliktfall nicht mit Gewährleistungs- oder anderen Rechten belasten können, die ihnen aber über eine unmittelbare Leistungsberechtigung eines echten Vertrags zugunsten Dritter zugestanden würden[137].

Eine unmittelbare Leistungsberechtigung würde eine Verpflichtungsbeziehung des Sponsors zu den einzelnen Mannschaftsmitgliedern herstellen, die aus praktischen und rechtlichen Erwägungen heraus leicht zu Komplikationen führen kann. Es liegt erkennbar im vornehmlichen Interesse des Sponsors und des geförderten Verbandes oder Vereins, daß für die – nicht selten während der Dauer des Sponsorships wechselnden – Mitglieder der Mannschaft keine Möglichkeit der Einmischung in die kooperative Innenbeziehung des Vertrags besteht. Darüber hinaus ist eine derartige Leistungsvereinbarung aus Gründen des Schutzes der Individualität des Athleten auch nicht vonnöten. Einerseits bestehen für den Einzelathlet im Rahmen seines Arbeitsvertrags mit dem gesponserten Verband oder Verein diesem gegenüber Leistungsrechte bezüglich Ausrüstung und Geld, andererseits werden seine legitimen Interessen gegenüber dem Verein und Verband in der Aktivenvereinbarung ausreichend gewürdigt.

Auch beim sogenannten Pool-Sponsoring kommt es nicht zu einer unmittelbaren Leistungsberechtigung der Athleten. Zwar wird beispielsweise im Skipool-DSV-Sponsoringvertrag den einzelnen Mitgliedern der Mannschaft eine unmittelbare Abrufungsmöglichkeit hinsichtlich ihrer individuell zusammengestellten Ausrüstung bei den Poolmitgliedern eingeräumt, jedoch hat diese nicht die Qualität eines unmittelbaren Leistungsrechts, sondern nur die einer Wunschliste, der aus rechtspraktischen Erwägungen seitens des Skipools entsprochen wird.

Eine wichtige Ausnahme vom Grundsatz der Verweigerung eines unmittelbaren Leistungsbezugsrechts seitens des vertragsfremden Dritten stellt die Auslagerung der Finanz- und Marketingaktivitäten von Individualgesponser-

137 Staudinger-Rainer Jagmann, 13. Auflage, 1995, Vorbem zu §§328 ff, Rn 41; Müko-Gottwald, 3. Auflage, 1994, §328 Rn 24; Soergel-Hadding, 12. Auflage, 1990, §328 Rn 42; Erman-Battes, Band 1, 9. Auflage, 1993, §328 Rn 6; Palandt-Heinrichs, 55. Auflage, 1996, §328 Rn 5.

ten in Verwertungs- und Marketinggesellschaften oder Stiftungen dar. Hier werden die Bezüge des Gesponserten nicht an diesen gezahlt, sondern an dessen Marketing-Gesellschaft, die aus steuerlichen Motiven heraus regelmäßig im Ausland positioniert ist. Diese Marketing- und Verwertungsgesellschaft ist unmittelbar leistungsberechtigt. Kontrahiert der Sponsor indes direkt mit der Marketing-Gesellschaft unter Einbeziehung des Individualathleten in die Leistungsberechtigung, so ergibt sich hier kein anderes Bild als bei der Variante des institutionellen Sponsoring. Vertragsfremder ist dann der Individualathlet, und die Marketing-Gesellschaft ist Vertragspartner.

Wenn also die Lieferung der Ausrüstungs- oder sonstigen Gegenstände an die Sportler der geförderten Institution vereinbart ist, so nur in der Rechtsqualität eines Rechtes des Sponsors zur Leistungsbewirkung an einen anderen als den Vertragspartner mit der Konsequenz einer Leistungsbefreiung durch Erfüllung nach § 362 BGB. Es liegt ein unechter Vertrag zugunsten Dritter vor, mit der Folge, daß dieser nur Rechtsgrund zum Behaltendürfen nach § 986 BGB für die Einzelathleten bildet, diesen aber gerade kein unmittelbares Leistungsrecht vermittelt[138].

VII. Absolute und relative Fixschuldelemente im Sponsoringvertrag

Eine absolute Fixschuld gilt dann als vereinbart, wenn das Schuldverhältnis nach dem Willen der Beteiligten mit der Einhaltung einer konkret bestimmten Leistungsfrist stehen und fallen soll[139]. Mit dem Eintritt des Verzugs liegt automatisch die Leistungsstörung der nachträglichen Unmöglichkeit vor[140]. Demgegenüber ist von der Vereinbarung einer relativen Fixschuld auszugehen, wenn die Einhaltung der Leistungsfrist für den Gläubiger zwar erkennbar wichtig ist, bei Verstreichen der Frist die Leistung aber noch nachgeholt werden kann, mit der Folge eines Rücktrittsrechts nach § 361 BGB; nicht das Geschäft selbst, wie bei der absoluten Fixschuld, sondern allein das Leistungsinteresse des Gläubigers steht und fällt mit der Einhaltung der Frist[141]. Auch hier ist bei der Beantwortung der Frage, welche Art der Fixschuld denn nun vereinbart ist, wieder auf die Fallgestaltung in concreto abzustellen, aus der sich eine Verallgemeine-

138 So auch Bruhn-Mehlinger, Rechtliche Gestaltung des Sponsoring, Band 1, 2.Auflage, 1995, S. 75.

139 Staudinger-Löwisch, 13. Auflage, 1995, §275, Rn 4; Staudinger-Dagmar Kaiser, 13. Auflage, 1995, §361, rn 15 und 24; Esser-Schmidt, Schuldrecht Allgemeiner Teil, 8. Auflage, 1995, S. 317; Müko-Janßen, 3. Auflage, 1994, §361, Rn 4; Joachim Gernhuber, Das Schuldverhältnis, S. 687; BGHZ 110, S. 88 (96).

140 Müko-Volker Emmerich, 3. Auflage, 1994, §275, Rn 43 und 45; Staudinger-Dagmar Kaiser, 13. Auflage, 1995, §361, Rn 15; Esser-Schmidt, Schuldrecht Allgemeiner Teil, S. 317.

141 Staudinger-Dagmar Kaiser, 13. Auflage, 1995, §361 Rn 2 und 7; Müko-Janßen, 3. Auflage, 1994, §361, Rn 2 und 9.

rung nicht ableiten läßt. Der Fixschuldcharakter vertraglicher Leistungspflichten ist ein vertragliches Strukturelement, das weniger die Rechtsnatur selbst, sondern vielmehr die Rechtsfolgen eintretender Leistungsstörungen unabhängig von der Rechtsnatur eines Vertrags zu bestimmen geeignet ist, prototypisch aber Dauerschuldverhältnissen zu eigen ist.

Bereits der Dauerschuldcharakter des Sponsoringvertrags indiziert einen Fixschuldcharakter einzelner Leistungspflichten. Aber auch die präzise Vereinbarung von besonderen Terminen wie »Lieferung vor Turnierbeginn« oder ähnliche Vereinbarungen unterstreicht das über die bloße Fälligkeitsabrede hinausgehende Interesse an der Einhaltung der Frist. Je nach Fallgestaltung können Geld- und Ausrüstungsleistung seitens des Sponsors so wie die Bereitstellung von Werbefläche seitens des Veranstalters beim Veranstaltungssponsoring absoluten Fixschuldcharakter annehmen. Regelmäßig sind jedoch die Mitwirkungshandlungen des Gesponserten bei Werbemaßnahmen des Sponsors als relative Fixschuld ausgestattet. Auf die Folgen der Fristversäumung absolut oder relativ fixgeschuldeter Leistungen im Sponsoringvertrag ist in der Leistungsstörungsdebatte einzugehen.

VIII. Die Höchstpersönlichkeit der Leistungserbringung

Eine Leistung durch Dritte ist gemäß der Vorschrift des § 267 I BGB ausgeschlossen, wenn der Schuldner in Person zu leisten verpflichtet ist. Die Position der dispositiven Norm des § 267 BGB im allgemeinen Schuldrecht indiziert die Möglichkeit, die Höchstpersönlichkeit der Leistungspflicht in einem jeden Schuldverhältnis durch Parteiabrede festzuschreiben. Bei höchstpersönlichen Leistungspflichten, die mit unvertretbaren Pflichten im Sinne des § 888 ZPO gleichzusetzen sind, wird wegen besonderer Vertrauensbande zwischen Schuldner und Gläubiger der Inhalt der Leistung durch die Person des Leistenden wesentlich mitbestimmt[142]. Die Erbringung der Leistung durch eine andere Person als die des Schuldners würde den Leistungsinhalt interessenwidrig abändern, was ein Abtretungsverbot gemäß § 399 BGB nach sich zieht.

Darüber hinaus ist die höchstpersönliche Leistungserbringung typologisches Element gleich mehrerer kodifizierter Vertragstypen und kann daher als strukturelle Vertragstypenkomponente bezeichnet werden. So findet sich eine Auslegungsregelung in § 613 BGB für den freien Dienstvertrag, die erst recht für den abhängigen Arbeitsvertrag Gültigkeit beansprucht, wonach Dienste im Zweifel in Person des Dienstverpflichteten zu

142 Soergel-Wolf, 12. Auflage, 1990, §267 Rn 4; Esser-Schmidt, Schuldrecht Allgemeiner Teil,, 8. Auflage, 1995, S. 281; Staudinger-Walter Selb, 13. Auflage, 1995, §267, Rn 3.

leisten sind. Ebenso weist das Auftragsrecht eine höchstpersönliche Komponente in der Auslegungsregel des § 664 I 1 BGB auf. Danach ist der Anspruch auf die Dienste im Zweifel nicht übertragbar, und die Ausführung ist nicht einem Dritten zu überlassen. Diese Regel ist über § 713 BGB auf die Rechte und Pflichten des Geschäftsführergesellschafters der BGB-Gesellschaft anwendbar. Aber auch ohne die Verweisung über § 713 BGB ist die Höchstpersönlichkeit der Leistungserbringung typologisches Merkmal der bürgerlich-rechtlichen Gesellschaft. Dem Grundsatz der Selbstorganschaft bei Personengesellschaften[143] ist die höchstpersönliche Leistungsverpflichtung der Gesellschafter zur Geschäftsführung zu entnehmen. Dann, wenn die Beitragsleistung eines Gesellschafters nicht in vermögensrechtlichen Einlagen, sondern in nichtvermögensrechtlichen Leistungen, z.B. in der Geschäftsführungstätigkeit besteht, ist diese Beitragsleistung allein in höchstpersönlicher Form zu erbringen[144]. Auch der Mietvertrag weist eine streng höchtspersönliche Komponente auf, wenn in § 549 BGB in der Nichtübertragbarkeit des Mieteranspruches die Wertung des Gesetzgebers zum Ausdruck kommt, es komme beim Mietvertrag entscheidend auf die Person des Mieters an[145]. Über § 581 BGB gilt diese Vorschrift auch für den gewöhnlichen Pachtvertrag, der damit ebenfalls eine höchstpersönliche Komponente erhält[146]. Endlich findet sich bei der entgeltlichen und unentgeltlichen Verwahrung in § 691 S. 1 BGB das Element höchstpersönlicher Leistungspflichten.

Das strukturelle Merkmal höchstpersönlicher Leistungserbringung ist im Sponsoring dann von herausragender Bedeutung, wenn neben dem Sponsor und dem Gesponserten kein Dritter zur Erbringung der Leistung imstande ist, oder eine derartige Leistungserbringung von keinerlei Nutzen für die Parteien wäre. Zuvörderst sind dabei Mitwirkungshandlungen des Gesponserten beim Individualsponsoring und der Mannschaft und deren Mitglieder beim institutionellen Sponsoring zu nennen. Aber auch die Erfüllung der Präsentationspflicht hinsichtlich Ausrüstung, Marke-

143 Ganz h.M., vgl. BGHZ 33, S. 105 (106 f); Müko-Ulmer, 2. Auflage, 1986, §709, Rn 5; Münchener Handbuch des Gesellschaftsrechts, Band 1, 1995, S. 123 f; Soergel-Hadding, 12. Auflage, 1985, §709, Rn 22; Karsten Schmidt, Gesellschaftsrecht,2. Auflage, 1991, s. 333 f.

144 Nach §717 BGB sind vom Abtretungsausschluß die nichtvermögensrechtlichen Ansprüche nicht erfaßt. Damit sind nur vermögensrechtliche Beitragsansprüche abtretbar und pfändbar und damit nicht mit dem Charakter der Höchstpersönlichkeit behaftet. So auch Staudinger-Keßler, 12. Auflage, §717 Rn 7 und die h.M.

145 Dies soll nach den Motiven zum BGB, Mugdan, Die gesamten Materialien zum BGB für das Deutsche Reich II, S. 844 f, zumindest für die Miete von Grundstücken gelten. Siehe auch BGH NJW-RR 1994, S. 558.

146 Für den gesondert geregelten, indes für die Qualifikation des Sponsoring unerheblichen Landpachtvertrag gilt die Spezialnorm des §589 BGB.

nemblemen, Firmenlogi und sonstiger Gegenstände des Sponsors fällt in diese Kategorie. Der Imageeffekt und die Popularität, derer sich der Sponsor durch seine Marketingaktivitäten bedienen will, bezieht sich allein auf die gesponserte Person oder Mannschaft und deren Mitglieder, so daß eine Substitution durch Dritte bei den genannten Tätigkeiten völlig sinn- und nutzwidrig wäre und daher erkennbar am Willen beider Parteien vorbeigeht.

Auf der Seite des Sponsors können insbesondere beim Veranstaltungssponsoring höchstpersönliche Leistungsverpflichtungen gegeben sein. Hierunter fallen insbesondere die höchspersönliche Erstellung von Werbekampagnen/ Catering/Hospitality für Veranstaltungen des Gesponserten. Hier ist bereits besonders darauf hinzuweisen, daß es dem gesponserten Veranstalter eines Ereignisses regelmäßig nicht gleichgültig ist, durch wen die jeweilige Sponsorenleistung, in der Regel Tätigkeiten wie Bereitstellten von technischen Anlagen, Fahrdienste, Hospitality etc., bewerkstelligt wird, obgleich die Substitution der Person des Leistenden in einem solchen Falle möglich und nicht per se sinnwidrig ist. Denn dem Veranstalter liegt nur in zweiter Linie an der tatsächlichen Erbringung der Leistung, sondern in erster Linie an dem durch die Leistungserbringung in öffentlichkeitswirksamer Weise bewirkten Imagetransfer auch zu seinen Gunsten. Nur bei der Durchführung des Catering oder anderer Serviceleistungen und bei der Lieferung und Bereitstellung technischer Anlagen und Ausrüstung durch den konkreten Sponsor kann es zu diesem Imagetransfer kommen. Darin besteht für ihn und für die Gesamtheit der Sponsoringvertragsbeteiligten ja der Zweck des Sponsorships überhaupt.

Inwieweit sich aus der Höchstpersönlichkeit der Sponsoren- oder Sponsoringnehmerpflichten Abtretungsverbote nach § 399 BGB oder Pfändungseinschränkungen nach § 851 ZPO ergeben, bleibt der Leistungsstörungsdiskussion vorbehalten.

D. Die rechtlichen Interessenstrukturen im Sponsoringvertrag

I. Vorüberlegungen

Für die Rechtsnaturbestimmung unentbehrlich ist neben dem Aufspüren vertraglicher Strukturelemente die Analyse der Interessenstruktur des zu begutachtenden vertraglichen Realtypus. Diese Interessenstruktur läßt sich nur über das Aufspüren und Abschichten der unterschiedlichen Interessen, Zielsetzungen und Motive, die in und mit einem Vertrag verfolgt werden, ermitteln. Hinsichtlich der in einem Vertrag verfolgten Interessen der beteiligten Parteien ist zu differenzieren zwischen Egoismus, Kollektivismus und Altruismus. Davon streng zu trennen ist die Analyse der Interessen, die die Parteien mit dem Vertrag verfolgen.

Der Interessengegensatz, die Interessengleichrichtung und die Interessenwahrung bilden die drei Grundformen der Interessenstrukturtypen im deutschen Zivilvertragsrecht. Die jüngere Lehre zu den vertraglichen Interessenstrukturgrundformen[147] benennt die Verträge des Interessengegensatzes als Koordinationsverträge und meint damit Austauschverträge, bei denen eine Kompatibilisierung nach dem »Schlüssel-Schloß-Prinzip« der bei den Parteien bestehenden gegenläufigen Belange erfolgt. Die Verträge der Interessengleichrichtung oder Interessenverbindung nennt man Koalitionsverträge bei Zwei-, und Konföderationsverträge bei Mehrgliedrigkeit und meint damit Kooperationsverträge wie Gesellschafts- oder Kartellverträge. Endlich werden Interessenwahrungsverträge als Subordinationsverträge bezeichnet, wobei hierunter Verträge der fremdnützigen Belangwahrung wie Auftrag, entgeltliche Geschäftsbesorgung und die fiduziarische Treuhand zu verstehen sind.

Allein die Aufgliederung der Grundformen möglicher Interessenstrukturen im Rechtsgeschäft macht nicht den Wert einer Grundtypologie aus, sondern vielmehr darüber hinaus die Erkenntnis, daß Grundtypen immer nur Extreme sind, die in der Rechtswirklichkeit nicht stets lupenrein existieren. Grundsätzlich ist bei der geringen Anzahl von drei eine Einordnung eines Vertragstypus in das Raster der Interessenstrukturgrundtypen relativ leicht möglich. Jedoch liegt es allgemein im Wesen einer Grundtypologie, daß die einzelnen Grundtypen zumindest arithmetisch miteinander kombiniert werden können und das Vorliegen des einen nicht per se das des anderen Interessengrundtypus ausschließt. Hier wie an anderer Stelle ist der Befund zu vermerken, daß eine typologische Betrachtungsweise auf randscharfe Begrifflichkeit verzichten muß und die Übergänge von dem einen zu dem anderen Typus fließend sind. Am entgeltlichen Geschäftsbesorgungsvertrag selbst offenbart sich die Möglichkeit einer Kombination eines Interessengegensatzes im Austauschverhältnis (Geld gegen Geschäftsbesorgung) mit einer Interessenwahrung im Subordinationsverhältnis (Wahrung der Vermögensinteressen des Geschäftsherrn durch den Geschäftsbesorger), die auch als »hinkendes Synallagma« bezeichnet wird[148].

II. Die verschiedenen tatsächlichen Interessenebenen und Interessenkanäle im Sponsoringvertrag

1. Das Vertragsmotiv

Auf der Individualebene im Vor- und Umfeld des Sponsoringvertrags rückt das sogenannte Vertragsmotiv der Beteiligten ins Blickfeld. Die Fra-

147 Michael Martinek, Franchising, S. 239 ff; ders.; Moderne Vertragstypen, Bd II, S. 62 ff; Staudinger-Martinek, 13. Auflage, 1995, §675 Rn A 41.

148 Staudinger- Martinek, 13. Auflage, 1995 zu §675 Rn A 42.

ge nach dem Motiv ist die Frage nach dem »Warum« des Vertrags. Jeder Sponsoringbeteiligte ist zum Vertragsschluß und zur Durchführung des Sponsoring auf eine ureigene und egoistische Weise motiviert. Den Sponsor plagt die Sorge, im Wettbewerb Marktanteile zu verlieren, Image einzubüßen, gar gänzlich vom Markt verdrängt oder durch die Finanzlast der herkömmlichen Marketinginstrumente erdrückt zu werden. Aber auch altruistische Motive können den Antrieb des Sponsors bilden, sich auf ein Sponsorship einzulassen.

Der Sponsoringnehmer sorgt sich darum, bisher in seinem Metier Erreichtes nicht stabilisieren zu können. Gerade beim Individualathleten ist die Planung der eigenen sportlichen Zukunft wichtiges Motiv zur Eingehung eines Sponsorships. Aber auch eine gewisse »Versicherungsmentalität« des gesponserten Einzelsportlers mit Blick auf die Absicherung der Zeit, die sich an das Ende der Karriere anschließt, treibt den Sportler in Sponsoringverträge. Hinzu kommen natürlich Motivationslagen wie Geltungsbedürfnis, Sorgen um Einbußen beim Training und Wettkampfvorbereitung durch konfligierende Interessen bei der parallelen Ausübung von Sport und Beruf. Beim Insititutionen- und Veranstaltungssponsoring stehen finanzielle Gründe als Sponsoringmotiv deutlich im Vordergrund.

2. Das sponsoringvertragliche Endziel

Vom Motiv hebt sich das sponsoringvertragliche Endziel der Beteiligten ab, das wiederum egoistischer Natur ist. Die Beteiligten fragen sich, zu welchem reellen Ergebnis das Sponsorship für sie individuell führt und führen soll. Der Sponsor strebt einen Imagetransfer vom Sponsoringnehmer auf die eigene Marke oder das eigene Produkt an. Er hofft auf eine Steigerung des Bekanntheitsgrades seines Unternehmens und die Schaffung oder gegebenenfalls die Intensivierung einer corporate identity. Der Gesponserte hofft demgegenüber auf eine Steigerung und Stabilisierung seines »Marktwertes« für künftige und kooperative Sponsoren, auf die sponsoringbedingte Steigerung des Veranstaltungsimages und des Images der Person oder Mannschaft. Außerdem strebt der Sponsoringnehmer ein unmittelbares finanzielles Output durch das Sponsorship an.

3. Der gemeinsame Zwischenzweck

Gleichsam zwischen dem Motiv und dem Endziel steht der gemeinsame (Zwischen-)Zweck. Die Frage nach dem gemeinsamen Zwischenzweck des Sponsoringvertrags bedeutet, die Frage zu stellen, mit welchen Mitteln die individuellen Ziele der Beteiligten erreicht werden können. Dabei bedienen sich die Sponsoringpartner eines gemeinsamen und koordinierten Vorgehens, um eine Brücke zwischen dem individuellen Motiv und dem individuellen

Endziel zu schlagen. Der Sponsor und der Gesponserte streben an, durch eine kooperative und arbeitsteilige Durchführung des Sponsorships den größtmöglichen Synergieeffekt (synergetischer Imagetransfer) aus den einzelnen Sponsoringaktivitäten und -leistungen zu erzielen. Der sponsoringvertragliche (Zwischen-)Zweck ist eine kollektiver Zweck, der kollektive Interessen der Sponsoringpartner vereinigt. Dieser gemeinsame Zweck regiert die Struktur und die Rechtsnatur des Sponsoringvertrags, um die individuellen Interessen und Zielsetzungen der Sponsoringpartner realisieren zu helfen.

4. Das notwendige Austauschinteresse

Zur Durchführung des konkreten Sponsorships unabdingbar notwendig sind die individuellen schuldrechtlichen Austauschinteressen der Sponsoringpartner. Es geht um die Frage, was denn der einzelne Beteiligte konkret zu leisten hat, um das Sponsorship zu realisieren und den gemeinsamen Zweck des synergetischen Imagetransfers zu verwirklichen. Hierin liegen die notwendigen egoistischen Interessen auf den Erhalt der sponsoringvertraglichen Beitragsleistung des jeweils anderen Sponsoringpartners begründet.

Der Sponsoringnehmer ist an der Zahlung von Geld und an der Bereitstellung von Ausrüstung interessiert, wofür er dann bereit ist, dem Sponsor Verwertungsrechte zur Nutzung zu überlassen und seine Mitwirkung an Marketingaktivitäten des Sponsors zuzusichern. Der Sponsor leistet die vom Sponsoringnehmer geforderten Beiträge, gegen die Zurverfügungstellung von Verwertungsrechten und Arbeitskraft. Ohne den notwendigen Austausch von Leistungen unter den Sponsoringpartnern ist keine Partei in der Lage, den vereinbarten Beitrag zur Verwirklichung des Sponsorships zu leisten. Wie sollte zum Beispiel der Sponsoringnehmer seiner sponsoringvertraglichen Präsentationspflicht genügen, wenn er nicht die zu präsentierende Ausrüstung erhielte?

5. Die Frage nach einer simultanen Verfolgung fremder Interessen

An dieser Stelle ist zu fragen, ob den Sponsoringparteien nicht auch an der Verfolgung ausschließlich fremder Interessen gelegen ist. Dies ist bereits hier zu verneinen. Wohl kann die Sponsoringpartner eine ausgeprägte Pflicht zur Rücksichtnahme auf die Individualinteressen des jeweils anderen Teils treffen, jedoch nur im Rahmen einer Vermeidung von Störungen der Verfolgung des gemeinsamen Zwecks, nicht aber zur vorrangigen Beobachtung der Fremdinteressen des Kontrahenten. Dem Sponsor obliegt dabei die Berücksichtigung der Endziele des Gesponserten durch Rücksichtnahme auf dessen Interesse an der Imageerhaltung und -steigerung und an der Beibehaltung des Marktwertes des Sponsoringnehmers.

Der Sponsor soll den Sponsoringnehmer imagemäßig und wirtschaftlich nicht »aussaugen«. Der Gesponserte wiederum hat die individuellen Endziele des Sponsors durch Rücksichtnahme auf dessen Interesse an der Imageerhaltung und -steigerung in seine Aktivitäten einzubeziehen. Welche Rechtsqualität diesen Pflichten zur Einbeziehung fremder Interessen in die eigenen Aktivitäten zukommt, gilt es an anderer Stelle zu klären.

Diese Darstellung der tatsächlichen Interessen der Sponsoringbeteiligten führt deutlich vor Augen, daß mehrere Interessenebenen im Sponsoring und um den eigentlichen Sponsoringvertrag herum existieren. Vorsicht ist indes geboten mit der Formulierung, die Parteien würden mit dem Sponsoringvertrag simultan mehrere Zwecke verfolgen[149]. Der konkrete Sponsoringvertrag ist vielmehr nur ein Ausschnitt aus den vielschichtigen individuellen und gemeinsamen Zwecksetzungen der am gesamten Sponsoringprojekt beteiligten Parteien.

III. Einordnung der Interessen in das Grundformenparadigma

1. Das Element der Kooperation (Interessengleichrichtung)

An manchen Stellen der Literatur zum Sponsoring klingt das partnerschaftliche Verhältnis der am Sponsoringvertrag beteiligten Parteien an[150]. Es ist sogar von einem Verhältnis gleich einer »marriage« zu lesen[151]. In der Tat wohnt dem Sponsoringvertrag ein starkes kooperatives Element inne. Die Parteien vereinbaren Abstimmungsgebote, sie verabreden ein gemeinschaftliches Zusammenwirken in allen Marketingaktivitäten, insbesondere in den Medien und sie fixieren gegenseitige Beratungspflichten. Oft stellen Großsponsoren einen ihrer Mitarbeiter zur langfristigen und ständigen (Rund-um-die-Uhr-) Betreuung des Sponsoringnehmers ab, um eine ganzheitliche Beratung des Gesponserten sicherzustellen und für einen permanenten Rückfluß von Informationen, Anregungen und Beratungsleistungen seitens des Sponsoringnehmers in das Sponsorenunternehmen zu sorgen. Damit das Gleichgewicht im Vertrag über die gesamte Vertragsdauer gewahrt bleibt sind insbesondere bei arbeitsteiligem Vorgehen zur Verwirklichung des Sponsorships Kooperation und gemeinsames aufeinander abgestimmtes Verhalten erforderlich und gewollt. Ständige über die gesamte Vertragsdauer angelegte, aber auch

149 Dazu unten Dritter Teil G IV.

150 Thomas Hauser, Der Sponsoring-Vertrag im schweizerischen Recht, S. 276; Manfred Bruhn, Sponsoring, S. 416.

151 Townley-Grayson, Sponsorship of Sports, Art and Leisure, S. 4, obgleich auf S. 73 deutlich von einem rein austauschvertraglichen Rechtsverhältnis die Rede ist: »The nature of the sponsorship relationship is one of barter«.

über die Beendigung des Sponsoringengagements hinausgehende Wirtschaftlichkeits- und Effektivitätskontrollen der Parteien untereinander bestimmen maßgeblich das reale Sponsoringvertragsgeschehen. Das soll nicht zu dem (falschen) Schluß verleiten, daß jedem dauerhaften Vertragsrechtsverhältnis ein kooperatives Element innenwohne. Denn anders als bei einigen nicht kooperativen gesetzlich kodifizierten Dauerrechtsverhältnissen, wie bei der Miete oder dem Arbeitsvertrag, können die Primärleistungsverpflichtungen der Parteien beim Sponsoring ständig wechselnde Inhalte aufweisen, die nicht stets ex ante zu definieren sind. Diese Offenheit und Flexibilität der Vertragsinhalte verlangt nach einer präzisen und kontinuierlichen Abstimmung und Koordination des Parteiverhaltens, um das Vertragsziel nicht zu gefährden und das Vertragsgleichgewicht unter den Parteien zu gewährleisten.

Da der Sponsor mit der Eingehung des Sponsoringengagements stets nicht näher quantifizierbare ideelle Ziele verfolgt (Erhöhung des Bekanntheitsgrades, Imagesteigerung, Imagetransfer), basiert der Sponsoringvertrag in hohem Maße auf gegenseitigem Vertrauen und Wohlverhalten. Auch der Gesponserte begibt sich insbesondere beim Exklusivsponsoring wirtschaftlich und im Hinblick auf das Erreichen seiner idellen Ziele (Steigerung des Bekanntheitsgrades und des Marktwerts, das Anlocken weiterer Sponsoringinteressenten) in die Hände der Unternehmenspolitik des Sponsors. Auch er ist in hohem Maße auf das Wohlverhalten des Sponsors angewiesen, worin sich die Sensibilität der sponsoringvertraglichen Liaison der Parteien widerspiegelt. Die zwischen Sponsor und Gesponserten wechselseitig regelmäßig vereinbarte Wohlverhaltenspflicht alleine liefert noch keinen Beitrag, der auf ein kooperatives Element im Sponsoringvertrag schließen läßt, jedoch läßt sich die praktische Durchführung des Sponsoringvertrags unter Wahrung des Vertrauens und Wohlverhaltens nur über eine enge gemeinschaftliche oder arbeitsteilige Zusammenarbeit bewerkstelligen. Die Parteien sind damit in der Verfolgung ihrer eigenen oder auch gemeinsamen Interessen nicht nur auf eine gedeihliche Zusammenarbeit angewiesen, sondern sie setzen in vorderster Linie darauf. Sie sind bewußt zusammenwirkend und arbeitsteilig tätig, um dem Sponsorship primär und dadurch final den individuellen und kollektiven Zwecken zum Erfolg, d.h. zur Erzeugung eines Maximums von synergetischem Imagetransfer zu verhelfen.

Allerdings kann beim Sponsoringvertrag im nur weiteren Sinne eine solche kooperative Komponente nicht erblickt werden. Dort, wo simple austauschvertragliche Strukturen den Sponsoringvertrag kennzeichnen, ist eine gemeinsame oder arbeitsteilige Zusammenarbeit zwischen Sponsor und Gesponsertem nicht erforderlich und findet auch nicht statt. Insbesondere bei reinen Ausrüsterverträgen oder bei Verträgen über einmalige Einzelleistungen seitens des Sponsors beim Veranstaltungssponsoring erschöpft sich die Vertragsdurchführung im Primärleistungsaustausch ohne darüber hinausgehende zusammenwirkende Verhaltensweisen. Nur beim Sponsoring im engeren Sinne ist die kooperative Komponente in der Interessenstruktur wesenstypisch.

2. Das Element der Interessenwahrung

Interessenwahrungsverträge wie der Geschäftsbesorgungsvertrag und der Auftrag zeichnen sich durch eine den egoistischen Zweckverfolgungen vorrangige Fremdbelangwahrung aus[152]. Unabhängig vom Vorliegen einzelner Merkmale des jeweiligen Vertragstypus findet eine rechtliche Subordination des zur Tätigkeit Verpflichteten unter die Weisungsmacht des Berechtigten statt, die den Vertrag als Subordinationsvertrag charakterisiert und qualifiziert.

Dabei ist eine scharfe Trennlinie zu ziehen zwischen rechtlicher und faktischer Subordination. Ein wirtschaftliches Machtgefälle innerhalb des Vertrags und die dadurch bedingte tatsächliche Einflußnahme des überlegenen auf das Vertragsverhalten des unterlegenen Vertragspartners läßt keine Aussage über eine subodinative Interessenstruktur im Vertrag zu. Nur die rechtliche Unterwerfung des einen Vertragsteils unter die Weisungsgewalt des anderen Vertragsteils zieht eine Interessenstruktur der Wahrung fremder Interessen vor den eigenen nach sich. Damit ist die faktische Integration des einen in die organisatorische Sphäre des anderen zwar nicht irrelevant, mehr als eine für die rechtliche Subordination indizielle Wirkung kommt ihr indes nicht zu.

Die sponsoringvertraglichen Wirkungsmechanismen lassen allerdings bei genauer Betrachtung eine rechtliche Subordination des einen Beteiligten unter die Weisungsmacht des jeweils anderen Teils nicht zu. Während die Kombination eines jeden Interessenstrukturgrundtypus mit dem jeweils anderen wohl arithmetisch möglich ist, scheidet bereits rechtslogisch die Kombination der kooperativen mit der subordinativen Interessenstruktur aus. Denn eine Verfolgung gemeinsamer Interessen durch Kooperation kann nur in einer horizontalen Zweckverbindung ohne das Überwiegen oder Unterliegen des einen oder anderen Interesses stattfinden und verträgt daher eine gleichzeitige Subordination derselben Parteien (vertikale Interessenstruktur) im selben Rechtsverhältnis nicht. Daß bei aller Kooperation die Parteien nicht frei sind in ihren Aktivitäten und rechtlich einer am

152 Zur Interessenstruktur des Auftrags und des entgeltlichen Geschäftsbesorgungsvertrags siehe jüngst Staudinger-Martinek, 13. Auflage, §675 Rn A 42 ff.

Kollektiv ausgerichteten Treuepflicht und Obhutspflicht unterliegen -sprich subordiniert sind-, liegt in der Natur der Sache; dieser Befund hat indes nichts mit der persönlichen, fachlichen, organisatorischen Subordination der Interessenwahrungsverträge gemein. Darüber hinaus steht der Wille der Sponsoringpartner einer rechtlichen Subordination im Wege. Eine generelle Weisungsgebundenheit im arbeitsrechtlichen Sinn, d.h. im Sinne einer Direktionsbefugnis des Arbeitsgebers, ist ebensowenig im Sponsoringvertrag beabsichtigt, wie eine dem Arbeitsrecht gegenüber abgemilderte Weisungsgebundenheit des Geschäftsbesorgers.

Das gesamte Sponsoringkonzept beruht in einem hohen Maße auf der Individualität der Vertragsparteien und deren Handlungsfreiräumen. Eine rechtliche Subordination und Weisungsabhängigkeit hätte einen lähmenden Effekt und würde die Effizienz und den Wirkungsmechanismus des gesamten Sponsorships in Frage stellen. Darüber hinaus lassen sich die eigenen und gemeinsamen Zielsetzungen im Sponsoring über eine gleichberechtigte Kooperation besser verfolgen und erreichen, als über eine hierarchische Subordination. Die Parteien setzen bei der Durchführung des Sponsorships im engeren Sinne mehr auf Gemeinsamkeit, denn auf Eigennutz.

Damit ist jedoch nicht kategorisch ausgeschlossen, daß sich interessenwahrende und in concreto geschäftsbesorgerische Merkmale in einem Sponsoringvertrag wiederfinden können. Die Rechtswirklichkeit bietet durchaus Beispiele dafür. Zu nennen ist prominenterweise das Lehrstuhl- und Forschungssponsoring, bei dem regelmäßig ein Sponsorenpool einen universitären Lehrstuhl mit Geld- und Sachmitteln ausstattet und der Universität im Rahmen dieses Lehrstuhls ein konkretes, auf die Sponsorenunternehmen bezogenes Forschungsprogramm auferlegt. Damit wird die ursprünglich in den Unternehmen angesiedelte Forschung und Entwicklung an die Universität verlagert, die gleichsam im Interesse des Sponsorenpools deren Forschungs- und Entwicklungstätigkeit durchführt. Hierbei sind Interessenwahrende Elemente insofern dominant, als der Lehrstuhlinhaber in Art und Weise der Forschung und auch inhaltlich dem Sponsorenpool gegenüber weisungssubordiniert ist. Auf Details dieses Sponsoringexoten einzugehen, ist für das klassische Sponsoring im engeren Sinne jedoch unfruchtbar, da sich eine rechtliche Subordinationsstruktur im Sinne eines Interessenwahrungsvertrags beim Sponsoring im engeren Sinne wie dargestellt gerade nicht verzeichnen läßt.

3. Das Element der Koordination gegenläufiger Interessen

Das Element der Koordination gegenläufiger Interessen ist allein in egoistischen Austauschverträgen beheimatet. Es bestehen Interessengegensätze im Austauschverhältnis und eine innere Abhängigkeit der Leistung von der Gegenleistung im genetischen und funktionalen Sinn[153]. Der gegenläufige wirtschaftliche Güteraustausch findet zwar auch zwischen dem Sponsor und dem Gesponsertem durch die Übertragung von Geld, Ausrüstung und Nutzungsrechten wie der Mitwirkung an Werbeaktivitäten statt. Beide Teile bemühen sich um den Erhalt der vom jeweiligen Kontrahenten versprochenen Leistung nicht nur, aber eben auch aus eigennützigen Motiven heraus[154]. Jedoch wäre ein Befund der Vorrangigkeit des Austauschinteresses vor dem Kooperationsinteresse schief und oberflächlich, denn der Leistungsaustausch ist lediglich ein unverzichtbares Mittel zum gemeinsamen Kooperationszweck, da der Leistungsaustausch einen notwendiger Zwischenschritt zu der Verfolgung der kooperativen Interessen darstellt. Die Reduktion des Interesses des Gesponserten auf die einfache Formel: »Ich will nur Geld« entspricht insbesondere nicht der Dauerhaftigkeit seiner Beziehung zum Sponsor. Auch dem Sponsor sind nicht die Worte in den Mund zu legen: »Ich will nur Nutzungsrechte und die Mitwirkung des Geförderten bei meinen Werbeaktionen«. Abermals ist auf den Umstand zu verweisen, daß das Sponsoring eine sorgfältig und langfristig geplante Aktivität darstellt, die integriert ist in eine komplexe Unternehmenskommunikationsstrategie des Sponsors, aber auch in die des Gesponserten. Diese läßt sich nicht allein auf die Akquisition von Nutzungsrechten gegen Geld reduzieren. Die Verwertung der akquirierten Nutzungsrechte ist für den Sponsor erst dann vielversprechend, wenn der Gesponserte kooperiert und sich in die Marketingaktivitäten des Sponsors integriert. Umgekehrt ist die Lieferung von Markenartikeln, die Bereitstellung des Namens, des Logos oder Firmenemblems und die Zahlung von Geld an den Sponsoringnehmer für diesen erst dann lukrativ, wenn der Sponsor zur Durchführung des Sponsorships und zur synergetischen Steigerung der Popularität beider Vertragsparteien kooperiert und sich auch in das Managementkonzept des Gesponserten integrieren läßt.

Erst die Kooperation der Vertragsparteien miteinander und die strategische Einbindung der Parteien in die Unternehmenssphäre des jeweils anderen macht Sponsoring effektiv, für beide Parteien attraktiv und am Ende lukrativ. Das kooperative und das integrative Element des Sponsoringvertrags dominieren das egoistische Element der Austauschvertraglichkeit, ohne es indes völlig zu verdrängen. Die Austauschgeschäfte können somit als untergeordnete, obgleich notwendige Hilfsgeschäfte bezeichnet werden, die außerhalb des eigentlichen Integrations- und Kooperationsverhältnisses stehen.

153 Zur genetisch- und funktional-synallagmatischen Leistungsverknüpfung im Sponsoringvertrag siehe oben Dritter Teil C I .

154 Zu den verschiedenen Interessenebenen und -kanälen im Sponsoringbeziehungsgeflecht siehe oben Dritter Teil D II.

4. Ergebnis: Der Sponsoringvertrag als kombinierter Interessenstrukturtypus

Der Sponsoringvertrag weist eine ambivalente Kooperations-Koordinations-Struktur auf. Damit beheimatet er zwei Interessenstrukturgrundtypen. Die Interessengegensätzlichkeit des Austauschverhältnisses ist dabei der kollektivistischen Interessenstruktur des Kooperationsverhältnisses in ihrer Bedeutung untergeordnet. Notwendigerweise koordinieren die Parteien ihre egoistischen Austauschinteressen, um eine Kooperation überhaupt erst zu ermöglichen. Die Interessenstruktur des Subordinationsmodells läßt sich im Sponsoringvertrag nicht ausmachen, da eine rechtliche Subordination des einen Vertragsteils unter die Weisungsmacht des anderen Teils nicht gegeben ist und die dominante kooperative Komponente bereits rechtslogisch entgegensteht.

E. Der Sponsoringvertrag im Lichte verkehrstypischer kodifizierter und nicht kodifizierter Vertragstypen

Die eben gewonnene Interessenstruktur des Sponsoringvertrags allein kann keine verbindliche Auskunft geben über die Anwendbarkeit konkreter Rechtsnormen aus dem kodifizierten Vertragstypengefüge. Insbesondere folgt aus der beim Sponsoring vorliegenden Kombination verschiedener Interessenstrukturgrundtypen, daß eine eindeutige Einordnung des Sponsoringvertrags in eine bestimmte Vertragskategorie unter Ausschluß einer anderen nicht möglich ist. Darüber hinaus ist auch mit dem Aufspüren allgemeiner vertragsrechtlicher Strukturmerkmale im Sponsoringvertrag noch keine abschließende Entscheidung darüber getroffen, ob das Regelungsprogramm eines mit denselben Strukturmerkmalen ausgestatteten normativen Vertragstypus auf den Sponsoringvertrag Anwendung finden kann. So kann beispielsweise der Sponsoringvertrag auch ohne rechtliche Subordination des Sponsoringnehmers unter die Weisungsgewalt des Sponsors geschäftsbesorgungsrechtliche Elemente aufweisen, die eine Anwendung geschäftsbesorgungs- und auftragsrechtlicher Vorschriften nicht von vorneherein als sinnwidrig erscheinen lassen. Umgekehrt kann die Anwendung mietrechtlicher Vorschriften auf den Sponsoringvertrag interessenwidrig sein, trotz Vorliegens einer entgeltlichen und dauerhaften Gebrauchsüberlassung von Ausrüstungs- oder sonstigen Gegenständen. Erst also der Vergleich der im Sponsoringvertrag konkret vereinbarten Leistungsverpflichtungen und den hiermit verfolgten Interessen mit den idealtypischen Inhalten normativer Vertragstypen kann und wird Aufschluß geben über die Anwendbarkeit von normativen Regelungsprogrammen.

I. Verträge über Eigentumsverschaffung[155]

1. Kauf und Tausch

Das schlichte kauf- und tauschrechtliche Prinzip der Pflicht zur Übereignung einer Sache oder eines Rechtes gegen Geld oder einen anderen Tauschgegenstand scheidet für den Sponsoringvertrag im engeren Sinne aus. In der Position des Käufers kann im Sponsoringvertrag allenfalls der Sponsor sein, da nur er Geldleistungsverpflichtungen unterliegt. Die zur Nutzung überlassenen Rechte des Gesponserten sind indes unveräußerliche Rechte. Der Name, das Recht am eigenen Bild, allgemeines Persönlichkeitsrecht, aber auch Werbeflächen in Sportanlagen scheiden als Kaufobjekt aus, da diese wesentlicher Bestandteil eines Grundstückes nach § 93 BGB und daher nicht isoliert veräußerbar sind. Gleiches gilt für solche Rechte, deren Inhaberschaft gerade nicht auf den Sponsor übergehen sollen, wie zum Beispiel Senderechte. Eine Qualifikation des Sponsoringvertrags als Kaufvertrag ist aus diesen Gründen ausgeschlossen.

Der Parteiwille der Beteiligten entspricht weder im Ausrüstervertrag, noch im allgemeinen Werbevertrag dem typischen Kauf- oder Tauschvertragsinteresse. Der auf eine Eigentumsverschaffung gerichtete Wille, wie es der Kauf- und der Tauschvertrag voraussetzen[156], ist dem Sponsor nur bei der Bereitstellung von Verbrauchsgütern zu unterstellen. Denn der Sponsor wird kein Interesse daran haben, Eigentümer von Gegenstände wie Sportbekleidung, Organisationsmitteln oder anderen Sachen, deren Gebrauch nur einmalig oder nur durch eine bestimmte Person möglich ist, zu bleiben.

Bei langlebigen Gebrauchsgütern ist die Lage eine andere, denn es liegt im Interesse beider Parteien, daß, vorbehaltlich ausdrücklicher Fixierung einer Eigentumsverschaffungspflicht, nur die Einräumung einer Nutzungsmöglichkeit vereinbart wird. Man denke dabei zuvörderst an Gebrauchsgüter wie Computer- und Zeitmeß-, Zählwerk- oder Musik- und Lautsprecheranlagen bei gesponserten Sportveranstaltungen. Die kurze Vertragsdauer bei der sponsoringvertraglichen Variante des Ereignissponsoring ist für den Veranstalter Grund genug, keinen rechtsgeschäftlichen Willen zum Erwerb solcher Gerätschaften zu formulieren.

155 Neuerdings werden die Verträge nach ihrer sozialen und wirtschaftlichen Zielsetzung in Umsatzverträge (Kauf, Tausch, Schenkung), Gebrauchsüberlassungsverträge (Miete, Pacht, Leihe), Ausgleichsverträge (Bürgschaft, Garantie) und personenrechtliche Gemeinschaftsverträge (Dienst-, Arbeits-, Gesellschaftsvertrag) eingeteilt, Staudinger-Jürgen Schmidt, 13. Auflage, 1995, Einl. zu §241, Rn 386 – 390. Für die Suche nach typologischen Gemeinsamkeiten mit dem Sponsoringvertrag ist diese Einteilung der Nominat- und Innominatverträge allerdings unfruchtbar.

156 Karl Larenz, Schuldrecht Besonderer Teil, 1. Halbband, 13. Auflage, 1986, S. 6; Wolfgang Fikentscher, Schuldrecht, 8. Auflage, 1992, S. 398 f; Müko-H.P. Westermann, 3. Auflage, 1995, Vor §433, Rn 2; §433, Rn 56, §515, Rn 6; Esser-Weyers, Schuldrecht, Band II, Besonderer Teil, 7. Auflage, 1991, S. 15.

Denn nach der erfolgten Durchführung des Events sind diese Gegenstände für ihn in aller Regel nutz- und deshalb auch wertlos. Der Sponsor hingegen kann diese Sachen als Sponsor weiteren Veranstaltern nur dann zur Verfügung stellen, wenn er Eigentümer geblieben ist. Die sponsoringvertraglichen Gebrauchsgüter sind aus Sicht des Sponsors dessen Produktionsmittel und damit ein Teil der betriebswirtschaftlichen Grundlage seines Unternehmens. Damit ist es aus Sicht des Sponsors sinnwidrig und unwirtschaftlich, sich dieser Produktionsmittel vor Ablauf der steuerlichen und technischen Nutzungszeit zu entledigen.

Derartige Gebrauchsgüter sind prominenterweise auch Automobile, die der Sponsor dem geförderten Einzelathleten oder den Sportlern der gesponserten Mannschaft zur Verfügung stellt. Die Nutzbarkeit eines Kfz, selbst unter Berücksichtigung der Möglichkeit steuerlicher Geltendmachung (Absetzung für Abnutzung nach § 7 EStG) in Form linearer Abschreibung über 5 Jahre[157], liegt wesentlich über der durchschnittlichen Grundvertragsdauer eines Sponsoringvertrags von ein bis drei Jahren. Der Sponsor wird allerdings den Gesponserten nicht über die Vertragsdauer hinaus fördern wollen. Insofern liegt es ganz offenbar im wirtschaftlichen Interesse des Sponsors, den Wagen nach Ablauf des Sponsorships wieder an sich zu nehmen und den verbleibenden wirtschaftlichen Restwert des Kfz etwa durch Veräußerung selbst zu nutzen. Verstärkt wird dieses Interesse durch die Überlegung, daß der Sponsoringnehmer nach der Beendigung des Sponsorships von einem Konkurrenzsponsor mit einem Wagen ausgestattet werden wird, dessen Nutzung sich wettbewerbs- und marketingstrategisch nicht mit der Nutzung des Wagens des Altsponsors verträgt. Darüber hinaus wird der Sponsor ein Interesse daran haben, den Sponsoringnehmer stets mit dem neuesten Modell auszustatten. Sollte der Sponsoringvertrag über eine länger Zeit als drei Jahre geschlossen sein, werden sowohl der Sponsor, als auch der Gesponserte kein Interesse am Belassen des Vorgängermodells haben, sondern vielmehr daran, das aktuelle Nachfolgemodell nutzen zu können.

Die Isolation der Leistungspflicht des Sponsors zur Lieferung der Ausrüstungs- oder sonstiger Gegenstände an den Gesponserten ist dogmatisch eben so schief, wie die Beobachtung der Kaufvertragsregeln allein unter dem Aspekt der Leistungspflicht des Verkäufers ohne Einbeziehung der Käuferpflichten und dessen Interessen. Wenn im Kauf- und Tauschvertrag das Sachleistungsinteresse des Verkäufers und Tauschenden überwiegt, so

157 Ludwig Schmidt, Kommentar zum EStG,12. Auflage, 1993 §7 Anm 2c, 5b; Klaus Tipke-Joachim Lang, Steuerrecht, 14. Auflage, 1994, S. 282 und 319. Die AfA für KfZ ist uneinheitlich bemessen, teils fünf, teils acht Jahre.

überragt im Sponsoringvertrag das beiderseitige Interesse an einem Gesamtverhalten, das auf die zu liefernden Ausrüstungsgegenstände und die zur Nutzung eingeräumten Werberechte bezogen ist. Das Interesse an der Eigentumsverschaffung bezüglich bestimmter Gegenstände tritt im Sponsoringvertrag regelmäßig hinter das Interesse des Sponsors zurück, die Marke oder das Produkt durch den Gesponserten publikumswirksam präsentiert zu wissen. Bei der Bereitstellung von Verbrauchsgütern wie Bekleidung oder Organisationsmitteln ist zwar auch eine Eigentumsverschaffung möglicher Parteiwille, doch liegt auch hier der Interessenschwerpunkt auf der Präsentation und nicht auf der Entäußerung gegen Geld oder einen Tauschgegenstand. Die Vereinbarung zu einem solchen Gesamtverhalten ist nicht Gegenstand eines idealtypischen Kauf- oder Tauschvertrags. Überdies ist zur Erfüllung der Pflichten zu dem bezeichneten Gesamtverhalten eine Eigentumsübertragung auf den Sponsoringnehmer nicht einmal erforderlich. Letztlich ist die dem Sponsoringvertrag wesenstypische Nutzungspflicht bezüglich der gelieferten Ausrüstungs- oder sonstigen Gegenstände dem typischen Kauf- oder Tauschvertrag fremd.

Der Sponsoringvertrag weist im Ergebnis keinerlei Ähnlichkeiten auf mit Primärleistungspflichten des Kauf- und Tauschrechts. Damit ist noch keine abschließende Aussage getroffen, ob die Anwendung der Sachmängelgewährleistungsregeln des Kaufrechts im Sponsoringvertrag mit Blick auf die Pflicht zur Lieferung von Sachen wie Ausrüstung oder sonstigen Gegenständen sinnwidrig ist. Auf diese Frage wird in der Leistungsstörungsdiskussion einzugehen sein.

2. Einfache und auflagenbedingte Schenkung

Unter einer Schenkung ist die unentgeltliche Zuwendung eines Vermögensgegenstandes zu fremdem Vermögen aus eigenem Vermögen zu verstehen[158]. Die bereits festgestellte Entgeltlichkeit und der Gegenleistungscharakter des Sponsoringvertrags lassen eine Qualifikation als Schenkung von vorneherein ausscheiden. Denkmöglich ist allerdings Schenkung unter einer Auflage gemäß § 525 I BGB. Diese Auflage zu vollziehen kann der Schenker nach der Leistungsbewirkung vom Beschenkten verlangen, wobei die Auflage nicht Inhalt einer Gegenleistungsverpflichtung des Leistungsempfängers sein darf[159]. An dieser Stelle scheitert

158 Klaus Müller, Schuldrecht Besonderer Teil, Rn 529; Karl Larenz, Schuldrecht Besonderer Teil, Band II 2,13. Auflage, 1986 S. 196; Wolfgang Fikentscher, Schuldrecht, 8. Auflage, 1992, Rn. 779; Josef Esser-Hans-Leo Weyers, Schuldrecht Band II, Besonderer Teil, 6. Auflage, 1984, S. 112.

159 Klaus Müller, Schuldrecht Besonderer Teil, Rn 585; Dieter Medicus, Schuldrecht Besonderer Teil, 4. Auflage, S. 80;Karl Larenz, Schuldrecht Besonderer Teil,Band II 2, 13. Auflage, 1986, S. 200; Wolfgang Fikentscher Schuldrecht,8. Auflage, 1992, Rn 782.

die Annahme eine auflagenbedingten Schenkung durch den Sponsor an dessen Schenkungswillen. Der Sponsor beabsichtigt gerade nicht, die Geld- oder Sachleistungen von bedeutendem Wert unentgeltlich in das Vermögen des Sponsoringnehmers zu überstellen, sondern vielmehr nur unter der Voraussetzung, daß der Sponsoringnehmer seinerseits das vertraglich Vereinbarte leistet. Dem Mäzen wäre ein solcher Schenkungswille zu unterstellen, nicht aber dem Sponsor, der bei seiner Zuwendung von vermögenswerten Gütern an den Gesponserten gerade darauf abzielt, daß der Sponsoringnehmer seiner Präsentationspflicht, seiner Pflicht zur Einräumung von Lizenzen oder etwa seiner Beratungspflicht nachkommt.

II. Entgeltliche Gebrauchsüberlassungsverträge

1. Miete

Die dem Veranstalter eines gesponserten Ereignis wie auch dem Verein einer gesponserten Mannschaft obliegende Verpflichtung, Räume, Werbeflächen, Computer-, Telefonanlagen oder andere Sachen dem Sponsor auf Zeit zu dessen Gebrauch zu überlassen, ist auf den ersten Blick typischer Leistungsinhalt eines Mietvertrags aus Sicht des Vermieters nach § 535 S. 1 BGB. Nach Satz 2 der Norm ist der Mieter verpflichtet, den vereinbarten Mietzins zu entrichten, der anerkanntermaßen nicht zwingend, wenn auch gewöhnlich, in einer Geldleistung besteht[160]. Da die Hingabe eines jeden anderen Vermögenswertes für den Mietzins ausreichend und tauglich ist, steht die Gegenleistung des Sponsors in Form von Sach- oder Dienstleistungen einer mietvertraglichen Qualifikation grundsätzlich nicht im Wege. In der Tat werden in der sponsoringvertraglichen Rechtspraxis zahlreiche Bandenwerbungsverträge geschlossen, die das Grundmuster des Mietvertrags aufweisen und deren rechtliche Beurteilung sich auch allein nach Mietrecht richtet, da sich die Hauptleistungsverpflichtungen in der Gebrauchsüberlassung einer Sache gegen ein Entgelt erschöpfen.

Wird in einem Sponsoringvertrag im engeren Sinne neben zahlreichen anderen Abreden auch eine dauerhafte Gebrauchsüberlassung insbesondere die Überlassung von Werbefläche zum Gebrauch durch den Sponsor vereinbart, so besteht in diesem Punkt durchaus eine Ähnlichkeit mit der idealtypischen Interessenlage des Mietvertrags. Insbesondere stehen anders als beim Kaufvertrag einem Vertrag über die zeitweise Gebrauchsüberlassung von Werbefläche nicht die §§ 93, 94 BGB im Wege, da auch

160 Klaus Müller, Besonderes Schuldrecht, Rn 616; Müko-Voelskow, 3. Auflage, 1995, §§535, 536, Rn 81; Staudinger-Volker Emmerich, 13. Auflage, 1995, §§535, 536, Rn 160.

Teile einer Sache tauglicher Gegenstand eines Mietvertrags sind[161]. Man wird die Vermieterpflicht zur Bereitstellung einer mangelfreien Sache wie auch die Instandhaltungspflicht des Vermieters nach § 536 BGB noch in den Sponsoringvertrag hineininterpretieren können. Im Ergebnis lassen sich allenfalls singuläre Berührungspunkte und partielle Ähnlichkeiten des Sponsoringvertrags mit dem Mietvertrag ausmachen.

Denn was eine mietvertraglichen Qualifikation des Sponsoringvertrags im engeren Sinne vereitelt ist der Umstand, daß der Sponsor und der Sponsoringnehmer nicht nur ein Gebrauchsrecht bezüglich der auf Zeit überlassenen Gegenstände vereinbaren, sondern vornehmlich eine Gebrauchspflicht. Diese Gebrauchspflicht steht dem Gebrauchsrecht vor und prägt den Sponsoringvertrag im engeren Sinn. Denn in der vorübergehenden entgeltlichen Gebrauchsüberlassung von Sachen gegen Geld oder andere Gegenstände kann nur ein untergeordneter Detailbeitrag zum Gelingen des Gesamtwerks des Sponsorships gesehen werden. Das Interesse des Sponsors und des Sponsoringnehmers an der bloßen Nutzungsmöglichkeit der Sache ist beim Sponsoring im engeren Sinne dem Interesse beider Sponsoringpartner an der tatsächlichen Nutzung in der verabredeten Art und Weise untergeordnet.

Darüber hinaus ist dem komplexen Gebilde des Sponsoringvertrags nur mit großer Mühe zu entnehmen, welche Leistung nun der Pflicht zur Gebrauchsüberlassung gegenübersteht, die als Mietzins zu bezeichnen wäre. Da die Rechte und Pflichten auf jeder Seite des Sponsoringvertrags derart organisch miteinander verwoben sind, ist eine Isolierung einzelner Komponenten und deren Gegenüberstellung als Äquivalent von Leistung und Gegenleistung nur mit größter Gewalt und unter Preisgabe des typischen sponsoringvertraglichen Wirkungsgefüges möglich.

Der Mietvertrag ist typischerweise ein lupenreiner Austauschvertrag, dem es trotz der Dauerhaftigkeit an einer kooperativen Komponente mangelt. Auch dieser Befund erschwert eine Unterstellung des Sponsoringvertrags trotz seiner partiellen Ähnlichkeiten mit mietrechtlichen Leistungsinhalten unter die Regeln des Mietvertrags.

2. Pacht

Der idealtypische Pachtvertrag nach § 581 BGB gestattet dem Pächter anders als dem Mieter nicht nur die Benützung des Gegenstandes, sondern erlaubt überdies eine Fruchtziehung auf eigene Rechnung. Dabei kom-

161 Esser-Weyers, Schuldrecht, Band II, Besonderer Teil, 7. Auflage, 1991, S. 129; Wolfgang Gitter, Gebrauchsüberlassungsverträge, 1988, S. 17.

men als Pachtobjekte sämtliche Gegenstände in Betracht, die unmittelbare oder mittelbare Sachfrüchte abwerfen können[162]. Das Gesetz bezieht nicht nur Sachen, auf die die mietvertragliche Gebrauchsüberlassung reduziert ist, sondern auch Rechte in den Kreis pachttauglicher Objekt ein[163].

Die Zurverfügungstellung von Verkaufsständen oder -flächen für Catering oder Bewirtungsaktivitäten beim Veranstaltungssponsoring ist die wichtigste Leistungspflicht in Sponsoringverträgen, die pachtvertragliche Elemente aufweist. Hier wird dem Sponsor vom Veranstalter eines Ereignisses das Recht eingeräumt, auf eigene Rechnung eine gastwirtschaftliche Betätigung auf dem Gelände des Veranstalters exklusiv oder gemeinsam mit anderen Anbietern auszuüben.

Aber auch Bandenwerbungsverträge können als Pachtverträge in der Form von Rechtspachtverträgen ausgestattet sein. Wenn nämlich dem Sponsor das Gelände oder die räumlichen Bereiche der geförderten Veranstaltung zur Verfügung gestellt werden, damit dieser eigene Tafeln oder andere optische Werbeträger aufstellen kann. Die Rechtsprechung sieht hierin die Verpachtung des Rechts zur Ausübung von Werbetätigkeiten[164].

Für die miet- oder pachtrechtliche Qualifikation der »Bandenwerbungsabrede« ist dieser Rechtsprechung folgend darauf abzustellen, wem die Aufstellung der Werbemittel obliegt. Liegt der Schwerpunkt der Vereinbarung auf dem bloßen Zurverfügungstellen konkreter Werbefläche durch den Sponsoringnehmer, so ist von einem mietrechtlichen Charakter dieser Vereinbarung auszugehen. Der Sponsor ist dann berechtigt, die ihm überlassenen jedoch vom Sponsoringnehmer fest installierten Werbetafeln, Plakatwände, Schilder, Tafeln, Banden oder andere körperliche Werbeträger durch Anbringen seiner Werbebotschaft zu gebrauchen. Räumt der Veranstalter eines Ereignisses oder der Verein oder Verband, der über die Rechte an einer bestimmten Sportstätte zu verfügen befugt ist, dem Sponsor dagegen das Recht ein, die Sportstätte insgesamt für Werbungsaktivitäten mit eigenen Werbemitteln zu nutzen, so wird von einer Pacht des Rechts auf werbliche Nutzung des Geländes auszugehen sein.

Selbst wenn der Veranstalter die Werbetafeln oder Banden dem Werbenden zur Verfügung stellt, läge der Schwerpunkt der Abrede auf der Möglichkeit des Werbenden, aktiv Werbung auf dem Spielfeld oder dem Ereignisumfeld durch Aufstellen der eigenen oder fremden Werbeträger zu betreiben. Miet-

162 Müko-Voelskow, 3.Auflage, 1995, §581 Rn 5.

163 Zur Rechtspacht bezüglich besonderer Persönlichkeits- und gewerblicher und nicht gewerblicher Schutzrechte siehe unten Dritter Teil E IV 1.

164 BGH NJW-RR 1994 S. 558 f; siehe auch Müko-Voelskow, 3. Auflage, 1995, §581 Rn 5.

oder werkvertragliche Elemente treten demgegenüber als unbedeutend zurück, da sie ohnehin nur vertragliche Nebenpflichten beträfen[165].

III. Verträge über Tätigkeiten, insbesondere Dienst- und Arbeitsvertrag

Die Leistungsverpflichtungen des gesponserten Einzelathleten oder der Mannschaft eines gesponserten Sportvereines oder Sportverbandes können in Tätigkeiten bestehen. Auf Seiten des Gesponserten ist zunächst die Durchführung der geförderten Aktivität von den vertraglichen Tätigkeitspflichten zu trennen. Die Durchführung der geförderten Aktivität ist, wie bereits erwähnt und von der zum Sponsoring angefallenen Literatur zumindest mißverständlich beschrieben, gerade nicht Gegenstand des Sponsoringvertrags. Damit entzieht sich dieses Tun, d.h. die Durchführung der geförderten Veranstaltung, die Ausübung der gesponserten Sportart durch den Einzelathleten oder die Vereins- oder Verbandsmannschaft einer rechtlichen Beurteilung anhand vertragsrechtlicher Parameter. Auf deren Relevanz als Geschäftsgrundlage ist noch einzugehen. Die weiteren Tätigkeitspflichten des Gesponserten sind Mitwirkungspflichten bei Werbespots und anderen Marketingaktionen des Sponsors, so wie die omnipräsente Pflicht zur Präsentation der Ausrüstungsgegenstände oder Firmenlogi bei öffentlichen Auftritten des gesponserten Einzelathleten oder der gesponserten Vereins- oder Verbandsmannschaft. Auch das persönliche Erscheinen des Sponsoringnehmers bei Fernsehinterviews, TV-Auftritten, Messen oder gesellschaftlichen Veranstaltungen mit TV-Präsenz gehören zu den vertraglich geschuldeten Tätigkeiten des Sponsoringnehmers.

Auch der Sponsor schuldet Tätigkeiten. Das Catering oder die Serviceleistungen im Veranstaltungsbereich beim Ereignissponsoring sind standardmäßige Leistungspflichten von Sponsoren, die sie in personam durchzuführen haben. Insbesondere sind Tätigkeiten der Beratung und Betreuung des Sponsoringnehmers in betriebswirtschaftlichen, karrieretechnischen, medienrelevanten oder journalistischen Belangen seitens des Sponsors zu nennen. Der Gesponserte leistet dem Sponsor Beratungstätigkeiten über die benutzten Ausrüstungsgegenstände und Medienberatung beim Veranstaltungssponsoring. Aber auch eine beiderseitige Organisationstätigkeit in praktischen Belangen wie Reise-, Veranstaltungs- oder Marketingorganisation gehören dazu.

Gleichsam vor die Klammer zu ziehen ist der Befund der Entgeltlichkeit sämtlicher im Sponsoringvertrag geschuldeten Tätigkeiten, so daß die Überprüfung des Sponsoringvertrags anhand unmittelbar auftragsrechtli-

165 So BGH NJW-RR 1994 S. 558.

cher Parameter auszuscheiden ist[166]. Ebenso ist die werkvertragliche Komponente des Sponsoringvertrags einzuschätzen. Denn regelmäßig wird keine Herbeiführung eines Erfolges im Sinne des § 631 BGB geschuldet, weder auf der Seite des Sponsors, noch auf der Seite des Gesponserten. Sollten dennoch vereinzelte Sponsoringverträge werkvertragliche Elemente aufweisen, wie beispielsweise im Kunstsponsoring, so fällt diese Komponente nur unwesentlich ins Gewicht. Keinesfalls kann aber vom Sponsoringvertrag als Werkvertrag die Rede sein, da die Komplexität und der Inhalt der Verpflichtungen weit über die eines Werkvertrags hinausgehen.

In § 611 BGB finden sich der Differenzierung der Vorschrift des § 627 I BGB folgend zwei verschiedene Vertragstypen geregelt, der selbständige Dienstvertrag und der abhängige Arbeitsvertrag, wobei für die Abgrenzung der Abhängigkeit zur Selbständigkeit regelmäßig § 84 HGB bemüht wird[167]. Nach allgemeiner Ansicht unterscheidet sich der abhängige Arbeitsvertrag vom selbständigen Dienstvertrag zunächst durch die Fremdbestimmtheit der Tätigkeit des Arbeitnehmers gegenüber der Selbstbestimmtheit derjenigen des freien Dienstverpflichteten[168]. Der Arbeitgeber ist hinsichtlich des Inhalts der Tätigkeit gemäß § 315 BGB direktions- und hinsichtlich Zeit und Ort der Arbeit dem Arbeitnehmer gegenüber weisungsbefugt. Der aufgrund eines abhängigen Arbeitsvertrags zur Tätigkeit Verpflichtete steht in einer wirtschaftlichen wie auch persönlichen Abhängigkeit zu seinem Prinzipal, dem er auch exklusiv verpflichtet ist. Der selbständige Bedienstete ist dagegen frei in der Wahl seiner Tätigkeit, Dienstzeit und -ort, er kann mehreren Herren dienen und ist damit weder persönlich noch wirtschaftlich von dem Dienstberechtigten abhängig[169].

Ein lupenreines arbeitsvertragliches Element kann nach dem bereits Gesagten im Sponsoringvertrag nicht erblickt werden. Weder kann der Gesponserte selbst bei einer gewissen wirtschaftlichen Abhängigkeit – wie für den Arbeitsvertrag typisch und konstitutiv – als persönlich und organisatorisch vom Sponsor abhängig betrachtet werden, noch besteht seitens des Sponsors eine generelle Direktionsbefugnis nach Maßgabe des § 315

166 Zur Entgeltlichkeit des Sponsoringvertrags siehe Dritter Teil C II.

167 Münchener Handbuch des Arbeitsrechts, Band 1, 1992, §23 Rn 5; Müko-Söllner, 2. Auflage, 1988, §611, Rn 130; Günter Schaub, Arbeitsrechtshandbuch, 7. Auflage, 1992, S. 39.

168 Günter Schaub, Arbeitsrechtshandbuch, 7. Auflage, 1992, S. 38; Münchener Handbuch des Arbeitsrechts, Band 1, 1992, §23 Rn 19, 20.

169 Zur Definition des Arbeitnehmers und Abgrenzung vom freien Dienstverpflichteten siehe Peter Hanau-Klaus Adomeit, Arbeitsrecht, 11.Auflage, Berlin 1994, S. 144f; Wolfgang Zöllner-Karl Georg Loritz, Arbeitsrecht,4. Auflage, München 1992, S. 45 f; Manfred Löwisch, Arbeitsrecht, 3. Auflage, Düsseldorf 1991, S. 5 f; Hans Dieter Schmid-Peter Trenk-Hinterberger, Grundzüge des Arbeitsrechts, 2. Auflage, 1994, S. 16 f; Günter Schaub, Arbeitsrechtshandbuch, 7. Auflage, 1992, S. 36 ff; Münchener Handbuch des Arbeitsrechts, Band 1, 1992, §23.

BGB. Auch für eine Arbeitnehmerstellung des Sponsors gegenüber dem Gesponserten bestehen keinerlei Anhaltspunkte. Der Sponsor übt keine fremdbestimmte Tätigkeit für einen anderen aus, er ist nicht rechtlich in den Betrieb des Sponsoringnehmers bezüglich Ort und Zeit der Tätigkeit eingegliedert. Zwar ist der Sponsoringnehmer wie bereits erläutert funktional in das Marketingkonzept des Sponsors integriert, dies führt indes nicht zu einer rechtlichen Integration und Subordination, wie es für den abhängigen Arbeitsvertrag wesenstypisch ist.

Scharf zu trennen von dieser Fallgestaltung ist das Verhältnis des Einzelathleten zu dessen gesponserten Verein, das im professionellen Sportbereich regelmäßig als ein Arbeitsverhältnis im Sinne der §§ 611 ff BGB zu qualifizieren ist und mit dem Sponsoringvertrag nur mittelbar über die sogenannten Aktivenvereinbarung in Berührung kommt[170]. Die Mitwirkung des Gesponserten bei Werbe- und Marketingaktivitäten läßt sich isoliert betrachtet ohne Mühe als eine freie Dienstleistung einstufen, wie auch Sponsorenleistungen wie Catering oder das Bereitstellen von Service- oder Sicherheitspersonal bei Veranstaltungen. Die Beratungs- und Betreuungspflichten der Parteien untereinander weisen dienstvertragliche Elemente nach § 611 II BGB auf.

Hier wie bereits bei anderen kodifizierten Vertragstypen läßt sich festhalten, daß die sponsoringvertraglichen Leistungs- und Verhaltenspflichten weit über das Maß der normativ-typischen Dienstvertragspflichten hinausgehen, daß der Sponsoringvertrag somit nur Berührungspunkte zum Dienstvertrag aufweist, allerdings kein solcher ist.

IV. Sonstige verkehrstypische Verträge

1. Der Lizenzvertrag

Der Sponsoringvertrag weist Elemente des typischen Lizenzvertrags auf. Dabei ist unter einem Lizenzvertrag nicht allein die in §§ 9, 24 PatG oder § 13 GebrMG genannte vertragliche Einräumung des Rechts zur Ausnutzung eines gewerblichen Schutzrechts zu sehen. So ist das Markenrecht aus § 3 MarkenG gemäß § 30 MarkenG lizenzfähig, wie auch nicht gewerbliche Schutzrechte. Besondere Persönlichkeitsrechte als Ausfluß des allgemeinen Persönlichkeitsrechts[171], wie das Namensrecht aus § 12 BGB, das Urheber-

170 Zu diesem Aspekt siehe H.P. Westermann »Der Sportler als Arbeitnehmer besonderer Art« in »Sport als Arbeit-zur rechtlichen Stellung von Amateuren und Profis«, von Eike Reschke (Hrsg.) 1985, S. 35 ff m.w.N.

171 Zum allgemeinen Persönlichkeitsrecht als Gegenstand von Lizenzverträgen siehe OLG Frankfurt NJW 1992, S. 441 f; BGH NJW 1992, S. 2084 ff; OLG Karlsruhe NJW 1994, S. 1963 ff; BGHZ 119, S. 242 f Jürgen Hehle, »Besondere Persönlichkeitsrechte im Privatrecht«, Tübingen 1991, S. 109.

recht aus § 1 UrhG, das Recht am eigenen Bild aus § 22 KUG und sogar nicht schutzrechtsfähige Positionen wie besondere »Prädikate« und das Know-how können grundsätzlich Gegenstand eines Lizenzvertrags sein[172].

Allerdings ist die Analyse des Sponsoringvertrags anhand lizenzvertraglicher Parameter nicht unproblematisch. Bereits bei dem Versuch einer Rechtsnaturbestimmung des Franchising hat sich gezeigt, daß sich die lizenzvertragliche Qualifikation dieses Innominatvertrags im Ergebnis als Phyrrussieg herausstellt[173]. Denn der Diskurs um die Rechtsnatur des Lizenzvertrags ist nach wie vor nicht abgeschlossen; von einer Qualifikation des Lizenzvertrags als Vertrag sui generis, über Kauf-, Miet-, Pacht-, Verzichts- und Gesellschaftsvertrag bis zum typengemischten Vertrag ist in der wissenschaftlichen Diskussion die Rede[174]. Ebenso verhält es sich mit dem Versuch, den Sponsoringvertrag anhand bereits etablierter moderner Vertragstypen rechtlich zu begreifen. Know-How-, Consulting und Managementverträge[175] weisen mehr oder weniger geschäftsbesorgungsrechtliche und lizenzrechtliche Elemente auf, die sich neben anderen Charakteristika auch beim Sponsoringvertrag ausmachen lassen, jedoch für dessen rechtliche Erfassung kein verläßliches Rechtsfolgenprogramm bereitzustellen in der Lage sind[176].

Der Wert der Qualifikation einzelner Vertragspflichten im Sponsoring als Lizenzvertrag liegt daher weniger in der Zuordnung eines -beim Lizenzvertrag nicht existenten- präzisen Normengefüges, sondern vielmehr in der Anwendung der Zweckübertragungstheorie, die die Reichweite der Verwertungs- und Nutzungsbefugnisse am eingeräumten Recht abzustecken hilft. Hier finden sich ausdifferenzierte und konturierte Rechtsgrundsätze aus den Quellen des Gesetzes, namentlich § 31 UrhG, der Rechtsprechung und der Literatur, zu denen sich keine unmittelbaren Parallelen im kodifizierten Vertragstypengefüge auffinden lassen. Denn allein die Vorschriften über den vertragswidrigen Gebrauch bei der auf die Gebrauchsüberlassung von Sachen reduzierten Miete, §§ 549, 550, nützen bei der Frage nach der Reichweite der Nutzungsüberlassung von Rechten in der Sponsoringpraxis wenig.

172 Zum möglichen Gegenstand von Lizenzverträgen siehe allgemein Herbert Stumpf-Michael Groß, Der Lizenzvertrag, Rn 13 f, 749; Günter Henn, Patent- und Know-how-Lizenzvertrag, S. 26;Staudinger-Weick-Habermann, 13. Auflage, §12 Rn 49.

173 Michael Martinek, Moderne Vertragstypen, Band II, S. 45 f.

174 Zum Ganzen siehe Erich Lichtenstein, Der Lizenzvertrag im engeren Sinne, NJW 1965, S. 1839; MüKo-Ulmer,.2. Auflage, 1986, Vor §705 Rn 87, 88; Staudinger-Emmerich, 12. Auflage, Vor §535 Rn 163 und Vor §581, Rn 73 f; Herbert Stumpf-Michael Groß, Der Lizenzvertrag, Rn 19; Fromm-Nordemann, Kommentar zum Urheberrechtsgesetz, Vor §31 Rn 14; Günter Henn, Patent- und Know-how-Lizenzvertrag, S. 55.

175 Zu diesen Vertragstypen siehe Michael Martinek, Moderne Vertragstypen, Band II und Staudinger-Martinek, 13. Auflage, 1995 zu §675 Rn C 86 ff und C 104ff.

176 Für den Franchise-Vertrag auch Michael Martinek, Moderne Vertragstypen Band II, S. 45

Auch im Sponsoringvertrag tauchen Probleme auf, wenn es um die Frage nach der Reichweite der Verwertung von Persönlichkeits- und Namensrechten des Gesponserten durch den Sponsor geht[177]. Sollten lizenzvertragliche Elemente dem Sponsoringvertrag eigen sein, ließen sich diese Probleme und weitere Probleme des Schadensersatzes über eine direkte oder analoge Anwendung der § 31 und § 97 UrhG lösen[178].

Beim Sponsoringvertrag im engeren Sinne bedarf zunächst der Klärung, woran überhaupt ein der Lizenz fähiges Recht bestehen kann. Derartige Berührungspunkte im Sponsoringvertrag mit lizenzvertraglichen Elementen sind in erster Linie als Ausflüsse des allgemeinen Persönlichkeitsrechts das Namensrecht des Sponsoringnehmers aus § 12 BGB, das sowohl den Namen des Einzelathleten, als auch den von Sportvereinen oder Sportverbänden und Unternehmen schützt[179] und das Recht am eigenen Bild nach § 22 KUG in seiner gesamten Reichweite[180], das dem Sponsor für dessen Marketingaktivitäten zur Verfügung gestellt wird. Beim Individualsponsoring gestattet der Gesponserte dem Sponsor, sein Konterfei, seinen Namen, seine Unterschrift und auch sein gesprochenes Wort für TV-Werbespots, oder Anzeigen in Printmedien, für Produktbenennung und Verpackung zu benützen. Beim institutionellen Sponsoring verpflichtet sich der Verein oder Verband, die Mannschaftsmitglieder im Rahmen einer Aktivenvereinbarung in die Sponsoringaktivitäten des Sponsors einzubinden und darüber hinaus seinen Vereins- oder Verbandsnamen für Werbezwecke des Sponsors zur Verfügung zu stellen.

Auf der Seite des Sponsors kann ebenfalls das Namensrecht nach § 12 BGB gegebenenfalls in Verbindung mit den handelsrechtlichen Vorschriften über die Firma, §§ 17 ff HGB, ebenso lizenzfähiger Gegenstand der Sponsoringabrede sein, wie auch gewerbliche Schutzrechte, wie die Marke nach §§ 1,3 MarkenG, wenn der Sponsor sein Firmenlogo dem Veranstalter eines geförderten Events als Titel zur Verfügung stellt oder die geförderte Vereinsmannschaft nach der Firma des Sponsors benannt wird, wie es in der Bundesliga beim Basketball oder Volleyball üblich ist. Nur

177 Zu den einzelnen Leistungsstörungen siehe unten Vierter Teil D.

178 Zur dreifachen Schadensberechnung im gesamten Recht der Verletzung vermögenswerter Ausschließlichkeitsrechte siehe Baumbach-Hefermehl, Wettbewerbsrecht, 18. Auflage, 1995, Allg., Rn 160 fund Einl. UWG Rn 381 ff.

179 Nach Fromm-Nordemann, Urheberrecht, 8. Auflage, 1994, §97 Rn 2 ff; Karl Larenz, »Das allgemeine Persönlichkeitsrecht im Recht der unerlaubten Handlung, NJW 1955, S. 521; ders, Allgemeiner Teil des Deutschen Bürgerlichen Rechts, 7. Auflage, 1989, S. 125; Soergel-Heinrich, 12. Auflage, 1987, §12, Rn 151 f; Müko-Schwerdtner, 3. Auflage, 1994, §12 Rn 42; BGH NJW 1970, S. 1270 wird §12 BGB als die herausragende Schutznorm des gesamten Bezeichnungsrechts qualifiziert.

180 Nach §22 KUG wird nicht nur das eigene Bildnis, sondern auch über den Wortlaut hinaus jede Form der Darstellung einer Person geschützt, Müko-Schwerdtner, 3. Auflage, 1994 §12 Rn 180.

selten wird das Urheberrecht Gegenstand vertraglicher Abreden im Sportsponsoring sein. Allenfalls Nutzungsrechte an Urheberrechten sogenannter »offizieller Musik« zu internationalen Sportereignissen[181] können Inhalt sportsponsoringvertraglicher Abreden sein. Im Kultur- und Kunstsponsoring rückt dies dagegen verstärkt in den Vordergrund vertraglicher Vereinbarungen.

Der Frage nach der Unterscheidungskraft, der Individualisierbarkeit und der Verkehrsgeltung der für den Bereich des Sportsponsoring relevanten Titel und Bezeichnungen kann an dieser Stelle nicht bis ins Detail nachgegangen werden, da die Vielfalt der möglichen Bezeichnungen, die im Sponsoringvertrag der Rechtswirklichkeit Gegenstand von Lizenzabreden sind, unübersehbar ist. Dennoch ist Voraussetzung für eine wirksame Lizenz, daß diese Bezeichnungen nicht gemeinfrei oder durch ein öffentliches Freihaltebedürfnis von einer wirtschaftlichen Nutzung ausgenommen sind[182]. Namen, Kürzel und Titelbezeichnungen können überhaupt nur als Namensrecht geschützt werden, wenn ihnen eine Unterscheidungskraft durch besondere Individualität innewohnt oder durch Anerkennung durch die beteiligten Verkehrskreise, sprich Verkehrsgeltung vorliegt[183]. In Betracht kommen dabei Namen und Titel von Sportereignissen wie »WM«, »Olympische Spiele«, »Championship«, »ATP-Turnier« und Titel wie »offizieller Sponsor« oder »offizieller Ausrüster«.

Insbesondere die unabdingbare rechtliche Notwendigkeit der Einräumung von Lizenzen bei den genannten Aktivitäten der Sponsoringpartner zeigt die lizenzvertragliche Prägung der genannten Leistungspflichten im Sponsoringvertrag. Die Prominenz der Persönlichkeiten und Vereine und Verbände auf seiten der Sponsoringnehmer könnte zu dem voreiligen Schluß verleiten, die Nutzung deren Konterfeis, Name oder Person zu werblichen Zwecken sei gemeinfrei, da diese Personen als solche des Zeitgeschehens im Sinne des § 23 I KUG anzusehen sind. Die Urteile des OLG Frankfurt und des OLG Karlsruhe[184], in dem einem Sachbuch-Verlag die Abbildung eines berühmten deutschen Tennisspielers auf einem Tennislehrbuch oder die Abbildung eines prominenten Fußballprofis in einem Fußballspielerkalender ohne Lizenzvertrag und entsprechend

181 Z.B. der »Olympia-Song« oder das »offizielle Lied zur Fußball-Weltmeisterschaft«.

182 Herbert Stumpf-Michael Groß, Urheberrecht, 6. Auflage, 1993, Rn 29; Fromm-Nordemann, Urheberrecht, 8. Auflage, 1994, §64 Rn 3.

183 Müko-Schwerdtner, 3. Auflage, 1994, §12 Rn 21 ff (38) Soergel-Heinrich,12. Auflage, 1991 §12 Rn 27f (29).

184 OLG Frankfurt, NJW 1989, S.402; OLG Karsruhe Njw 1982, S. 647 f..

ohne Schadensersatzverpflichtung gestattet wurde, bestärkt diese -allerdings im Ergebnis unzutreffende- Vermutung. Denn angesichts der erdrückenden Anzahl an Entscheidungen[185] kann als gesicherte Erkenntnis gelten, daß die Verwendung von nach § 23 I KUG gemeinfreien Bildnissen zu überwiegend werblichen Zwecken ohne Lizenzvertrag unstatthaft ist[186]. Dies muß natürlich um so mehr für die Verwertung von Name und Bildnis von Personen gelten, die nicht solche des Zeitgeschehens sind. Ohne die Einräumung von Gestattungs-, Nutzungs- oder Einwilligungsrechten ist die gegenseitige und gemeinsame werbliche und kommerzielle Nutzung der genannten Rechtspositionen der Sponsoringpartner unstatthaft und im Ergebnis unzulässig.

Die Einräumung ausschließlicher oder nicht ausschließlicher Lizenzen als Verfügungsgeschäft bedeutet indes noch nicht, daß der Sponsoringvertrag als Verpflichtungsgeschäft einen lupenreinen Lizenzvertrag darstellt. Auch wenn die typischen Leistungsinhalte des Lizenzvertrags nicht randscharf abzugrenzen sind von denen der Miete, der Pacht oder der Gesellschaft, so bleibt doch der Befund, daß die sponsoringvertraglichen Leistungsverpflichtungen in jedem Fall durch Vereinbarung weitergehender Leistungs- und Verhaltenspflichten weit über das lizenzvertragliche Maß hinausgehen. Erst durch die tatsächliche Nutzung der eingeräumten Lizenzen erfährt der Sponsoringvertrag sein typisches Gepräge. Denn die Pflicht zur kommunikativen Ausnutzung der Namens-, Persönlichkeits-, Urheberrechte und Warenzeichen auf seiten des Sponsors und des Gesponserten ist wesenstypischer Vertragsbestandteil des Sponsoring, nicht aber der eines typischen Lizenzvertrags.

2. Der Garantievertrag

Der Schuldner eines Garantie- oder auch Gewährvertrags will verbindlich für einen bestimmten Erfolg einstehen. Herkömmlicherweise wird bei der Art des Versprechens diffenziert zwischen Erfüllungs- oder Leistungsgarantie, bei der der Garant im Garantiefall anstelle des Schuldner leisten soll, der Eigenschaftsgarantie, bei der der Garant für das Vorhandensein bestimmter Eigenschaften einer Sache oder Person einstehen will, und

185 Die bekanntesten Entscheidungen sind wohl RGZ 74, S. 308 (Graf Zeppelin); BGHZ 20 S. 345 (Paul Dahlke); BGHZ 30, S. 7 f (Caterina Valente); BGH NJW 79, S. 2205 (Fußballtor); BGH GRUR 1979, S. 732 (Fußballtorwart); zum Ganzen, Jürgen Hehle, Besondere Persönlichkeitsrechte im Privatrecht, 1991, S. 131, 185; Müko-Schwerdtner,3. Auflage, 1994, §12 Rn 169 f (171).

186 Zu den möglichen Leistungsstörungen und Schadensersatzansprüchen siehe unten Vierter Teil D.

endlich der atypischen Garantie, bei der der Garant den Gläubiger unabhängig von der ursprünglich geschuldeten Leistung des Schuldners mit einer Geldsumme für einen irgendwie gearteten Erfolg einstehen will[187].

In letzterer Situation befindet sich der Veranstalter eines gesponserten Ereignisses, wenn er dem Sponsor vertraglich eine Übertragung des geförderten Ereignisses von TV-Anstalten zusagt. Unerheblich ist dabei, ob diese Zusage die Übertragung der gesamten Veranstaltung oder nur eine Kurzberichterstattung beinhaltet. Die TV-Anstalten haben regelmäßig ihrerseits bereits im Vorfeld der Veranstaltung Absichtserklärungen gegenüber dem Veranstalter abgegeben, oder, so bei populären Sportereignissen, die gesamten Übertragungsrechte »eingekauft« und auf diese Weise eine komplette Mediencoverage gesichert.

Ähnlich verhält es sich mit der Übernahme der Gewähr seitens eines Vereins oder Verbands, die Mitwirkung der Einzelathleten an der Durchführung des Sponsoringvertrags gegenüber dem Sponsor zu sichern. Da weder der Sponsoringvertrag noch irgend ein anderer Vertrag ein solcher zulasten Dritter sein darf, können Mitwirkungs-, Präsenz- oder andere Leistungspflichten vertragsfremder Athleten ohne deren Mitwirkung nicht verbindlich im Vertrag durch den Sponsor und den Gesponserten fixiert werden.

Hierin sind selbständige Garantieerklärungen des Sponsoringnehmers zu sehen, die derart ausgestaltet sind, daß nicht der Veranstalter den garantierten Erfolg im Garantiefall wie bei der Erfüllungs- oder Leistungsgarantie etwa selbst herbeizuführen verpflichtet ist, was in dem ersteren Fall unmöglich, im zweiten sinnwidrig wäre, sondern sich zur Zahlung einer bestimmten Geldsumme bereiterklärt. Die primäre Leistungsverpflichtung des Sponsoringnehmers ist die einer von seinem Verschulden und dem Bestehen einer Hauptschuld unabhängigen Schadensersatzleistung in Geld, die eben nicht wie bei der Eigenschafts- und Erfüllungsgarantie das Surrogat einer Hauptleistung darstellen soll.

Die Abstraktion der Garantie von einer bestehenden Hauptschuld macht neben der Verschuldensunabhängigkeit den wesenstypischen Unterschied zur Vertragsstrafe aus, die im Schrifttum mißverständlich auch als »Eigengarantie« bezeichnet wird[188]. Während die Vertragsstrafe den Schuldner

187 Klaus Müller, Schuldrecht Besonderer Teil, S. 321; Hansjörg Weber, Sicherungsgeschäfte, 4. Auflage, 1994, S. 61 (62); Soergel-Mühl, 11. Auflage, 1991, Vor §765, Rn 38; Esser-Weyers, Schuldrecht, Band II, Besonderer Teil, 7. Auflage, 1991, S. 355.

188 Müko-Pecher, 2. Auflage, 1986, §765 Rn 22, Soergel-Mühl, 11. Auflage, 1991, Vor §765, Rn 33f; Esser-Weyers, Schuldrecht, Band II, Besonderer Teil, 7. Auflage, 1991, S. 355; BGH NJW 1967, S. 1020; BGH WM 75, S. 348; BGH WM 82, 632.

verschuldensunabhängig zu einer vertragsgemäßen Erfüllung seiner eigenen Leistungspflicht anhalten soll, ist die Garantie von einer eigenen Leistungsverpflichtung des Garanten gegenüber dem Garantienehmer unabhängig. Da weder der Veranstalter eines gesponserten Ereignisses Schuldner der Mediencoverage, noch der Verein oder Verband Schuldner persönlicher Mitwirkungspflichten bei Werbespots sein können, sind diese nur im Binnenverhältnis von Veranstalter zu den Medien und Verein und Verband zu seinen Athleten bestehenden Pflichten dem Sponsor gegenüber nicht durch eine Vertragsstrafe absicherbar. Die Schadensersatzabrede zwischen Sponsor und Sponsoringnehmer ist demnach als echte Fremdgarantie, nicht jedoch als einer Vertragsstrafe gleichkommenden Eigengarantie zu qualifizieren.

V. Der Sponsoringvertrag im Lichte des Geschäftsbesorgungsrechts

1. Vorüberlegungen

Das Recht des entgeltlichen Geschäftsbesorgungsvertrags ist trotz seiner stiefmütterlichen Position im Gesetz diejenige zivilrechtliche Materie, die sich zur rechtlichen Einordnung und Abgrenzung moderner Vertragstypen am ehesten als geeignet erwiesen hat und als solches immer noch erweist[189]. Dies liegt in dem Umstand begründet, daß bei der Begutachtung moderner Vertragstypen in den Spiegel der gegenwärtigen Rechts- und Wirtschaftswirklichkeit gesehen wird. Diese Wirklichkeit ist geprägt von einem ausdifferenzierten Dienstleistungswesen, das sich in die fortschreitende gesellschaftliche und gesamtwirtschaftliche Arbeitsteilung einfügt. Das Geschäftsbesorgungsrecht paßt sich mit seinen typologischen Merkmalen an die arbeitsteilige Rechtswirklichkeit an und stellt interessengerechte Regelungsprogramme für die Anforderungen des modernen Wirtschaftsleben bereit.

Der für den Sponsoringvertrag zu verzeichnende Gewinn einer geschäftsbesorgerischen Qualifikation liegt in der Anwendung des Auftragsrechts und dort insbesondere in der Anwendbarkeit der Regeln über die Auskunfts- und Informationspflicht nach § 666 BGB, die Herausgabepflicht nach § 667 BGB und den Aufwendungsersatz nach § 670 BGB. Auch die für das Geschäftsbesorgungsrecht typische gesteigerte Treue- und Interessenwahrungspflicht erschließt ein von anderen Vertragstypen abweichendes Leistungs- und Rechtsfolgenprogramm, deren Anwendung auf das Recht des Sponsoringvertrags wertvolle Beiträge zur Rechtsfindung beizusteuern in der Lage ist.

189 So werden die meisten der »modernen Vertragstypen« in den Bänden I – III von Michael Martinek, wie auch sonst Franchising, Factoring, Management, Know-how-, Consulting- und Joint-Venture-Verträge am Geschäftsbesorgungsrecht gemessen.

Dabei geht ein Teil der Literatur davon aus, daß das Regelungsgefüge des Geschäftsbesorgungsrechts bereits dann einschlägig ist, wenn einige, nicht zwingend alle Indizien für das Vorliegen eines Geschäftsbesorgungsvertrags gegeben sind[190]. Diese Indizien sollen das Entstehen eines Treuhandverhältnisses, das Vorliegen eines besonders engen Vertrauensverhältnisses, eine stark ausgeprägte Diskretionspflicht und die Befugnis des Geschäftsführers, Vermögensdispositionen für den Geschäftsherrn zu treffen, sein. Demgegenüber ist nach dem derzeit vorherrschenden Geschäftsbesorgungsverständnis und der Geschäftsbesorgungsformel des BGH[191] unter dem Typus des Geschäftsbesorgungsvertrags nur ein Vertrag über die selbständige Tätigkeit wirtschaftlicher Art zu verstehen, der der Wahrnehmung fremder Vermögensinteressen dient. Eine unmittelbare Anwendung des Geschäftsbesorgungsrechts kann folglich nur bei solchen Verträgen befürwortet werden, die sämtliche Merkmale kumulativ aufweisen.

2. Die selbständige Geschäftsbesorgungstätigkeit

Für all diejenigen Sponsoringverträge scheidet eine geschäftsbesorgungsrechtliche Qualifikation aus, bei denen sich die Leistung des Sponsoringnehmers in der bloßen passiven Bereitstellung von Nutzungsrechten erschöpft, denn eine geschäftsbesorgerische Tätigkeit ist durch aktives Tun gekennzeichnet[192]. Dies wird in der Rechtspraxis nur sehr selten der Fall sein, denn selbst bei einer Reduzierung der vertraglichen Primärleistungsverpflichtungen des Sponsoringnehmers auf die Bereitstellung von Persönlichkeitsrechten zur ausschließlichen oder nicht ausschließlichen Nutzung für den Sponsor wirkt sich das aktive Verhalten des Sponsoringnehmers im Bereich der geförderten Tätigkeit und im öffentlichen und sogar im privaten Bereich zumindest mittelbar auf die Sponsoringbeziehung und das Image des Sponsors aus. Das ist beim Sponsoring im engeren Sinne so gewollt; es ist das zentrale betriebswirtschaftliche und kommunikationspsychologische Element des Sponsoring überhaupt.

Jedes Interview des Sponsoringnehmers in den Medien, jede Berichterstattung über den Gesponserten steht in den Augen des Konsumenten in funktionaler Beziehung zum Sponsor. Damit haben sämtliche Aktivitäten des

190 Erman-Ehrmann, Band 1, 9. Auflage, 1993, §675 Rn 1; Karl Larenz, Schuldrecht, II. Band, Besonderer Teil, 1. Halbband, 13. Auflage, 1986, S. 423.

191 Staudinger-Martinek, 13. Auflage, 1995, Kommentierung zu §675; Karl Larenz, Schuldrecht, II. Band, Besonderer Teil, 1. Halbband, 13. Auflage, 1986, S. 422; BGHZ 45, S. 223 (229).

192 Staudinger-Martinek, 13. Auflage, zu §675 Rn A 24.

Sponsoringnehmers im geförderten Tätigkeitsbereich – nochmals: nicht aber die geförderte Tätigkeit selbst – einen unmittelbar vertraglichen Bezug, ungeachtet der vertraglichen Fixierung und Formulierung von Primärleistungsverpflichtungen und erfüllen das Tätigkeitsmerkmal des § 675 BGB.

Die geschäftsbesorgerische Selbständigkeit erfordert eine dem freien Dienstverpflichteten angelehnte persönliche, wirtschaftliche und fachliche Unabhängigkeit, die aber begrenzt ist durch das dem Geschäftsbesorgungsrecht wesenseigene Element der Fremdnützigkeit[193]. Der Geschäftsbesorger hat weisungsgebunden die Interessen des Geschäftsherrn zu wahren. Eine solche Begrenzung findet sich im Recht des Sponsoringvertrags allerdings nicht, denn die sponsoringvertraglichen Abstimmungs- und Zustimmungserfordernisse setzen der grundsätzlichen Eigenverantwortlichkeit und Selbständigkeit des Sponsors und des Gesponserten zwar eine Grenze, jedoch nicht aus dem Blickwinkel der Fremdinteressenwahrung heraus. Diese Abstimmungs- und Zustimmungserfordernisse haben namentlich zum Ziel, daß der jeweils andere Beteiligte den Handelnden in erster Linie an das gemeinsame Interesse an der Durchführung des Sponsoringvertrags bindet und nur in zweiter Linie an die berechtigten Individualinteressen des jeweils anderen Vertragspartners. Eine für die Weisungsgebundenheit erforderliche rechtliche Subordination fehlt im Sponsoringvertrag völlig.

3. Die Wirtschaftlichkeit und der Vermögensbezug

Die geschäftsbesorgungsrechtlichen Merkmale der Wirtschaftlichkeit und des unmittelbaren Vermögensbezugs lassen sich auch nur mit Gewalt und mit sachfremden Erwägungen beim Sponsoringvertrag ausmachen. Wirtschaftlichkeit bedeutet die Zugehörigkeit der Tätigkeit zum Wirtschaftsleben unter Ausgrenzung rein künstlerischer, karitativer, religiöser Tätigkeiten[194]. Die Tätigkeit muß sich unmittelbar auf das Vermögen des Geschäftsherrn beziehen, eine bloße Entgeltlichkeit reicht für die Wirtschaftlichkeit und den unmittelbaren Vermögensbezug nicht aus. Es muß eine Einflußnahme auf den Vermögensstatus des Geschäftsherrn durch die selbständige Tätigkeit des Geschäftsführers möglich und gewollt sein. Dabei ist das zentrale und für das Geschäftsbesorgungsrecht wohl charakteristischste Element der Wirtschaftlichkeit das der rechtlichen und tatsächlichen Befugnis des Geschäftsführers, Vermögensdispositionen für den Geschäftsherrn zu treffen. Unter Dispositi-

193 Staudinger-Martinek, 13. Auflage, 1995, §675 A 25; Soergel-Mühl, 11.Auflage, 1980, §675, Rn 1; Müko-Seiler, 2. Auflage, 1986, §675 Rn 2.

194 Zur Abgrenzung und Definition der Merkmale der Wirtschaftlichkeit und des Vermögensbezuges jüngst umfassend Staudinger-Martinek, 13. Auflage, 1995, §675 Rn A 29, 31; Soergel-Mühl, 11. Auflage, 1980, §675 Rn 1.

onsbefugnis ist zwar nicht zwingend eine Verfügungsbefugnis im sachenrechtlichen Sinn zu verstehen, jedoch ist der Vermögensbezug durch vom Geschäftsherrn erlaubtes tatsächliches wie rechtsgeschäftliches vermögensminderndes Verhalten des Geschäftsbesorgers herzustellen.

Eine geschäftsbesorgerische Dispositionsbefugnis über fremde Vermögenswerte ist weder dem Sponsor noch dem Sponsoringnehmer eingeräumt. Darüber soll auch nicht hinwegtäuschen, daß der Sponsoringnehmer regelmäßig Nutzungsrechte an seinem allgemeinen Persönlichkeitsrecht auf den Sponsor überträgt. Denn die Verwertung dieser Nutzungsrechte geschieht nicht primär im Interesse des Gesponserten. Vielmehr stellt sich die Verwertung der Nutzungsrechte seitens des Sponsors als Verwertung ihm eigener Rechte und Vermögenspositionen dar. Die Möglichkeit des Sponsors und des Gesponserten, auf die Vermögenssituation des jeweils anderen Einfluß zu nehmen durch jedwede Aktivität in der Öffentlichkeit, stellt sich als allein faktisch-reflexartiger, nicht aber im geschäftsbesorgungsrechtlichen Sinne rechtlicher Vermögensbezug dar. Denn die Integration der Parteien in die Sphäre der jeweils anderen Partei bringt es faktisch mit sich, daß die integrierte Partei Bezug zu Vermögenswerten der integrierenden Partei hat. So nutzt der Sponsoringnehmer, ihm vom Sponsor zur Verfügung gestellte Ausrüstungsgegenstände, Sachleistungen wie Automobile etc. Umgekehrt nutzt der Sponsor beim Catering Mobilien und Immobilien des gesponserten Veranstalters. Damit ist allerdings keine Dispositionsbefugnis des Integrierten vereinbart oder gewollt.

4. Die Fremdnützigkeit

Letztlich kann die Tätigkeit der Sponsoringbeteiligten nicht als fremdnützig im geschäftsbesorgerischen Sinne qualifiziert werden. Die Tätigkeit des Geschäftsherrn ist dann fremdnützig, wenn sie objektiv im Interesse des Geschäftsherrn liegt, wobei sich das »objektiv fremden Geschäfts« aus dem Recht der auftragslosen Geschäftsführung zur typologischen Merkmalsbeschreibung eignet[195]. Damit muß das Geschäft eine »ureigene Angelegenheit des Geschäftsherrn« sein[196]. Daß die Tätigkeit auch im eigenen Interesse verrichtet wird, hindert eine Qualifikation als Fremdgeschäft nicht, solange nur der Schwerpunkt im Fremdinteresse liegt. Es ist also zu fragen, wer der Initiator der Aktivität ist, wer objektiv größeres Interesse an der Verrichtung der Tätigkeit hat, derjenige der sie ausführt, oder derjenige, zu dessen Nutzen sie ausgeführt werden soll.

195 So auch Staudinger-Martinek 13. Auflage, 1995, §675 Rn A33.

196 Wegweisend BGHZ 45, S. 223f.

Die Ausübung der eingeräumten Nutzungsrechte durch den Sponsor oder etwa die Werbung mit dem Gesponserten sind nicht Geschäfte, die ursprünglich nur dem Sponsoringnehmer obliegen. Denn die Werbung mit einer Person ist zu unterscheiden von der Werbung für eine Person. Der Sponsor macht Werbung mit einer Person für seine eigene Marke oder sein eigenes Produkt. Dies ist allein dem Geschäftsbereich des Sponsors zuzuordnen. Nur die Werbung für eine Person ist ureigenste Sache der Person selbst. Daß sich bei der Werbung mit einer Person für ein Produkt gleichzeitig ein reziproker Marketingeffekt für die Person, mit der für das Produkt geworben wird, einstellt, ist verständlich und beim Sponsoring nicht ungewollt. Hierin besteht ja gerade der Synergieeffekt der Aktivitäten des Sponsors mit denen des Gesponserten. Man kann also ein Eigeninteresse des Sponsoringnehmers an der Marketingaktivität des Sponsors mit seiner Person über dasjenige an der Bezahlung durchaus bejahen. In der Tat mag den Sponsoringpartnern sogar ein gemeinsames Interesse an der Durchführung der Marketingaktivitäten des Sponsors unterstellt werden, jedoch werden die Marketingaktivitäten des Sponsors unter Einbeziehung des Sponsoringnehmers primär als ureigenes Geschäft im Unternehmen des Sponsors durchgeführt. Daß dieses Eigengeschäft zur gleichen Zeit auch Geschäft des Sponsoringnehmers oder gar gemeinsames Geschäft beider Parteien sein kann, vermag den Befund nicht mehr zu kippen, daß eine Zugehörigkeit des Geschäfts vorrangig zum Geschäftskreis des Sponsoringnehmers zu verneinen ist.

Umgekehrt ist auch im Tun des Gesponserten keine Fremdbezogenheit zu erblicken. Die Tätigkeiten des Gesponserten sind zunächst zu differenzieren in Ausübung der gesponserten Tätigkeit, d.h. die Durchführung der gesponserten Veranstaltung, die Ausübung der gesponserten Sportart durch den Einzelathleten, die Vereins- oder Verbandsmannschaft und die vertraglichen Tätigkeitspflichten des Gesponserten.

Auch wenn bei jeder Tätigkeit des Sponsors oder Gesponserten die Interessen und Belange des jeweils anderen berührt werden, so ist doch jedes Handeln des Sponsors oder Gesponserten objektiv wie subjektiv nicht fremd- sondern selbstinitiiert. Sie dient nur mittelbar dem eigenen, vielmehr unmittelbar dem gemeinsamen und nur reflexartig, quasi unvermeidlicherweise auch dem Nutzen des jeweils anderen.

5. Die Fremdinteressenwahrung

Demselben Schicksal unterliegt auch die Beurteilung des Merkmals der Fremdinteressenwahrung. Die geschäftsbesorgerische Tätigkeit des Geschäftsführers muß maßgeblich bestimmt sein von der Wahrnehmung der

Vermögensinteressen des Geschäftsherrn. Es handelt sich dabei um eine rechtliche Subordination mit Weisungsmacht des Geschäftsherrn und Weisungsgebundenheit des Geschäftsführers, bei der letzterer seine eigenen Interessen im Konfliktfall denen des Geschäftsherrn unterzuordnen hat[197]. Aber nicht jede irgendwie geartete rechtliche Subordination genügt den Qualifikationsmerkmalen der geschäftsbesorgerischen Interessenwahrungspflicht. Denn auch der Geschäftsführer einer Gesellschaft hat sich den Gesellschaftsinteressen, namentlich dem gemeinsamen Zweck unterzuordnen und konfligierende Eigeninteressen hintanzustellen. Vielmehr geht es um die Unterordnung des eigenen Austauschinteresses des Geschäftsbesorgers unter die Individualinteressen des Geschäftsherrn, die zu wahren der Geschäftsherr den Geschäftsbesorger konkret anweisen darf. Das gesamte Tun des Geschäftsführers ist bestimmt durch die Wahrung und Beobachtung vorrangig der Interessen desjenigen, für den er tätig wird.

Die Respektierung und Beobachtung von Interessen des Gesponserten durch den Sponsor in all seinen Marketingaktivitäten unter Einbeziehung des Sponsoringnehmers ist unstreitige und unspektakuläre Pflicht des Sponsors. Der Gehalt einer selbständigen Interessenwahrungsverpflichtung in der Qualität des Geschäftsbesorgungsrechts kann der Rücksichtnahmeverpflichtung aber nur zukommen, wenn zwischen dem Sponsor und dem Sponsoringnehmer oder umgekehrt ein rechtliches Subordinationsverhältnis existiert, dem indes die Interessenstrukturen des Sponsoringvertrags entgegenstehen. Der Sponsoringvertrag kombiniert in graduell abgestufter Weise den Interessenstrukturgrundtypus des Austauschvertrags und übergeordnet den des Kooperationsvertrags. Allein die Annahme einer Interessengleichrichtung innerhalb der kooperativen Strukturen des Sponsoringvertrags schließt -nicht nur im Sponsoringvertrag, sondern allgemein- die Kombination einer Interessensubordination im Interessenwahrungsverhältnis denklogisch aus. Damit kommt dem Sponsoringvertrag keinesfalls die Struktur eines Geschäftsbesorgungsdienstvertrags zu, weder aus Sicht des Sponsors, noch aus Sicht des Gesponserten.

VI. Der Sponsoringvertrag im Lichte des Gesellschaftsrechts

1. Vorüberlegungen

Der Gedanke, das Beziehungsgeflecht des Sponsoring mit gesellschaftsrechtlichen Parametern erfassen zu wollen, mag auf den ersten Blick überraschen. Denn der äußere Geschehensablauf des Sponsoring weist zunächst mehr rein schuldrechtliche Züge von Austauschverträgen, denn

197 Staudinger-Martinek, 13. Auflage, 1995, §675 Rn A 26, A 36.

organisations- und verbandsrechtliche Züge eines Gesellschaftsvertrags auf. Daß beide Komponenten nicht im Widerspruch gegenüberstehen, ist allerdings keine neue Erkenntnis. Bereits bei anderen, von den Parteien in erster Linie austauschrechtlich angelegten Rechtsfiguren hat sich der Aspekt deren organisationsrechtlicher Einordnung als durchschlagend und erfolgreich erwiesen[198]. Ebenfalls nicht neu ist die Erkenntnis, daß ein Vertrag, auf den gesellschaftsrechtliche Parameter Anwendung finden können, nicht zwingend eine personen- oder verbandsrechtliche Struktur aufzuweisen hat[199].

Die Bedeutung der Frage, ob eine Qualifikation des Sponsoring als bürgerlich-rechtliche Gesellschaft möglich ist, darf nicht dahin mißverstanden werden, daß es um die Anerkennung der Sponsoringbeziehung als personenrechtlicher Verband geht. Um das Ergebnis vorwegzunehmen: Beim Sponsoring handelt es sich um eine integrierende Innengesellschaft ohne überindividuellen Verbandszweck und ohne Gesamthandsvermögen. Gesellschaftsformen wie diese erschöpfen sich in allein schuldrechtlichen Beziehungen und weisen keinerlei personenrechtliche oder vermögensrechtliche Verbandsstrukturen auf[200]. Damit ist die Frage der Abgrenzung der Innengesellschaft von gesellschaftsähnlichen Rechtsverhältnissen für das geltende Recht aus verbandsrechtlicher Sicht auch für den Sponsoringvertrag im Grunde bedeutungslos. Fragen nach einer Vertretung, einer Beschlußfassung, einer nachvertraglichen Auseinandersetzung und einem Gläubigerschutz tauchen hier nicht auf. Die Bedeutung der Qualifikation des Sponsoring als Gesellschaft liegt allein in der Möglichkeit, auf die schuldrechtlichen Beziehungen zwischen dem Sponsor, dem Sponsoringnehmer und gegebenenfalls der Agentur hinsichtlich der naturalia negotii dispositives Gesellschaftsrecht anzuwenden. Insbesondere die den reinen Austauschbeziehungen gegenüber gesteigerte gesellschaftsrechtliche Treuepflicht[201] und die Reduzierung des für Gesellschafter gegenüber Mitgesellschaftern geltenden Haftungsmaßstabes auf die diligentia quam in rebus suis gemäß § 708 BGB nehmen eine prominente Bedeutung ein. Über

198 So beim Franchising in den Grundtypen des Koalitions- und Konföderationsfranchising : Michael Martinek, Franchising, S. 393; ders. in Moderne Vertragstypen Band II, S. 111 f; Sybille Kessal-Wulf, Die Innenverbände, S. 239.

199 Siehe nur die rein schuldrechtliche, von jedem personenrechtlichen und verbandsrechtlichen Element bereinigte zweigliedrige Innengesellschaft ohne Gesamthandsvermögen oder die bürgerlichrechtliche oder handelsrechtliche stille Gesellschaft nach §230 HGB; zum Ganzen siehe Münchener Handbuch des Gesellschaftsrechts, Band 1, 1995, S. 44.

200 Werner Flume, Allgemeiner Teil des Bürgerlichen Rechts, Erster Band, Die Personengesellschaft, S. 48; für das Koalitionsfranchising als Innengesellschaft siehe Michael Martinek, Moderne Vertragstypen, Band II, S. 111.

201 Staudinger-Keßler, 12. Auflage, 1991, Vorbem zu §705 Rn 48; Friedrich Kübler, Gesellschaftsrecht, 4. Auflage, 1994, S. 44; Michael Martinek, Moderne Vertragstypen, Band 2, S. 111; Karsten Schmidt, Gesellschaftsrecht, 2. Auflage, 1991, S. 481

§ 713 BGB besteht die Möglichkeit einer Anwendung des auftragsrechtlichen Leistungsprogramms auf den geschäftsführenden Gesellschafter, so daß Ansprüche auf Auskunft- und Rechenschaftslegung nach § 666 BGB, Herausgabe des Erlangten nach § 667 BGB oder auf Aufwendungsersatz nach § 670 BGB auch für den Sponsoringvertrag geprüft werden müssen.

Eine Gesellschaft liegt gemäß § 705 BGB vor, wenn zwei oder mehr Parteien aufgrund eines privatrechtlichen Vertrags die Erreichung eines gemeinsamen Zwecks zu fördern, insbesondere die vereinbarte Beitragsleistung gegenseitig versprechen. Danach sind die Personenvereinigung, die privatvertragliche Bindung, die Erreichung eines gemeinsamen Zwecks und die Förderungspflicht die konstitutiven und unabdingbaren Wesensmerkmale der bürgerlichrechtlichen Gesellschaft.

Im Sponsoringvertrag schließen sich der Sponsor und der Sponsoringnehmer zu einer Personenvereinigung zusammen. Es existiert eine einheitliche Verfassung, die zwar nicht der Schaffung eines vermögensrechtlichen oder personenrechtlichen Status, aber doch der Organisation des Sponsoringsystems dient. Die Parteien vereinen sich in ihren Sponsoringaktivitäten unter einem gesellschaftsrechtlichen Dach. Es liegt also eine Vereinigung von Personen im Sinne des § 705 BGB vor.

2. Bisheriger Meinungsstand

In der bis dato angefallenen Literatur wird die Frage, ob der Sponsoringvertrag gesellschaftsvertragliche oder gesellschaftsrechtliche Elemente integriere, regelmäßig aufgeworfen und im Ergebnis ebenso regelmäßig verneint. So wird behauptet, die wirtschaftliche Verwertung des Images des Sponsoringnehmers sei nicht möglicher Inhalt eines »affectio societatis«, sondern ein gesellschaftswidriges egoistisches Individualinteresse des Sponsors. Die geldbringende Vermarktung des Sports sei nur ein Mittel zur Erzielung des sportlichen Erfolges selbst, was alleiniger Zweck des Sponsoringnehmers, nicht aber gemeinsamer Zweck beider Sponsoringpartner sei. Aus der Sicht des Sponsors sei die Erzielung sportlicher Erfolge aber nur Mittel zur Erreichung des eigenen, nicht aber eines gemeinsamen Marketingerfolges. Es bestünde keine Zweckidentität, sondern vielmehr ein Zweckgegensatz, der allein in austauschvertraglichen Konstruktionen beheimatet sein kann[202]. Die Leistungen von Sponsor und Gesponsertem seien derart voneinander abhängig, daß eine gesellschaftsrechtliche Qualifikation der Leistungen als Zweckförderungsbeitrag nicht möglich ist[203].

202 Stephan Netzle, Sponsoring von Sportverbänden, S. 41 f, Bruhn-Mehlinger, Rechtliche Gestaltung des Sponsoring, Band I, 2. Auflage, 1995, S. 71.

203 Thomas Hauser, Der Sponsoring-Vertrag im Schweizerischen Recht, S. 278.

Andere anerkennen zwar die Möglichkeit eines gemeinsamen Zwecks unter den Sponsoringbeteiligten, lassen die Gesellschaft jedoch am Mangel des Willens einer ernsthaften Verfolgung dieses gemeinsamen Zwecks scheitern[204]. Darüber hinaus wird gegen eine gesellschaftsrechtliche Qualifikation des Sponsoringvertrags ins Feld geführt, daß diesem regelmäßig die physische Regelung der für den Gesellschaftsvertrag konstitutiven Zweckverfolgungspflicht fehle, da er sich in seinem Regelungsgehalt auf den bloßen Leistungsaustausch reduziere[205]. Ergebnis dieses Meinungsbildes ist die Nichtanwendbarkeit gesellschaftsrechtlicher Regelungen auf das Rechts- und Pflichtengefüge des Sponsoringvertrags. Keines dieser Argumente kann indes bei genauer Analyse der sponsoringvertraglichen Interessenstruktur Bestand beanspruchen, denn insbesondere das Leugnen eines gemeinsamen Zwecks erweist sich als vordergründig und beruht auf der Verkennung der Bedeutung dieses Rechtsbegriffes.

3. Der gemeinsame Zweck im Sponsoringvertrag

Der für die typologische Einordnung eines Vertrags als Gesellschaftsvertrag maßgebliche Zweck ist dann gemeinsam, wenn jeder Partner ihn ebensowohl als den eigenen wie als den Zweck des anderen zu fördern verspricht[206]. Von diesem für das Vorhandensein einer Gesellschaft typologisch konstitutiven Zweck ist der übergeordnete Verbandszweck zu scheiden[207]. Im Recht der Personenverbände ist der gemeinsame Zweck nämlich ein übergeordneter Verbandszweck. Es geht dabei nicht um den gemeinsamen Zweck aller Gesellschafter, sondern um den Zweck des Verbandes, der zunächst mit den verfolgten gemeinsamen oder individuellen Zwecken der Gesellschafter nichts zu tun hat[208]. Wenn ein überindividueller Verbandszweck konstitutives Merkmal für die Anwendung der §§ 705 ff BGB sein soll, so wäre auf die rein schuldrechtlich geprägte Innengesellschaft und auf Gelegenheitsgesellschaften das Normengefüge der

204 Neal George Weiand, Kultur- und Sportsponsoring im deutschen Recht, S. 86; Bruhn-Mehlinger, Rechtliche Gestaltung des Sponsoring, Band I, 2. Aufl. 1995, S. 71.

205 Bruhn-Mehlinger, Rechtliche Gestaltung des Sponsoring, Band I, 2. Aufl. 1995, S. 71.

206 Grundlegend dazu Kurt Ballerstedt, Der gemeinsame Zweck im Gesellschftsrecht, in Jus 1963, S. 255 ff; Joachim Schulze-Osterloh, Der gemeinsame Zweck der Personengesellschaften, Berlin 1973, S. 10, 13; Müko-Ulmer, 2. Auflage, 1986, §705, Rn 109; Soergel-Hadding, 11. Auflage, 1985, §705, Rn 35.

207 Karsten Schmidt, Gesellschaftsrecht, 2. Auflage, 1991, S. 51; Müko-Ulmer, 2. Auflage, 1986, §705 Rn 114; Soergel-Hadding, 11. Auflage, 1985, §705, Rn 36; a.A. Münchener Handbuch des Gesellschaftsrechts, Band 1 1995, S. 102, der den gemeinsamen Zweck mit Verbandszweck gleichsetzt.

208 Karsten Schmidt, Gesellschaftsrecht, 2. Auflage, 1991, S. 52; Werner Flume, Allgemeiner Teil des Bürgerlichen Rechts, Erster Band, Die Personengesellschaft, S.47; dagegen: Münchener Handbuch des Gesellschaftsrechts, Band 1, 1995, S. 102 setzt den gemeinsamen Zweck der Gesellschafter und den Verbandszweck der Gesellschaft undifferenziert gleich.

§§ 705 ff unanwendbar, denn sie weisen keinen solchen überindividuellen Verbandszweck auf. Nur aus diesem Blickwinkel heraus ist den kritischen Literaturstimmen zur Verneinung des Vorliegens eines gemeinsamen Zwecks beim Sponsoringvertrag beizupflichten.

Das Bild der Gesellschaft im BGB ist geprägt von der deutschrechtlichen Idee der Gesamthandsgesellschaft, die eine Verbandsstruktur aufweist und als Außengesellschaft konzipiert ist[209]. Doch nicht jede Gesellschaft ist gleichzeitig eine Gesamthandsgesellschaft und doch eine Gesellschaft, auf die die §§ 705 BGB Anwendung finden. Schon am Beispiel der stillen Gesellschaft, § 230 HGB, wird deutlich, daß bei Gesellschaften, die vom Idealtypus der §§ 705 ff abweichen, ein von verbandsrechtlichen Elementen unabhängiger und rein schuldrechtlich geprägter gemeinsamer Zweck eine Qualifikation als gesellschaftsrechtlich genügender Kollektivzweck zuläßt[210]. Daraus folgt, daß der für den gemeinsamen Zweck relevante Anknüpfungspunkt in § 705 BGB nicht der überindividuelle Verbandszweck ist, sondern vielmehr die Kollektivierung der Individualzwecke der Gesellschafter[211]. Immer dann, aber auch bereits dann, wenn eine auch nur teilweise Interessenkongruenz der Beteiligten besteht, ist ein Zweck gemeinsam. Zwar reicht eine Interessenparallelität (jeder verfolgt das gleiche Interesse, nicht aber dasselbe) nicht, jedoch eine schon partielle gegenseitige Interessenkollektivität (alle haben nicht nur, aber auch dasselbe Ziel) genügt. Das Merkmal des gemeinsamen Zwecks ist in seinen Anforderungen also nicht vom Vorliegen der als Gesamthandsgesellschaft ausgestatteten Idealgesellschaft des BGB abhängig zu machen, sondern allein von der Frage, ob mehrere Gesellschafter ein bestimmtes Ziel in der Weise verfolgen, daß sie es gleichermaßen für sich selbst wie auch für die anderen tun.

Der Befund eines irgendwie gearteten arbeitsteiligen oder gemeinsamen Zusammenwirkens der Vertragsparteien in tatsächlicher Hinsicht läßt nicht unmittelbar den Schluß auf die Verfolgung eines kollektiven Zwecks zu, denn ein kooperatives Verhalten ist, wenn auch ein Indiz, so doch keine Gewähr für die innere Verbundenheit der Parteien durch einen gemeinsamen Zweck.

209 Werner Flume, Allgemeiner Teil des Bürgerlichen Rechts, Erster Band, Die Personengesellschaft, S. 8; Staudinger-Keßler, 12.Auflage, 1991, Vor §705, Rn 60; Soergel-Hadding, 11. Auflage, 1985, Vor §705 Rn 20; Müko-Ulmer, 2. Auflage, 1986, Vor §705, Rn 4.

210 Werner Flume, Allgemeiner Teil des Bürgerlichen Rechts, Erster Band, Die Personengesellschaft, S. 47.

211 Erman-H.-P. Westermann,Band 1, 9. Auflage, 1993, §705, Rn 29; Müko-Ulmer, 2. Auflage, 1986, §705, Rn 115; Kurt Ballerstedt, Der gemeinsame Zweck im Gesellschaftsrecht, Jus 1963, S. 253 (254); Staudinger-Keßler, 12. Auflage, 1991, Vorbem §705, Rn 30, 31.

Der Sponsoringvertrag weist in seiner Konzeption und in seinem Vollzug eine derartige Kooperationsintensität auf, daß sich das Indiz der gemeinsamen Zweckverfolgung zu einer gesellschaftsrechtlich relevanten Größe verdichtet. Beim institutionellen und Individualsponsoring kann sich je nach Vertragsgestaltung und Interessenlage der Parteien die Durchführung des Sponsorships selbst als gemeinsamer Zweck von Sponsor und Gesponsertem darstellen, ebenso wie beim Veranstaltungssponsoring die Ermöglichung und Durchführung des geförderten Ereignisses. Der jedem Sponsoringvertrag im engeren Sinne innewohnende Kooperationszweck besteht allerdings in der synergetischen Vermarktung des Sponsoringnehmers in Verbindung mit dem Produkt oder der Marke des Sponsors. Auf eine Kurzformel gebracht bedeutet dies, daß der gemeinsame Zweck der Partner eines Sponsoringvertrags im engeren Sinne in der Erzeugung von Synergieeffekt zwischen der Popularität und dem Image des Gesponserten einerseits und der Wirtschaftskraft und Marketingkonzeption des Sponsors andererseits besteht. Die Parteien streben mit dem Sponsorship und in dem Sponsoringvertrag gemeinsam einen in beide Richtungen verlaufenden synergetischen Imagetransfer an; daran ist alles Handeln, Leisten, Unterlassen im Sponsoringvertrag ausgerichtet. Dieser gemeinsame Zweck beherrscht und überlagert die einzelnen austauschvertraglichen Individualinteressen im Sponsoringvertrag, wie es die Interessenstruktur des Sponsoring bereits offenbart hat.

Deutlich zu trennen von dem gemeinsamen Zweck der Sponsoringpartner ist der gemeinsame Zweck mehrerer Sponsoren, denn bei mehreren Co-Sponsoren werden die Sponsoringaktivitäten um eine konföderative Komponente erweitert. Es kommt zu einer gemeinsamen Zweckbildung der einzelnen Co-Sponsoren untereinander, die in der Optimierung der Marketingeinbindung des Gesponserten besteht. Insoweit besteht eine innengesellschaftliche Komponente losgelöst vom Sponsoringvertrag auch unter den Co-Sponsoren, die wie der Sponsoren-Pool in der Rechtsform einer BGB-Gesellschaft auftreten können.

4. Weiterführende Kritik am bisherigen Meinungsstand

Der rein äußerliche Austauschcharakter des Sponsoringvertrags steht einer gesellschaftsvertraglichen Qualifikation grundsätzlich nicht im Wege, da sich mehrere Interessenstrukturtypen nicht per se gegenseitig ausschließen müssen und das Gesetz hierfür Beispiele bietet. Darüber hinaus bestehen die Pflichten zur Beitragserbringung bei der Innengesellschaft ohnehin nicht der einer Gesamthand unfähigen Gesellschaft gegenüber, sondern nur gegenüber den einzelnen Gesellschaftern. Insofern muß es bei der Innengesellschaft schon faktisch zum Austausch der einzelnen Beiträge der Gesellschafter untereinander kommen können, damit die Innengesellschaft überhaupt rechtlich in Vollzug gesetzt werden kann. Insbesondere sind die egoistischen Austauschzwecke nur unmittelbare Einzelzwecke der Beteiligten, deren Befriedigung lediglich ein hilfreiches Mittel zur Erreichung des gemeinsamen Zwecks darstellt. Der Sponsor läßt sich für die Hingabe von Geld und Sachen die Übertragung von Nutzungsrechten und Mitwirkungspflichten seitens des Sponsoringnehmers versprechen, damit er den gemeinsamen Gesellschaftszweck, die Durchführung des Sponsorships zum Zwecke der bilateralen und synergetischen Imageüberleitung überhaupt zu fördern in der Lage ist. Folglich steht beim Sponsoring der egoistische Austauschzweck einer Gesellschaft nicht entgegen, sondern macht sie vielmehr erst möglich. Deshalb sind die Leistungspflichten der Sponsoringpartner echte gesellschaftsrechtliche Beitragspflichten, die ihren Sinn erst durch den übergeordneten Kollektivzweck erhalten.

Gegen das Vorliegen eines gemeinsamen Zwecks spricht auch nicht die egoistische Grundhaltung der Parteien, die Gesellschaft als Mittel zur Verfolgung eines Individualzwecks zu gebrauchen. Denn die Erscheinung, daß es innerhalb von Interessengleichrichtungsverträgen zu einer -für die Gleichrichtung unschädlichen- Polarisierung von Interessen bis hin zur interessengegensätzlichen Blockbildung kommen kann, ist seit langem anerkannt[212]. Der Umstand, daß jeder Sponsoringbeteiligte für sich seinen eigenen Umsatz und Gewinn mit dem Sponsoringengagement tätigt und daß damit im Ergebnis eigene egoistische Zwecke verfolgt werden, steht der Gemeinsamkeit des Zwecks der Schaffung von Synergieeffekt nicht entgegen. Gemeinsamer (Zwischen-)Zweck und egoistischer Endzweck schließen sich nicht aus, sondern können durchaus nebeneinander oder hintereinander bestehen. Richtigerweise betont Ballerstedt in Jus 1963, S. 253 ff, daß streng zu differenzieren ist zwischen den Individualinteressen der Gesellschafter und dem Zweck der Gesellschaft. Denn die Gemeinsamkeit des Zwecks setzt nicht notwendig voraus, daß die Gesellschafter mit ihrer Mitgliedschaft dieselben Individualzwecke verfolgen oder etwa übereinstimmende Interessen hätten. Das Interesse des Einzelnen bildet vielmehr das Motiv seiner Beteiligung und bleibt damit außerhalb des Vertrags, während der gemeinsame Zweck Vertragsinhalt ist[213]. Richtig ist der von Fikentscher[214] daraus gezogene Schluß, daß vier Dinge voneinander zu trennen sind: Die Unterscheidung des unmittelbaren Zwecks und des Endzwecks der einzelnen Gesellschafter, die Tren-

212 Zuletzt Sybille Kessal-Wulf, Die Innenverbände, S.254; schon seit langem Michael Martinek, Franchising, S. 419; ders., Moderne Vertragstypen Band II, S. 111.

213 Kurt Ballerstedt, Der gemeinsame Zweck im Gesellschaftsrecht, Jus 1963, S. 253 (255); Erman-H.-P. Westermann, Band 1, 9. Auflage, 1993, §705 Rn 28; Münchener Handbuch des Gesellschaftsrechts, Band 1, 1995, S. 102.

214 Wolfgang Fikentscher, in FS Westermann, S. 90.

nung des unmittelbaren Zwecks der Gesellschafter und des Zwecks der Gesellschaft für sich genommen, der Gegensatz von Motiv und Vertragsinhalt und schließlich die Unterscheidung von gleichen Einzelzwecken und gemeinsamem Zweck[215], so wie es für die Interessenebenen im Sponsoring bereits aufgeschlüsselt wurde[216].

Wenn der Sponsor in concreto mit der Zahlung von Geld und Lieferung von Ausrüstungsgegenständen den unmittelbaren Zweck verfolgt, sich Nutzungsrechte seitens des Sponsoringnehmers einräumen zu lassen, so ist dieses Ziel nur Mittel zu einem höheren unmittelbaren Zweck, nämlich sich die Popularität des Gesponserten zunutze machen zu können. Damit indes das Sponsoring für den Sponsor das egoistische (End-)Ziel des Image-Transfers und der Popularitätssteigerung erreicht, genügt es nicht, daß er sich die einzelnen Leistungen des Gesponserten versprechen läßt. Vielmehr ist eine beiderseitige enge Zusammenarbeit und partnerschaftliche Abstimmung mit der jeweils anderen Partei während der gesamten Laufzeit des Sponsoringvertrags erforderlich. Diese bereits oben erwähnte Kooperation ist der gemeinsame, von beiden Teilen kollektiv angestrebte (Vor-)Zweck, als Mittel zur Erreichung des bei jeder Partei für sich individuell bestehenden egoistischen Endzwecks. Beim Sponsor ist dies der Imagetransfer und die Erhöhung des Bekanntheitsgrades, beim Sponsoringnehmer die Einnahmenmaximierung und die eigene Marktwertsteigerung. Der gemeinsame Zweck der kooperativen Durchführung des Sponsorships mit dem Ziel des synergetischen Imagetransfers ist der für die Qualifikation als (Innen-) Gesellschaftsvertrag erforderliche aber auch ausreichende Zweck. Der von den Beteiligten angestrebte egoistische Endzweck -einerseits Imagetransfer und Popularitätsgewinn, andererseits Marktwertsteigerung und Leistungsoptimierung- ist selbstredend nicht Inhalt des Sponsoringvertrags, sondern lediglich das Motiv der Sponsoringbeteiligten, sich vertraglich auf ein Sponsorship einzulassen. Ein Wertungswiderspruch kann darin nicht erblickt werden.

Das Geflecht vielseitiger äußerlicher Austauschbeziehungen im Sponsoring mag zunächst verschleiern, daß sich das bloße Motiv des Leistungsbezugs dem gemeinsamen Zweck des synergetischen Imagetransfers unterordnet. In Wahrheit wird die austauschvertragliche egoistische Interessenebene verlassen, indem sich der Leistungsaustausch an dem gemeinsamen Zweck der Sponsoringpartner ausrichtet und zu einem rechtlichen Kollektivinteresse im Sinne des § 705 BGB verdichtet. Dagegen spricht auch nicht die ver-

215 Michael Martinek, Franchising, S.393 differenziert ebenfalls zwischen einem kollektivem Zwischenzweck und einem egoistischem Endzweck; siehe auch Sybille Kessal-Wulf, Die Innenverbände, S. 245.

216 Zu den verschiedenen Interessenebenen im Sponsoringvertrag siehe oben Dritter Teil D II.

gleichsweise niedrige Kooperationsdichte des gesellschaftsrechtlichen Verbundes der Sponsoringparteien. Denn die Mindestanforderungen, die an den »gemeinsamen Zweck« zu stellen sind, schließen keinen bestimmten Kooperationsgrad ein. Der Zusammenschluß der Sponsoringparteien zu einer gegenseitigen Förderungsgemeinschaft genügt.

Der Mangel einer vertraglichen Regelung der Verfolgung eines gemeinsamen Zwecks ist für sich genommen ebenfalls kein Grund, vom Mangel der Verfolgung des gemeinsamen Zwecks auszugehen. Denn eine Klarheit der Parteien über die rechtlichen Konsequenzen ihres Vertragsschlusses, i.e. das Vorliegen eines Gesellschaftsverhältnisses, ist entbehrlich[217]. Nach allgemeiner Ansicht[218] kommt es auf den Willen der Gesellschafter und deren Vorstellungen über die Rechtsnatur ihres Zusammenschlusses zur Beantwortung der Frage, welche von verschiedenen möglichen (Rechts-) Formen eines gesellschaftlichen Zusammenschlusses denn nun vorliegt, gerade nicht an. Dies muß um so mehr gelten, wenn es um die Beantwortung der Frage geht, ob überhaupt ein Zusammenschluß vorliegt. Bereits die allgemeine Rechtsgeschäftslehre führt zu diesem Schluß, denn der auf den Vertragsschluß gerichtete Parteiwille ist bekanntermaßen nicht allein aufgrund des Wortlautes zu ermitteln, sondern er erschließt sich erst unter Beachtung der erkennbaren expliziten und impliziten Parteiinteressen, §§ 133, 157 BGB. Überdies ist eine ausdrückliche Formulierung eines gemeinsamen Zwecks nach der allgemeinen Rechtsgeschäftslehre nicht nötig. Eine stillschweigende Vereinbarung oder das konkludente Verhalten zur Verfolgung des kollektiven Zwecks genügt. Selbst ein erklärter entgegenstehender Wille würde die Gesellschaft nicht zu einem Austauschverhältnis degradieren können, denn die Mindestmerkmale des § 705 BGB stehen nicht zur Disposition der Parteien[219]. Weist also das Gesamtverhalten der Parteien das von Gesellschaftern auf, so liegt eine Gesellschaft vor.

In der Literatur zum anglo-amerikanischen common law wird der für ein partnership konstitutive gemeinsame Zweck um das Merkmal des sogenannten »common business« und der verbindlichen Aussicht auf einen wirtschaftlichen Gewinn angereichert, womit gleichzeitig das Vorhandensein einer partnership beim Sponsoring verneint wird[220], da eine gemeinsame wirtschaftliche Unternehmung mit anschließender Gewinnteilung beim Sponsoringvertrag regelmäßig nicht gegeben ist. Dieses sehr enge

217 Alfred Hueck, Gesellschaftsrecht, 19.Auflage, 1991, S. 41; Joachim Schulze-Osterloh, Der gemeinsame Zweck der Personengesellschaften, Berlin 1973, S. 9.

218 Grundlegend dazu Sybille Kessal-Wulf, Die Innenverbände, S. 25; BGHZ 32, S. 307 (310).

219 BGHZ 32, S. 307 (310); BGH WM 1962; S. 10 f; Walter Stimpel, »Aus der jüngeren Rechtsprechung des Bundesgerichtshofes zum Gesellschaftsrecht«, in ZGR 1973 S. 73 (79).

220 Townley-Grayson, Sponsorship of Sport, Arts and Leisure, S. 74 ff.

Verständnis von einem gemeinsamen Zweck ist dem gesellschaftsrechtlichen gemeinsamen Zweck im deutschen Recht fremd. In § 705 BGB kommt es gerade nicht darauf an, daß die Partner einer Gesellschaft die Erzielung eines gemeinsamen Gewinns anstreben[221]. Eine derartige handelsrechtliche Prägung des Gesellschaftsrechts kennt das BGB nicht.

Im Befund, daß die Sponsoringparteien gerade keine Beteiligung des Sponsors am Gewinn oder Umsatz des Gesponserten oder umgekehrt vereinbaren, sondern ex tunc präzise Vergütungs-, Prämien- und Preisvereinbarungen treffen, verdeutlicht sich auch die Abgrenzung des Sponsoringvertrags als innengesellschaftlichem Vertrag zu partiarischen Austauschverträgen. Partiarische Verträge kennzeichnen sich durch eine Reduktion der Parteiinteressen auf eine Gewinnpartizipierung des einen am erwirtschafteten Überschuß des anderen Beteiligten ohne die Verfolgung eines kollektiven Zwecks[222]. Aber auch die umfassenden Mitwirkungs-, Kontroll- und Zustimmungsrechte und -pflichten der Partner des Sponsoringvertrags lassen eine Qualifikation als partiarisches Rechtsverhältnis ausscheiden.

5. Der Sponsoringvertrag als Idealgesellschaftsvertrag

a. Der Mangel der Außenwirkung

Wäre das Sponsoring als Idealgesellschaft zu kennzeichnen, so hätte dies eine gesellschaftsrechtliche Haftung der Gesamthand zur Folge[223]. Es bestehen dringende Zweifel daran, daß diese Konsequenz vom Parteiwillen erfaßt ist und der Interessenlage der Beteiligten entspricht. Die idealgesellschaftlichen Merkmale der Außenwirkung und des Gesamthandsvermögens sind beim Sponsoring nicht auszumachen. Die Streitfrage, was denn in concreto unter der Außenwirkung im gesellschaftsrechtlichen Sinn zu verstehen ist[224], braucht an dieser Stelle nicht vertieft zu werden, denn sämtliche Argumentationsstrategien führen beim Sponsoring zum

221 Müko-Ulmer, 2. Auflage, 1986, §705, Rn 116; Werner Flume, Allgemeiner Teil des Bürgerlichen Rechts, Erster Band, Die Personengesellschaft, §3 II; Erman-H.P. Westermann, Band 1, 9. Auflage, 1993, §705, Rn 30; Soergel-Hadding, 11. Auflage, 1985, §705, Rn 36.

222 Müko-Ulmer, 2. Auflage, 1986, Vor §705 Rn 74 f; Münchener Handbuch des Gesellschaftsrechts, Band 1, 1995, §2,Rn 33 f; Kurt Ballerstedt, Der gemeinsame Zweck im Gesellschaftsrecht, JuS 1963, S. 252 (257, 261).

223 Das ergibt sich explizit für die Auseinandersetzung aus §739, und sonst mittelbar aus der Vertretungsregel des §714 BGB und §736 ZPO, siehe auch Münchener Handbuch des Gesellschaftsrechts,Band 1, 1995, S.207 und S. 1006; Friedrich Kübler, Gesellschaftsrecht, 4. Auflage, 1994, S. 53; Karsten Schmidt, Gesellschaftsrecht, 2. Auflage, 1991, S. 1496.

224 Zum Streitstand Karsten Schmidt, Zur »Außenhaftung der Innengesellschaft«; in Jus 1988, S. 444 m.w.N. und Kessal-Wulf, Die Innenverbände, S.22 und 31 ff; Hans Geibel, Die Innengesellschaft, Diss Gießen 1935, S. 5 ff.

selben Ergebnis. Die Sponsoring-Innengesellschaft nimmt nicht am Rechtsverkehr teil, da sie weder eine für die Teilnahme am Rechtsverkehr notwendige Gesamthandsgesellschaft darstellt[225], noch eine gemeinsame Vertretung der Gesellschafter nach außen gegeben ist[226].

Eine gemeinsame Vertretung der Sponsoringpartner ist im Sponsoring unter keinem Gesichtspunkt interessengerecht, denn den Sponsoringbeteiligten kommt es darauf an, die Vorteile des Handelns in eigenem Namen zu genießen. Auf diese Weise lassen sich der eigene Good Will und das Image des Sponsoringpartners besser nutzen. Zugunsten eines Handelns der Partner allein in eigenem Namen spricht überdies die größere Praktikabilität. Es bestehen derart unterschiedliche Rechts- und Wirkungskreise und unterschiedliche Aufgaben und Kompetenzen von Sponsor und Sponsoringnehmer, daß bereits faktisch eine Vertretung des einen durch den anderen als sinnwidrig erscheint. Die Vorteile der Möglichkeit einer arbeitsteiligen Vorgehensweise im Sponsoring würden durch die zeitraubenden und komplizierten Absprache- und Kontrollmechanismen einer gemeinsamen Vertretung aufgezehrt.

In der Praxis mag die Unkenntnis der Sponsoringpartner über das Schließen eines Gesellschaftsvertrags als einer gemeinsamen Vertretung entgegenstehender Umstand hinzukommen, was generell typisch ist für Gelegenheitsgesellschaften. Eine gemeinsame Vertretung im idealtypischen Sinne des § 714 BGB fehlt dem Sponsoringvertrag daher bereits mangels eines dahingehend ausdrücklich oder konkludent formulierten Willens, der für eine wirksame Vertretung nach den Vorschriften der §§ 164 ff BGB aber konstitutiv erforderlich ist.

b. Der Mangel des Gesamthandsvermögens

Dem sponsoringvertraglichen Beziehungsgeflecht fehlt es an der Bildung von Gesamthandsvermögen. Es kommt zwar zu Vermögensverschiebungen unter den Beteiligten, nicht aber zur Bildung eines gesonderten Gesellschaftsvermögens mit gesamthänderischer Bindung. Insbesondere sind Nutzungsrechte, Eigentum an Ausrüstungsgegenständen, Werbeflächen etc. entweder im Alleineigentum und alleinigen Vermögen des Sponsors oder in dem des Gesponserten. Eine paritätische Teilhabe ist nicht gewollt und nicht konstruierbar und widerspricht den erklärten Zielsetzungen der Beteiligten. Hierin wird in der Literatur ein Grund gesehen,

225 Karsten Schmidt, Gesellschaftsrecht,2. Auflage, 1991, S. 1422; Müko-Ulmer, 2. Auflage, 1986, §705 Rn 234, 236; Staudinger-Keßler, 12. Auflage, 1991, Vorbem §705, Rn 91.

226 Dazu siehe unten Vierter Teil C.

den Gesellschaftsvertrag als Qualifikationsparameter für den Sponsoringvertrag ausscheiden zu lassen[227].

Das gesellschaftliche Gesamthandsvermögen ist ein vom Gesellschaftervermögen getrenntes Sondervermögen und bindet alle Beteiligten nicht nur schuldrechtlich, sondern auch dinglich[228]. Der eine darf nicht ohne den anderen Verpflichtungs- und Verfügungsgeschäfte mit Wirkung für und gegen die Gesellschaft schließen. Ein solches Leitbild aber würde das Sponsoring zu einem bewegungsunfähigen Gebilde machen, da die Parteien in ihren Vermögensdispositionen auf ein hohes Maß an Flexibilität und Ungebundenheit angewiesen sind, wenn sie den gemeinsamen Zweck der Durchführung des konkreten Sponsorships mit synergetischem Imagetransfer fördern wollen. So unterliegt der Sponsor zwar schuldrechtlichen Abstimmungs- und Zustimmungspflichten bezüglich der Art und Weise der konkreten Verwertung der Nutzungsrechte am allgemeinen Persönlichkeitsrecht oder anderen Immaterialgütern des Gesponserten, jedoch steht die konkrete dingliche Befugnis zur Verwertung und deren Umfang allein zu seiner Disposition, will er dem Sponsorship von seiner Seite aus zum größtmöglichen Erfolg verhelfen. Umgekehrt unterliegt der Gesponserte ebenfalls der Zweckbindung der Verwendung und Präsentation der Ausrüstungsgegenstände, jedoch ist ihm allein die dingliche Disposition über die einzelnen Vermögensgegenstände überlassen. Die Gegenstände sind derart individuell auf den Sponsoringnehmer und dessen Aktivitäten zugeschnitten, daß eine gesamthänderische Bindung sinnwidrig wäre. Bei einem Verlust oder einer Beschädigung hat der Sponsoringnehmer nicht etwa Ersatz zu leisten, zerstörte Gegenstände werden nicht etwa im Sinne des § 718 II BGB dinglich durch Ersatzansprüche gegen Dritte surrogiert.

Die Bildung von Gesamthandsvermögen ist beim Sponsoring auch nicht aus dem Gesichtspunkt des Gläubigerschutzes angezeigt. Erstens existieren bei einer zweigliedrigen Innengesellschaft mangels Außenwirkung und mangels einer gemeinsamen Vertretung keine Gesellschafts- sondern allenfalls Gesellschaftergläubiger[229], und zweitens kann ein dennoch erforderlicher Risikoausgleich durch die Ansprüche der Gesellschafter untereinander bewerkstelligt werden[230]. Ein Bedürfnis nach der Bildung

227 Neal George Weiand, Kultur- und Sportsponsoring im deutschen Recht, S. 86 f..

228 Friedrich Kübler, Gesellschaftsrecht, 4. Auflage, 1994, S. 25; Karsten Schmidt, Gesellschaftsrecht, 2. Auflage, 1991, S. 169, 175; Müko-Ulmer, 2. Auflage, 1986, §705 Rn 24; Werner Flume, Allgemeiner Teil des deutschen bürgerlichen Rechts, Erster Teil, Die Personengesellschaft, S. 507.

229 So schon grundlegend Hans Geibel, »Die Innengesellschaft«, Diss. Gießen 1935, S. 37 ff.

230 Harm Peter Westermann, Vertragsfreiheit und Typengesetzlichkeit im Recht der Personengesellschaften, Heidelberg 1970, S. 189.

eines Gesamthandsvermögens aus Gründen der Gläubigersicherung besteht nicht und kann dem Parteiwillen -vorbehaltlich ausdrücklicher Regelung- auch nicht unterstellt werden.

Daher ist an dieser Stelle für die Frage kein Raum, ob nicht bereits die Beitragspflicht in Form der Sach- oder Geldleistungspflicht selbst, gleichsam als Vorstadium der nach § 718 I BGB das Gesellschaftsvermögen ausmachenden Beiträge, ein Teil eines gesellschaftlichen Gesamthandsvermögens ist[231]. Denn die Sponsoring-Parteien vereinbaren regelmäßig die Übertragung der Beitragsleistung (Verbrauchsgüter) in das Alleineigentum des jeweils anderen Teils, oder lediglich die Einräumung einer schuldrechtlichen Nutzungsbefugnis von Sachen oder Rechten (Gebrauchsgüter, Verwertungsrechte, Werbeflächen, Fläche für Werbeaktionen), bei denen eine dingliche Übertragung aus wirtschaftlichen Überlegungen heraus nicht sinnvoll oder aber aus sachenrechtlichen Gründen heraus nicht möglich ist. Dies schließt nach einhelliger Auffassung die Bildung von Gesamthandsvermögen durch Beitragspflichten aus[232].

Auch wird kein Gesamthandsvermögen geschaffen in Form der Ausbildung eines gemeinsamen Good Will, wie es beim Koalitions- oder Konföderationsfranchising der Fall sein kann. Der Good Will repräsentiert denjenigen Unternehmenswert, der sich nicht in materiellen Gegenständen wie Einrichtung, Grundstücken, Gebäuden, Maschinen et cetera messen läßt, sondern vielmehr auf dem Zusammenwirken erfolgsfördernder Faktoren wie dem Know how, dem Kundenstamm oder etwa der Marktstellung des Unternehmens beruht[233]. Beim Sponsoring besteht allerdings allein ein Good Will auf der Seite des jeweiligen Beteiligten, ein gemeinsamer Good Will existiert indes nicht und wird durch das Sponsoring auch nicht aufgebaut. Der Grund dafür liegt in der betriebswirtschaftlichen Funktionsausrichtung des Sponsoring für den Sponsor und den Sponsoringnehmer. Die Vertragsbeteiligten werden auf unterschiedlichen Märkten tätig. Der Sponsor auf dem Markt der Konsumenten seiner Produkte, Marke, der Gesponserte dagegen auf dem Markt der Sponsoren und Medien, die an der Auswertung seines Images interessiert sind. Überschneidungen in den Märkten und somit im Kundenstamm kann allenfalls

231 RGZ 76, S. 276 ff (230); Soergel-Hadding,11. Auflage, 1985, Vor §705 Rn 21 f; MüKo-Ulmer,2. Auflage, 1986, §705 Rn 234; Sybille Kessal-Wulf, Die Innenverbände, S. 34; zum Meinungsstand ausführlich Herbert Buchner, Zur rechtlichen Struktur der Personengesellschaften, AcP 169 (1969), S. 489 (503 f).

232 RGZ 76, S. 276 ff (278), dem sich die herrschende Meinung weitgehend angeschlossen hat, s.o. Fn 14; a.A. Buchner, AcP 169 (1969), S. 483 (503), der Beitragsansprüche generell aus dem Gesamthandsvermögen ausklammert.

233 Ökonomisches Lexikon, 2. Auflage, 1969 Band 1, S. 822; Gabler Wirtschaftslexikon, 12. Auflage, 1988, Band 1, Spalte 1839; Vahlens Großes Wirtschaftslexikon, 2. Auflage, 1994, Band 2, S. 693.

zu Überschneidungen im Good Will führen, nicht aber zu einem Aufbau eines gemeinsamen Good Wills. Mangels gemeinsamen Know hows, gemeinsamer Mitarbeiter oder einheitlichen Auftretens als Marktteilnehmer ist die Bildung eines gemeinsamen Good Wills unter den Sponsoringpartnern ausgeschlossen.

Damit ist das sponsoringvertragliche Beziehungsgefüge nicht als Idealgesellschaft im Sinne der §§ 705 ff BGB zu verstehen. Insoweit besteht vom Ergebnis her Einigkeit mit der bisher angefallenen rechtswissenschaftlichen Literatur über die Rechtsnatur des Sponsoring[234]. Dieser Befund allein steht einer Anwendung gesellschaftsrechtlicher Regelungen nicht entgegen. Denn abgesehen von einigen wenigen zwingenden gesellschaftsrechtlichen Vorschriften sind die §§ 705 ff dispositiv, so wie es generell für das Schuldrecht typisch ist. Die Abdingbarkeit einzelner Regeln des Gesellschaftsrechts eröffnet die Möglichkeit zur Gründung atypischer, d.h. nicht dem Idealbild des BGB entsprechender Gesellschaften, auf die die nicht explizit abbedungenen Regeln der §§ 705 ff BGB durchaus anwendbar bleiben. Damit ist auch das in der Literatur formulierte Argument, der Mangel einer Bildung von Gesellschaftsvermögen sei ein Hindernis zur Qualifikation des Sponsoringvertrags als gesellschaftsrechtlichem Vertrag, widerlegt. Überdies bietet das Gesetz selbst eine prominente Ausnahme vom Idealtypus der BGB-Gesellschaft, namentlich die in § 230 ff HGB erwähnte und geregelte stille Gesellschaft.

6. Der Sponsoringvertrag als atypische BGB-Gesellschaft

Seit langem ist die Existenz der Innengesellschaft im deutschen Recht anerkannt und wird wohl von niemandem mehr ernsthaft infrage gestellt[235]. Seit BGH, DB 1958, S. 1153 kann folgende Definition als allgemeingültig gelten: »Die Innengesellschaft setzt einen vertraglichen Zusammenschluß von mindestens zwei Personen zur Erreichung eines gemeinsamen Zwecks voraus, dagegen tritt sie nicht nach außen auf, auch fehlt eine Vertretung der sämtlichen Gesellschafter. Die Geschäfte der Innengesellschaft werden vielmehr durch einen Gesellschafter oder einen beauftragten Dritten in eigenem Namen geführt...«. Dabei besteht heute

234 Siehe oben Dritter Teil E VI 2.

235 RGZ 166, S. 160 (166);RG JW 34, S. 3268; BGHZ 12, S. 308 ff; BGH NJW 1960, S. 1851 f; BGH Der Betrieb 58, 1153; Werner Flume, Die Personengesellschaft, §1 III, MüKo-Ulmer,2. Auflage, 1986, §705 Rn 208 ff; Karsten Schmidt, Gesellschaftsrecht, 2. Auflage, 1991, S. 1062; Alfred Hueck, Gesellschaftsrecht, 19. Auflage, 1991 S.11f; Friedrich Kübler, Gesellschaftsrecht, 4. Auflage, 1992, S. 25 f; Jens Rogge, Die Bedeutung der Treuhandverhältnisse bei der Innengesellschaft, S. 3 ff; Harm Peter Westermann, Vertragsfreiheit und Typengesetzlichkeit im Recht der Personengesellschaften, Heidelberg 1970, S. 163 ff (186); Staudinger-Keßler, 12. Auflage, 1991, Vorbem zu §705, Rn 90ff; Münchener Handbuch des Gesellschaftsrechts, Band 1, 1995, S. 35, 43.

Einigkeit darüber, daß sich die Innengesellschaft von der Außengesellschaft nicht allein durch den Mangel gemeinsamer Vertretung nach außen hin abgrenzt, sondern durch den Mangel der Bildung von Gesamthandsvermögen[236]. Denn für die Innengesellschaft ist kennzeichnend, daß sie nicht am Rechtsverkehr teilnimmt, was sie nur könnte, wenn sie Gesamthand wäre, was sie aber nicht ist und nicht sein kann. Die Rechtsträgerschaft liegt also nicht bei der Gesellschaft, was nicht möglich ist, da keine Gesamthand vorliegt, sondern allein bei den Gesellschaftern. Die für die gesellschaftsrechtliche Typisierung konstitutive Beitragspflicht besteht bei der Innengesellschaft folglich nicht der Gesellschaft gegenüber, sondern nur gegenüber den Gesellschaftern[237]. Von diesem Befund ist die hier nicht zu vertiefende Streitfrage abzugrenzen, ob eine Innengesellschaft überhaupt fähig ist, Gesamthandsvermögen zu bilden[238]. Bildet sie allerdings kein Gesamthandsvermögen, so fehlt ihr jedenfalls ein Merkmal zur idealtypischen Außengesellschaft der §§ 705 ff BGB.

Der Sponsoringvertrag weist innengesellschaftliche Charakteristika auf durch folgende, über den bereits bejahten gemeinsamen Zweck hinausgehende Strukturen: Es liegt ein Zusammenschluß des Sponsors/der Sponsoren und des Sponsoringnehmers vor, zur Erreichung eines gemeinsamen Zwecks, namentlich der kooperativen Durchführung des Sponsorships zur Erzeugung von Synergieeffekt durch Koordination von Marketingstrategien und wechselseitige Integration. Eine Einlagepflicht besteht bei der BGB-Gesellschaft weder beim Idealtypus der Außengesellschaft mit Gesamthandsvermögen, noch bei der lediglich schuldrechtlichen Innengesellschaft. Der Beitrag zur Erreichung des Gesellschaftszwecks liegt in der beiderseitigen Förderung, das Sponsorship zu realisieren. Insbesondere die Geschäftsführung als prominenteste Beitragspflicht[239] ist hier zu nennen. Der Sponsor leistet seine gesellschaftsrechtlichen Beiträge durch Bereitstellen von Sach- und Geldmitteln für den Gesponserten und die am gemeinsamen Zweck ausgerichtete Vermarktung der bereitgestellten Verwertungsrechte, der Sponsoringnehmer dagegen durch Bereitstellung der Nutzungs- und Verwertungsrechte und durch eine aktive Mitwirkung im Marketingkonzept des Sponsors, sowie durch sein die gemeinsamen Interessen berücksichtigendes Verhalten im Bereich der geförderten Tätigkeit.

236 zuletzt Karsten Schmidt, »Zur Außenhaftung der Innengesellschaft«; in Jus 1988, S. 444 m.w.N. ders. in Gesellschaftsrecht, S.1422; zum gesamten Meinungsspektrum über die Möglichkeit und das Bedürfnis der Innengesellschaft nach Bildung von Gesamthandsvermögen siehe Sybille Kessal-Wulf, Die Innenverbände, S. 21,45.

237 Werner Flume, Allgemeiner Teil des Bürgerlichen Rechts, Erster Band, Die Personengesellschaft, S. 6; ders. ZHR 136 (1972), S. 172 (182).

238 Zum ausführlichen Streitstand Synille Kessal-Wulf, Die Innenverbände, S. 31 ff, 45, 65.

239 Friedrich Kübler, Gesellschaftsrecht,4. Auflage, 1992, S. 43; Kraft-Kreutz, Gesellschaftsrecht, 10. Auflage, 1995, S. 73; Soergel-Hadding, 11. Auflage, 1985, §706, Rn 7.

7. Der Sponsoringvertrag als Innenverband oder als Innengesellschaft

Der Innenverband grenzt sich von der Innengesellschaft durch das Merkmal der organschaftlichen Struktur ab[240]. Der Verband hat Organe, es findet eine kollektive Beschlußfassung und Vertretung statt. Die Unterscheidung Innengesellschaft und Innenverband wird namentlich von Kessal-Wulf durchgehalten[241]. In der Literatur werden dagegen Stimmen laut, die den Begriff des Verbandes als amorph und eine dahingehende Differenzierung als unergiebig kennzeichnen[242]. Während früher namentlich von v.Giercke unter dem Begriff des Verbandes eine Organisation zum Schutze und zur Durchsetzung gemeinsamer Interessen verstanden wurde, hat sich heute trotz weitgehender Uneindeutigkeit des Begriffes jedenfalls das Definitionsmerkmal der organschaftlichen Binnenstruktur eines Personenzusammenschlusses gehalten. Nicht stets ist also – wie früher angenommen – unter einem Verband eine körperschaftliche Organisationsform zu verstehen.

Im Beziehungsgebilde zwischen den am Sponsoringvertrag beteiligten Parteien kann eine verbandliche Struktur nicht ausgemacht werden. Weder existieren Beschlußfassungs-, noch andere selbständige Organe wie eine gemeinsame Vertretung oder Kontrolle. Jeder handelt nach außen nur für sich und im Innenverhältnis handeln nur alle zusammen. Ergo ist lediglich eine innengesellschaftliche, nicht jedoch eine innenverbandliche Struktur und Qualifikation gegeben.

8. Ausgestaltung der dinglichen Struktur des Sponsoringvertrags

Innengesellschaften können grundsätzlich als fiduziarische Treuhand ausgestaltet werden[243]. Kritische Stimmen wenden ein, der der Treuhand innewohnende Interessenwahrungscharakter und der gesellschaftsrechtliche gemeinsamer Zweck stünden in einem Auschließlichkeitsverhältnis zueinander[244]. Das die Treuhand kennzeichnende Element ist in der Tat die Wahrnehmung fremder Belange. Der fremde Belang muß jedoch nicht zwangsläufig der einer anderen Person sein. Die zweigliedrige Personengesellschaft gibt mit dem gemeinsamen Gesellschaftszweck denjenigen Belang vor, den der geschäftsführende Gesellschafter, dem das Gut zu Alleineigentum übertragen wurde, bei der Ausübung seiner Eigentümerbefugnisse zu wahren hat.

240 A.A. insbesondere Münchener Handbuch des Gesellschaftsrechts-Weipert, Band 1, 1995, S. 102, 103, der die Verbandsstruktur als unabdingbare Voraussetzung für die Anerkennung eines Gebildes als Gesellschaft auszumachen glaubt.

241 Sybille Kessal-Wulf, Die Innenverbände, S. 17 ff.

242 Friedrich Kübler, Gesellschaftsrecht, 4. Auflage, 1992, S. 33.

243 Jens Rogge, Die Bedeutung der Treuhandverhältnise bei der Innengesellschaft, S. 9, 71f.

244 Zusammenfassende Diskussion und Meinungsstand bei Jens Rogge, aaO. S. 77 f.

Der Gesellschafter muß seine egoistischen Belange der Eigentumsausübungsfreiheit nach § 903 BGB auf die Wahrung des gemeinsamen Zwecks der Gesellschaft limitieren. Innengesellschaft und Treuhand schließen sich also nicht aus. Insofern hat der Sponsoringnehmer die ihm zu Eigentum vom Sponsor übertragenen Verbrauchsgüter im Interesse der Gesellschaft zu gebrauchen und kann damit nicht verfahren, wie es ihm § 903 BGB grundsätzlich gestattet. Dagegen werden langlebige Gebrauchsgüter im Sponsoringvertrag nicht zu Eigentum übertragen und sind einer Treuhand folglich nicht zugänglich.

9. Zusammenfassung der Ergebnisse des Sponsoringvertrags im Lichte des Gesellschaftsrechts

Als Ergebnis läßt sich festhalten, daß der Sponsoringvertrag innengesellschaftliche Charakteristika aufweist, die, wie noch zu erläutern sein wird, mit dem Normengefüge des Gesellschaftsrechts interessengerecht faßbar sind. Das Sponsoring stellt sich als streng bilaterales atypisches Gesellschaftsverhältnis zwischen dem Sponsor und dem Sponsoringnehmer dar. Der Sponsoringvertrag ist immer dann eine Innengesellschaft, wenn über die Standardprimärleistungsvereinbarungen hinaus folgende Vereinbarungen getroffen werden: Ein beiderseitiges dauerhaftes und aktives Mitwirken an der Organisation und der Durchführung des Sponsorships, keine Beschränkung der Pflichten des Sponsoringnehmers auf die bloße Übertragung von Nutzungsrechten (also nicht nur Passivsponsoring aus Sicht des Gesponserten), beiderseitige kontinuierliche Zustimmungs-, Abstimmungs-, Absprachepflichten und Kontrollrechte[245]. Dabei ist von der numerativen Dreiteilung des Vertragsrechts in reine Austauschverträge, die BGB-Gesellschaft und gemischte Verträge mit Elementen aus dem Recht der BGB-Gesellschaft[246] Abstand zu nehmen. Es ist vielmehr eine weitere Alternative hinzuzufügen, wie sie sich in der inhaltlichen und interessenmäßigen Struktur des Sponsoringvertrags darstellt: Die Innengesellschaft mit austauschvertraglichen Elementen.

VII. Zusammenfassung der Berührungspunkte des Sponsoring mit dem tradierten Vertragsrecht

Der Sponsoringvertrag verbindet verschiedene Interessengrundtypen auf verschiedenen Ebenen in unterschiedlich starker Ausprägung. Die austauschvertragliche Komponente ist stets als subsidiär zu bezeichnen.

245 A.A. MüKo-Ulmer, 2. Auflage, 1986, Vor §705 Rn 88; bei gesellschaftsähnlichen und atypischen Gesellschaftsverträgen wie der bipolaren Innengesellschaft wird die analoge der direkten Anwendung der §§706 ff BGB vorgezogen. Insbesondere die Pflicht zur Rechnungslegung und die Treuepflicht sollen dabei zur (analogen) Anwendung kommen.

246 Münchener Handbuch des Gesellschaftsrechts, Band 1, 1995, S. 34.

Dagegen ist die innengesellschaftsrechtliche Prägung der Koalition und Kooperation dominant. Eine Interessenwahrungskomponente im Verständnis des Rechts des entgeltlichen Geschäftsbesorgungsvertrags ist dem Sponsoringvertrag fremd.

Die Grundtypen des Sponsoringvertrags weisen in singulären Vertragspunkten strukturelle und inhaltliche Verbindungen zu kodifizierten oder nicht kodifizierten vertraglichen Verkehrstypen auf. Insbesondere dienst-, miet-, gesellschafts-, lizenz- und garantievertragliche Elemente sind im sponsoringvertraglichen Regelungsgefüge wiederzuerkennen. Eine Subsumtion unter einen einzigen der verkehrstypischen Verträge ist für den Sponsoringvertrag in seiner Gesamtheit indes nicht möglich, da der Parteiwille und die Parteiinteressen der Sponsoringpartner zu vielseitig sind und zu unterschiedlichen Schwerpunkten unterliegen, als eine Festlegung auf einen einzigen Verkehrstypus möglich wäre. Es läßt sich jedoch festhalten, daß der Sponsoringvertrag im engeren Sinne als eine Innengesellschaft zu qualifizieren ist, bei der sich die wechselseitig geschuldeten Leistungen als gesellschaftsrechtliche Beitragspflichten verstehen. Der gemeinsame Zweck der Sponsoringpartner besteht in der kollektiven und kooperativen Durchführung des Sponsorships zur bilateralen und synergetischen Imageüberleitung.

F. Der Sponsoringvertrag in der Vertragstypologie

I. Der Sponsoringvertrag als Vertragsverbindung

1. Definition und Abgrenzungen

Die Analyse eines Vertrags aus vertragstypologischem Blickwinkel hilft, die grundwichtige Frage zu beantworten, ob eine Vertragsverbindung oder ein einheitlicher Vertrag vorliegt. Vertragliche Realtypen, die eine Vielfanlt an Haupt- und Nebenverpflichtungen mit den unterschiedlichsten Berührungspunkten zum normativ-typologischen Vertragsrecht bergen, können nur dann als einheitliches Vertragswerk Geltung beanspruchen, wenn sich die praktische Vertragsgestaltung typologisch auch als ein einheitlicher Vertrag bewerten läßt. Andernfalls sind die Einzelvereinbarungen vorbehaltlich einer Bewertung des einen Kontrakts als Geschäftsgrundlage für den anderen als isolierte Verträge auch einer isolierten Begutachtung aus rechtlicher Sicht zuzuführen. Ist das Sponsoring als ein einheitlicher Vertrag und keine Verbindung von Verträgen zu qualifizieren, gilt es zu untersuchen, ob von einem gemischttypischen Vertrag oder von einem solchen sui generis auszugehen ist[247].

247 A.A. Ernst A. Kramer, Neue Vertragsformen der Wirtschaft, 2. Auflage,1993, S .24 hält den typengemischten Vertrag und den Vertrag sui generis für identische typologische Erscheinungesformen.

Die Vielseitigkeit und Vielschichtigkeit des Inhalts der im Sponsoringvertrag fixierten Leistungsverpflichtungen einerseits und die ständige, über die gesamte Laufzeit des Sponsorships fortdauernde Überprüfung und Erneuerung der Vertragspflichten andererseits legen die Prüfung nahe, ob das Sponsoring in mehrere wirtschaftlich verbundene, rechtlich aber zu trennende Verträge zerfällt, oder ob sich das Sponsoring als Einheit eines einzigen Vertrags darstellt. Die Rechtspraxis geht bisweilen vom Abschluß mehrerer Verträge innerhalb eines Sponsorships aus, verschiedentlich mit der oberflächlichen Begründung, es lägen mehrere Vertragsurkunden vor. In rechtspraktischen Anleitungen zur kautelarjuristischen Bewältigung des Sponsoring wird zwischen primären und sekundären Rechtsbeziehungen innerhalb eines Sponsorships differenziert, ohne sich dabei auf eine typologische Einordnung zu Vertragsverbindung, gemischttypischem Vertrag oder mehreren wirtschaftlich und rechtlich isolierten Verträgen festzulegen[248].

In der Tat liegt eine rechtliche Bewertung der praktischen Gestaltung komplexer Verträge als Verbindung mehrerer Kontrakte aus wirtschaftlichen und rechtlichen Erwägungen heraus nicht fern, denn die typologische Strukturanalyse moderner Vertragstypen wie z.B. dem Franchising hat bewiesen, daß realtypische Vertragsrituale rechtlich durchaus in Vertragsverbindungen zerfallen können[249]. Es kann sich aus vertragspraktischen Erwägungen heraus anbieten, die Durchführung eines Business in rechtlich voneinander zu trennende Haupt- und Nebenverträge, Rahmenvereinbarungen, Durchführungs-, Anhangverträge und Hilfsgeschäftsverträge zu zerlegen.

Für die Integration des Sponsoringvertrags in das tradierte Vertragsrecht ist die Einordnung dieses Realtypus in die Vertragstypologie mit Blick auf das Rechtsfolgenprogramm von ausgenommener Wichtigkeit. Denn grundsätzlich sind mehrere Verträge zwischen denselben Parteien voneinander unabhängig und rechtlich selbständig zu beurteilen, selbst wenn zwischen den einzelnen Verträgen ein enger wirtschaftlicher Zusammenhang besteht. Der Parteiwille und der Grundsatz von Treu und Glauben kann wohl unter Beibehaltung der rechtlichen Selbständigkeit eine derartige Verbindung zwischen den Verträgen herstellen, daß der Abschluß oder die Durchführung des einen Vertrags die Geschäftsgrundlage für einen zweiten Vertrag bedeutet. Die Verträge können sich dann gleichsam wenn nicht als, so doch wie Leistung und Gegenleistung gegenüberstehen. Ein Rechtsanwendungsproblem stellt sich in einem solchen Fall aber gerade nicht, denn jeder Vertrag unter-

248 Bruhn-Mehlinger, Rechtliche Gestaltung des Sponsoring, Band I, 2. Auflage, 1995, S. 62; Townley-Grayson, Sponsorship of Sport, Art and Leisure; S. 71 ff.

249 Zur Vertragsverbindung beim Koalitions- und Konföderationsfranchising jüngst Michael Martinek, Moderne Vertragstypen, Band II, S. 39 und 81

liegt isoliert dem für ihn bestimmten Normengefüge, ohne daß es einer ganzheitlichen Rechtsnatur- und Rechtsfolgenbestimmung bedarf[250]. Man spricht insoweit von verbundenen, zusammenhängenden oder zusammengesetzten Verträgen oder auch von Vertragsverbindungen[251].

Ungeachtet der verschiedenen Abgrenzungskriterien, die den einheitlichen typengemischten Vertrag von zusammengesetzten, rechtlich selbständigen, aber wirtschaftlich verbundenen Verträgen scheiden sollen, ist die Figur der Vertragsverbindung typologisch unkompliziert zu beschreiben[252]. Ungleich schwieriger ist indes die Abgrenzung im Einzelfall. Jede Leistungspflicht eines zu analysierenden vertraglichen Realtypus muß auf die Frage hin untersucht werden, ob ein isolierter Kontrakt oder lediglich ein einzelner Bestandteil eines einheitlichen Vertrags vorliegt.

Dabei sind die Übergänge vom einheitlichen gemischttypischen Vertrag zu zusammenhängenden Verträgen fließend. In concreto sind die Fragen zu beantworten, ob die verschiedenen Leistungen gerade in ihrer Verbindung miteinander geschuldet sind, ob das Gläubigerinteresse allein dahingehend zu interpretieren ist, daß ihm an der geschlossenen Leistungsbewirkung liegt, ob die Verwertung der Leistungen objektiv betrachtet nur in ihrer Verbundenheit einen Sinn macht, oder ob der Parteiwille demgegenüber auf die Möglichkeit einer isolierten Durchsetzbarkeit gerichtet ist. Mehr als eine indizielle Wirkung kommt dabei der einheitlichen Abfassung der Vertragsvereinbarung in einer Urkunde und zu einem einheitlichen Zeitpunkt nicht zu. Ebenso verhält es sich mit einer bilanzmäßigen Gegenüberstellung von Leistung und Gegenleistung. Das bedeutet, daß die präzise

250 Walter Schluep, Innominatverträge, S. 776; Ferdinand Regelsberger; Vertrag mit zusammengesetztem Inhalt oder Mehrheit von Verträgen, in JherJB 48 (1904), S. 453 ff; Werner Flume, Allgemeiner Teil des Bürgerlichen Rechts, Das Rechtsgeschäft, S. 570 f;Ennecerus-Lehmann, Recht der Schuldverhältnisse; 15. Auflage, 1957, S. 393 ff; Joachim Gernhuber, Austausch und Kredit im rechtlichen Verbund – zur Lehre von den Vertragsverbindungen, in FS Larenz, 1973, S. 455 (457); zum aktuellen Meinungsstand: Georgios Dellios, Zur Präzisierung der Rechtsfindungsmethode bei gemischten Verträgen, Diss. Regensburg 1981, S. 61 f

251 Walter Schluep, Innominatverträge, S.773; Georgios Dellios, Zur Präzisierung der Rechtsfindungsmethode bei gemischten Verträgen, Diss. Regensburg 1981, S. 61 ff; Wolfgang Fikentscher, Schuldrecht, 8. Auflage, 1992, Rn 649

252 BAG DB 72, 2358; BGH MDR, 1959 S. 483;Ferdinand Regelsberger in JherJb, 48, 1904, S. 453 ff sieht einen wirtschaftlichen und rechtlichen Zusammenhang der Einzelabreden erst bei der Verbindung der Leistungpflichten wie beim sachenrechtlichen Institut des Zubehörs, siehe auch Otto Schreiber, Gemischte Verträge im Reichsschuldrecht, in JherJB 1912, S. 106 ff(113), Karl Larenz, Schuldrecht Besonderer Teil 2. Halbband 13. Auflage, S. 423; Hoeninger, S. 88ff; Ennecerus-Lehmann, Recht der Schuldverhältnisse, 15. Auflage, 1957, S. 393 – 395: Georgios Dellios, Zur Präzisierung der Rechtsfindungsmethode bei gemischttypischen Verträgen, S. 63;darüber hinaus wollen Werner Flume, Allgemeiner Teil des Bürgerlichen Rechts, Das Rechtsgeschäft, S. 571, Wolfgang Fikentscher, Schuldrecht, 8. Auflage, 1992, Rn 649, und Soergel-Hefermehl §139 Rn 17, 19 das Merkmal des §139 BGB als Abgrenzungsparameter für die Scheidung einheitlicher typengemischter Verträge von zusammengesetzten Verträgen heranziehen.

Zuordnung einer bestimmten Leistung zu einer ebenso bestimmten Gegenleistung nur indiziell auf eine »juristische Sonderexistenz« dieser sich äquivalent gegenüberstehenden Abreden schließen läßt[253].

2. Der Agenturvertrag

An erster Stelle ist der Sponsoringvertrag vom Vermittlungs- und Beratungsagenturvertrag rechtlich wie wirtschaftlich zu trennen. Zwar besteht ein gewisser wirtschaftlicher Sinn- und Ursachenzusammenhang zwischen dem Sponsoringvertrag und dem Agenturvertrag, jedoch kann hier nicht von einem wirtschaftlichen Zusammenhang der Qualität einer Vertragsverbindung im typologischen Sinn die Rede sein. Dieser setzt namentlich voraus, daß der Abschluß des einen Vertrags ohne den gleichzeiten Abschluß des anderen Vertrags als sinnwidrig zu bezeichnen wäre. Der Agenturvertrag ist allein für die jeweiligen Individualinteressen der Sponsoringpartner von Bedeutung und weist keinen kausalen Wirtschaftszusammenhang zu dem jeweils konkret abgeschlossenen Sponsoringvertrag auf, denn er spielt sich allein in dessen betriebswirtschaftlicher Peripherie ab.

Selbst im Falle eines sogenannten Dienstverschaffungsvertrags[254], bei dem die Agentur gegenüber dem Sponsor oder dem Gesponserten zur Bereitstellung von qualifiziertem Personal verpflichtet ist, kommt es zum Vertragsschluß bezüglich der durchzuführenden Tätigkeit allein zwischen dem Personal und dem Sponsor oder Gesponserten unter rechtlicher und betriebswirtschaftlicher Ausklammerung der Agentur, so daß auch in diesem Fall nicht von einer Vertragsverbindung im typologischen Sinne die Rede sein kann. Die Abschlußagentur, die den Sponsoringvertrag im eigenen Namen und auf eigene Rechnung (in der Regel auf Seiten des Sponsoringnehmers) abschließt, schlüpft in dieselbe Rolle wie der Verein, der seine Athleten im Wege einer Aktivenvereinbarung in den Vertrag einbezieht. Insofern ergibt sich aus typologischer Sicht keine rechtliche Besonderheit zum institutionellen Sponsoring.

3. Der Vertrag zwischen Sponsor und Sponsoringnehmer.

Die verschiedenen Leistungspflichten im Sponsoringvertrag weisen, wie dargestellt, Ähnlichkeiten mit einigen vertraglichen Verkehrstypen auf. In

253 Otto Schreiber, Gemischte Verträge im Reichsschuldrecht, JherJB 1912, S. 106 (112).

254 Zum Begriff des Dienstverschaffungsvertrags siehe Günter Schaub, Arbeitsrechtshandbuch, 7. Auflage, 1992, S. 182; Staudinger-Richardi, 12. Auflage, 1993; Vorbem zu §611, Rn 69; Müko-Söllner, 2. Auflage, 1988, §611, Rn 35.

der Vertragsurkunde werden zuweilen die einzelnen Leistungs- und Gegenleistungsverpflichtungen isoliert formuliert und graphisch voneinander abgehoben, oder aber es werden zu gleichen oder unterschiedlichen Zeitpunkten in verschiedenen Urkunden die unterschiedlichen Leistungsinhalte fixiert. Beide Varianten verleiten die Parteien – oft auch die Kautelarjuristen, die den Vertrag entworfen haben – zu der vordergründigen Annahme des Abschlusses mehrerer Verträge[255]. Die genaue Untersuchung führt indes ein gänzlich anderes Bild vor Augen.

Die redaktionelle Gestaltung des Vertragswerks in einer oder mehreren Urkunden mag ein vordergründiges Indiz für die typologische Qualifikation als einheitlicher oder verbundener Vertrag sein, sie ist für eine rechtliche Beurteilung jedoch gänzlich ohne Wert. Allein der ausdrücklich formulierte und durch Auslegung des Gesamtverhaltens zu ermittelnde Parteiwille kann rechtlicher Anknüpfungspunkt für eine derartige Beurteilung sein. Regelmäßig stellen die Sponsoringpartner redaktionell die Mitwirkungspflichten oder Pflichten zur Lizenzeinräumung seitens des Sponsoringnehmers einer konkreten Gegenleistungsabrede des Sponsors gegenüber. Insbesondere Geldleistungen und Sachleistungen stehen sich wie (nicht jedoch als) austauschvertragliche Leistung und Gegenleistung gleichwertig gegenüber. Aus der hierin liegenden Möglichkeit einer bilanzmäßigen Zuordnung einzelner Leistungsverpflichtungen zu einzelnen Gegenleistungsverpflichtungen auf eine rechtliche Isolation der sich gegenüberstehenden Einzelabreden im Sponsoring zu schließen, verschleiert jedoch die wahre Rechtslage.

Maßgeblich ist vielmehr folgender Punkt: Der Sponsor und der Gesponserte schließen einen Sponsoringvertrag erst nach längeren, ausführlichen Verhandlungen und nach einer präzisen marketingstrategischen Planung und Beratung durch Werbe- oder Sponsoringagenturen. Das Ergebnis dieser strategischen Vertragsvorbereitung ist ein umfassendes Sponsoringkonzept, das als betriebswirtschaftliche Einheit in ein einheitliches Vertragswerk gegossen wird. Es ist dabei individuell auf die beteiligten Partien abgestimmt und weist in jeder seiner Detailregelung einen organischen Bezug zu der jeweils anderen Regelung auf.

Ohne Mühe läßt sich feststellen, daß es den Parteien bei der praktischen Umsetzung dieses ganzheitlich erarbeiteten Sponsoringkonzepts gerade darauf ankommt, daß alle vertraglichen Leistungen im Paket und nicht etwa jede isoliert für sich gewährt werden und der gesamte Vertrag mit der

255 So auch in Townley-Grayson, Sponsorhip of Sport, Art and Leisure, S. 71, die zwischen primären und sekundären Rechtsbeziehungen im Sponsoring differenzieren und dabei insbesondere im Hinblick auf die Vergabe von Lizenzen und den übrigen Vereinbarungen von unterschiedlichen Verträgen ausgehen.

Durchsetzbarkeit jeder einzelnen Leistung stehen und fallen soll. Ohne die Bereitstellung der mit dem Logo des Sponsors versehenen Ausrüstung beispielsweise nützt dem Sponsor die Mitwirkung des Sponsoringnehmers an Marketingaktivitäten wenig. Umgekehrt hat die medienwirksame Präsentation der Gegenstände durch den Sponsoringnehmer nur in Verbindung mit der Möglichkeit des Sponsors Sinn, die besonderen Persönlichkeitsrechte des Sponsoringnehmers in Form von Lizenzen nutzen zu können. Der Katalog der organischen Sinnverbindung der einzelnen sponsoringvertraglichen Leistungsbestandteile läßt sich unendlich fortführen.

Dies steht auch im Einklang mit der Beurteilung der einzelnen Leistungen als gesellschaftsrechtlicher Beitragspflicht. Wird einem Gesellschafter die Erbringung seiner Beiträge unmöglich, so räumt dies den übrigen Gesellschaftern ein außerordentliches Kündigungsrecht nach § 723 I S. 1 und 3 BGB ein[256]. Wird durch die Unmöglichkeit der einzelnen Beitragsleistung die Erreichung des gemeinsamen Zwecks selbst unmöglich, so löst sich die Gesellschaft gemäß § 726 BGB ipso iure auf. Unterlägen die Leistungen nach dem Parteiwillen einem getrennten rechtlichen Schicksal, so könnte der Wegfall der einen Leistung die genannten Rechtsfolgen nicht auslösen.

Der »typische« Sponsoringvertrag stellt sich danach nur äußerlich als Vertragsverbindung dar. Der Parteiwille bezieht sich indes auf die Rechte und Pflichten insgesamt, so daß ein einziger komplexer Vertrag vorliegt, der durch ein einziges Angebot und eine einzige Annahmeerklärung zustandekommt. Damit scheidet eine Beurteilung des Sponsoringvertrags als gesellschaftsrechtlicher Rahmenvertrag, der durch Hilfs-, Ausführungs- oder sonstige Nebenverträge unterschiedlicher Rechtsnatur ausgefüllt wird, aus[257].

II. Der Sponsoringvertrag als typengemischter Vertrag

Während beim zusammengesetzten Vertrag mehrere rechtlich getrennte, aber durch den Parteiwillen wirtschaftlich verbundene Vereinbarungen geschlossen werden, sind beim gemischten Vertrag die einzelnen Bestandteile derart organisch miteinander verknüpft und aufeinander bezogen,

256 Zur Leistungsstörungsdiskussion mit weiteren Nachweisen siehe Vierter Teil D und E.

257 Was möglich und in der Praxis bisweilen üblich ist, ist der Abschluß eines Vorvertrags, in dem sich die Parteien zum Abschluß des noch näher auszugestaltenden Hauptvertrags verpflichten. Dieser Hauptvertrag stellt sich dann aber als einheitliches Gesamtvertragsverhältnis dar.

daß sie nur in ihrer Gesamtheit ein sinnvolles Ganzes ergeben[258]. Die Lehre[259] hat drei Kategorien gemischter Verträge entwickelt, den gekoppelten oder doppeltypischen Vertrag (Vertrag mit anderstypischer Gegenleistung), den Typenkombinations- und endlich den Typenverschmelzungsvertrag.

Der gekoppelte Vertrag zeichnet sich dadurch aus, daß sich die Leistungspflichten verschiedener typischer Verträge innerhalb eines Kontrakts als Leistung und Gegenleistung gleichwertig gegenüberstehen[260]. Damit ist allerdings diese vertragstypologische Kategorie auf reine Austauschverträge beschränkt, zu denen nach dem bereits Gesagten der Sponsoringvertrag im engeren Sinne gerade nicht zählt. Zwar läßt sich auch beim Sponsoringvertrag ein für den gekoppelten Vertrag typisches Gegenüber unterschiedlicher idealtypischer Leistungsverpflichtungen konstruieren, so die Einräumung von Lizenzen nicht gegen Geld, sondern gegen Dienst-, Miet-, oder Pachtleistungen. Jedoch wäre dies eine realitäts- und interessenfremde Bewertung der Leistungsrichtung, denn der Leistungsaustausch vollzieht sich zwischen den Partnern des Sponsoringvertrags allein zu kollektiven Vereinigungszwecken als gesellschaftsrechtliche Beitragsleistung, die eben nicht als austauschvertragliche Leistungen auf einer Interessenkoordinationsebene zu qualifizieren sind.

Der Typenkombinationsvertrag setzt sich auf der Schuldnerseite aus unterschiedlichen Pflichten typischer Verträge zusammen, wobei keinem der vertretenen Typenelemente den übrigen Elementen gegenüber ein bedeutungsmäßiger Vor- oder Nachrang zukommt. Man spricht von einer gleichgewichtigen Typenkumulation oder von einer Aneinanderreihung von Typen gleichgewichtiger Leistungen[261], wobei mit der Gleichwertigkeit eine wirtschaftliche Ebenbürtigkeit aus Sicht der Vertragspartner

258 Karl Larenz, Schuldrecht Besonderer Teil,Band II 2, 13. Auflage, 1994, S. 43; Staudinger-Löwisch, 13. Auflage, 1995, Vorbem §305 Rn 27; Georgios Dellios, Zur Präzisierung der Rechtsfindungsmethode bei gemischten Verträgen, S. 62.

259 Walter Schluep, Innominatverträge, S. 772 ff, Staudinger-Löwisch, 13. Auflage, 1995, Vorbem §305, Rn 33-47, Dieter Medicus, Schuldrecht Besonderer Teil, S. 262 und Michael Martinek, Moderne Vertragstypen, Band I, S. 20; Georgios Dellios, Zur Präzisierung der Rechtsfindungsmethode bei gemischten Verträgen, S. 54 f. Der Vertrag mit andersartiger Nebenleistung wird von Palandt-Heinrichs, 55. Auflage, 1996 Einf v §305, Anm. 19; Staudinger-Löwisch, 13. Auflage, 1995, §305 Rn 27; Wolfgang Fikentscher, Schuldrecht, 8.Auflage, 1992, §65; Karl Larenz, Schuldrecht Besonderer Teil,Band II 2, 13. Auflage, 1994, S.42 als vierte Kategorie benannt. Dies scheint unergiebig, da diese Gruppe ohne Gewalt den Typenkombinationsverträgen zugeordnet werden kann.

260 Staudinger-Löwisch,13. Auflage, 1995, §305, Rn 33; Karl Larenz, Schuldrecht Besonderer Teil,Band II 2,13. Auflage, 1994, S.42; Müko-Thode, 2. Auflage, 1994, §305, Rn 42; Soergel-Wolf, 12. Auflage, 1990, §305, Rn. 34.

261 Soergel-Wolf, 12. Auflage, 1990 §305, Rn 29; Müko-Söllner, 3. Auflage, 1994, §305, Rn 44; Staudinger-Löwisch,13. Auflage, 1995, §305, Rn 44.

gemeint ist. Bereits das Merkmal der bedeutungsmäßigen Gleichwertigkeit aller Leistungselemente läßt diesen vertragstypologischen Ansatz für den Sponsoringvertrag im engeren Sinne ausscheiden.

Man wende hiergegen nicht den bereits erhobenen Befund der organischen Verknüpfung einer jeden Teilleistung mit der jeweils anderen ein. Denn hieraus resultiert nicht zwingend eine wirtschaftliche Gleichgewichtigkeit aller Leistungselemente im Sponsoringvertrag. Zwar soll der Sponsoringvertrag nur in seiner Gesamterscheinung durchgeführt werden, ohne die Vernachlässigung auch nur einer Leistungspflicht, jedoch ist dies mehr Ausfluß der rechtlichen denn wirtschaftlichen Bedeutung einer jeden Leistungspflicht für die Sponsoringparteien. Jeder Sponsoringvertrag weist eine individuelle Schwerpunktbildung aus betriebswirtschaftlicher Sicht auf, bei der je nach Ausgestaltung einmal die Dienst-, ein anderes Mal die Sach-, beim nächsten Mal die Geld- und bei einem weiteren Mal die Lizenzleistungen als für gerade dieses Sponsorship herausragend und damit prägend zu betrachten sind. Von einer dem Typenkombinationsvertrag eigenen Gleichrangigkeit der idealtypischen Leistungselemente kann beim Sponsoringvertrag keinesfalls die Rede sein. Denn die Gleichwertigkeit des typenkombinierten Vertrags gründet sich auf den baukastenhaften Charakter dieser vertragstypologischen Kategorie. Der typische Typenkombinationsvertrag ist nichts als die Summe seiner stets gleichwertigen Einzelteile. Dieses Bild paßt allerdings nicht auf den Sponsoringvertrag, auf den der Gemeinplatz, »das Ganze ist mehr als die Summe seiner Einzelteile«[262], stärker zutrifft, als wohl auf die meisten anderen Vertragstypen.

Der Typenverschmelzungsvertrag, der auch als typengemischter Vertrag im engeren Sinn bezeichnet wird, verbindet in untrennbarer Weise Elemente typischer Verträge, wobei sich die einzelnen Leistungspflichten schon sachlich und logisch nicht voneinander scheiden lassen[263]. Dabei wird differenziert zwischen Haupt- und Nebenleistungspflichten, die bei der Möglichkeit einer gesonderten Einklagbarkeit nicht zu einem typengemischten Vertrag, sondern nur zu einem typischen Vertrag mit anderstypischer Beimischung führen[264].

262 Karl Larenz, Schuldrecht Besonderer Teil Band II 2,13. Auflage, 1994, S. 46; Michael Martinek, Moderne Vertragstypen Band 1, S. 24.

263 Soergel-Wolf, 12. Auflage, 1990, §305, Rn 32; Staudinger-Löwisch, 13. Auflage, 1995, §305, Rn 30; Müko-Thode,3. Auflage, 1994, §305, Rn 44; Karl Larenz, Schuldrecht Besonderer Teil, Band II 2, 13. Auflage, 1994, S. 43.

264 Walter Schluep, Innominatverträge, S. 774; Karl Larenz, Schuldrecht Besonderer Teil, Band II 2, 13. Auflage, 1994, S. 45. Das auf den gesamten Vertrag anwendbare Regelungsprogramm richtet sich dann nach der Rechtsnatur der Hauptleistung.

Der Sponsoringvertrag ist kein solcher Typenverschmelzungsvertrag. Man kann bei vorschneller Beurteilung eine sachlich-logische Untrennbarkeit der Vermengung mehrerer verkehrstypischer Leistungspflichten ausmachen, jedoch gehen bei genauer Betrachtung die Leistungs- und Verhaltenspflichten der Sponsoringpartner weit über das Maß einer Addition verkehrstypischer Elemente hinaus. Die sponsoringvertraglichen Einzelverpflichtungen werden regiert von einer gesellschaftsrechtlichen Kooperation mit einer den Partnern obliegenden gesteigerten Treuepflicht. Es findet eine Kollektivierung der Leistungspflichten statt, die sich als deren kooperative Überlagerung bezeichnen läßt. Von einer Typenverschmelzung kann demnach nicht die Rede sein.

Die materielle Vergleichbarkeit der Interessengrundtypen des Sponsoringvertrags zu Nominatverträgen und verkehrstypischen Innominatverträgen ist denn auch mindestens eine trügerische, jedenfalls aber eine oberflächliche. Die herausragende Komponente des Sponsoringvertrags im engeren Sinne ist die des atypischen Gesellschaftsvertrags. Die Gesamtheit des sponsoringvertraglichen Interessengefüges hebt sich deutlich von einem bloßen Typengemisch in all seinen drei Varianten ab. Der Sponsoringvertrag ist mehr als nur eine Addition verkehrstypischer Kontraktelemente, er vereint diese synergetisch zu einem Plus an Leistungs- und Verhaltenspflichten der Beteiligten[265].

III. Der Sponsoringvertrag als Vertrag sui generis[266]

Ein atypischer Vertrag i.e. S. liegt vor, wenn ein einheitlicher Vertrag wegen seiner individuellen Prägung weder einem typischen kodifizierten noch einem verkehrstypischen nichtgeregelten Vertrag (Innominatvertrag) zugeordnet werden kann[267]. Er ist eine Typenneuschöpfung, die regelmäßig wiederkehrende Merkmale aufweist, ohne sich in die vorgenannten Kategorien einordnen zu lassen, wobei, wie für die typologische Betrachtungsweise typisch ist, die Übergänge zu den genannten Kategorien fließend sind[268]. Der Sponsoringvertrag ist nach den Ausführungen zu den typischen Verträgen,

265 A.A. Stephan Netzle, Sponsoring von Sportverbänden, S. 32, Fn 57.

266 Der Vertrag sui generis wird auch als echter atypischer Vertrag oder als Vertrag eigener Art im engeren Sinne bezeichnet. Zur Literatur siehe folgende Fußnote.

267 Walter Schluep, Innominatverträge, S. 772, Georgios Dellios, Zur Präzisierung der Rechtsfindung gemischter Verträge S.58; Michael Martinek, Moderne Vertragstypen, Band I, S. 20, Karl Larenz, Schuldrecht Besonderer Teil, Band II 2,13. Auflage, 1994, S. 42.

268 Detlef Leenen, Typus und Rechtsfindung, S. 133; Karl Larenz, Schuldrecht, BT II 2,13. Auflage, 1994, S. 42; Walter Schluep, Innominatverträge, S. 776 differenziert beispielsweise noch zwischen Verträgen sui generis im weiteren, engeren und engsten Sinn, ohne dabei die Grenzlinien zu den Formen typengemischter Verträge aufzuzeigen.

Vertragsverbindungen und typengemischten Verträgen eine solche Vertragstypenneuschöpfung, da er keiner der vorgenannten Kategorien ohne Gewalt und nur unter Außerachtlassen der realtypischen Wesensmerkmale zugeordnet werden kann. Er ist ein Vertrag sui generis[269].

IV. Der Sponsoringvertrag als verkehrstypischer Vertrag

Ein Vertrag ist dann als verkehrstypisch zu bewerten, wenn er eine festumrissene Form und deutliche Rechtskonturen in der Rechtswirklichkeit aufweist[270]. Dabei kommt der realtypischen Erscheinung des Vertrags eine gewisse Normativität zu, die sich als Beurteilungsmaßstab für alle künftig geschlossenen Verträge dieser Art ausweist.

Das wenige über den Sponsoringvertrag Geschriebene, Geurteilte und Geforschte reicht indessen für eine hinreichende Konturierung dieses Vertragstyps allen Zweifeln[271] zum Trotze aus. Denn das den Sponsoringvertrag von allen anderen Verkehrstypen unterscheidende Element ist nicht der allseits zuvörderst bemühte Inhalt der formal gesehen auszutauschenden Leistungen, sondern vielmehr der Leistungszweck und die Leistungsrichtung. Das kooperative Element des Sponsoring im engeren Sinne ist »das« prägende Wesensmerkmal. Dieses Merkmal ist notwendige typologische Voraussetzung, um überhaupt von Sponsoring im hier beschriebenen Sinne sprechen zu können. Tritt dieses Merkmal zu den typischen Leistungsinhalten hinzu, hebt sich der Sponsoringvertrag hinreichend deutlich von allen anderen verkehrstypischen Verträgen als geschlossenes Gebilde ab.

V. Zusammenfassung – Der Sponsoringvertrag als moderner Vertragstyp mit normativer Verkehrsgeltung

Das Sponsoring läßt sich in zwei vertragliche Qualitätsstufen einteilen. Das Sponsoring im weiteren Sinn und das Sponsoring im engeren Sinn.

269 Im Ergebnis zustimmend: Thomas Hauser, Der Sponsoring-Vertrag im schweizerischen Recht, S. 283; Neal George Weiand, Kultur- und Sportsponsoring im deutschen Recht; S. 93; ders. Rechtliche Probleme des Sponsoring, NJW 1994, S. 227 (230), dagegen gehen Bruhn-Mehlinger, Rechtliche Gestaltung des Sponsoring, Band 1, 2. Auflage, S. 72 offenbar von einem atypischen Vertrag im weitesten Sinne aus, ohne zwischen gemischttypischen Verträgen und solchen sui generis im engeren Sinne zu differenzieren; ebenfalls offengelassen Staudinger-Martinek, 13. Auflage, 1995, zu §675 Rn E 41; für einen typengemischten Vertrag Stephan Netzle, Sponsoring von Sportverbänden, S. 32, dort insb. Fn 57.

270 Müko-Söllner,3. Auflage, 1994, §305, Rn 38, 39; Karl Larenz, Schuldrecht Besonderer Teil, Band II 2, 13. Auflage, 1994, S. 43.

271 A.A. Neal George Weiand, Kultur- und Sportsponsoring im deutschen Recht, S. 93, der glaubt, der Erscheinungsvielfalt des Sponsoring wegen eine Verkehrstypizität des Sponsoringvertrags noch nicht ausmachen zu können; Palandt-Heinrichs, 55. Auflage, 1996, Einf v. §305 Rn 14 glaubt den Sponsoringvertrag erst am Beginn einer Konturierung.

Während sich Sponsoringverträge im nur weiteren Sinn ohne Mühe in das bestehende und tradierte kodifizierte oder nicht kodifizierte Vertragstypengefüge hinsichtlich ihrer Rechtsnatur und auftretender Leistungsstörungen einordnen lassen, erweist sich die dogmatische Erfassung der Sponsoringverträge im engeren Sinne als ungleich schwieriger.

Der Sponsoringvertrag im engeren Sinn ist ein Vertrag sui generis. Er läßt sich Kooperationskontrakt mit gesellschaftsrechtlicher Prägung kennzeichnen. Er ist in jedem Falle ein atypischer Gesellschaftsvertrag, namentlich ein Innengesellschaftsvertrag, der je nach Ausgestaltung Berührungspunkte mit gesetzlichen oder außergesetzlichen Austauschvertragstypen aufweist. Insbesondere sind Komponenten des Lizenz-, Miet-, Pacht-, Dienst- und Garantievertrags zu erkennen. Dabei ist der Sponsoringvertrag nicht etwa ein schlichter Innengesellschaftsvertrag, auf den ausschließlich nur gesellschaftsrechtliche Bestimmungen anwendbar sind. Vielmehr ist ihm eine wenn auch der kooperativen Komponente gegenüber subsidiäre austauschvertragliche Komponente zueigen. Die den Sponsoringpartner obliegende Pflicht zum Austausch von Leistungen erweist sich als gesellschaftsrechtliche Beitragspflicht. Die sachenrechtliche Binnenstruktur des Sponsoringvertrags kann bei Ausrüstungs- und anderen Sachleistungsverträgen die einer fiduziarischen Treuhand sein.

Der Sponsoringvertrag ist in seinen Grundformen mit den logisch-funktionalen Grundstrukturen verkehrstypisch[272]. Dabei können die realtypische Wechselhaftigkeit des Sponsoringvertrags, die Nichtverwendung von AGBs und der eingangs geschilderte Mangel an Konturierung durch diskursive Kommunikation zwischen Rechtsprechung, Rechtspraxis und Wissenschaft eine Qualifikation des Sponsoringvertrags als verkehrsstypisch nicht ausschließen[273]. Das Aufweisen immer wiederkehrender genetischer Mindestmerkmale konturiert den Sponsoringvertrag hinreichend und hebt ihn von allen anderen Verkehrstypen des kodifizierten und nicht kodifizierten Vertragsrechts für eine Verkehrstypizität genügend deutlich ab.

Der Sponsoringvertrag ist ein moderner Vertragstyp im Martinek'schen Verständnis[274]. Seine Herkunft aus dem anglo-amerikanischen Rechts- und Kulturkreis, sein deutlicher Bezug zu der modernen Rechts- und Wirtschaftspraxis und seine Ausformung nach dem »try and error«-Prinzip belegen dies eindrucksvoll.

272 A.A. wie gesehen Palandt-Heinrichs, 55. Auflage, 1996, Einf v §305 Rn 14; Neal-George Weiand, Kunst- und Kultursponsoring im deutschen Recht, S. 93.

273 So aber Neal George Weiand, Kultur und Sportsponsoring im deutschen Recht, S. 93.

274 Michael Martinek, Moderne Vertragstypen, Band I, S. 9.

G. Die methodische Erfassung des Sponsoringvertrags

I. Der Sponsoringvertrag im Lichte der klassischen Theorien

Die typologische Beschreibung des Sponsoringvertrags macht in seiner rechtlichen Würdigung zunächst nur die tatbestandliche Bestandsaufnahme aus. Die vertragstypologische Einordnung ist Voraussetzung für die Beantwortung der Frage, nach welcher Methode ein solches Gebilde einem konkreten Regelungsprogramm zuzuordnen ist. Die Absorptions-, Kombinations-, Kreationstheorie und die Theorie der analogen Rechtsanwendung sind die klassischen methodische Ansätze der Zuweisung eines Normengefüges auf Verträge sui generis und gemischttypische Verträge[275].

Bei der Absorptionstheorie soll nur das Recht eines einzigen, nämlich des den Vertrag dominierenden Vertragstypus zur Anwendung kommen, unter völliger Außerachtlassung (»Absorption«) sämtlicher übriger typologischer Komponenten. Die Kombinationstheorie läßt sich nur auf die jeweilige punktuelle Problemsituation des Vertrags ein und wendet das Recht nur desjenigen Vertragstyps an, dem der konfliktbehaftete Vertragsbaustein unterliegt. Die Theorie der analogen Rechtsanwendung behilft sich mit dem Aufspüren »ähnlicher« Interessenlagen von typischen und atypischen Verträgen[276]. Dieser Ansatz führt in der Rechtsfolge auf die Kombinationstheorie hinaus, wobei allerdings auf eine vorherige Rechtsnaturbestimmung verzichtet wird. Die Kreationstheorie[277] überläßt es dem Rechtsanwender, welche Rechtsfolgen er dem konkreten Vertragsproblem zuweisen will. Dieser im schweizer Schrifttum beheimatete methodische Ansatz formuliert die von vielen auch in Deutschland seit langem angemahnte Schaffung eines eigenen, bisher gesetzlich noch nicht vorgesehenen Binnenkollisionsrechts für atypische Verträge im weiteren Sinn, auf die eben nur typenfremdes, nicht jedoch typenkonformes Recht Anwendung finden könne[278].

Allen Theorien wird gleichermaßen und zu Recht vorgeworfen, unpraktikabel, widersprüchlich und für eine Rechtsanwendung im Einzelfall zu

275 Zusammenfassende Darstellungen der Theorien und zum gegenwärtigen Meinungsstand siehe Michael Martinek, Moderne Vertragstypen, Band 1, S. 19, 22 ff; Georgios Dellios, Zur Präzisierung der Rechtsfindungsmethode bei gemischten Verträgen, S. 33ff, 51; Karl Larenz, Methodenlehre, S. 301 – 304, 461ff; Hans Charmatz, Zur Geschichte und Konstruktion der Vertragstypen im Schuldrecht S. 341 ff, Walter Schluep, Innominatverträge S. 801 ff, Müko- Thode, 3. Auflage, 1994, §305, Rn 45; Staudinger-Löwisch, 13. Auflage, 1995, §305 Rn 25, Esser-Schmidt Schuldrecht Besonderer Teil, 7. Auflage, 1991, §12 II 2.

276 Otto Schreiber, Gemischte Verträge im Reichsschuldrecht, JherJB 60 (1912), S. 106 (210).

277 Walter Schluep, Innominatverträge, S. 802.

278 Hans Charmatz, Zur Geschichte und Konstruktion der Vertragstypen im Schuldrecht, S. Günter Weick, S. 15; Karl Larenz, Methodenlehre, S. 439 f; ders., Schuldrecht Besonderer Teil, Band II 2, 13. Auflage, 1994, S. 46; Detlef Leenen, Typus und Rechtsfindung, S. 179 f.

abstrakt zu sein[279]. Schon Hoeninger[280], auf den die Kombinationstheorie zurückgeht, begriff den Konflikt zwischen dem realitätsfremden Konstruktivismus eines vertragstypologischen Baukastensystems und der metajuristischen Einheit vertraglicher Lebensbilder. Der hohe Abstraktionsgrad des allgemeinen Schuldrechts in Verbindung mit kodifizierten Vertragsmerkmalen erlaubt es wohl arithmetisch, eine jede neue Vertragsform zu erfassen. Dies kann allerdings nicht ohne eine Atomisierung des Schuldrechts einerseits und eine Zerstückelung des zu integrierenden neuen Vertragstyps andererseits bewerkstelligt werden. Dabei wird der vertragsimmanente organische Sinnzusammenhang sowohl auf der normativ-idealen, als auch auf der real-empirischen Seite des Vertragstypus preisgegeben. Gerade für die methodische Begreifung des Sponsoringvertrags muß die Beibehaltung des vertraglichen Sinn- und Wirtschaftszusammenhangs oberstes Gebot bleiben. Denn hier wie schon bei der Verneinung seines Typenkombinationscharakters ist auf die synergetische Kraft der einzelnen sponsoringrechtliche Vertragsvereinbarungen hinzuweisen.

II. Neue methodische Qualifikationsstrategien

Aber auch neue Strategien dringen in die Diskussion um eine möglichst interessengerechte und zeitgemäße Rechtsnatur- und Rechtsfolgenbestimmung atypischer Verträge ein. Der anglo-amerikanische Ursprung moderner Vertragstypen zwingt zu einer Auseinandersetzung mit der Frage, ob die »klassischen« methodischen Ansätze für eine Integration von Neuformen des Vertragsrechts in das tradierte Vertragstypensystem auf Dauer und in die Zukunft hinein geeignet sind, oder ob nicht neue, nicht zwingend an die Grenzen nationaler Rechtsordnungen gebundene Modelle zu einer interessengerechten Qualifikation dieser Typen herangezogen werden können. An derartigen neuen Strategien mit neuen Untersuchungsparametern fehlt es nicht[281]. Die Theorie der Relationalverträge[282] und der

279 Hierzu siehe auch Karl Larenz, Schuldrecht Besonderer Teil, Band II 2, 13. Auflage, 1994 S. 45; Wolfgang Fikentscher, Schuldrecht, 8.Auflage, 1992, Rn 650; Michael Martinek, Moderne Vertragstypen, Band 1, S. 25; Staudinger-Löwisch, 13. Auflage, 1995, §305, Rn 29-32; Eberhard Schwark, Grundsätzliche Fragen einer Überarbeitung des Schuldrechts des BGB, JZ 1980, S. 741, 742.

280 Heinrich Hoeninger, Untersuchung zum Problem der gemischten Verträge, Band 1, Die gemischten Verträge und ihre Grundformen, S. 310 ff.

281 Zum Überblick über den Entwicklungsstand der prominentesten Denkmodelle siehe Michael Martinek, Moderne Vertragstypen, Band III, S. 356 ff (363); Staudinger-Martinek, 13. Auflage, 1995, zu §675, Rn A 155 ff.

282 Staudinger-Martinek, 13 Auflage, 1995, zu §675, Rn A 155; ders., Moderne Vertragstypen, Band III, S. 365 ff .

komplexen Langzeitverträge[283] und die Netzwerktheorie[284] bemühen sich neben einigen weiteren Ansätzen[285] um eine vom pandektistischen Vokabular und Denkschema losgelöste und auf die moderne Vertragswirklichkeit ausgerichtete Vertragstypenerfassung. Gemein ist allen diesen Ansätzen, daß sie sich vornehmst mit denjenigen Vertragsformen auseinandersetzen, die Martinek[286] in der Kategorie der modernen Vertragstypen zusammenfaßt. Denn nur bei ihnen stellt sich das Rechtsanwendungsproblem nicht nur der Atypizität, sondern auch der Herkunft aus dem Common-law Rechtskreis wegen[287]. Die sie verbindenden Elemente sind eben deren Ursprung im anglo-amerikanischen Rechts- und Wirtschaftskreis und der deutliche Bezug zum heutigen Wirtschaftsleben; »sie sind typisch auch für die heutige moderne Wirtschaftsordnung in den westlichen Industrienationen, die sich auf ihrem Weg zu postindustriellen Dienstleistungsgesellschaften befinden«[288].

Dabei dürfen an die Aussagekraft und die rechtspraktische Verwertbarkeit der neuen Qualifikationsmethoden etwa aus der Sicht eines Richters keine allzu großen Erwartungen geknüpft werden. Denn keine der hier zu besprechenden Theorien kann auch nur ansatzweise ein subsumtionsfähiges Rechtsfolgenprogramm für atypische Verträge im weitesten Sinn oder gerade für den hier zu begutachtenden Sponsoringvertrag bereitstellen, und dies gleich aus mehreren Gründen. Zum einen ist die für den angloamerikanischen Rechtskreis typische streng ökonomische Ausrichtung der Vertragsanalyse[289] nicht zwingend ein Garant für die Schaffung und die Erhaltung von Vertragsgerechtigkeit. Eine Transaktionskostenminimierung und eine effiziente Güterbefriedigung sind nur bedingt geeigne-

283 Fritz Nicklisch, Der komplexe Langzeitvertrag; ders.; Empfiehlt sich eine Neukonzeption des Werkvertragsrechts? – unter besonderer Berücksichtigung komplexer Langzeitverträge –, JZ 1984 S. 757 ff; Hans-Günther Kern, Die Ökonomische Theorie der Langzeitverträge, JuS 1992, S. 13 ff; Staudinger-Martinek, 13. Auflage, 1995, zu §675, Rn A 165.

284 Werner Möschel, AcP 186, S. 211, Günther Teubner ZHR 154 (1990) S. 295 ff, Sybille Kessal-Wulf, Die Innenverbände, S. 255.

285 Christian Joerges, »Status und Kontrakt« in Christian Joerges (Hrsg.), Franchising and the Law, 1991, S. 11 ff und Erich Schanze, »Symbiotische Verträge«, in Christian Joerges (Hrsg.) Franchising and The Law, 1991, S. 67 ff; hierzu umfassend Michael Martinek, Moderne Vertragstypen Band III, S. 353 f; Staudinger-Martinek, 13. Auflage, 1995, zu §675 Rn A 155 ff.

286 Michael Martinek, Moderne Vertragstypen, Band I, S.9 ff; ders., Moderne Vertragstypen, Band III, S. 365 ff; Staudinger-Martinek, 13. Auflage, 1995, zu §675 A 155.

287 Dabei soll man nicht der Illusion unterliegen, daß im Herkunftsrechtkreis der modernen Vertragstypen probate Lösungsmodelle für die auch dort auftretenden Rechtsfolgenproblematik bereitliegen. Der Unterschied besteht allein darin, daß die Rechtsprechung in den USA nicht an einen pandektistisch geprägten Vertragstypenkäfig gebunden ist.

288 Michael Martinek, Moderne Vertragstypen, Band 1, S. 7.

289 Hans-Günther Kern, Die ökonomische Analyse der Langzeitverträge, in JuS 1992, S. 13 ff; Staudinger-Martinek, 13. Auflage, 1995, zu §675, Rn A 165.

te Parameter für die Lösung vertragsimmanenter Rechtsprobleme. Die gegen diese Ansätze vorzubringende Kritik deckt sich mit derjenigen gegen die ökonomische Analyse des Rechts, der eine Degradierung des Rechts zum mechanischen Instrument optimaler Güterbefriedigung vorgeworfen wird. Zum anderen erschöpfen sich die Theorien in der Erfassung der Vertragstypen auf der Tatbestandsebene und bleiben ein präzises Rechtsfolgenprogramm schuldig[290]. An dessen Stelle stehen mehr oder minder begrüßenswerte Forderungen, wie die nach einem »neuen allgemeinen Schuldrecht«[291], was aber nur eine Vision ist und kein juristisch handhabbarer Denkansatz.

Der gegenüber den klassischen Ansätzen hervorzuhebende Gewinn der angesprochenen neuen Methoden zur Erfassung moderner Vertragstypen liegt denn auch in der Unfähigkeit des überlieferten Vertragsrechts, die dem anglo-amerikanischen entspringenden Vertragsformen arbeitsteiliger Dauerbeziehungen dogmatisch zu bewältigen. Während die klassischen Theorien dauerhafte Rechtsbeziehungen allein aus dem Blickwinkel einer gesteigerten Treuepflicht und einer Möglichkeit zur Kündigung aus wichtigem Grunde heraus betrachten, bezieht die methodische Avantgarde weitergehende Beurteilungsparameter in die typologische Erfassung von Verträgen ein. Den beinahe physikalischen Marktmechanismen mit ihrer Tendenz zur Machtkonzentration und einer Verschiebung des Vertragsgleichgewichts zugunsten und zulasten einer Partei wird eine vornehme Bedeutung beigemessen[292]. Die Urheber dieser Denkmodelle beziehen dabei bewußt marktübliche Verhaltensweisen wie Opportunismus und Transaktionskostenorientierung als den Vertrag bestimmende Faktoren in die Auslegung von Vereinbarungen ein. Damit gewinnen diese theoretischen Ansätze und Denkmodelle an Aktualität und somit auch an Plausibilität. Sie sind dem Rechtsanwender in rechtstatsächlichen Vorfragen zur Beurteilung von Verträgen im Einzelfall eine gewichtige Auslegungs- und Verständnishilfe und können bei der Fixierung der Reichweite von Verhaltens-, Treue- oder sonstigen Nebenpflichten eine nützliche Hilfestellung geben. Sie liefern wertvolle Denkanstöße, wenn es zur Konfliktvermeidung oder -bewältigung auf Wertungsfragen bei der Risikoverteilung oder Verhaltensdisziplinierung unter den Parteien ankommt.

290 Staudinger-Martinek, aaO. spricht insoweit von dem allein erklärenden Charakter der Relationalvertragstheorie, die keinen juristischen, sondern nur behavioristischen Denkansatz bietet.

291 Fitz Nicklisch, Der komplexe Langzeitvertrag, S. 24; aber auch Karl Larenz, Schuldrecht Besonderer Teil, Band II 2,13. Auflage, 1994, S. 46, und Detlef Leenen, Typus und Rechtsfindung, S. 179, die ein eigenes Recht für atypische Verträge kreiert wissen wollen.

292 Michael Martinek, Moderne Vertragstypen, Band III, S. 384 f, Fritz Niklisch, Der komplexe Langzeitvertrag, S. 47; Christian Joerges, »Status und Kontrakt«, in Franchising and the Law, 1991, S. 65.

Der Sponsoringvertrag läßt sich den von Martinek [293] aufgestellten Merkmalen folgend unschwer in die Gruppe der modernen Vertragstypen einordnen[294]. Es liegt also nahe, eine Überprüfung des Sponsoringvertrags anhand der modernen vertragstypologischen Methode vorzunehmen.

III. Der Sponsoringvertrag als Relationalvertrag und komplexer Langzeitvertrag[295]

Der Relationalvertragsansatz wie auch die Theorie des komplexen Langzeitvertrags zur Erfassung realtypischer Vertragsgestaltungen bezieht sich zunächst nur auf lupenreine Austauschverträge, was den Sponsoringvertrag auf den ersten Blick einer Beurteilung anhand der genannten Theorien entzieht. Jedoch ist dieser Blick getrübt von der pandektistischen Vertragswelt, der bestimmte vertragstypologische Beurteilungsparameter nicht zugänglich sind. Hinter relationalen und komplexen Langzeitverträgen verbirgt sich eine Charakterisierung des Vertragstyps als dauerhafte Geschäftsbeziehung mit dem Inhalt und dem Ziel des Austausches von Leistungen, bei der die Leistungsinhalte indes nicht ex tunc in allen Details festgelegt, sondern durch ständige Neuverhandlungen und beiderseitige Verhaltens- und Ermessensspielräume ex nunc immer wieder neu konkretisiert werden. Das Kooperationselement hält Einzug in die Interessenstruktur des klassischen Austauschvertrags. Damit hebt sich der Relationalvertrag vom sogenannten diskreten Vertrag ab, der sich als eine inhaltlich auch für den Konfliktfall ex tunc präzise festgelegte Austauschbeziehung versteht.

Betrachtet man die Strukturelemente des Sponsoringvertrags[296], so fällt eine immediate Ähnlichkeit mit der typologischen Beschreibung von Verträgen als Relational- oder komplexer Langzeitvertrag auf. Der dynamische und offene Leistungsinhalt, die Dauerhaftigkeit der Rechtsbeziehung, das Nebeneinander einer austauschvertraglichen und einer ausgeprägten kooperativen Komponente passen in das Bild der Relational- und komplexen Langzeitvertragstheorie. Auch beim Sponsoringvertrag sorgen die Parteien durch vertragliche Abreden für eine Selbststeue-

293 Michael Martinek, Moderne Vertragstypen, Band I, S. 7.

294 Zur rechtshistorischen Entstehung des Sponsoring und dessen typologischer Einordnung siehe oben Erster Teil B I und Dritter Teil F V.

295 Zur rechtshistorischen Entwicklung der Relationalvertragstheorie und der daraus entwickelten Theorie der komplexen Langzeitverträge siehe Michael Martinek, Moderne Vertragstypen Band III, S. 355.

296 Zu den einzelnen Strukturelementen des Sponsoringvertrags siehe oben Dritter Teil C.

rung des Kooperationsgeschehens, bis hin zur »self-execution«[297] durch Vertragsstrafen und abstrakte Garantieversprechen, die den Gang zum Richter im Konfliktfall vermeiden helfen.

Zwar ist die Theorie der relationalen Verträge auf langwierige Geschäftsbesorgungsverträge und die der komplexen Langzeitverträge auf langwierige Werkverträge zugeschnitten[298], bei denen der kooperativen Interessenstruktur eine nur geringe Bedeutung zukommt. Jedoch darf man die Merkmale relationaler und komplexer Langzeitverträge nicht als starre Mindestanforderungen werten, denen andere Interessenstrukturmodelle nicht zugänglich sind. Beim Sponsoringvertrag dominiert der Kooperationscharakter den Austauschcharakter. Dennoch kann man ihn als relationale und komplexe Langzeitverbindung der Sponsoringpartner kennzeichnen.

IV. Der Sponsoringvertrag als Vertragsnetzwerk

Für organisatorisch und funktional aufeinander bezogene Verträge steht die dogmatischen Figur des Netzvertrags bereit[299].

Als Netzwerk wird eine Steigerungsform des Vertrags einerseits und der Hierarchie andererseits bezeichnet. Bei Erreichen einer bestimmten Kooperationsdichte zwischen den einzelnen Vertragsbeteiligten soll nicht etwa der Vertrag in eine BGB-Gesellschaft umkippen, sondern vielmehr soll eine zusätzliche Ebene dezentraler Vertragsbeziehungen mit hierarchischen Organisationsstrukturen entstehen mit der Folge einer Netzwerkhaftung. Der Individual- und Kollektivcharakter könne im Netzwerk gleichberechtigt nebeneinander und ineinander existieren. Teubner spricht insoweit von »simultaner Zweckorientierung«, die zum Vertragsnetzwerk als eigenständigem Typus zwischen Vertrag und Organisation führe. Dabei solle diese simultane Zweckverfolgung gleichzeitig das Abgrenzungskriterium darstellen, einerseits zum gewöhnlichen austauschvertraglichen Dauerschuldverhältnis, in dem bekanntlich Individualinteressen Vorrang haben, und andererseits zum Gesellschaftsverhältnis, in dem vorrangig das kollektive Interesse verfolgt wird.

297 Hans-Günther Kern, Ökonomische Theorie der Langzeitverträge, JuS, 1992, S. 13 (19).

298 Staudinger-Martinek, 13. Auflage, 1995, §675 Rn A 155; Fritz Nicklisch, Der komplexe Langzeitvertrag, S. 18f; ders.,Empfiehlt sich eine Neukonzeption des Werkvertragsrechts? – unter besonderer Berücksichtigung komplexer Langzeitverträge, JZ 1984, S. 764.

299 Sybille Kessal-Wulf, Die Innenverbände, S. 255; Staudinger-Martinek, 13. Auflage, 1995, §675 Rn A 171; Gunther Teubner in ZHR 154 (1990)S. 295 f und »Beyond Contract and Organization« in Christian Joerges (Hrsg.) Franchising and The Law, 1991, S. 105 ff bezeichnet das Franchising als Vertragsnetzwerk. Werner Möschel AcP 186, S. 211 geht bei dem Bankvertrag von einem Vertragsnetzwerk aus.

Wie bereits bei anderen Vertragstypen[300] entlarvt auch die Analyse des Sponsoringvertrags die mangelnde Tragfähigkeit des netzwerkvertraglichen Denkansatzes. Das Sponsoringkonzept ist anders als einige andere moderne Vertragstypen nicht auf eine Verbindung rechtlich getrennter Verträge aufgebaut, sondern es existiert ein einziger einheitlicher Vertrag zweier Parteien. Darüber hinaus werden im Sponsoringvertrag die verschiedenen Zwecke der Vertragsparteien nur oberflächlich betrachtet simultan verfolgt. Bei genauerer Begutachtung werden die Zwecke vielmehr in einen final aufeinander abgestimmten Funktionszusammenhang gesetzt. Der eine Zweck wird verfolgt, um den anderen zu erreichen; ohne die Verfolgung des einen Zwecks ist die des anderen zwecklos. Insofern läßt sich für den Sponsoringvertrag kaum eine Hierarchie oder Werteskala erstellen, in der eigene, gemeinsame oder fremde Zwecke vor- oder nachrangig verfolgt werden.

Weiter zeigt sich am Beispiel des Sponsoring, daß die strukturellen Parameter des Dauerschuldverhältnisses, der Gesellschaft und des punktuellen Leistungsaustausches in einem einzigen Vertrag ohne Widerspruch miteinander harmonieren können. Es besteht beim Sponsoring kein Bedürfnis nach der Konstruktion eines zwischen organisatorischem und schuldrechtlichem Beziehungsgeflechts angesiedelten Typus, denn wie sonst, so auch beim Sponsoring, lassen sich die schuldrechtliche Austauschebene und die gesellschaftsrechtliche Kollektivebene präzise voneinander abschichten. Deshalb bietet die Erfindung des Typus des vertraglichen Netzwerkes für das Aufspüren anwendbarer Normenprogramme für den Sponsoringvertrag keinen Erkenntnisgewinn.

Jüngst werden prominente Stimmen laut, die dem facettenreichen Angebot an Theorien zur Integration atypischer Verträge in das tradierte Vertragsrecht eine Unfähigkeit und Unfruchtbarkeit attestieren und von einem in Wahrheit bestehenden Theoriendefizit sprechen[301]. Als methodisches »Universal-Spezificum« wird die Diskurstheorie[302] gepriesen. In Wahrheit ist die Diskurstheorie jedoch keine Theorie, sondern ein rechtsdarwinistischer Abschürfungsprozeß, der entweder stattfindet oder nicht stattfindet, der aber nicht steuerbar oder künstlich und willentlich auf die Ausformung eines Vertragstypus anwendbar ist, wie es für eine Theorie im Verständnis einer Methode Voraussetzung ist[303].

300 Für den Franchise-Vertrag Sybille Kessal-Wulf, Die Innenverbände, S. 256 und Staudinger- Martinek, 13. Auflage, 1995, §675 Rn 171.

301 Michael Martinek, Moderne Vertragstypen, Band 1, S. 25; Karl Larenz Schuldrecht Besonderer Teil, Band II 2,13. Auflage, 1994 S. 422, Esser-Schmidt, Schuldrecht Band 1, Allgemeiner Teil,8. Auflage, 1995, S. 186.

302 Michael Martinek Moderne Vertragstypen Band 1, S. 25 ff.

303 Zur Gleichsetzung von »Theorie« und »Methode« siehe Karl Larenz, Schuldrecht Besonderer Teil Band II, 13. Auflage, 1994, S. 44.

V. Die Vorgehensweise zur Ermittlung des anwendbaren Regelungsprogrammes für die Rechtsfolgenbestimmung

Ungeachtet der unterschiedlichen Methoden und der Kritik an ihnen bei der Erfassung typengemischter Verträge hat sich bei der Erfassung der atypischen Verträge im engeren Sinn, d.h. bei den echten Verträgen sui generis die nachstehende Vorgehensweise durchgesetzt, der auch hier gefolgt werden soll[304]:

Bei der Suche nach dem anwendbaren Rechtsfolgenprogramm auf den zu untersuchenden eigenartigen Vertrag hat man sich zunächst an demjenigen Vertrag zu orientieren, der dem zu untersuchenden typologisch am nächsten steht. Gilt es, eine bestimmte Rechtsfolgenanordnung für eine konkretes Vertragsdurchführungsproblem zu ermitteln, so ist auf denjenigen Vertragstypus zuzugreifen, der dem zu begutachtenden Vertrag am »problemnächsten« steht. Insgesamt ist indes auf eine am Einzelfall orientierte Betrachtungsweise abzustellen unter Preisgabe jedweden schematischen Vorgehens[305].

In beiden Fällen kann für den Sponsoringvertrag vorbehaltlich ausdrücklicher Parteivereinbarung das Recht der BGB-Gesellschaft herangezogen werden. Im Einzelfall mögen geschriebene oder ungeschriebene dienst-, miet-, pacht- oder garantie- und lizenzrechtliche Regeln zur Anwendung kommen[306].

H. Zusammenfassung des Dritten Teils

Der Sponsoringvertrag formiert zwischen den Kontrahenten ein kooperatives Dauerschuldverhältnis, in dem sich die Leistungspflichten genetisch synallagmatisch gegenüberstehen. Die Parteien binden sich gegenseitig betriebswirtschaftlich, nicht aber rechtlich in deren organisatorischen Wirkungskreis ein. Die Leistungsinhalte weisen Bezüge zum tradierten kodifizierten und nicht kodifizierten Austauschvertragsrecht auf, werden aber allesamt durch eine kooperativ-kollektive Komponente dominiert und überlagert.

304 Karl Larenz, Schuldrecht Besonderer Teil, Band II, S. 60, 61; Wolfgang Fikentscher, Schludrecht, 8. Auflage, 1992, Rn 648; Staudinger-Löwisch, 13. Auflage, 1994, §305 Rn 28 und 32;Müko-Söllner, §305, Rn 45; Stefan Sigulla, Vertragstypologie und Gesetzesleitbilder im modernen Dienstleistungsrecht, S. 101; Georgios Dellios, Zur Präzisierung der Rechtsfindungsmethode bei gemischten Verträgen, S. 35.

305 Diese Erkenntnis ist alles andere als neu. Enneccerus-Lehmann, Lehrbuch des Schuldrechts, 15. Bearbeitung, 1958, §100, spricht sich bereits für eine Entscheidung nach Lage des Einzelfalles und nach Maßgabe des wirtschaftlichen Zwecks und der berechtigten Interessen aus.

306 Dazu siehe unten Vertragsdurchführung und Leistungsstörungen Vierter Teil C und D.

Aus diesem Grund und der organischen Sinnverbundenheit der einzelnen Leistungspflichten wegen läßt sich der Sponsoringvertrag nur als ein einheitlicher Vertrag sui generis begreifen, auf den vorrangig bürgerliches Gesellschaftsrecht Anwendung findet, soweit nicht eine gemeinsame Vertretung oder ein Gesamthandsvermögen Anknüpfungspunkte für die Anwendung einer Norm der §§ 705 ff BGB darstellen, da diese Merkmale beim Sponsoringvertrag fehlen.

Der Sponsoringvertrag läßt sich als relationaler und komplexer Langzeitvertrag mit ständig neu zu präzisierenden und zu konkretisierenden Leistungspflichten beschreiben.

Vierter Teil: Abschluß und Durchführung des Sponsoringvertrags

A. Das vorvertragliche Verhandlungsstadium

I. Vorvertragliche Aufklärungs- und Informationspflichten

Die rechtliche Beziehung der Parteien eines jeden Vertrags reduziert sich in ihrem Wirkungszeitraum nicht nur auf die Vertragsdauer selbst, sondern weist ein vertragsrechtliches Vor- und ein Nachwirkungsstadium auf, in denen sich für die Parteien vertragsbezogene Verhaltens- und Leistungspflichten ergeben können. Im (noch) vertragslosen Verhandlungsstadium begeben sich die den Vertragsschluß anstrebenden Parteien durch die Aufnahme eines geschäftlichen Kontaktes in ein besonderes persönliches Vertrauensverhältnis zueinander, das über die anonyme Beziehung des Deliktsrechts hinausgeht und deshalb die Anwendung von Regeln rechtfertigt, insbesonderes solche über vertragliche Nebenpflichten, die grundsätzlich Vertragspartnern vorbehalten sind[307]. Zu diesen vertraglichen Nebenpflichten, die auf das vorvertragliche Vertrauensverhältnis Anwendung finden sollen, gehören insbesondere Informations- und Aufklärungspflichten so wie Treue- und Schutzpflichten. Zwar lassen sich diese Pflichten nicht positiv erzwingen, jedoch führt deren schuldhafte Verletzung zu einer Schadensersatzpflicht, die in ihrem Umfang bekanntermaßen auf das negative Interesse des Verletzten am Vertragsschluß begrenzt ist. Die Kehrseite der so definierten culpa in contrahendo bilden konkrete Verhaltenspflichten, deren spezifischer Inhalt sich aus der Struktur und der Gestalt des zu schließenden Vertrags ergibt. Die Reichweite dieser Pflichten läßt sich nicht für alle Verträge der zu schließenden Art generell festsetzen, sondern ergibt sich aus dem Grundsatz von Treu und Glauben so wie aus den Umständen des Einzelfalles. Dabei hängt der Umfang der Aufklärungspflichten maßgeblich von der intellektuellen und wirtschaftlichen Parität der Verhandlungspartner ab[308]. Je stärker also das Übergewicht einer Partei auf diesen Gebieten gegenüber der anderen Partei ausgeprägt ist, desto umfangreichere Informations- und Aufklärungsarbeit muß der überwiegende Teil leisten.

Auch beim Sponsoringvertrag existiert ein solches vertragsloses Verhandlungsstadium, in dem die Vertragsparteien den Inhalt und den Gegenstand des Kontraktes ausarbeiten. Die rechtlichen Strukturelemente des zu schließenden Sponsoringvertrags bestimmen und prägen bereits den

307 Zur C.i.C. siehe Karl Larenz, Schuldrecht Allgemeiner Teil, 14. Auflage, 1987, S. 104 ff; Staudinger-Löwisch 13. Auflage, 1994, Vorbem zu §275 Rn 52.

308 Müko-Emmerich, 3. Auflage, 1993, Vor §275 Rn 79 f.

Inhalt der vorvertraglichen Verhaltenspflichten des Sponsors und des Sponsoringnehmers. Insbesonderes aus dem Dauerschuldcharakter und der Höchstpersönlichkeit der Beitragspflichten erwachsen den Beteiligten konkrete Aufklärungs-, Beratungs-, Informations- so wie Loyalitäts- und Schutzpflichten bereits im vorvertraglichen Verhandlungsstadium.

Einen prominenten Platz in der Palette vorvertraglicher Aufklärungs- und Informationspflichten nimmt die beiderseits auferlegte Pflicht zur Darlegung sämtlicher Umstände ein, die den sponsoringrechtlichen Vertragszweck möglicherweise vereiteln oder die Durchführung des Sponsoringvertrags gefährden könnten[309]. Dabei sind die wirtschaftliche Potenz und das Maß der Erfahrung mit Sponsoringengagements auf der Seite des Sponsors wie auf der des Sponsoringnehmers als Richtschnur für die Reichweite von Aufklärungs- und Informationspflichten zu sehen. Alle in diesen Bereich fallenden Pflichten der Sponsoringpartner im einzelnen aufzuzählen, ist nicht angebracht; zu vielseitig sind die realtypischen Vertragsgestaltungsmöglichkeiten, als eine Benennung der Umstände, über die in konkreto aufzuklären ist, möglich wäre. Daher sollen an dieser Stelle nur die wichtigsten Pflichten exemplarisch und ohne jeden Anspruch auf Vollständigkeit Erwähnung finden.

Dem Sponsor obliegt die Aufklärung des Sponsoringnehmers über die Art und den Umfang eigener mit dem Sponsorship zusammenhängender Marketingaktivitäten. Nur in Kenntnis dieser Informationen ist der Sponsoringnehmer in der Lage, den Umfang und die Art seiner persönlichen Mitwirkung abzuschätzen und in seine Vertragsverhandlungsstrategie einzubetten. Desweiteren hat der Sponsor dem Gesponserten mögliche Konkurrenten des Sponsoringnehmers -selbstverständlich ohne Bekanntgabe der Vertragsdetails- zu offenbaren, die der Sponsor bereits »unter Vertrag hat« oder »unter Vertrag zu nehmen« beabsichtigt. Ohne diese Informationen ist es dem Gesponserten nicht möglich, seine Marketingziele mit denen des Sponsors zu koordinieren. Insbesondere für die Formulierung der Exklusivitätsklauseln im Sponsoringvertrag müssen bestehende Konkurrenzverhältnisse offenbart werden, um nicht ex ante das sponsoringvertragliche Ziel des positiven Imagetransfers zu gefährden und Konfliktpotentiale für die Zukunft abzubauen.

Dem Sponsoringnehmer obliegt im Vertragsvorfeld insbesondere die Benennung seiner bereits bestehenden Sponsoringverträge, damit der Sponsor ebenfalls in der Lage ist, die für den Abschluß und die Durchführung des Sponsoringvertrags essentielle Konkurrenzsituation sachge-

309 Müko-Emmerich, 3. Auflage, 1993, Vor §275 Rn 89; BGHZ 66, S. 51 ff; BGH BB 1954, S. 360.

recht einzuschätzen. Der Sponsoringnehmer hat darüber hinaus den Sponsor über die eigene sportliche Karriereplanung bei der realtypologischen Variante des Individualsponsoring und des institutionellem Sponsoring umfassend und soweit wie möglich aufzuklären. Nur auf diese Weise kann der Sponsor eine zeitgerechte Marketinginvestitionsplanung vornehmen und seine Marketingaktivitäten auf den Termin- und Karriereplan des Sponsoringnehmers abstimmen.

Weiter sind sämtliche Umstände, die das Image des Gesponserten mitprägen und worauf der Sponsor keinen Einfluß zu nehmen vermag, Gegenstand der sponsoringnehmerlichen Aufklärungs- und Informationspflicht. Bei der Fallgestaltung des institutionellen Sponsoring nimmt dabei die wirtschaftliche Situation des geförderten Sportvereins einen für die Entscheidung über den Vertragsschluß hohen Stellenwert ein. Beispielsweise hat die Konkursreife eines geförderten Fußballvereins aus sportverbandsrechtlicher Sicht unmittelbare Auswirkung auf eine Spielberechtigung in der Profiliga, ein Umstand also, mit dem der Abschluß und die Durchführung eines geplanten Sponsorships stehen und fallen kann. Dem gesponserten Verein oder Verband obliegt daher bereits im vorvertraglichen Verhandlungsstadium die umfassende und wahrheitsgemäße Aufklärung über seine wirtschaftliche Verhältnisse. Auch hat der gesponserte Einzelathlet den Sponsor über vereins- oder verbandsinterne Werbeverbote der Mitglieder aufzuklären, sofern ihn solche treffen können. Zwar haben derartige Kontrahierungsverbote keinerlei Auswirkungen auf die Wirksamkeit eines verbotswidrig geschlossenen Sponsoringvertrags, jedoch kann eine Verletzung des Vereins- oder Verbandsrechts den Ausschluß des Athleten von Wettkämpfen oder aus der Mannschaft nach sich ziehen und folglich das gesamte Sponsorship infrage stellen.

II. Vorvertragliche Treue- und Schutzpflichten

Häufiger als anderen typischen Verträgen taucht beim Sponsoringvertrag das Phänomen eines unerwarteten Scheiterns der Vertragsverhandlungen auf. Dies liegt in der hohen Sensibilität der Sponsoringbeziehung begründet. Die Parteien kennen sich zu Beginn der Kooperation oft wenig oder gar nicht, sie erwarten aber voneinander von Anfang an eine intensive gegenseitige Mitwirkung und Kooperation über den schlichten Austausch von Leistungen hinaus. Die Dauerhaftigkeit des Engagements tut dann ein Übriges, um die Verbindung der Parteien nicht nur rechtlich, sondern auch wirtschaftlich und emotional zu problematisieren. So erstaunt der rechtswirkliche Befund nicht, daß sich eine der Sponsoringvertragsparteien oft nach langen Vertragsverhandlungen kurz vor Abschluß des Vertrags durch ein »Sandkorn im Getriebe« der Sponsoringmaschinerie zum Rückzug vom gesamten Sponsoringprojekt genötigt sieht.

Bei einer solchen Verhaltensweise mag die sich aus dem Engagement zurückziehende Partei übersehen, daß sich eine Haftung aus c.i.c auch aus dem unzureichend begründeten Vertragsverhandlungsabbruch ergeben kann, gestützt auf den aus § 242 BGB entspringenden Grundsatz des »venire contra factum proprium«[310]. Sollten sich der Sponsor oder der Sponsoringnehmer unter Zugrundelegen sämtlicher Umstände auf einen sicheren Vertragsschluß verlassen haben können, weil die jeweils andere Partei ein berechtigtes Vertrauen auf den Vertragsschluß geweckt hat, und hat eine Partei ohne zureichenden Grund die Vertragsverhandlungen abgebrochen, so trifft diese eine Schadensersatzpflicht.

Die langfristige Planung und Organisation von Sponsoringengagements auf der Seite beider Beteiligter und die strategische Einbindung der Sponsoringpartner in die Organisations- und Wirkungssphäre des jeweils anderen läßt bereits lange vor der Perfektionierung des Kontraktes eine intensive Vertrauensbeziehung unter den Sponsoringpartnern entstehen, die in strategischen Investitionen auf den Vertragsschluß hin ihren Ausdruck findet. Man wende hiergegen nicht ein, der Sponsoringvertrag sei seiner Sensibilität wegen ohnehin besonders anfällig gegen Störungen im innervertraglichen Vertrauens- und im außervertraglichen Wirtschafts- und Öffentlichkeitsbereich. Hierin eine Rechtfertigung für sprunghaftes Verhalten seitens eines der Sponsoringpartner zu sehen, entspricht nicht dem Gerechtigkeitskonzept vertraglicher und vorvertraglicher Vertrauensverhältnisse. Die hochsensible Sponsoringbeziehung kann vielmehr als prototypisches Beispiel für den rechtlichen Bestand eines vorvertraglichen Vertrauensverhältnisses herangezogen werden.

Welche wirtschaftliche Bedeutung die sponsoringvertragliche Verhandlungsphase für die Beteiligten hat, verdeutlicht das Vertragsverhandlungsritual, dem die Parteien eines jeden Sponsoringvertrags mehr oder minder gleichmäßig folgen. Der Abschluß eines Sponsoringvertrags im engeren Sinne läuft regelmäßig in mehreren Schritten ab. Der ersten Kontaktaufnahme und einer Phase der Verständigung über die grundsätzliche Bereitschaft zur Eingehung eines Sponsoringengagements folgt regelmäßig eine Phase der Detailabstimmung und Verständigung über die vertraglichen Primärleistungsinhalte. In dieser Phase findet bereits eine Rückkopplung der Parteien mit ihren Marketingabteilungen oder Agenturen über die bisher erzielten Verhandlungsergebnisse statt, verbunden mit Wirtschaftlichkeits- und Effektivitätsberechnungen. Bereits an diesem Punkt der Vertragsverhandlungen werden die unterschiedlichen und teilweise gegenläufigen Marketingstrategien der Beteiligten miteinander koordiniert und kompatibilisiert.

310 MüKo-Emmerich, 3. Auflage, 1993, Vor §275 Rn 160; Staudinger-Löwisch, 13. Auflage, 1995, Vorbem zu §275 , Rn 66; BGHZ 76, S. 343; BGHZ 92, S. 164 (175).

Dabei ist es nicht unüblich, daß bereits auf das künftige Sponsorship ausgerichtete Dispositionen stattfinden, denen ein reeller Vermögenswert zukommt. So lehnt der Sponsoringnehmer Verträge oder gar Vertragsverhandlungen mit Wettbewerbern des Sponsors ab, er verwendet bereits öffentlichkeitswirksam Ausrüstungsgegenstände aus dem Hause des künftigen Sponsors. Der Sponsor stellt dem Sponsoringnehmer bereits Ausrüstung und andere Gegenstände in der Vertragsverhandlungsphase zur Verfügung und trifft mit seiner Marketingabteilung oder externen Werbeagenturen Dispositionen über den strategischen Einbau des Sponsoringnehmers in das Marketingkonzept des Unternehmens.

Zudem finden im außervertraglichen Bereich der Öffentlichkeit Abläufe statt, die Einfluß nehmen auf die vorvertragliche Vertrauensbeziehung unter den Sponsoringpartnern. Denn regelmäßig berichten die Medien bereits lange vor Vertragsschluß über eine künftige Liaison zwischen den Vertragsverhandlungspartnern, was sich unmittelbar auf das Image beider Parteien auswirkt. Daraus ist selbstverständlich nicht abzuleiten, daß die Parteien durch eine mediale Berichterstattung über eine geplante Sponsoringbeziehung praktisch zum Vertragsschluß gezwungen werden könnten, jedoch ist die Kenntnis der Parteien von einem durch die Mediencoverage verursachten vorvertraglichen Imagetransfer ein Umstand, der die Vertrauensbeziehung unter den Partnern stärkt.

Im Ergebnis leitet sich aus dem persönlichen Band des vorvertraglichen Vertrauensverhältnisses eine besondere Treue- und Verschwiegenheitspflicht ab, die sich immer stärker zu konkreten Verhaltenspflichten verdichtet, je näher der Vertragsschluß rückt und je weiter die Vertragsverhandlungen vorangeschritten sind. Die Parteien sind gehalten, die geplante Sponsoringverbindung den Medien gegenüber weitgehend zu verschweigen, damit der mediale Druck auf die Parteien selbst nicht unnötig ansteigt und die Vertragsverhandlungen und den Vertragsschluß von Anfang an belastet. Desweiteren obliegt den Parteien eine Pflicht zur Aufklärung über die individuellen, mit dem Sponsoringvertrag verfolgten egoistischen Interessen, damit sich der andere Teil auf mögliche Konflikte im voraus einzustellen vermag und zu einem unvorhersehbaren Abbruch der Vertragsverhandlungen führende Mißverständnisse vermieden werden. Das vorvertragliche Vertrauensverhältnis der Sponsoringparteien verpflichtet diese zu einer immer höher werdenden Transparenz der Verhandlungsführung, je weiter die Vertragsabschlußvorbereitungen vorangeschritten und eventuelle Vermögensdispositionen getroffen sind[311].

311 Jüngst neigen die Parteien wirtschaftlich und konzeptionell umfangreicher Sportsponsoringverträge zum Abschluß von auf den eigentlichen Sponsoringvertrag ausgerichteten Vorverträgen, um die unsichere Vertragsverhandlungsphase gegen Störungen aus dem Innen- und Außenverhältnis abzusichern.

Damit ist der sanktionslose Abbruch der Vertragsverhandlungen nur noch dann möglich, wenn der Abbrechende sich auf Umstände beruft, die auch in einem geschlossenen Vertrag zu einer Leistungsverweigerung oder zu einer Kündigung aus wichtigem Grund berechtigen würden[312]. Dies gilt gleichermaßen für Gründe, die in der Vertrauensbeziehung selbst ihre Grundlage haben, wie den Treuebruch, die Täuschung etc. wie solchen, die auf objektiven und vertragsäußeren Hindernissen beruhen, i.e. dem Wegfall der objektiven Geschäftsgrundlage. Diese Umstände sind im Leistungsstörungsrecht des Sponsoringvertrags zu beleuchten.

III. Die Rolle der Agenturen in der vorvertraglichen Verhandlungsphase

Eine für den vorvertraglichen Zeitraum gewichtige Rolle nehmen die Sponsoringagenturen ein. Regelmäßig treffen die Sponsoringvertragsparteien nicht in personam erstmalig aufeinander, sondern der erste Kontakt der Sponsors zum Sponsoringnehmer und umgekehrt wird über Sponsoringagenturen hergestellt[313]. Über die bloße Kontaktaufnahme und Vertragsabschlußvermittlung hinaus übernehmen die Agenturen die Vertragsverhandlungen, die Beratung und die Information nicht nur des eigenen Klienten, sondern auch die des Kontrahenten im Hinblick auf die Person des eigenen Klienten. Nicht selten haben die Sponsoringvertragsparteien bis zur Unterzeichnung des Vertrags keinerlei direkten Kontakt miteinander. Hierin liegt ein nicht unerhebliches Konflikt- und Risikopotential für die vorvertragliche Vertrauensbeziehungen der Vertragsparteien verborgen.

Die Qualität der rechtlichen Vorgehensweise der Agentur bestimmt deren rechtliche Bindung an den Sponsoringvertrag. Wird die Agentur als Abschlußagent tätig, ist sie selbst Sponsoringvertragspartner, da sie ihr zur ausschließlichen Nutzung überlassenen Rechte in eigenem Namen und auf eigene Rechnung nutzt. Insoweit ergeben sich keinerlei Besonderheiten im vorvertraglichen Pflichtenbereich. Handelt es sich indes bei der Agenturtätigkeit qualitativ um eine reine Vermittlungstätigkeit, wird man die Agentur als Erfüllungsgehilfen desjenigen kennzeichnen müssen, für den sie tätig ist.

Nach § 278 BGB hat der Schuldner eines bestehenden Schuldverhältnisses ein Verschulden derjenigen Personen wie sein eigenes zu vertreten, die er bei der Erfüllung seiner Verbindlichkeit als Gehilfen hinzuzieht. Dies gilt

312 Staudinger-Löwisch, 13. Auflage, 1995, Vorbem zu §275, Rn 69 und 71; Staudinger-Otto, 13. Auflage, 1995, §326 Rn 196 f.

313 Für den Mittelstand existiert in der Schweiz (St. Gallen) eine sogenannte »Europäische Sponsoring-Börse«, die potentielle Sponsoren mit potentiellen Sponsoringnehmern zusammenführen soll. Siehe auch Brückner-Schormann, Sponsoring-Kompaß, 1996, S. 105.

nicht nur für die Übernahme von Tätigkeiten, die sich als vertragliche Haupt- oder Nebenpflichten darstellen, sondern gerade auch für die vorvertraglichen Verhaltens- und Leistungspflichten[314]. Übernimmt die Agentur für den Sponsoringnehmer die Vertragsverhandlungen, die Aufklärungs-, Informationsarbeit und die Vertragsvorbereitung, so wird sie gleichsam als sponsoringbewanderter Fachmann für ihren Auftraggeber tätig. Dies gilt insbesondere für die Aufklärung über in der Person oder dem Verein oder dem Unternehmen des Sponsoringnehmers liegende Umstände, die für die Erreichung des Vertragszwecks von entscheidender Bedeutung sind. Vor allem dann, wenn Fehlinformationen oder unvollständige Angaben der Agentur des Gesponserten gegenüber dem Sponsor zum plötzlichen Abbruch der Vertragsverhandlungen seitens des Sponsors führen, sind die schuldhaften Fehlinformationen der Agentur dem Sponsoringnehmer über § 278 BGB zuzurechnen. Dem Sponsoringnehmer bleibt damit ein Schadensersatzanspruch gegen den Sponsor aus culpa in contrahendo, gestützt auf einen grundlosem Vertragsschlußabbruch, versagt. Dem Einwand, die Agentur sei lediglich im Rahmen ihrer Pflichterfüllung aus einem Maklervertrag tätig, die eine rechtliche Position der Agentur als Erfüllungsgehilfe des Vertragssuchenden nach allgemeiner Ansicht ausscheiden läßt[315], ist an dieser Stelle entgegenzuhalten, daß die Tätigkeit der Vermittlungsagentur weit über die bloße Vermittlung eines Vertragsschlusses hinausgeht. Denn die Vermittlungsagentur ist Erfüllungsgehilfe des Sponsors oder des Sponsoringnehmers, weil ihr deren ureigene und dem Maklervertrag fremde Aufgabe zur Information der gegnerischen Vertragspartei über vertragswesentliche Daten und Umstände übertragen wird.

B. Der Abschluß des Sponsoringvertrags

I. Form

In Einklang mit der grundsätzlichen Formfreiheit von Verträgen[316] steht auch die grundsätzliche Formfreiheit des Sponsoringvertrags. Daß die Parteien aus Beweis- und Transparenzgründen die Schriftform wählen, liegt auf der Hand. Regelmäßig wird in der Rechtspraxis die gewillkürte Schriftform als Voraussetzung für den Vertragsschluß sowie für Vertragsänderungen und Verlängerungen vereinbart. Insofern gilt § 125 S. 2 BGB als Wirksamkeitsschranke auch für den Sponsoringvertrag.

314 Staudinger-Löwisch, 13. Auflage, 1995, §278 Rn 34; Wolfgang Fikentscher, Schuldrecht, 8. Auflage, 1992, Rn 513; BGHZ 16, S. 262; BGH NJW 1974, S. 1505; Müko-Hanau, 3. Auflage, 1994, §278, Rn 6.

315 Staudinger-Löwisch, 13. Auflage, 1995, §278 Rn 80; Müko-Hanau, 3. Auflage, 1994, §278 Rn 17.

316 Karl Larenz, Allgemeiner Teil des Bürgerlichen Rechts, 7. Auflage, 1989, S. 407; Wolfgang Fikentscher, Schuldrecht, 8. Auflage, 1992; Rn 93; Müko-Förschler, 3. Auflage, 1993, §125 Rn 1 f.

Unterliegt indes ein Teil des Sponsoringvertrags einem gesetzlichen Formzwang, so ist dieser selbstredend einzuhalten, um der Sanktion des § 125 S. 1 BGB zu entgehen. Infrage kommt dabei die Einbringung von Grundvermögen in das Sponsorship. Dabei verpflichtet sich der Sponsor oder der Gesponserte zur Übertragung eines Grundstückes an den jeweils anderen Sponsoringpartner, deren schuldrechtliche Abwicklung formtechnisch über § 313 BGB und deren dingliche Abwicklung über §§ 925, 873 BGB zu bewerkstelligen ist. Jedoch wird nur in seltenen Ausnahmefällen eine Grundstücksübertragungsabrede Gegenstand der Leistung des Sponsors oder des Sponsoringnehmers in einem Sponsoringvertrag sein. Näherliegend ist dagegen die Gründung einer GmbH als rechtlichem Trägermedium für alle Sponsoringaktivitäten, wie es im Kultur-, zuweilen auch im Ökosponsoring üblich ist. Der Gesellschaftsvertrag einer GmbH unterliegt gemäß § 2 I GmbHGes dem gesetzlichen Schriftformerfordernis mit notarieller Beurkundung.

II. Gesetzliche Abschlußbeschränkungen

Die Wirksamkeit des Sponsoringvertrags unterliegt der Überprüfung anhand allgemeiner Parameter des Zivilrechts, wie die Wirksamkeit eines jeden anderen Nominat- oder Innominatvertrags auch. Beim Sponsoringvertrag drängen sich Problemfelder auf, die eng mit der sponsoringtypischen Interessenlage verbunden sind. Dabei ist zuvörderst an gesetzliche Abschlußbeschränkungen über § 134 BGB zu denken. Denn die Sponsoringparteien verabreden untereinander Leistungen und Verhaltenspflichten, die kartell- und wettbewerbsrechtliche Relevanz zeigen und deshalb über die Verbotsnorm des § 134 BGB einer Beurteilung bedürfen.

1. Das Kartellverbot nach § 1 GWB

a. Die kartellrechtliche Unternehmereigenschaft der Sponsoringparteien

Nach der Konstruktion des deutschen und EG-Kartellrechts als Verbot mit Erlaubnisvorbehalt hinsichtlich horizontaler Wettbewerbsbeschränkungen[317] kommt als sanktionsbewährte Verbotsnorm des § 134 BGB das Kartellverbot nach § 1 GWB in Betracht[318]. Damit ist ein verbotener Kartellvertrag nicht nur nach § 1 GWB, sondern auch nach § 134 BGB nichtig.

317 Fritz Rittner, Wettbewerbs- und Kartellrecht, 5. Auflage, 1995, S.111, 113, 172; Immenga-Mestmäcker, GWB, 2. Auflage, 1991, §1 Rn 5.

318 Fritz Rittner, Wettbewerbs- und Kartellrecht, 5. Auflage, 1995, S.194; Müko-Mayer-Maly, 3. Auflage, 1993, §134 Rn 54; a.A Staudinger-Dilcher, 12. Auflage, 1980, §134 Rn 15, danach soll §1 GWB einen eigenen Unwirksamkeitstatbestand darstellen, der zu einer von §134 BGB unabhängigen Einschränkung der Vertragsfreiheit führt.

Die Sponsoringparteien sind dem funktionellen Unternehmensbegriff[319] des Kartellrechts zuzuordnen, da beide Partner für sich genommen spezifisch marktwirtschaftlich[320] am geschäftlichen Verkehr teilnehmen, ohne sich dabei auf rein private Tätigkeiten zu reduzieren. Die Sponsoringpartner werden auf dem Werbe- und Unternehmenskommunikationsmarkt aktiv tätig, indem sie ihren vertraglichen Beitragspflichten zu einer publikumswirksamen Präsentation des Partners in Verbindung mit eigenen Marketingaktivitäten nachkommen. Tritt der Sponsoringnehmer als natürliche Person oder als nicht rechtsfähiger Verein auf, steht dies einer kartellrechtlichen Unternehmenseigenschaft nicht entgegen, denn auch der sogenannte »relative Unternehmer«[321] ist ein solcher kartellrechtlicher Prägung, da er zumindest auch und partiell unternehmerische Tätigkeiten entfaltet[322]. Insbesondere kommt es beim funktionalen Unternehmensbegriff des GWB nicht auf die rechtliche Organisationsform des Marktteilnehmers an, so daß auch eingetragene und nicht eingetragene Vereine, natürliche Personen und Unternehmen im handelsrechtlichen Sinn dem Anwendungsbereich des GWB unterliegen[323]. Dabei sind diejenigen Tätigkeiten unternehmerisch, die selbständig ausgeübt werden, über karitative, kulturelle oder rein private Belange hinausgehen und somit funktional dem »Handeln im geschäftlichen Verkehr« des § 1, 3 ff UWG entsprechen[324]. Der individuell Gesponserte nimmt durch seine Werbehandlungen, die er nach dem Sponsoringvertrag vorzunehmen verpflichtet ist, am geschäftlichen Verkehr über die vereinsinternen, rein sportlichen und lediglich privaten Belange hinaus teil, wie auch der gesponserte Veranstalter durch seine werblichen Aktivitäten, zu denen er sich gegenüber dem Sponsor vertraglich verpflichtet hat (Bereitstellen von Bandenfläche, Benennung der Veranstaltung nach dem Sponsor, etc.).

Die Unternehmereigenschaft von Sportlern und Sportvereinen bzw. Sportverbänden ist auf dem Amateursektor noch nicht abschließend geklärt. Seit langer Zeit wird die kartellrechtliche Unternehmereigenschaft von Berufssportlern und Berufssportvereinen anerkannt, soweit sie ihre sportlichen

319 Fritz Rittner, Wettbewerbs- und Kartellrecht, 5. Auflage, 1995, S. 136; WuW/E BGH 1662 »Musikschule«; WuW/E BGH 1143 »Volksbühne«.

320 Fritz Rittner, Wettbewerbs- und Kartellrecht, 5. Auflage, 1995, S.137 ; BGHZ 19, S. 299 (303); BGHZ 67, S. 81 f.

321 Fritz Rittner, Wettbewerbs- und Kartellrecht, 5. Auflage, 1995, S. 137

322 Wernhard Möschel, Recht der Wettbewerbsbeschränkungen, 1983, Rn 102, 103.

323 Immenga-Mestmäcker, GWB, 2. Auflage, 1992, §1 GWB Rn 41, 58.

324 Immenga-Mestmäcker, GWB 2. Auflage, 1992, §1 GWB Rn 40, 46; Baumbach-Hefermehl, Wettbewerbsrecht,18.Auflage, 1995.

Fähigkeiten vermarkten[325]. Dies muß aber um so mehr gelten, wenn – was in der bisherigen Diskussion regelmäßig ausgespart wurde – der Profi oder der Profiverein seinen Werbewert und seine über das Sportliche hinausgehenden Aktivitäten aufgrund seines Bekanntheitsgrades wirtschaftlich nutzt.

Die Beurteilung werblicher Engagements von Amateursportvereinen soll nach allgemeiner Auffassung und mit derselben Begründung wie bei den Profiathleten zu keinem abweichenden Ergebnis führen, wohl aber die einzelner Amateursportler[326]. Letzteren wird die kartellrechtliche Unternehmereigenschaft mit der Begründung des Werbeverbots für Amateure abgesprochen. Diese Begründung ist nicht nur für die Qualifikation der Unternehmereigenschaft irrelevant, denn faktisch durchgeführte Werbung, ob erlaubt oder nicht, macht den Werbenden stets zum Unternehmer. Vielmehr ist das Argument des Werbeverbots für Amateursportler auch nicht mehr zeitgemäß. Denn seit dem Erlaß der Regeln 26 und 53 des Internationalen Olympischen Komitee (IOC) ist die werbliche Vermarktung von Amateursportlern zumindest über das Nationale Olympische Komitee (NOK) gestattet, ohne den für die Teilnahme an den Olympischen Spielen notwendigen Amateurstatus zu gefährden[327]. Darüber hinaus ist der Rechtswirklichkeit dahingehend Tribut zu zollen, daß die tatsächlich stattfindenden Marketingaktivitäten im weitesten Sinne beinahe sämtlicher Leistungssportler im Amateurbereich unabhängig von deren verbandsrechtlichen Erlaubtheit einfach zur Kenntnis genommen werden müssen. Daß nicht sein kann, was nicht sein darf, gilt in der Sportbranche schon lange nicht mehr.

Grundsätzlich sind beim Individualsponsoring und beim institutionellen Sponsoring von Sportvereinen oder Sportverbänden die Sponsoringnehmer immer dann Unternehmer im kartellrechtlichen Sinn, wenn sie wirtschaftliche Aktivitäten »unternehmen«, die über das Maß der eigenen Kostendeckung hinausgehen. Durch die gesamten werblichen Aktivitäten, ja durch den Sponsoringvertrag selbst werden der Sportler, der Verein und der Verband zu kartellrechtlichen Unternehmern.

Der Vertragsbegriff in § 1 GWB ist bekanntlich nicht auf die idealtypischen Nominatverträge des BGB reduziert. Vielmehr wird jeder Vertrag von dem Regelungsgehalt des § 1 GWB erfaßt, der auf horizontaler Ebe-

325 WuW /E S. 357 (359) »Berufsboxer«; KG WuW /E OLG 1429 (1431 »DFB«; BGHZ 100, S. 101; Immenga-Mestmäcker, GWB 2. Auflage, 1992,§1 GWB Rn 79.

326 Immenga-Mestmäcker, GWB, 2. Auflage, 1992, §1 GWB Rn 79.

327 Dabei gilt diese Beschränkung der Vermarktung auf das NOK auch nur für die Dauer der Olympischen Saison. Außerhalb dieser relevanten Zeitspanne bestehen nur noch singuläre Werbebeschränkungen der einzelnen Sportverbände.

ne, d.h. auf ein und derselben Wirtschaftsstufe durch eine Beschränkung des Wettbewerbs die Marktverhältnisse zu beeinflussen objektiv geeignet ist[328]. Der Sponsoringvertrag ist ein solcher nach § 1 GWB zu beurteilender Vertrag, der sich von den kartellrechtlich minder sanktionierten reinen Austauschverträgen auf nachgelagerten Wirtschaftsstufen der §§ 18, 20 und 21 GWB durch das kooperative Element und die Zugehörigkeit der Vertragspartner zur selben Wirtschaftsstufe abhebt.

b. Die kartellrechtliche Relevanz des sponsoringvertraglichen Konkurrenzverbotes

Der für das Kartellrecht relevante herausragende Anknüpfungspunkt im Sponsoringvertrag ist das stets explizit vereinbarte und beiden Seiten auferlegte Konkurrenz- und Wettbewerbsverbot der Sponsoringpartner. Nach dem Wortlaut des § 1 GWB sind Verträge zu einem gemeinsamen Zweck zwischen Unternehmen dann verboten, wenn sie objektiv die Eignung zur Marktbeeinflussung durch Beschränkung des Wettbewerbs haben. Die gesamte Diskussion um den Konflikt der gesellschaftsrechtlichen Wettbewerbsverbote mit dem wettbewerbsrechtlichen Kartellverbot soll an dieser Stelle nicht dargestellt werden[329]. Jedenfalls werden zwei Parameter als auch für den Sponsoringvertrag wesentlich in die kartellrechtliche Beurteilung der Beziehung zwischen Sponsor und Gesponserten einfließen: Zum einen die Frage nach der unabdingbaren Notwendigkeit eines Wettbewerbsverbots unter den Sponsoringpartnern für die Durchführung des Sponsorships als Ausfluß der gesellschaftsrechtlichen Treuepflicht und zum anderen die Frage nach der objektiven Eignung zur Marktbeeinflussung durch eine aktuelle oder potentielle Wettbewerbsbeschränkung[330]. Wenn sich ein Konkurrenzverbot als notwendige Komponente des Gesellschaftsvertrags und somit als für die gemeinsame Zweckförderung unerläßlich darstellt, kann dieses Wettbewerbsverbot, wenn der gemeinsame Zweck selbst kartellrechtlich nicht zu beanstanden ist, nicht über § 1 GWB sanktioniert werden. Das Kartellrecht hat immer dann hinter das Gesellschaftsrecht zurückzutreten, wenn eine über die gesellschaftsrechtliche Zweckerrei-

328 Otto v.Gamm, Kartellrecht, 2. Auflage, 1990, §1 GWB Rn 25; Immenga-Mestmäcker, GWB, §1 Rn 112, 113; Rainer Bechtold, Kartellgesetz, 1993, §1 GWB Rn 5.

329 Hierzu siehe Karsten Schmidt, Gesellschaftsrecht, 2. Auflage, 1991, S. 490; ders., Wettbewerbsverbot und Kartellverbot, BB 1979, S. 1173; ders., Vertragliche Wettbewerbsverbote im deutschen Kartellrecht, ZHR 145 (1985), S. 1 ff; Ernst Steindorff, Gesetzeszweck und gemeinsamer Zweck in §1 GWB, BB 1977, S. 570 ff; Immenga-Mestmäcker, GWB, 2. Auflage, 1991; §1, Rn 357 ff; Volker Emmerich, Kartellrecht, 7. Auflage, 1994, S. 65, 66.

330 Rainer Bechtold, Kartellgesetz,1993, §1 GWB Rn 10, 15; Otto v. Gamm, Kartellrecht, 2. Auflage, 1990, §1 GWB Rn 27, 73; BGHZ 70, S. 331 (336); BGHZ 89, S. 162 (166; BGH NJW 1984, S. 1351.

chung hinausgehende Wettbewerbsbeschränkung durch ein Konkurrenzverbot im Gesellschaftsvertrag nicht auszumachen ist[331].

Der Umstand, daß der Sponsor Wettbewerber des Sponsoringnehmers nicht oder nur unter ausdrücklicher Zustimmung des Gesponserten fördern und daß der Sponsoringnehmer nur unter ausdrücklicher Zustimmung des Sponsors dessen Konkurrenz vertraglich binden darf, beeinflußt ohne Zweifel die Marktverhältnisse durch eine Einschränkung des Wettbewerbs. Denn damit sind für viele Sponsoren image- und werbeträchtige Sportveranstaltungen tabu, wie auch die Möglichkeiten von Engagements des Sponsoringnehmers, ob Individualathlet oder Verein, für andere Sponsoren erheblich eingeschränkt sind. Die Zahl der Wettbewerber auf dem Unternehmenskommunikationsmarkt reduziert sich, da jeder einzelne Teilnehmer im Grundsatz nur eine singuläre Bindung eingehen darf.

Dieses Diktat der sponsoringvertraglichen »Monogamie« mag tendenziell eine Kartellwirkung in sich bergen, es erweist sich indes als gesellschaftsrechtlich unabdingbar notwendig und deshalb als kartellrechtsneutral. Der betriebswirtschaftliche, marketingpsychologische und werbestrategische Wirkungsmechanismus des Sponsoring gründet sich, wie eingangs dargestellt, zu einem nicht unbedeutenden Teil auf die Exklusivität des Sponsoringengagements der Sponsoringpartner. Ohne die angesprochene »eheähnliche« Bindung[332] der Sponsoringpartner aneinander besteht die Gefahr einer Verwässerung des Imagetransfers und damit das Risiko der Vereitelung des Gesellschaftszwecks, was im Ergebnis gemäß § 726 BGB unweigerlich zur Beendigung der Gesellschaft führt. Man geht sicher nicht zu weit, wenn man das sponsoringvertragliche ausdrückliche oder auf der Treuepflicht beruhende Wettbewerbsverbot als echte gesellschaftsrechtliche Beitragspflicht qualifiziert. Denn die allein personalistisch strukturierte BGB-Innengesellschaft unter den Sponsoringpartnern ist auf das höchstpersönliche und exklusive Engagement des jeweils anderen lebensnotwendig angewiesen, so daß an dieser Stelle das bekannte OHG-rechtliche Argumentationsmuster zum Parallelproblem des § 112 HGB übertragbar ist[333].

331 Immenga-Mestmäcker, GWB, §1 Rn 353; Karsten Schmidt, Vertragliche Wettbewerbsverbote im deutschen Kartellrecht, in ZHR 149 (1985), S. 1 (10); Fritz Rittner, Wettbewerbs- und Kartellrecht, 4. Auflage, 1994, S. 221; Volker Beuthien, Gesellschafts- und Kartellrecht, in ZHR 142 (1978), S. 259 f; BGHZ 38, S. 306; BGHZ 70, S. 331; BGHZ 80, S. 69; OLG Frankfurt NJW-RR 1986 S. 716 ff für die Frage der Kartellrechtswidrigkeit von Abschlußbeschränkungen aus Sicht der §§18, 20, 21 GWB.

332 Dazu siehe oben Dritter Teil E IV 1.

333 Hierzu siehe Karsten Schmidt, Gesellschaftsrecht, 2. Auflage, 1991, S. 488; Schlegelberger, Handelsgesetzbuch Kommentar, Band 3, Halbband 1, 5. Auflage, 1992, zu §112 HGB Rn 31 ff (33); Heidelberger Kommentar zum Handelsgesetzbuch,- Stuhlfelner, 4. Auflage, 1995, §112 Rn 6; Baumbach-Duden-Hopt, Handelsgesetzbuch, 28. Auflage1989, §112, Anm 3.

Überdies ist bereits die Relevanz einer Marktbeeinflussung durch die Wettbewerbsbeschränkung anzuzweifeln. Die Beschränkung des Wettbewerbs der Sponsoren und Sponsoringnehmer auf dem Unternehmenskommunikationsmarkt ist eine hinnehmbare, führt man sich die Vielzahl der realen Sponsoringmöglichkeiten für prominente Sponsoringnehmer und Sponsoren vor Augen[334].

2. Sponsoringvertragliche Leistungspflichten im Lichte sittenwidriger Werbung nach § 1 UWG

a. Der Tatbestand des § 1 UWG

Sollte sich der Inhalt der vertraglich verabredeten Leistungs- und Verhaltenspflichten der Sponsoringpartner als sittenwidrige Wettbewerbshandlung darstellen, so kommt eine Nichtigkeitssanktion des Sponsoringvertrags unter dem Aspekt des Gesetzesverstoßes nach § 134 BGB in Betracht, da § 1 UWG eine von § 134 BGB erfaßte Verbotsnorm ist[335]. Voraussetzung dafür ist, daß solche Sponsoringaktivitäten Gegenstand der Sponsoringabrede sind, die sich als konkrete Wettbewerbshandlung eingrenzen lassen, damit sich ein konkreter Anknüpfungspunkt für die Anwendung des UWG ergibt.

Gerade -aber nicht nur- beim Veranstaltungssponsoring, das sich auf eine kurze Zeitdauer bezieht und bei dem die jeweiligen vertraglichen Tätigkeitspflichten präzise festgelegt werden, kann eine vertragliche Pflicht zu einem konkreten und dann eventuell wettbewerbswidrigem Handeln vereinbart sein. Ansonsten ist scharf zu trennen zwischen den regelmäßig rahmen- und generalklauselartig formulierten sponsoringvertraglichen Verhaltens- und Beitragspflichten einerseits[336] und den im Zuge des Sponsoringvertrags durchgeführten konkreten Marketingaktivitäten der Sponsoringpartner andererseits. Nur letztere können eine wettbewerbsrechtliche Relevanz aufweisen, was sich bejahendenfalls wie dargelegt nicht in der Wirksamkeit des Sponsoringvertrags niederschlägt. Nochmals: Eine aus § 134 BGB wegen eines Verstoßes gegen § 1 UWG folgende Nichtigkeit des Sponsoringvertrags insgesamt ist nur denkmöglich, wenn eine einzelne konkrete Wettbewerbshandlung als Leistungspflicht eines der Sponsoringbeteiligten vereinbart wird.

334 Ein an anderer Stelle zu diskutierendes Problem ist das des kartellrechtswidrigen Ausnutzens einer marktbeherrschenden Stellung nach §26 GWB. Dazu siehe unten Vierter Teil B IV.

335 Müko-Mayer-Maly, 3. Auflage, 1993, §134 Rn 54, 57; a.A. Staudinger-Dilcher, 12. Auflage, 1980, §134 Rn 15 und OLG Hamm VersR 1959, S. 745, die mit Ausnahme des Verstoßes gegen das Schmiergeldverbot und wettbewerbsrechtliche Strafvorschriften einen Verstoß gegen das UWG als irrelevant für die zivilrechtliche Wirksamkeit von Verträgen kennzeichnen.

336 Man denke dabei nur an die dem individuell gesponserten Athleten obliegende Produktpräsentationspflicht und dessen Pflicht zur gefälligen Äußerung über die Marke und das Produkt des Sponsors in den Medien.

Gegen die Anwendung des UWG auf die Sponsoringpartner bestehen keine rechtlichen Bedenken. Die Sponsoringparteien handeln jeder für sich und auch gemeinsam im geschäftlichen Verkehr. Wie bei der Unternehmereigenschaft des § 1 GWB bezieht das UWG die Marktteilnehmer rechtsformunabhängig in den Regelungsbereich der Vorschrift ein. Das funktional dem Unternehmensbegriff des § 1 GWB entsprechende Tatbestandsmerkmal des »Handelns im geschäftlichen Verkehr« des § 1 UWG ist dann erfüllt, wenn Handlungen vorgenommen werden, die nicht rein privater oder amtlicher Natur und objektiv geeignet und darauf gerichtet sind, irgend einem Geschäftszweck zu dienen[337].

Auf das Sponsoring gewendet läßt sich ohne Mühe feststellen, daß sämtliche Sponsoringaktivitäten seitens des Sponsors ihrer Zielrichtung als Marketingmaßnahmen als solche im geschäftlichen Verkehr zu qualifizieren sind. Aber auch auf der Seite des Sponsoringnehmers sind die Handlungen, zu denen er sich im Sponsoringvertrag verpflichtet, solche im geschäftlichen Verkehr, denn sie bergen nicht nur die Eignung, sondern das erklärte Ziel, den eigenen und den Wettbewerb des Sponsors zu fördern. Pressekonferenzen, Werbespots, sämtliche publikumswirksamen Mitwirkungshandlungen des Sponsoringnehmers beim Individual- und Mannschaftssponsoring, aber auch die Durchführung der Leistungs- und Verhaltenspflichten des Veranstalter eines Ereignisses haben den Charakter der Geschäftlichkeit. Denn alle diese Handlungen sind nicht nur objektiv geeignet, sondern vertragstypisch darauf gerichtet, den eigenen und den Wettbewerb des Sponsoringpartners zu fördern. Allein die bloße Nennung des Sponsors ist eine Handlung im geschäftlichen Verkehr[338]. Das Problem des Handelns im geschäftlichen Verkehr von Amateursportlern stellt sich hier in gleicher Form wie bei der Qualifikation der Amateursportvereine und Amateursportler als kartellrechtliche Unternehmen[339]. Im Ergebnis ist auch hier die Anwendbarkeit des UWG auf die außersportlichen Marketingaktivitäten der Amateursportler, -vereine und -verbände zu bejahen.

Daß die Sponsoringpartner zu Wettbewerbszwecken handeln, d.h. objektiv mit anderen Marktteilnehmern in einem Wettbewerbsverhältnis stehen und subjektiv von der Absicht getragen sind, wettbewerblich tätig zu werden[340], kann schlicht bejaht werden. Objektiv besteht ein Wettbewerbsverhältnis des Sponsors zu anderen Unternehmen im Kommunikationswettbewerb,

337 BGHZ 19, S. 299(303)(Kurverwaltung); BGHZ 67, S. 81 (Auto-Analyzer); Fritz Rittner, Wettbewerbs- und Kartellrecht, 5. Auflage, 1995, S. 19.

338 So schon im berühmten »Agfa«Urteil des BGH NJW 1992, S. 2089 f.

339 Dazu siehe oben Vierter Teil B II 1a.

340 Fritz Rittner, Wettbewerbs- und Kartellrecht, 5. Auflage, 1995, S. 20; BGHZ 3, S. 270 (277) (Constanze I); BGHZ 14, S. 160 (170 ff) (Constanze II); BGH GRUR 1957, S. 370; BGH GRUR 1964, S. 77 (79).

der selbständig neben den Produktwettbewerb tritt und Teil des gesamten Unternehmenswettbewerbs ist. Auch der Gesponserte befindet sich wirtschaftlich in einer Wettbewerbssituation, in der er mit anderen um den besten Platz konkurriert. Hierbei ist nicht die Ausübung der sportlichen Tätigkeit gemeint, die -obgleich stets mit erheblichen Leistungsprämien und Preisgeldern verbunden- nicht dem wettbewerbsrechtlichen Leistungswettbewerb unterliegt, der durch das UWG geschützt werden soll. Jedoch stellen seine Aktivitäten auf der Werbebühne in den Medien, die Äußerungen und Aktivitäten auf Veranstaltungen einen eigenen wirtschaftlichen Wert dar, der seine Position auf dem Sponsoringmarkt als Symbol und Leitfigur für Konsumenten und Unternehmen entscheidend mitprägt.

Für das Merkmal »zu Wettbewerbszwecken« genügt überdies bereits, der Umstand, daß ein Wettbewerbsverhältnis zwischen dem durch die Handlung Begünstigten und einem eventuellen Kläger besteht und die Absicht des Handelnden, einen fremden Wettbewerb zu fördern. Das bedeutet, daß die Angaben über den Sponsor seitens des Sponsoringnehmers bereits aus dem Blickwinkel der Förderung eines fremden Wettbewerbs einen konkreten Wettbewerbsbezug aufweisen, da sie darauf gerichtet sind, die Wettbewerbsposition des Sponsors zu stärken[341].

Im dem Merkmal der Sittenwidrigkeit in § 1 UWG gehen zahlreiche Fallgruppen[342] auf, von denen nur wenige für das Recht des Sponsoringvertrags relevant sind. Die Fallgruppe des Kundenfangs unter Ausnutzung eines psychologischen Kaufzwanges mit den Untergruppen der Ausnutzung von Spieltrieben oder anderen Gefühlen und der Irreführung kommt zur Überprüfung in Betracht. Die Fallgruppe der Rufausbeutung scheidet schon deshalb aus, da sich der an den Ruf des Sponsoringnehmers anlehnende Sponsor und der angelehnte Sponsoringnehmer über den Imagetransfer einig sind. Nach dem Wirkungs- und Funktionsmechanismus des Sponsoring ist der Transfer des Rufes, – besser Images –, auf den jeweils anderen ja grundlegender Bestandteil des Sponsoringkonzeptes.

b. Suggestivwerbung, psychologischer Kaufzwang

Die Fallgruppe des psychologischen Kaufzwanges wird dann relevant, wenn die Wettbewerbshandlung dem Verbraucher die Möglichkeit nimmt, frei über das »Wie« und das »Ob« seiner Kaufentscheidung zu bestimmen. Das ist insbesondere dann der Fall, wenn die Aufmerksamkeit des Verbrauchers in unsachlicher Weise auf ein bestimmtes Produkt gelenkt wird,

341 BGH NJW 1992, S. 2089 (Agfa).

342 Zu den Fallgruppen siehe ausführlich Baumbach-Hefermehl, Wettbewerbsrecht, 18. Auflage, 1995, EinlUWG Rn 158 ff; Fritz Rittner, Wettbewerbs- und Kartellrecht, 5. Auflage, 1995, S. 40 ff; Wilhelm Nordemann, Wettbewerbsrecht, 7. Auflage, 1993, S. 55 ff.

unter Ausnutzung seiner Emotionen wie Angst, Sorge, den Spieltrieb, Hilfsbereitschaft oder Mitleid[343].

Beim Sponsoring wird diese Fallgruppe unter dem Blickwinkel der Werbung mit Prominenten gleich aus mehreren rechtlichen Erwägungen heraus bedeutsam[344]. Die gesponserten Einzelsportler oder die Mitglieder der gesponserten Vereins- und Verbandsmannschaft sind infolge ihrer Popularität zu den prominenten Persönlichkeiten in der Öffentlichkeit zu zählen, wenn auch nicht immer in der breiten Bevölkerung, so doch bei bestimmten Käuferschichten. Gemeinhin wird prominenten Persönlichkeiten eine Lockwirkung zuerkannt, wenn sie für bestimmte Produkte Werbung betreiben. Dieser Lockwirkung läßt sich ein gewisses suggestives Beeinflussungspotential beimessen, das dem potentiellen Käufer des Produkts, für das der Prominente wirbt, die Möglichkeit einer sachlichen und objektiven Kaufentscheidung nimmt[345]. Beim Sportsponsoring ist diese Auffassung indes von der Rechtswirklichkeit überholt und folglich nicht mehr den zeitlichen Strömen angemessen. Spätestens seit den sechziger Jahren mutet die Rechtsprechung dem Verbraucher durchaus zu, die emotionale Ausrichtung von Werbung insgesamt zu erkennen und seine entsprechenden Schlüsse daraus zu ziehen[346]. Es läßt sich daher heute nicht mehr davon ausgehen, daß die Kaufentscheidung des Verbrauchers durch die Verwendung Prominenter irrational wird. Das müßte sie aber, um der Leitbildwerbung den Stempel der wettbewerbsspezifischen Sittenwidrigkeit aufdrücken zu können.

Die Beeinflussung des Verbrauchers durch Sponsoring mag durch die emotionale Ausrichtung der Verbindung der gesponserten Person mit der Marke und dem Produkt des Sponsors eine suggestive sein, indes erreicht sie beim Sponsoring nicht den Grad derjenigen Fälle, die der BGH als unzulässig qualifiziert hat[347]. Der Einsatz prominenter Personen, Vereine und Verbände und Ereignisse zum Zwecke der Aufmerksamkeitserregung wird man als zulässig erachten müssen, ist doch die prominente Person, der Verein oder die Veranstaltung allenfalls ein wettbewerbsrechtlich unschädlicher Köder, dessen sich der Sponsor zur Erregung der Aufmerksamkeit bedient[348].

343 Wilhelm Nordemann, Wettbewerbsrecht, 7. Auflage, 1993, Rn 174ff; Fritz Rittner, Wettbewerbs- und Kartellrecht, 5. Auflage, 1995, S. 43.

344 zu dem gesamten Problemkreis siehe m.w.N. Frauke Henning-Bodewig, Wettbewerbsrechtliche Probleme der Werbung mit Prominenten, in BB 1983, S. 650 ff.

345 Frauke Henning-Bodewig aaO. S. S. 609.

346 BVerwG NJW 1959, S. 1194; Baumbach-Hefermehl, Wettbewerbsrecht, 18. Auflage, 1995, §1 UWG, Rn 84 und 192.

347 BGH GRUR 1965, S. 485, »Versehrtenbetrieb«; BGH GRUR 1974, S. 733; BGH GRUR 1973, S. 81, »Gewinnübermittlung«; BGH GRUR 1974, S. 394, »Verschlußkapsel«.

348 Im Ergebnis zutreffend Frauke Henning-Bodewig, »Wettbewerbsrechtliche Probleme der Werbung mit Prominenten« in Betriebs-Berater, 1983 S. 609.

Ebenso verhält es sich auch mit der Herausbildung eines bestimmten Produkt- oder Markenimages durch die Verwendung Prominenter zu Werbezwecken. Mag die Entscheidung des Verbrauchers für ein bestimmtes Produkt oder eine bestimmte Marke durch die Verbindung zum berühmten Sponsoringnehmer in ihrer Rationalität nicht gerade begünstigt werden, so sind doch die ablaufenden Identifikationsprozesse, wie sie aus der kommunikationspsychologischen Funktionsweise des Sponsoring bekannt sind, derart offensichtlich und einfach, daß man sie nicht als in sittenwidriger Weise sublim und suggestiv kennzeichnen kann.

Die durch § 1 UWG geschützte Konsumentensouveränität kann im Ergebnis beim Sponsoring, wenn es um die Werbeaktivitäten des Sponsors mit seinem prominenten Sponsoringnehmern geht, nicht als gefährdet angesehen werden, da der Verbraucher in Kenntnis des Sponsorships um die Wirtschaftlichkeit und Entgeltlichkeit des Sponsoring weiß und folglich durch diesen Punkt nicht der Herrschaft über seine Kaufentscheidung beraubt wird. Daher sind sponsoringvertragliche Verpflichtungen, die konkrete Werbemaßnahmen mit dem prominenten Sponsoringnehmer beinhalten, als wettbewerbsrechtlich unbedenklich zu qualifizieren und haben auf die Wirksamkeit des Sponsoringvertrags über § 134 BGB keinerlei Einfluß.

c. Irreführung

Bedenken gegen die Lauterkeit einer Werbemaßnahme erheben sich dann, wenn Sportler mit ihrem Image für Produkte werben sollen, denen dieses Sportlerimage grundsätzlich im Wege steht. Dann nämlich birgt die Werbemaßnahme einen objektiven Informationsgehalt, der beim Verbraucher wirklichkeitsfremde Vorstellungen hervorzurufen geeignet ist. So ist der Fall gelagert bei der aktiven Werbung von Sportlern für Tabak- und Alkoholerzeugnisse[349]. Aber auch hier dürfte die einzelne nach § 1 UWG sittenwidrige Werbemaßnahme nicht den Sponsoringvertrag über § 134 BGB insgesamt in Frage stellen, denn nur selten wird eine dahingehende konkrete Werbemaßnahme maßgeblicher Leistungsgegenstand eines Sponsoringvertrags sein.

Weitere in der Vergangenheit als mit Irreführungspotential ausgestatteten Marketingpraktiken im Bereich des Sports haben ihre Lauterkeitsbedenken im Laufe der vergangenen Jahre eingebüßt. So wird die Verwendung olympischer Symbole ebenso wenig als wettbewerbswidrig weil irre-

349 Baumbach-Hefermehl, Wettbewerbsrecht 18. Auflage, 1995, §1 UWG Rn 192; BGH GR 1993, S. 756.

350 So aber früher Sigmar-Jürgen Samwer, Olympische Bezeichnungen und Embleme in der Wirtschaftswerbung, DB 1970, S. 1774 ff und 1820 ff; Peter Frank, Zeichenrecht und Olympische Spiele, BB 1966, S. 1173.

führend qualifiziert[350], wie die Prominentenwerbung insgesamt[351]. Denn mittlerweile kann die konkrete Werbung des Sponsors mit der Person des Sponsoringnehmers nicht mehr irreführen über den Umstand der Entgeltlichkeit der Werbung oder die Frage des tatsächlichen Gebrauches des Produkts durch den Sponsoringnehmer[352]. Es ist wohl niemandem in den relevanten Verbraucherkreisen verborgen geblieben, daß Sponsoringverträge entgeltliche Verträge sind. Der tatsächliche Gebrauch des Produkts durch den Gesponserten ergibt sich bei Sportartikeln ohnehin aus dessen sponsoringvertraglicher Gebrauchspflicht selbst, so daß hierin keine Irreführungskomponente zu erblicken ist. Bei sportfremden Produkten wird dem Verbraucher zugemutet werden können und müssen, die Sponsoringmaßnahmen selbst kritisch zu beleuchten, um einer Irreführung über den wirklichen Gebrauch des Produkts durch den Gesponserten zu entgehen. Man geht nicht zu weit, wenn man mit der bloßen Kenntnis des Verbrauchers von dem Sponsorship einen Verstoß der Sponsoringpartner gegen das Wahrheitsgebot des UWG ausscheiden läßt.

Die für das Sponsoring einzig relevanten Fälle mit Irreführungsqualitäten stellen Empfehlungen und das Sendungssponsoring dar. Dabei sollen nach der Rechtsprechung Empfehlungen von Prominenten für bestimmte Produkte als sittenwidrig empfunden werden, wenn dem Verbraucher die Unentgeltlichkeit der konkreten Empfehlung suggeriert wird[353]. Der Sponsoringvertrag insgesamt kann aber auch hier nicht durch die Sittenwidrigkeit einer einzigen Empfehlung des Sponsoringnehmers für ein bestimmtes Produkt des Sponsors über § 134 BGB nichtig werden, da trotz der Entgeltlichkeit aller Leistungen innerhalb des Sponsoringvertrags die Empfehlung nicht konkreter Leistungsgegenstand sein wird. Ein Irreführungspotential ist im übrigen auch deshalb nicht zu erblicken, weil die von der Werbung mit Sportlern oder Vereinen angesprochenen Verbraucherkreise um die Entgeltlichkeit der Sponsoringverträge – sei es auch nur aus der parallelen Laiensphäre heraus – wissen.

Unter dem Aspekt der Irreführung bleibt letztlich allein das rechtlich heftig umstrittene Sendungssponsoring relevant. Nach dem im Rundfunkstaatsvertrag[354] festgeschriebenen Grundsatz der Trennung von redaktionellem Programm und Werbung ist jeder Verstoß gegen diesen Trennungsgrundsatz

351 Frauke Henning-Bodewig, »Wettbewerbsrechtliche Probleme der Werbung mit Prominenten« in BB 1983, S. 609.

352 A.A. Baumbach-Hefermehl, Wettbewerbsrecht 18. Auflage, 1995, §1 UWG Rn 5, die hier noch erhebliches Irreführungspotential erkennen wollen.

353 Hamburg GR 1986 S. 550 (»Vom DFB empfohlen«); Baumbach-Hefermehl, Wettbewerbsrecht, 18. Auflage, 1995, §1 UWG Rn 84.

354 Art. 6 II und III, 13 RfStV.

ein Gesetzesverstoß und schon deshalb sittenwidrig nach § 1 UWG. Aber auch die Irreführung des Zuschauers über den werblichen Charakter einer Sendung hat die Sittenwirdigkeit der Werbemaßnahme zur Folge. Allerdings ist der durch § 1 UWG Angesprochene allein der den Trennungsgrundsatz mißachtende Sender, so daß diese Fallgruppe für die Wirksamkeit des Sponsoringvertrags überhaupt nur dann beachtlich ist, wenn der Sender selbst als Sponsor oder Sponsoringnehmer auftritt und sich zu einer Werbeplazierung unter Nichtbeachtung des Trennungsgrundsatzes gegenüber dem Sponsoringpartner vertraglich verpflichtet[355].

III. Abschluß- und Verwendungsbeschränkungen im Sponsoringvertrag nach den §§ 18, 20, 21 GWB

Die Beschränkungen des Sponsoringnehmers in der Verwendung der Produkte aus dem Hause des Sponsorenunternehmens einerseits und die ausschließliche Bindung der Parteien an die jeweils andere Partei, was den Bezug von Waren und Dienstleistungen angeht, rücken eine Überprüfung des Sponsoringvertrags anhand der §§ 18 ff GWB ins Blickfeld.

Eine Beurteilung der Wirksamkeit des Sponsoringvertrags anhand der §§ 18 ff GWB scheitert allerdings gleich aus mehreren Gründen. Zum einen besteht bei den §§ 18 ff GWB kein ausdrückliches (Abschluß-) Verbot, das wie bei den §§ 1 ff GWB über § 134 BGB zur Unwirksamkeit des Sponsoringvertrags führen könnte. Vielmehr sind vertikale Wettbewerbsbeschränkungen in Austauschverträgen im Grundsatz erlaubt und lediglich mit einem kartellrechtlichen Verbotsvorbehalt im Falle einer unbilligen Marktbeeinträchtigung ausgestattet. Verträge nach §§ 18 ff GWB können von der Sanktionswirkung des § 134 BGB mithin nicht erfaßt werden, sondern allenfalls von einer Unwirksamkeitsanordnung im Rahmen einer Sittenwidrigkeitskontrolle nach § 138 BGB.

Darüber hinaus reduziert sich der Anwendungsbereich der §§ 18 ff GWB auf reine Austauschverträge nachgelagerter Wirtschaftsstufen, die in einem Ausschließlichkeitsverhältnis zu den Kooperationsverträgen gleichrangiger Wirtschaftsstufen der §§ 1 ff GWB stehen[356]. Daher kommt die Anwendung dieser Normen auf den Sponsoringvertrag nicht in Betracht. Der Sponso-

355 Dazu Neal George Weiand, Kultur- und Sportsponsoring im deutschen Recht, 1992, S. 205, 207; Bruhn-Mehlinger, Rechtliche Gestaltung des Sponsoring, Band 1, 2. Auflage, 1995, S. 126 ff; zu der kontrovers diskutierten Problematik des Product placements aus wettbewerbsrechtlicher Sicht siehe Jörg Rüggeberg, Product Placement und Sponsoring – Neue Formen der Werbung im Rundfunk?- GRUR 1988, S. 873 ff und Frauke Henning-Boedewig, Product placement und Sponsoring, GRUR 1988, S. 867 ff.

356 Immenga-Mestmäcker, GWB, 2. Auflage, 1992,§18 Rn 34 und §20 Rn 98, 99; Wernhard Möschel, Recht der Wettbewerbsbeschränkungen, Tübingen 1983, Rn 411; das gilt auch für Lizenzverträge nach §20 GWB.

ringvertrag weist zwar austauschvertragliche Leistungsinhalte und Strukturelemente auf, die sich in das Bild der §§ 18 ff GWB einfügen ließen, jedoch wird die austauschvertragliche Komponente im Sponsoringvertrag von den kooperativen Inhalten und Strukturen überlagert und dominiert. Mit der Einbeziehung des Sponsoringvertrags in das Kartellverbot nach § 1 GWB scheidet eine Beurteilung des Sponsoring anhand des Verbotes vertikaler Wettbewerbsbeschränkungen aus, da sich die Sponsoringparteien sich im Kommunikationsmarkt horizontal auf derselben und nicht vertikal auf einer nachgelagerten Wirtschaftsstufe gegenüberstehen.

Letztlich scheitert die Anwendung der §§ 18 ff GWB bereits an deren Schutzrichtung. Wenn § 138 BGB einen Individualschutz der Vertragspartner im Auge hat, so will das Kartellrecht in den §§ 18 ff GWB den freien Wettbewerb schützen[357]. Erst wenn vertragsfremde Drittunternehmen durch die austauschvertraglichen Verwendungsbeschränkungen oder Ausschließlichkeitsbindungen betroffen werden, setzt der Schutzmechanismus des Kartellrechts ein. Es ist im Recht des Sponsoringvertrags von vornherein ausgeschlossen, daß sich vertragsfremde Dritte durch sponsoringvertragliche Regelungen in ihrer wettbewerblichen Handlungsfreiheit beeinträchtigt sehen können, da die sponsoringvertraglichen Abschluß- und Verwendungsbeschränkungen keinerlei auch nur faktische Drittwirkung entfalten.

IV. Das Ausnutzen einer marktbeherrschenden Stellung nach § 22 IV Nr. 2 GWB und das Ausnutzen von Abhängigkeiten nach § 26 II S. 2 GWB

Unter dem Aspekt der unbilligen Ausnutzung einer marktbeherrschenden oder marktstarken Stellung nach § 22 IV Nr. 1 und 2 GWB und der Ausnutzung einer Abhängigkeit von bestimmten Waren oder Leistungen nach § 26 II S. 2 GWB gerät das Verhalten von Veranstaltern internationaler Sportveranstaltungen höchster Publikums- und Medienwirksamkeit wie der Olympischen Spiele, dem Tennisturnier in Wimbledon oder der Fußballweltmeisterschaft ins Blickfeld. Die Veranstalter diktieren den potentiellen Sponsoren die Sponsoringbedingungen, insbesondere die Höhe der Geldleistungen und Art der Nutzung von Lizenzen, wobei den Sponsoren regelmäßig nur die Wahl bleibt, die diktierten Bedingungen kritiklos zu akzeptieren, oder schlicht auf ein Sponsorship zu verzichten. Es findet im Klartext eine Preistreiberei und eine willkürliche Auswahl von Sponsoren seitens der Veranstalter statt. Die Ausrichter nutzen die Prominenz der Veranstaltung und das weltweite Publikumsinteresse mit den zugehörigen

357 Fritz Rittner, Wettbewerbs- und Kartellrecht, 5. Auflage, 1995, S. 281; Immenga-Mestmäcker, GWB, 2. Auflage, 1992, §18 Rn 30; Volker Emmerich; Kartellrecht, 7. Auflage, 1994, S. 158; BGHZ 54, S. 145 f.

Vermarktungschancen aus, um die Beitragsleistung der Sponsoren in die Höhe zu treiben und verweigern damit Kleinsponsoren faktisch den Zugang zu einer Sponsoringpartizipation.

Eine Beurteilung der Vertragsverhandlungs- und -durchführungsrituale der Veranstalter prominentester Sportereignisse anhand der kartellrechtlichen Verhaltenskontrolle über § 22 GWB darf nicht dahingehend mißverstanden werden, daß im hier relevanten Falle des Ausbeutungsmißbrauchs nach § 22 IV S. 2 Nr. 2 GWB (Preis- und Konditionenmißbrauch) der geschlossene Vertrag rechtswidrig und damit unwirksam wäre. § 22 GWB ist gerade kein Verbotsgesetz im Sinne des § 134 BGB[358]. Vielmehr hat der Gesetzgeber die mißbräuchliche und behindernde Wettbewerbshandlungen aufgrund bestehender Marktmacht durch die Untersagungsbefugnisse des Kartellamtes in § 22 V GWB als einen Eingriffs- und nicht etwa als einen Verbotstatbestand konstruiert, so daß die Wirksamkeit des auf Grundlage der Markmacht geschlossenen Vertrags unberührt bleibt[359].

Die Veranstalter sind unabhängig von ihrer Rechtsform dem kartellrechtlichen Unternehmensbegriff zuzuordnen und verfügen wegen ihrer herausragenden Stellung auf dem Sponsoringmarkt über eine überaus starke Marktposition. Der Veranstalter eines großen Sportereignisses ist nach § 22 I Nr. 1 GWB dann als marktbeherrschend zu qualifizieren, wenn er »als Anbieter oder Nachfrager einer bestimmten Art von Waren oder gewerblichen Leistungen ohne Wettbewerber ist oder keinem wesentlichen Wettbewerb ausgesetzt ist«. Grenzt man den für eine Beherrschung relevanten Markt klassisch in gegenständlicher, örtlicher und zeitlicher Hinsicht ein[360], so läßt sich das Aufkommen von für Sponsoren grundsätzlich infrage kommenden Sportveranstaltungen als der für die Sponsoringnachfrager (Sponsoren) relevante Markt kennzeichnen. Das Sponsoring hat sich von der klassischen Sportwerbung und anderen Marketingaktivitäten derart verselbständigt, daß ohne weiteres von einem eigenständigen Markt zumindest im Bereich des Sponsoring sportlicher Veranstaltungen gesprochen werden kann, so daß auch unter Erweiterung des Marktbegriffes um den in der Praxis mit Zurückhaltung einbezogenen potentiellen Wettbewerb[361] kein anderes Resultat zu erzielen ist.

358 Wernhard Möschel, Recht der Wettbewerbsbeschränkungen, 1983, Rn 597; Immenga-Mestmäcker, GWB,2. Auflage, 1992, §22, Rn 187, 200.

359 Müko-Mayer-Maly, 3. Auflage, 1993, §134 Rn 56; Wernhard Möschel, Recht der Wettbewerbsbeschränkungen, 1983, Rn 583, 584; Immenga-Mestmäcker, GWB, 2. Auflage, 1992, §22, Rn 200, 201.

360 Fritz Rittner, Wettbewerbs- und Kartellrecht, 5. Auflage, 1995, S. 287; Immenga-Mestmäcker, GWB, 2. Auflage, 1992, §22, Rn 23, 35, 41ff; Wernhard Möschel, Recht der Wettbewerbsbeschränkungen, 1983, Rn 564 ff; BGHZ 68, S. 23 (27).

361 Fritz Rittner, Wettbewerbs- und Kartellrecht, 5. Auflage, 1995, S. 287; Wernhard Möschel, Recht der Wettbewerbsbeschränkungen, 1983, S. 524.

Was den so gekennzeichneten relevanten Sponsoringmarkt angeht, sind die Großveranstalter schlicht keinem Wettbewerb ausgesetzt, denn, darauf wird in den nationalen und internationalen Sportkomitees peinlichst geachtet, niemals wird es zu einer zeitlichen und geographischen Annäherung oder gar Überschneidung zweier Sportereignisse von Weltrang kommen. Stets sind diese Weltereignisse zeitlich und geographisch derart versetzt, daß eine überschneidungslose Mediencoverage und damit eine monopolartige Vermarktungsfähigkeit jedes einzelnen Ereignisses gewährleistet ist. Zeitlich parallel verlaufende nationale oder gar nur lokale Sportveranstaltungen haben gegenüber Weltmeisterschaften in populären und medienträchtigen Sportarten, Tennisturnieren oder den Olympischen Spielen nur sekundäre Bedeutung. Selbst wenn man den Markt zeitlich auf ein unternehmerisches Wirtschaftsjahr ausdehnt, so finden sich allenfalls zwei oder drei für weltweites Sponsoring attraktive gegenüber zahlreichen untergeordneten Sportveranstaltungen, so daß immerhin eine überragende Marktstellung der Veranstalter gemäß § 22 I Nr. 2 zu bejahen ist.

Auch wenn die Veranstalter prominentester Sportereignisse durchaus zu dem Kreis der von § 22 GWB angesprochenen marktbeherrschenden oder doch mindestens überragend marktstarken Unternehmen zu zählen sind, so kann an dieser Stelle nicht erörtert werden, ob und in welchem Umfang dem Kartellamt im Falle der mißbräuchlichen Ausnutzung der herausragenden Stellung solcher Sportereignisse durch deren Veranstalter zum Diktat von Preisen und Konditionen Eingriffs- und Untersagungsbefugnisse zustehen. An dieser Stelle muß es mit einem Fingerzeig auf die Sponsoringpraktiken der Veranstalter herausragend berühmter Ereignisse sein Bewenden haben.

Eine Beurteilung des Sponsorenverhaltens anhand der Vorschrift des § 26 II S.2 GWB führt zum selben Ergebnis. Die Tatbestandsvoraussetzungen des § 26 II S.2 GWB ist die Ausnutzung der Abhängigkeit von bestimmten Waren oder Leistungen durch ein relativ marktstarkes Unternehmen in Anknüpfung an die Begriffe und Vermutungen des § 22 I GWB. Die Anwendung des § 26 II GWB auf den Sponsoringvertrag scheitert bereits an der Schutzrichtung der Norm, die nur Abnehmer und Lieferanten des marktstarken Unternehmens auf einer nachgelagerten Wirtschaftsstufe vor einer Diskriminierung bewahren will[362], nicht aber Marktteilnehmer auf der selben Stufe, wie es bei Sponsor und Sponsoringnehmer im Sponsoringmarkt der Fall ist. Im übrigen kann von einer kartellrechtlich relevanten, namentlich existentiellen Abhängigkeit der Sponsoren von dem Veranstal-

362 Fritz Rittner, Wettbewerbs- und Kartellrecht, 5. Auflage, 1995, S. 284; Immenga-Mestmacker, GWB, 2. Auflage, 1992, §26, Rn 7.

ter beispielsweise der Olympischen Spiele nicht die Rede sein. Kein Unternehmen ist in seiner Existenz von der Partizipation als Sponsor an einer bestimmten Veranstaltung angewiesen. Selbst wenn die Olympischen Spiele wie auch andere prominente Sportveranstaltungen nur alle zwei oder vier Jahre stattfinden, so kann nicht von einer unzumutbaren Ausweichmöglichkeit auf andere Veranstaltungen oder gar andere Marketingstrategien gesprochen werden. Man kann die potentielle Sponsoren nicht als sortiments-, unternehmens-, knappheits- oder nachfragebedingt abhängig vom Veranstalter weltweiter und prominenter Sportereignisse qualifizieren.

V. Vertragliche Abschlußbeschränkungen

Insbesondere bei der realtypischen Variante des Exklusivsponsoring werden Kontrahierungseinschränkungen oder Kontrahierungsverbote zulasten einer oder auch beider Sponsoringpartner vereinbart. So soll es dem Sponsoringnehmer nicht gestattet sein, mit Wettbewerbern des Sponsors gleiche oder ähnliche Verträge zu schließen. Auch wird ein Vertragsschluß des Gesponserten mit Co-Sponsoren von der ausdrücklichen Zustimmung des Hauptsponsors abhängig gemacht, auch wenn die Co-Sponsoren nicht unmittelbar im Wettbewerb mit dem Hauptsponsor stehen. Der Gesponserte läßt sich regelmäßig Zustimmungsrechte für den Fall einräumen, daß der Sponsor mit dessen Konkurrenten auf sportlicher oder auf wirtschaftlicher Ebene Sponsoringverträge abzuschließen gedenkt. Daß solche Abreden zulässig sind, steht heute außer Zweifel, wenn man von der Knebelungswirkung übermäßiger Beschränkung im Rahmen des § 138 BGB[363] absieht. Im übrigen ergibt sich die Wirksamkeit solcher Abreden aus dem argumentum maiore ad minus des § 137 S.2 BGB[364]. Wenn die Verpflichtung, die auf eine im Außenverhältnis unwirksame Beschränkung der Verfügung über ein veräußerliches Recht gerichtet ist, nach dieser Vorschrift im vertraglichen Innenverhältnis wirksam bleiben soll, so muß dies um so mehr für Verpflichtungen gelten, die lediglich den Abschluß schuldrechtlicher Geschäfte beschränken oder untersagen.

Dem Abschluß eines Sponsoringvertrags steht also potentiell ein früherer Sponsoringvertrag mit Kontrahierungsbeschränkungen entgegen. Diese rechtsgeschäftlichen Kontrahierungsverbote wirken allerdings nur vertragsintern und negativ. Das bedeutet, daß die Wirksamkeit der wider die Abrede geschlossenen Verträge von der vertraglichen Kontrahierungsbeschränkung nicht berührt wird. Die Rechtssicherheit und der Schutz der

363 Dazu siehe unten Vierter Teil B VII.

364 Müko-Mayer-Maly, 3. Auflage, 1993, §137 Rn 1

Abschlußfreiheit als Ausfluß der grundrechtlich gesicherten Vertragsfreiheit gebieten diese positive Folgenlosigkeit eines Vertragsbruches. Allenfalls kann eine Zuwiderhandlung des Vertragsbrechenden Schadenersatzpflichten aus positiver Vertragsverletzung zu seinen Lasten gegenüber dem Sponsor oder das Recht zur außerordentlichen Kündigung gemäß § 723 I S. 2 BGB auslösen. Der dennoch abgeschlossene – neue oder zweite – Sponsoringvertrag bleibt jedoch zweifellos wirksam.

Allerdings ist auch in dem neuen, zeitlich späteren und durch das in einem früheren Sponsoringvertrag vereinbarte Kontrahierungsverbot belasteten Sponsoringvertrag regelmäßig eine Vereinbarung enthalten, in der sich die Vertragpartner gegenseitig zusichern, frei von konkurrierenden rechtlichen Bindungen zu sein, die in Form von Schadensersatzpflichten einem Neuabschluß entgegenstehen könnten. Ist diese Bindungsfreiheit, d.h. Freiheit von vertraglichen Kontrahierungsbeschränkungen nicht gegeben, so kann eine dahingehende wahrheitswidrige Zusicherung allenfalls das Recht zur außerordentlichen Kündigung auslösen oder zu Unterlassungs- und Schadensersatzpflichten führen[365], nicht aber den Zweitvertrag in seinem rechtlichen Bestand infrage stellen. An dieser Stelle sei bereits erwähnt, daß eine Beurteilung der Rechtswirksamkeit von Sponsoringverträgen, die von Einzelathleten entgegen bestehende vereins- oder verbandsinterne Werbeverbote abgeschlossen werden, zum selben Ergebnis führt[366].

Verpflichten sich die Sponsoringparteien, über veräußerliche Rechte nicht zu verfügen, so ist diese Abrede an § 137 BGB zu messen. In Betracht kommen dabei sämtliche Immaterialgüterrechte, auf die § 137 BGB allerdings nur modifiziert anzuwenden ist, da Immaterialgüterrechte wegen ihres persönlichkeitsrechtlichen Einschlags wegen zwar nicht übertragbar, jedoch einer Lizenz zugänglich sind[367]. Danach ist eine zwischen den Sponsoringpartnern verabredete Beschränkung der Befugnis, über die dem Sponsor oder dem Gesponserten zustehende Immaterialgüterrechte zu verfügen, unwirksam. Die Verpflichtung des Gesponserten, die Nutzungsrechte an seinem Namen, seiner Firma, seiner Geschäftsbezeichnung, seiner Marke, seines Bildes et cetera nicht anderen Sponsoren zu überlassen, ist zwar gemäß § 137 S. 2 BGB nicht unwirksam, eine Zuwiderhandlung kann allerdings Schadensersatz- und Unterlassungsansprüche auslösen, wie auch das Recht zu einer der binnengesellschaftlichen Struktur des Sponsoring entsprechenden Kündigung aus wichtigem Grund gemäß § 723 I BGB.

365 MüKo-Mayer-Maly, 3. Auflage, 1993, §137 Rn 25, 29, 30; BGHZ 40, S. 115 (117); BGHZ 31, S. 13 (19); Soergel-Hefermehl, 12. Auflage, 1987 §137 Rn 111; Staudinger-Coing, 10. Auflage, §137 Rn 8.

366 Hierzu siehe Klaus Viehweg, Zur Einführung: Sport und Recht, in JuS 1983 S. 825 ff.

367 Müko-Mayer-Maly, 3. Auflage, 1993, §137 Rn 12; Soergel-Hefermehl, 12. Auflage, 1987, §137 Rn 3, 7; Erman-Brox, 9. Auflage, 1993, §137 Rn 2.

VI. Sonstige Abschlußhindernisse – verbandsrechtliche Abschlußkompetenzen

Das Institutionensponsoring birgt für den Vertragsabschluß eine rechtlich problematische Komponente, die beim Individualsponsoring so nicht auftreten kann, namentlich das der Aktivenvereinbarung. Regelmäßig sind der Verein oder der Verband nicht befugt, im Namen der Mitglieder, d.h. der Sportler, Verpflichtungen einzugehen, denn weder die Mitgliedschaft des Sportlers in einem Verein oder Verband, noch ein bestehendes Arbeitsverhältnis des Berufssportlers räumt dem Verein oder Verband ein solches Recht ein[368]. Ein ohne die Bevollmächtigung des Vereines oder Verbands geschlossener Sponsoringvertrag, der Verpflichtungen der Vereins- oder Verbandsmitglieder begründet, ist ein Vertrag zulasten Dritter und daher unwirksam[369]. Folglich sind die Sponsoringvertragsinhalte vor dem Abschluß durch den Verein oder Verband mit deren Mitgliedern abzustimmen und durch eine sogenannte Aktivenvereinbarung in das vereins- und verbandsrechtliche Innenverhältnis umzusetzen. Ausgespart werden soll hier die gesamte Problematik der Konkurrenz bestehender Sponsoringverträge mit einzelnen Athleten einer Mannschaft und dem Vereinssponsoringvertrag[370]. Nach einem Urteil des LG München[371] ist dem zeitlich vor dem Verbandssponsoringvertrag geschlossenen Individualsponsoringvertrag insofern die Priorität einzuräumen, als der frühere Sponsoringvertrag auch die Mitgliedschaftsrechte des Individualathleten im Verein oder Verband nicht beschränken darf. Deshalb sind in die Aktivenvereinbarungen aus dem Blickwinkel der Sittenwidrigkeitskontrolle nach § 138 BGB heraus regelmäßig die Sponsoringpflichten der Individualathleten schützende Öffnungsklauseln aufzunehmen.

Die Aktivenvereinbarung ist als Bevollmächtigung im Sinne des § 167 I BGB zu verstehen[372], ohne die durch den Abschluß des Sponsoringvertrags

368 Staudinger-Günter Weick, 13. Auflage, 1995, §26 Rn 8; Müko-Reuter, 3. Auflage, 1993, §26, Rn 11.

369 BGHZ 54, S. 247; BGHZ 58, S. 219; BGHZ 61, S. 361; BGHZ 78, S. 374 f; Karl Larenz, Schuldrecht Allgemeiner Teil, 14. Auflage, 1987, S. 233; Staudinger-Kaduk, 12. Auflage, 1994, Vorb §328, Rn 64; Staudinger-Rainer Jagmann, 13. Auflage, 1995, Vor §328, Rn 77; Soergel-Hadding, 12. Auflage, 1990, §328 Rn 118.

370 Hierzu siehe Stephan Netzle, Sponsoring von Sportverbänden, Diss. Zürich 1988, S.50 und 150; H.P. Westermann in Eike Reisch (Hrsg.), Sport als Arbeit – zur rechtlichen Stellung von Amateuren und Profis, S. 35 ff(37).

371 LG München, 06.09.1991, Az 23-O-17 935/91; hierzu siehe auch Stefan Beulke, Vertragsrechtliche Besonderheiten des Sportsponsoring – Vorbeugendes Risikomanagement durch Vertragsgestaltung, in Leitfaden Sponsoring- und Eventmarketing, Düsseldorf 1995, Rn D 3.1, S.4.

372 Und nicht etwa als Verpflichtungsermächtigung analog §185 BGB, die dem Verein oder Verband die Kompetenz zum Abschuß eines unzulässigen Vertrags zulasten Dritter einräumen würde, und deshalb ihrerseits unzulässig ist. Siehe auch Müko-Gottwald, 3. Auflage, 1994, §328 Rn 139; Dieter Medicus; Bürgerliches Recht, 17. Auflage, 1996; Rn 29; Werner Flume, Das Rechtsgeschäft, Allgemeiner Teil, Band II, S. 905; Staudinger-Rainer Jagmann, 13. Auflage, 1995, Vor §328, Rn 80.

für die einzelnen Vereins- oder Verbandsmitglieder wegen § 177 I BGB keinerlei Verpflichtungen begründet werden können[373]. Der durch den Vorstand handelnde (rechtsfähige) Verein kann gemäß § 26 II BGB nur sich selbst, nicht aber seine Mitglieder oder seine berufssportlichen Bediensteten verpflichten. Der Sponsor wird sich gegebenenfalls nicht auf die Unkenntnis vom Mangel der Vertretungsmacht berufen können, denn man wird ihm nach Treu und Glauben eine Erkundigungspflicht nach der Aktivenvereinbarung auferlegen müssen, so daß er gemäß § 179 III BGB kein Recht zu Forderung von Schadensersatz nach § 179 I oder II BGB oder gar Erfüllung nach § 179 I BGB gegenüber dem Sponsoringnehmer haben wird.

VII. Die Sittenwidrigkeitskontrolle des Sponsoringvertrags nach § 138 BGB

1. Knebelung der Sponsoringpartner durch Vereinbarung von Konkurrenzverboten

Insbesondere das zwischen den Parteien vereinbarte Konkurrenzverbot bedarf einer an § 138 BGB gemessenen Überprüfung. Denn die Pflicht des Gesponserten, Abschlüsse von gleichen oder ähnlichen Verträgen mit Wettbewerbern des Sponsors von der ausdrücklichen Zustimmung des Sponsors abhängig zu machen oder gänzlich zu unterlassen, kann unter dem Aspekt der wirtschaftlichen und rechtlichen Knebelung des Sponsoringnehmers Bedeutung erlangen.

Die genannte Verpflichtung stellt sich in ihrer normativen Würdigung als echtes Konkurrenzverbot dar. Dem Sponsoringnehmers ist es nicht gestattet, sein Image im Rahmen einer vertraglichen Abrede auf einen anderen als den »unter Vertrag stehenden« Sponsoren überzuleiten und seinen Werbewert, seine Mitwirkungsmöglichkeiten, seine Nutzungsrechte etc. vertragsfremden Dritten zur Verfügung zu stellen.

Ein Vorwurf der übermäßigen Einschränkung der rechtlichen und wirtschaftlichen Bewegungsfreiheit in der von § 138 BGB erfaßten Fallgruppe der Knebelung aus Sicht des Gesponserten ist jedoch aus zwei Gründen nicht haltbar. Einerseits fließt aus der Struktur des Vertrags als gesellschaftsrechtlicher Innenverbindung eine Treuepflicht, der ein Konkurrenzverbot genetisch immanent ist[374]. Ein jeden einzelnen Gesellschafter gleichermaßen treffendes Konkurrenzverbot ist zur Erreichung des Gesellschaftszwecks unabdingbar erforderlich. Beim Sponsoring ist dies, wie bereits unter dem Aspekt der kartellrechtlichen Beurteilung des Wett-

373 Staudinger-Günter Weick, 13. Auflage, 1995, §26, Rn 9 und 18; Müko-Reuter, 3. Auflage, 1993, §26 Rn 11.

374 Karsten Schmidt, Gesellschaftsrecht, 2. Auflage, 1991, S. 489; Staudinger-Keßler, 12. Auflage, 1991, §705 Rn 51; Friedrich Kübler, Gesellschaftsrecht, 4. Auflage, 1994; S. 44; BGHZ 89, S. 162.

bewerbsverbots befunden, in beispielhafter Weise der Fall. Ohne die Exklusivität der Leistung des Sponsoringnehmers an den Sponsor und umgekehrt, würde der Wirkungsmechanismus des Sponsoring grundlegend infrage gestellt werden. Die Identifikation der Öffentlichkeit mit dem Sponsorship zwischen einem bestimmten Sponsoren und einem bestimmten Sponsoringnehmer allein ist die Gewähr für den gesellschaftsrechtlich angestrebten Imagetransfer zwischen den Sponsoringpartnern. Eine völlige Konkurrenzfreiheit würde die Wirkung des Sponsorships nicht nur verwässern, sondern gänzlich vereiteln. Das Konkurrenzverbot ist damit Ausfluß der Pflicht zur Verfolgung des gemeinsamen Zweckes und notwendig, um der gesellschaftsrechtlichen Verbindung zum Erfolg zu verhelfen.

Zum zweiten ist anerkannt, daß vertraglichen Konkurrenzverboten für die Zeit der Vertragsdauer die Qualität des Sittenverstoßes unter dem Aspekt der wirtschaftlichen und rechtlichen Knebelung genommen wird, wenn die Einengung der Betätigungs- und Entscheidungsfreiheit eine zeitliche Schranke findet und finanziell abgegolten wird[375]. Obgleich eine klare Grenzlinie zwischen Sittengemäßheit und Sittenverstoß weder in zeitlicher noch in finanzieller Hinsicht gezogen werden kann, wird in aller Regel dem sponsoringvertraglichen Konkurrenzverbot ein Makel der Sittenwidrigkeit aus den genannten Gründen nicht anhaften. Denn einerseits ist durch die Beschränkung des Konkurrenzverbotes auf Wettbewerber des Sponsors hinreichend Bewegungsraum des Gesponserten für Verträge mit Nichtkonkurrenten des Sponsors gegeben, andererseits ist dem Konkurrenzverbot durch die relativ kurze Regellaufzeit des Sponsoringvertrags von ein bis drei Jahren mit beiderseitigen Verlängerungs- und Abänderungsoptionen eine zeitliche Grenze gesetzt. Letztlich wird dem Sponsoringnehmer für die Exklusivität des Engagements mit dem Sponsor eine beträchtliche Summe Geld oder Sachen von erheblichem Vermögenswert zur Verfügung gestellt, so daß der Vorwurf der wirtschaftlichen Einengung kaum gerechtfertigt sein dürfte.

Sollte dem Sponsoringnehmer im Einzelfall dennoch eine Konkurrenztätigkeit über das zur gemeinsamen Zweckverfolgung zwingend notwendige Maß und ohne angemessene zeitliche Schranke und finanzielle Entschädigung auferlegt werden, so daß dessen Entscheidungs- und Betätigungsfreiheit übermäßig beschnitten wird, mag dieses Verbot dem Sittenwidrigkeitsvorwurf des § 138 BGB nicht standhalten können. Fraglich bleiben die Auswirkungen eines solchen, für das Gesamtvertragswerk nur singulären Sittenverstoßes. Man wird unter Heranziehen der Auslegungsregel des § 139 BGB bei Beibehaltung der im übrigen sittengemäßen

375 MüKo-Mayer-Maly, 3. Auflage, 1993, §138 Rn 72; BGHZ 37, S. 381 (385); BGH WM 1989, S. 954; KG MDR 1974, S. 144 (145).

Vertragsabreden das Konkurrenzverbot auf das gesellschaftsrechtlich erforderliche Maß reduzieren können oder zeitliche Schranken einbauen oder eine entsprechende Abgeltung des Sponsoringnehmers in Geld erwägen. Nur mit Gewalt wird man die starre Nichtigkeitssanktion des § 138 BGB dem gesamten Sponsoringvertrag aufoktroyieren können.

2. Verstoß gegen das Anstandsgefühl aller billig und gerecht Denkenden durch Leistungsprämien für Amateursportler

Dem Gedanken der Sittenwidrigkeit vertraglicher Abreden in der Sportförderung kam noch in den 80er Jahren einen prominenter Diskussionsplatz zu. Dabei wurden Verträge über Leistungsprämien von Amateursportlern als sittenwidrig qualifiziert, weil damit gegen den »Geist des ehrlichen Wettkampfes« verstoßen wurde[376]. Doch ist der nüchterne Befund nicht von der Hand zu weisen, daß sich dieses ethisch von jedem Kommerz bereinigte Bild des Nicht-Profis heute gründlich gewandelt hat. Hier ist einmal mehr der normativen Kraft des Faktischen das Feld zu räumen, denn die weite Verbreitung des Habitus kommerzieller Leistungsanreize auch unter Amateursportlern und Amateurvereinen nimmt dahingehenden vertraglichen Abreden den Sittenwidrigkeitsvorwurf, da dies bei breiter, wenn auch mürrischer Akzeptanz dem Anstandsgefühl der Mehrheit der billig und gerecht Denkenden nicht mehr widerstrebt.

Ebenso verhält es sich mit der teilweise bis in die Gegenwart vertretenen These[377], daß Sieger- und Entgeltprämien, die nicht vom Veranstalter eines Sportereignisses oder einem Verein eines Sportlers oder einer Mannschaft, unabhängig von deren Amateur- oder Profistatus, sondern vielmehr von sportfremden Wirtschaftsunternehmen versprochen und gewährt werden, sittenwidrig seien. Hier ist ebenfalls ein grundlegender gesellschaftlicher Wertewandel zu verzeichnen, der eine vertragliche Prämiengewährung von dritter Seite her billigt. Damit ist die Vereinbarung von Leistungs- und Erfolgsprämien seitens des Sponsors zugunsten des gesponserten Athleten oder Vereins diesseits der Sittenwidrigkeitsgrenze angesiedelt.

VIII. Andere Nichtigkeitsgründe insbesondere § 306 BGB und § 726 BGB

Die anfängliche objektive Unmöglichkeit der Leistung führt zwangsläufig zum Nichtentstehen der Leistungspflicht gemäß § 306 BGB und ist daher als vertragliches Abschlußhindernis zu qualifizieren. Im Einklang mit der

376 Staudinger-Dilcher 12. Auflage, 1980, §138 Rn 82 m.w.N.

377 Staudinger-Dilcher 12. Auflage, 1980, §138 Rn 83.

Regelung des § 306 BGB steht die nach allgemeiner Ansicht auf die rein schuldrechtliche BGB-Innengesellschaft prototypisch zugeschnittene Norm des § 726 BGB[378]. Dieser Vorschrift zufolge läßt die nachträgliche Unmöglichkeit der Zweckerreichung die Gesellschaft ipso iure endigen.

Sponsoringrechtliche Relevanz erlangt die Problematik der §§ 306 und 726 BGB beim anfänglichen Unvermögen des Sponsoringnehmers oder des Sponsors, die versprochenen Dienstleistungen in höchstpersönlicher Form zu erbringen. Zwar betrifft die Sanktion des § 306 BGB nur einzelne Leistungsverpflichtungen, die anfänglich objektiv unmöglich sind, jedoch kehrt sich das anfängliche Unvermögen in eine anfängliche objektive Unmöglichkeit, wenn die Leistungsverpflichtung, wie regelmäßig beim Sponsoringvertrag anzutreffen, eine höchstpersönliche ist[379].

In der Vorschrift des § 726 BGB geht es anders als in der des § 306 BGB nicht um die Unmöglichkeit einer spezifischen Leistungsverpflichtung, sondern um die Unmöglichkeit der Erreichung des Gesellschaftszwecks insgesamt, selbst bei anhaltender Möglichkeit der einzelnen Beitragsleistung[380]. Jedoch kann sich die Unmöglichkeit der Erbringung einer auf die Person des Sponsoringnehmers oder des Sponsors zugeschnittenen Hauptleistungspflicht durchaus die Unmöglichkeit der Erreichung des Gesellschaftszwecks nach sich ziehen. Man denke nur an die nachhaltige und langjährige Boykottierung südafrikanischer Sportler im weltweiten Sport- und Werbegeschehen[381]. Eine einem weltweit boykottierten Sportler sponsoringvertraglich auferlegte höchstpersönliche Mitwirkungspflicht im internationalen Fernsehen gelangt nicht nur wegen § 306 BGB nicht zum Entstehen, sondern auch wegen § 726 BGB.

Die Rechtsfolge des § 726 BGB ist nach dem eindeutigen Wortlaut auf das nachträgliche Unmöglichwerden der Zweckerreichung zugeschnitten. Diese Rechtsfolge muß natürlich um so eher eintreten, wenn die Zweckerreichung von Anfang an unmöglich war, denn dann gelangt die Gesell-

378 Karsten Schmidt, Gesellschaftsrecht, 2. Auflage, 1991, S. 112, m.w.N.

379 Soergel-Wolf, 12. Auflage, 1990, §306 Rn 6; Erman-Battes,1. Band, 9. Auflage, 1993, §306, Rn 5; Müko-Thode,3. Auflage, 1994, §306, Rn 7; a.A. Staudinger-Löwisch,13. Auflage, 1994, §306 Rn 11; Karl Larenz, Schuldrecht Allgemeiner Teil, 14. Auflage, 1987, S. 100; Manfred Bruhn-Rudolf Mehlinger, Rechtliche Gestaltung des Sponsoring, Band 1, 2. Auflage, 1995, S. 87.

380 Insofern undifferenziert Müko-Ulmer, 2. Auflage, 1986, §726 Rn 4, der nicht unterscheidet zwischen der Unmöglichkeit der Zweckerreichung und der Unmöglichkeit der Leistung; a.A. Staudinger-Keßler, 12. Auflage, 1990, §726 Rn 4, 5, der die tatsächliche Unmöglichkeit von §726 BGB, die rechtliche Unmöglichkeit von §306 BGB erfaßt sehen will; ebenso Soergel-Hadding, 11. Auflage, 1985, §726 Rn 2.

381 Nach einer Charta des IOC und der Weltsportverbände waren für die Zeit der Apartheid in Südafrika sämtliche Sportler von den Olympischen Spielen, Weltmeisterschaften und anderen internationalen Wettkämpfen ausgeschlossen.

schaft gar nicht erst zum Entstehen[382]. Ob sich dieser Rechtsfolge bei Kenntnis einer der Sponsoringparteien die Schadensersatzpflicht des § 307 BGB anschließt ist unklar, es läßt sich aber bei Verschulden mindestens eine Haftung aus culpa in contrahendo begründen[383].

IX. Die Folgen eines fehlerhaften Abschlusses des Sponsoringvertrags

Die Nichtigkeitssanktion fehlerhafter Vertragsabschlüsse muß nicht zwingend den gesamten Vertrag treffen, wie die Regelung des § 139 BGB vor Augen führt. Gerade die Vielseitigkeit und Vielschichtigkeit des Sponsoringvertrags im engeren Sinne drängt Überlegungen zu einer Teilnichtigkeit bzw. Teilwirksamkeit mit Blick auf § 139 BGB auf. Überhaupt soll die Nichtigkeit einzelner Vertragsklauseln gerade im Gesellschaftsrecht nicht zur Nichtigkeit des ganzen Vertrags führen[384], was letztlich nicht mehr als eine Bestärkung des in § 139 BGB niedergelegten Auslegungsgrundsatzes ist.

Dies auf das Sponsoring gewendet zu beurteilen, muß indes einem Einzelfallgutachten vorbehalten bleiben, denn es lassen sich keine allgemeingültigen Regeln zum Aufspüren des mutmaßlichen Parteiwillens aufstellen, die im Recht des Sponsoringvertrags die hypothetische Regelung von durch Nichtigkeit entstandenen Vertragslücken bewerkstelligen könnte. Im Wege der geltungserhaltenden Reduktion können zu weitgehende Vertragsvereinbarungen gleichsam »gerettet« werden. Jedenfalls ist im konkreten Fall präzise zu untersuchen, ob der Sponsoringvertrag für die Parteien ohne die wegen eines Gesetzesverstoßes oder anderer schwerwiegender Mängel nichtige Vertragsklausel überhaupt noch einen Sinn macht.

Das ist bei der bereits geschilderten sponsoringtypischen organischen Abhängigkeit der einzelnen Vertragsklauseln voneinander grundsätzlich in Zweifel zu ziehen. Denn anders als in typischen Gesellschaftsverträgen[385] finden sich im Sponsoringvertrag regelmäßig keine salvatorischen Klauseln, die die Weitergeltung des übrigen Vertragsteils für den Fall anordnen, daß sich eine oder mehrere Klauseln als nichtig herausstellen sollten. Dieser Befund kennzeichnet eben die beiderseitige Individualität des Sponsoringengagements, die sich als Ergebnis eines intensiven marketingstrategi-

382 Die wohl h.M. differenziert bei §306 und 726 allein nach der rechtlichen und tatsächlichen Unmöglichkeit, ohne auf den Unterschied von Leistungspflicht und Gesellschaftszweck einzugehen, Müko-Ulmer, 2. Auflage, 1986, §726 Rn 4; Staudinger-Keßler, 12. Auflage, 1991, §726 Rn 6.

383 Für die Anwendung der Vorschrift des §307 BGB Müko-Ulmer, 2. Auflage, 1986, §726 Rn 4; Staudinger-Keßler, 12. Auflage, 1991, §726 Rn 6.

384 BGHZ 49, S. 364 (365); Karsten Schmidt, Gesellschaftsrecht, 2. Auflage, 1991, S. 121.

385 Karsten Schmidt, Gesellschaftsrecht, 2. Auflage, 1991, S. 122; Sudhoff, Personengesellschaften, S. 481, 489, 542, 582; Norbert Horn, Neuverhandlungspflicht,AcP 181 (1981), S. 259.

schen Entscheidungsfindungsprozesses auf der Seite des Sponsors wie auch auf der des Sponsoringnehmers darstellt. Man kann deshalb für nicht wenige Sponsoringverträge sagen, daß sie nach dem Willen der Parteien entweder so, wie ausgearbeitet, gänzlich anders oder eben überhaupt nicht, jedenfalls aber nicht ein wenig modifiziert durchgeführt werden sollen.

Die Nichtigkeit des Sponsoringvertrags wird den Parteien regelmäßig nicht bereits im Zeitpunkt des Vertragsschlusses bewußt werden, vielmehr werden die Parteien erst durch ein eventuelles gerichtliches Verfahren von der Unwirksamkeit erfahren. Bis zu diesem Zeitpunkt werden die Parteien allerdings ihren (vermeintlichen) Pflichten in extenso nachgekommen, das gesamte Sponsoringengagement wird vollzogen sein.

Die Beurteilung der Frage nach der Nichtigkeit des Sponsoringvertrags richtet sich nach dessen Rechtsnatur als bürgerlich-rechtliche Innengesellschaft. Die Grundsätze über die fehlerhafte und faktische Gesellschaft gelten im Ergebnis trotz zahlreicher Gegenstimmen auch für die Innengesellschaft[386], zu deren Problematik die Meinungsvielfalt an dieser Stelle nur sehr verkürzt wiedergegeben werden kann. Die Gegenstimmen begründen ihre ablehnende Haltung mit der Struktur der ohne Gesamthand ausgestatteten Innengesellschaft als völlig normales Austauschschuldverhältnis, bei dem die Rückabwicklungsproblematik nicht die Schärfe annimmt, wie es bei der idealtypischen Gesamthandsaußengesellschaft der Fall ist. Die Lehre von der fehlerhaften Gesellschaft soll demzufolge den Bestand des Verbandes nach außen hin sichern.

Die moderne Lehre von der faktischen Gesellschaft knüpft allerdings nicht nur an die Gesamthand und das Außenverhältnis zum Schutz des Vertrauens von Gläubigern der fehlerhaften Gesellschaft an, sondern in gleicher Weise an die Beitragsleistung des Gesellschafters selbst. Das Rechtsscheins- und das Vertrauensschutzargument stehen alternativ und gleichwertig dem die Theorie von der faktischen Gesellschaft stützenden und auf die Verbandsstruktur der Gesellschaft zugeschnittenen Bestandsschutzargument gegenüber[387]. Der Schutzbedarf für die gesellschafterliche Beitragsleistung

386 BGHZ 8, S. 157;(166); BGHZ 55, S. 5 (8); BGHZ 62, S. 234 (237); BGHZ 75, S. 214 (217); BGH WM 1973 S. 900 (901; BGH NJW 1982, S. 877; BGH NJW 1983, S. 748; BGH NJW-RR 1991, S. 613; Hans-Werner Steckhan, Die Innengesellschaft, 1966 S. 51 ff; Karsten Schmidt, Gesellschaftsrecht, 2. Auflage, 1991, S. 129; Staudinger-Keßler, 12. Auflage, 1991,§705 Rn 138,140; a.A. Soergel-Hadding,11. Auflage, 1985, §705 Rn 92; Werner Flume, Allgemeiner Teil des Bürgerlichen Rechts, Erster Band, Die Personengesellschaft,1977, §2 III; Müko-Ulmer, 2.Auflage, 1986, §705 Rn 239, 244; Erman-H.P. Westermann,1.Band, 9. Auflage, 1993, §705 Rn 83; zum Ganzen ausführlich: Georg Wiesner, Die Lehre von der fehlerhaften Gesellschaft, Diss Heidelberg 1980 S. 162 ff und Sybille Kessal-Wulf, Die Innenverbände 1995, S. 67 ff.

387 Staudinger-Keßler, 12. Auflage, 1991, §705 Rn 138,140; Hans-Werner Steckhan, Die Innengesellschaft, 1966 S. 51 ff; Karsten Schmidt, Gesellschaftsrecht, 2. Auflage, 1991, S. 129.

ergibt sich dabei weniger aus der gesellschaftlichen Verbandsstruktur, sondern vielmehr aus dem Dauerschuldcharakter der Beziehung unter den Gesellschaftern, der einer nur bilateral strukturierten und einem Austauschvertrag ähnlichen Innengesellschaft durchaus auch zueigen ist. Bei einer in Vollzug gesetzten Innengesellschaft ist das Bedürfnis nach einer klaren Rechtslage unter den beteiligten Gesellschaftern und die Schutzwürdigkeit der bereits erbrachten Leistungen nicht geringer als bei jedem anderen austauschrechtlichen Dauerschuldverhältnis und bei jedem anderen Gesellschaftsverhältnis mit Gesamthand und Außenwirkung. Denn das Risiko einer bereicherungsrechtlichen Entwertung über § 818 III BGB von Beitragsleistungen, die in Form von Diensten oder anderen einer realen Rückabwicklung unzugänglichen Leistungen zu erbringen sind, ist bei der schuldrechtlichen Innengesellschaft kein anderes als bei einem Dienst- oder Arbeitsvertrag und bei einer Gesamthandsaußengesellschaft.

Ebenso sprechen Praktikabilitätserwägungen für eine Anwendung der Lehre von der fehlerhaften Gesellschaft auf die schuldrechtliche Innengesellschaft, denn die Vielseitigkeit der über eine längere Zeitspanne zu erbringenden innengesellschaftlichen Beiträge läßt eine Rückabwicklung als praktisch ausgeschlossen erscheinen. Es besteht im Ergebnis kein Grund, die schuldrechtliche Innengesellschaft von der Lehre von der faktischen Gesellschaft auszunehmen.

Sollte sich also der in Vollzug gesetzte Sponsoringvertrag im engeren Sinne als nach §§ 134, 138 BGB oder einer anderen Vorschrift nichtig erweisen, so treffen ihn die Nichtigkeitsfolgen erst ex nunc mit Kenntnis der Parteien von der Nichtigkeit. An dieser Stelle sei bereits erwähnt, daß dies konsequenterweise auch für die Anfechtungswirkungen des § 142 BGB gelten muß.

C. Die Durchführung des Sponsoringvertrags

I. Die Anwendbarkeit des Gesellschaftsrechts des BGB

Die Konsequenz der typologischen Zuordnung der einzelnen sponsoringrechtlichen Vertragsbestandteile zum Miet-, Dienst-, Lizenz-, Garantie- und Gesellschaftsvertrag ist die grundsätzliche Anwendung des jeweiligen kodifizierten oder nicht kodifizierten Regelungsgefüges auf die Vertragsdurchführung[388]. Allerdings ist der sponsoringtypischen Dominanz des gesellschaftsrechtlichen Elements dahingehend Tribut zu zollen, daß die Regelungsprogramme über den Miet-, Dienst-, Garantie oder Lizenzvertrag nur subsidiär Anwendung finden, namentlich wenn es der Einzelfall

388 Siehe hierzu auch oben Dritter Teil G V.

gebietet und das Gesellschaftsrecht keine probate Lösung bereithält. Hier wird die Unterscheidung des Sponsoring im engeren und desjenigen weiteren Sinne wieder relevant. Das Sponsoring im nur weiteren Sinn läßt sich mit dem Regelungsprogramm bekannter kodifizierter oder nicht kodifizierter Vertragstypen rechtlich schematischer abwickeln, als dies beim Sponsoring im engeren Sinne je der Fall sein kann.

Die sich aus den Vorschriften der §§ 705 ff BGB ergebenden Gesellschafterpflichten gelten ohne Einschränkung zunächst auch für die Innengesellschaft. Modifikationen sind dort notwendig, wo das Gesetzesrecht an die idealtypische Gesamthand mit Außenwirkung anknüpft, denn diese Regeln passen nicht auf die bürgerliche Innengesellschaft, also auch nicht auf den Sponsoringvertrag.

1. Die Beitragspflichten der Sponsoringparteien, insbesondere die Geschäftsführungspflicht

Die zwei unabdingbaren Grundpflichten des Gesellschafters einer jeden Gesellschaft, unabhängig von ihrem Innen- oder Außenstatus, sind die Pflicht zur Leistung des vereinbarten Beitrags nach § 706 BGB und die Treuepflicht. Die wohl prominenteste Beitragspflicht unter den Sponsoringpartnern ist die Pflicht zur Geschäftsführung. Unter Geschäftsführung sind alle diejenigen Handlungen des oder der Gesellschafter zu verstehen, die für die Gesamthand oder, wenn eine Gesamthand nicht vorhanden ist, für die übrigen Mitgesellschafter vorzunehmen und die auf Erreichung des gemeinsamen Zweckes gerichtet sind[389]. Nur sogenannte gesellschaftsvertragsändernde Grundlagengeschäfte sind nicht davon erfaßt.

Als Geschäftsführungshandlungen des Sponsors sind vornehmlich dessen Marketingaktivitäten unter Einbindung des Sponsoringnehmers zu qualifizieren. TV-Werbespots, Anzeigenkampagnen, Messeauftritte, Pressekonferenzen unter aktiver Mitwirkung oder nur passiver Anwesenheit des Sponsoringnehmers gehören ebenso dazu, wie die Kennzeichnung von Produkten oder ganzer Modellreihen mit dem Personen- oder Vereins- und Verbandsnamen, der Firma oder anderen Kennzeichen des Gesponserten. Jede öffentliche sponsorinitiierte Darstellung der Liaison zwischen dem Sponsor und dem Sponsoringnehmer ist eine Geschäftsführungsmaßnahme des Sponsors. Die Geschäftsführungsmaßnahmen des Sponsoringnehmers bestehen aus jedweder sponsoringnehmerinitiierten öffentlichkeitsbezogenen Darstellung

389 Münchener Handbuch des Gesellschaftsrechts, 1995, S. 121; Soergel-Hadding, 12. Auflage, 1991, §709 Rn 9; Müko-Ulmer, 2. Auflage, 1984, §709 Rn 7; Friedrich Kübler, Gesellschaftsrecht, 4. Auflage, 1994, S. 48

der »Sponsion« zwischen dem Sponsor und dem Gesponserten. Dabei kommen die Produkt- und die Markenpräsentation in Ausübung der geförderten Tätigkeit ebenso in Frage wie die sponsorbezogenen Äußerungen und Darstellungen bei Presse- und Medienauftritten jedweder Art. Beim Individualsponsoring können die Geschäftsführungshandlungen des Sponsoringnehmers bis in dessen Privatsphäre hineinreichen, solange nur ein irgendwie gearteter Öffentlichkeitsbezug vorhanden ist.

Die Geschäftsführung im Sponsoringvertrag weicht vom gesetzlichen Modell der BGB-Gesellschaft dahingehend ab, daß die Willensbildung und der Willensvollzug nicht kollektiv der Gesamtheit der Gesellschafter, sondern individuell jedem einzelnen Mitgesellschafter übertragen ist. Sponsor und Gesponserter sind Einzelgeschäftsführer, ohne bei den Geschäftsführungshandlungen nach § 709 I BGB von einer grundsätzlichen gesellschaftsrechtlichen Zustimmung des jeweils anderen Teils abhängig zu sein. Die gegenseitigen Abstimmungs- und Zustimmungsverpflichtungen der Sponsoringpartner auf der Grundlage der gesellschaftsrechtlichen Treuepflicht sind hiervon scharf zu trennen.

Den Sponsoringpartnern steht formell das Widerspruchsrecht nach § 711 S. 1 BGB zu. Es kommt praktisch allerdings nur untergeordnet zum Zuge, da es sich nach dem Wortlaut des § 711 S. 1 BGB materiell nur auf solche Maßnahmen des Einzelgeschäftsführers beziehen kann, von dem der widersprechende Mitgesellschafter in seiner Einzelgeschäftsführungsbefugnis nicht ausgeschlossen ist[390]. Ist die Geschäftsführung nach dem Gesellschaftsvertrag funktional in eigenverantwortlich geführte Ressorts aufgeteilt, liegt ein teilweiser Ausschluß des einen Gesellschafters von der Geschäftsführung im Ressort des anderen Gesellschafters vor, so daß § 711 BGB dort nicht zur Anwendung kommt[391]. Im Sponsoringvertrag sind die Geschäftsführungskompetenzen zwischen Sponsor und Sponsoringnehmer funktional deutlich, wenn auch nicht immer randscharf voneinander getrennt. Jeder führt in seinem Zuständigkeitsbereich die Geschäfte eigenverantwortlich und unter Ausschluß des jeweils anderen Sponsoringpartners, ganz im Sinne der sponsoringrechtlichen Arbeitsteilung. Das auf diese Weise im Sponsoringvertrag installierte Ressortprinzip steht einem Widerspruchsrecht der Sponsoringpartner nach § 711 BGB entgegen.

Deshalb findet über § 713 BGB auch die auftragsrechtliche Vorschrift des § 665 BGB, wonach der Beauftragte den Weisungen des Auftraggebers

390 Müko-Ulmer, 2. Auflage, 1986, §711 Rn 6; Münchener Handbuch des Gesellschaftsrechts, Band 1, 1995, S. 130; Soergel-Hadding, 11. Auflage, 1985, §711 Rn 2.

391 Münchener Handbuch des Gesellschaftsrechts, Band 1, 1995, S. 133; Müko-Ulmer, 2. Auflage, 1986, §711 Rn 6 und 17.

unterstellt ist, im Recht des Sponsoringvertrags gerade keine Anwendung. Denn die Einzelgeschäftsführung und die Eigenverantwortlichkeit der Kontrahenten dulden keine Weisungssubordination. Die funktionale Ressortaufteilung der Geschäftsführung im Sponsoringvertrag ist es auch, die der Anwendung des § 712 BGB, Einziehung und Kündigung der Geschäftsführung, entgegensteht, da die Sponsoringpartner den jeweils anderen Teil bewußt von der Einwirkung auf das fremde Arbeitsgebiet ausschließen wollen und sich damit einer Schutzwürdigkeit mit Blick auf das fremde Ressort begeben.

Sollte sich allerdings eine Geschäftsführungshandlung auf die bestehenden Rechte eines Mitgesellschafters auswirken, so kann diesem entgegen dem Ressortprinzip ein Widerspruchsrecht zustehen. Dies ist im Sponsoringvertrag immer dann der Fall, wenn die Geschäftsführungshandlung eines Sponsoringbeteiligten geeignet ist, unmittelbar und nachhaltig auf das Image des Partners einen negativen Einfluß zu nehmen oder dessen vermögenswerten Rechte einschneidend zu berühren. In einem solchen Fall ergeben sich die Abstimmungs- und Zustimmungsrechte der Sponsoringpartner untereinander jedoch nicht aus § 711 BGB, sondern vielmehr aus der dem Sponsoringvertrag immanenten gesellschaftsrechtlichen Treuepflicht[392].

II. Die Anwendbarkeit auftragsrechtlicher Vorschriften über § 713 BGB

1. Informations-, Rechenschafts-, Auskunftspflichten aufgrund des § 713 BGB i.V.m. § 666 BGB

Sofern sponsoringvertraglich konkrete Informations-, Rechenschafts-, Abstimmungs- oder Zustimmungspflichten explizit vereinbart werden, besteht keine rechtliche Problemzone. Regelmäßig werden die Parteien nicht alle eine solche Pflicht auslösenden Tatbestände in das Vertragswerk aufnehmen können, sondern vielmehr generalklauselartige Verhaltenspflichten formulieren, so daß ein Rückgriff auf bestehendes Gesetzesrecht zuweilen unvermeidbar ist. Die Vorschrift des § 713 BGB ordnet die Anwendung bestimmter Auftragsregeln auch für den geschäftsführenden Gesellschafter an.

Die sich aus § 666 BGB ergebenden Pflichten des Beauftragten zur Auskunft und Rechnungslegung obliegen über § 713 BGB grundsätzlich auch dem geschäftsführenden BGB-Gesellschafter, allerdings nur, »soweit sich

392 Soergel-Hadding, 11. Auflage, 1985, §711 Rn 8; Staudinger-Keßler, 12.Auflage, 1991, §711 Rn 1; Münchener Handbuch des Gesellschaftsrechts, Band 1,1995, S. 125; dazu weiter unten Vierter Teil C III.

nicht aus dem Gesellschaftsverhältnis ein anderes ergibt«. Dies aber ist beim Sponsoringvertrag der Fall. Denn der Anspruch aus § 666 BGB über § 713 BGB rechtfertigt sich aus der Struktur der idealtypischen BGB-Gesellschaft als Gesamthandsgesellschaft[393]. Dort nämlich ist die Bildung eines Gesamthandsvermögens wesenstypisch, für dessen Rechnung die Geschäftsführungsmaßnahmen abgewickelt werden. Die über § 713 BGB gezogene Parallele zum Auftragsrecht rechtfertigt sich aus der Interessenstrukturparallelität der Geschäftsführung in der Idealgesellschaft, die der Gesellschafter im Interesse der Gesamthandsgesellschaft abwickelt, und der Ausführung des Auftrags durch den Beauftragten, die dieser im Interesse des Geschäftsherrn tätigt[394]. Die Sponsoringpartner bilden demgegenüber kein Gesellschaftsvermögen, das auf eine gemeinsame Rechnung laufen könnte. Jeder Sponsoringbeteiligte führt die Geschäfte zur Förderung und Erreichung des gemeinsamen Zweckes vielmehr auf eigene Rechnung, so daß die dem Auskunfts- und Rechnungslegungsanspruch aus § 713, 666 BGB zugrundeliegende Interessenkonstellation nicht vorliegt. Die Geschäftsführungsmaßnahmen werden mit Blick auf die Förderung und Erreichung des gemeinsamen Zwecks zwar auch im Interesse der Binnengesellschaft getätigt, nicht aber für deren Rechnung, wie es bei der idealtypischen Gesellschaft und im Auftragsrecht der Fall ist. Ein Interesse eines Sponsoringpartners an der Auskunft und der Rechnungslegung über eine Geschäftsführungsmaßnahme seines Partners auf der Rechtsgrundlage der §§ 713, 666 BGB ist folglich nicht berechtigt.

Überdies stehen jedem Gesellschafter unabhängig von der Bildung eines Gesamthandsvermögens oder der Führung der Geschäfte auf eine gemeinsame Rechnung nach § 716 BGB Kontrollrechte zu, die ihren Inhalt auch in Auskunfts- und Rechnungslegungsrechten finden können. Im Einzelfall können sich auch Auskunfts- und Rechenschaftspflichten bezüglich des Geschäftsstandes oder einer Rechnungslegung aus der gesellschaftsrechtlichen Treuepflicht ergeben, so daß es bei der sponsoringvertraglichen Innengesellschaft mit atypischer Geschäftsführungsregelung ohne gemeinsame Rechnung eines Rückgriffs auf das Auftragsrecht nicht bedarf.

Die sich aus §§ 713, 667, 668 BGB ergebende Pflicht zur Herausgabe des aus der Geschäftsführung Erlangten trifft die Sponsoringbeteiligten aus den gleichen Gründen nicht, wie ihnen eine Rechenschaftspflicht aus § 666 BGB nicht obliegt. Denn auch die §§ 667, 668 BGB sind ebenso auf die

393 Staudinger-Wittmann, 13. Auflage, 1995, §666 Rn 14; Staudinger-Keßler, 12. Auflage, 1991, §713 Rn 9; RGRK-von Gamm, §713 Rn 3; Müko-Ulmer, 2. Auflage, 1986, §713 Rn 7; a.A. Soergel-Hadding, 11. Auflage, 1985, §713, Rn 8.

394 Staudinger-Wittmann, 13. Auflage, 1995, §666 Rn 14; Müko-Ulmer, 2. Auflage, 1986, §713 Rn 7; Münchener Handbuch des Gesellschaftsrechts, Band 1, 1995, S. 134.

Gesamthandsaußengesellschaft zugeschnitten und finden daher keine Anwendung dort, wo der Geschäftsführer nicht nur in eigenem Namen, sondern auch auf eigene Rechnung tätig wird[395].

2. Aufwendungsersatz nach § 670 BGB

Nach § 713 i.V.m. § 670 BGB hat der Geschäftsführer einen Anspruch auf Aufwendungsersatz und bei Vorliegen besonderer Voraussetzungen sogar einen Anspruch auf Ersatz von risikotypischen Schäden. Das bedeutet, daß der Geschäftsführer einer Gesellschaft jede Aufwendung, die mit der Geschäftsführung verbunden ist, von der Gesellschaft, und bei der Innengesellschaft von den anderen Mitgesellschaftern verlangen kann.

Hier wie sonst ist zu differenzieren einerseits zwischen den Beiträgen, die an die Gesellschaft oder bei der Innengesellschaft an die Gesellschafter zu leisten sind, und andererseits den mit der Geschäftsführung verbundenen Aufwendungen. Die Leistung gesellschaftsrechtlicher Beiträge ist grundsätzlich unentgeltlich[396]. Auch die Geschäftsführung selbst kann ausreichende Beitragsleistung sein, denn die Pflicht zur Beitragsleistung eines Gesellschafters muß sich nicht zwingend auf eine Geldzahlung reduzieren, sondern kann gemäß § 706 III BGB auch in einer Tätigkeit bestehen. Die Geschäftsführungstätigkeit des Gesellschafters ist daher grundsätzlich unentgeltlich, weil sie nicht auf der Grundlage eines entgeltlichen Dienstverhältnisses im Sinne des § 611 BGB geleistet wird, sondern Ausfluß der Gesellschafterstellung ist. Darüber hinaus mangelt es der Geschäftsführungstätigkeit am Element der für eine Erstattung von Aufwendungen nach § 670 BGB konstitutiv notwendigen Freiwilligkeit, da den BGB-Gesellschafter auch bei der Innengesellschaft gemäß § 709 BGB eine grundsätzliche Pflicht zur Geschäftsführung trifft[397]. Die Sponsoringpartner können also für ihre Geschäftsführungshandlungen keinen Aufwendungsersatz von der jeweils anderen Partei verlangen, da die Geschäftsführung eine sponsoringvertragliche Beitragsleistung darstellt, die einer auftragsrechtlichen Aufwendungsvergütung nicht zugänglich ist.

395 Münchener Handbuch des Gesellschaftsrechts, Band 1, 1995, S. 135; Soergel-Hadding,11. Auflage, 1985, §713, Rn 6; Friedrich Kübler, Gesellschaftsrecht, 4. Auflage, 1994, S. 49.

396 Karsten Schmidt, Gesellschaftsrecht, 2. Auflage, 1991, S.1467; Münchener Handbuch des Gesellschaftsrechts, 1995, S. 125; Staudinger-Keßler, 12. Auflage, 1991, §713, Rn 13,18; Müko-Ulmer, 2. Auflage, 1986, §713 Rn 16, Alfons Kraft – Peter Kreutz, Gesellschaftsrecht, 10.Auflage, 1995, S. 79.

397 Münchener Handbuch des Gesellschaftsrechts, 1995, S. 125, 126; Alfons Kraft-Peter Kreutz, Gesellschaftsrecht,10.Auflage, 1995, S. 80;Karsten Schmidt Gesellschaftsrecht, 2. Auflage, 1991, S. 1467, RGZ 170, S. 392, 396; BGHZ 10, S. 44 (54); LG Koblenz WM 1986, S. 590.

Nur die Aufwendungen, die dem Geschäftsführer aufgrund der Geschäftsführung entstehen, können also der Ersatzpflicht durch die Gesellschaft bzw. die Gesellschafter nach §§ 713, 670 BGB unterliegen. Allerdings ist die grundsätzliche Anwendbarkeit des § 670 BGB auf die gesamthandslose Innengesellschaft der Sponsoringpartner mit der gleichen Begründung in Zweifel zu ziehen, wie dies beim Rechenschafts- und Auskunftsanspruch des § 666 BGB der Fall ist[398]. Die unabhängige Einzelgeschäftsführung der Sponsoringpartner und deren Vornahme aller Geschäftsführungshandlungen auf eigene Rechnung drängt den Schluß auf, daß die für die Anwendbarkeit des § 670 BGB typische Interessenkonstellation des Auftragsrechts, des Rechts der idealtypischen Gesamthandsgesellschaft oder auch der echten berechtigten Geschäftsführung ohne Auftrag zwischen den Sponsoringbeteiligten nicht gegeben ist. Dort nämlich besteht der Aufwendungsersatzanspruch gegenüber dem Geschäftsherrn oder der Gesellschaft, weil der Handelnde in einem fremden Interessenkreis und für fremde Rechnung tätig wird. Beim Sponsoringvertrag führen die Beteiligten ihre Geschäftsführungsmaßnahmen zwar auch im gemeinsamen, d.h. sowohl im eigenen, als auch im Interesse des Partners durch, jedoch geschieht dies wirtschaftlich allein auf eigene Rechnung. Ein Aufwendungsersatz nach dem Modell des § 670 BGB paßt dort nicht.

Daneben disponieren die Sponsoringparteien den Ersatz von Aufwendungen regelmäßig durch ihre vertraglichen Vereinbarungen unter Abbedingung des gesetzliches Regelungswerks. Üblicherweise verpflichtet sich der Sponsor neben anderen Leistungen an den Gesponserten eine bestimmte Summe Geld zu zahlen. Dabei wird zwischen einer festen Grundvergütung durch eine Einmal- oder auch eine Sukzessivzahlung und zusätzlichen Vergütungen einzelner Teilleistungen des Gesponserten differenziert. Jede Mitwirkungshandlung des Sponsoringnehmers im Organisationskreis des Sponsors zur Förderung des gemeinsamen Zweckes wird in der Rechtspraxis einzeln aufgeführt und mit einer Vergütungsabrede versehen. So werden Werbeauftritte, das Abdrehen von Werbespots, Autogrammstunden in den Räumen des Sponsors oder etwa die Teilnahme des Gesponserten an Messen und Ausstellungen des Sponsors im Vertragswerk präzise vereinbart und in der Regel auch konkret vergütet. Damit sind auch alle Aufwendungen, die der Sponsoringnehmer mit der Durchführung dieser Aktivitäten tätigt, wie etwa Reisekosten und Spesen jedweder Art, endgültig abgegolten. Aber auch Aufwendungen bei nicht konkret vereinbarten Geschäftsführungshandlungen des Sponso-

398 Müko-Ulmer, 2. Auflage, 1986, §713, Rn 14, Soergel-Hadding, 11.Auflage, 1985, §713 Rn 10, der die Geltendmachung eines Anspruches aus §670 nur zwischen Gesellschafter und Gesellschaft für möglich hält.

ringnehmers, wie Interviews, bei denen Name, Marke oder Logo am Outfit des Athleten über das Fernsehen verbreitet oder in denen das Produkt des Sponsors lobend erwähnt werden, sind als mit der regelmäßig sehr üppigen Grundvergütung abgegolten zu bewerten.

Dies bedeutet in der rechtlichen Begutachtung entweder, daß die Parteien den disponiblen § 713 BGB hinsichtlich der Aufwendungsersatzregelung abbedungen haben, oder daß durch die Zahlung eines Pauschalbetrages (Grundvergütung) alle künftig entstehenden Aufwendungen des Sponsoringnehmers, die er infolge seiner Geschäftsführung tätigt, ex ante abgegolten sein sollen. Denn bei der Vielschichtigkeit der unterschiedlichen, den gemeinsamen Zweck des ambivalenten Imagetransfers fördernden Tätigkeiten des Sponsoringnehmers ist es unpraktikabel, die oft nur minimalen Aufwendungen des Gesponserten, die er bei der Geschäftsführung tätigt, gesondert zu vergüten. Dies ist von den Parteien nicht gewollt und stünde der Flexibilität der Sponsoringbeziehung im Wege.

Das Gleiche gilt für die Geschäftsführungsaufwendungen des Sponsors. Jede Werbekampagne des Sponsors unter Ausnutzung der Persönlichkeitsrechte des Gesponserten dient neben den eigenen Marketingzwecken auch dem Imagegewinn des Sponsoringnehmers und somit dem gemeinsamen Zweck des ambivalenten Imagetransfers. Hier soll der Sponsor nicht vom Sponsoringnehmer anteilig Aufwendungen für Anzeigenkampagenen, TV-Spots oder Druckkosten für Werbebroschüren nach Auftragsgrundsätzen ersetzt verlangen können. Denn dies entspricht weder dem Willen noch dem Interesse der Beteiligte. Auch hier ist von einer Abbedingung des § 713 im Hinblick auf die Aufwendungsersatzregelung auszugehen.

III. Sponsoringvertragliche Treuepflichten

Die Qualifikation des Sponsoringvertrags als Innengesellschaft führt in erster Linie zu einer den Parteien obliegenden besonderen gesellschaftsvertraglichen Treuepflicht. Zwar weisen singuläre Literaturstimmen auf die Nichtexistenz einer gegenüber der »normalen« Pflicht zu Treu und Glauben gesteigerten gesellschaftsrechtlichen Treuepflicht hin, insbesondere bei der allein schuldrechtlichen Innengesellschaft[399]. Diese Stimmen verkennen indes, daß die Treuepflicht der Gesellschafter auch bei der idealtypischen BGB-Gesellschaft nicht nur der gesamthänderischen Gesellschaft gegenüber besteht, sondern auch und gerade gegenüber den einzelnen Mitgesellschaftern[400]. Denn die Existenz und der Umfang der

399 Karsten Schmidt, Gesellschaftsrecht, 2. Auflage, 1991, S. 481 f.

400 Zustimmend Müko-Ulmer, 2. Auflage, 1986, §705 Rn 158; Soergel-Hadding, 11. Auflage, 1985, §705 Rn 60.

gesellschaftsrechtlichen Treuepflicht sind weniger im Lichte eines (nicht für jede Gesellschaft konstitutiven) Verbandszwecks, sondern vielmehr im Lichte des für jeden gesellschaftlichen Zusammenschluß konstitutiven gemeinsamen gesellschafterlichen Zwecks zu sehen. Insofern bestehen natürlich auch unter den Gesellschaftern einer bloß schuldrechtlichen Innengesellschaft besondere gesellschaftsrechtliche Treuepflichten.

Die gesellschaftsrechtliche Treuepflicht ist eine gegenüber der Pflicht zur Erfüllung eines Schuldverhältnisses nach Treu und Glauben im Rahmen des § 242 BGB gesteigert[401]. Sie überlagert und begleitet die Pflicht zur Beitragsleistung als Loyalitätspflicht in Gestalt konkreter Unterlassungs-, Duldungs- und Handlungspflichten. Dabei wird die Treuepflicht zu Recht als gesellschaftsrechtliche Hauptpflicht qualifiziert, die als Quelle dieser konkreten Handlungs- und Unterlassungspflichten dient[402]. Die von der Treuepflicht gegenständlich umfaßten Aktivitäten sind in die Ausübung eigennütziger und uneigennütziger Rechte einzuteilen[403]. Die den Gesellschaftern zur Sicherung der Gesellschaftsbelange eingeräumten uneigennützigen Rechte sind prominenterweise das Recht zur Geschäftsführung oder etwa Widerspruchsrechte im Rahmen einer Gesamtgeschäftsführung. Die Ausübung dieser uneigennützigen Rechte unterliegt uneingeschränkt der gesellschaftsrechtlichen Treuepflicht[404]. Die den Gesellschaftern zur Sicherung ihres Individualstatus eingeräumten eigennützigen Gesellschafterrechte sind insbesonderes Informations- und Kontrollrechte so wie das Recht zur Kündigung des Gesellschaftsverhältnisses. Die Ausübung der eigennützigen Gesellschafterrechte hat sich der Schutzrichtung wegen nur beschränkt an der gesellschaftsvertraglichen Treuepflicht messen zu lassen[405]. Zwar besteht keine allgemeine Fürsorgepflicht der Gesellschafter zur Wahrung der privaten Belange der übrigen Gesellschafter – dies gilt für die Ausübung von eigennützigen Gesellschafterrechten ebenso, wie für diejenige von uneigennützigen Gesellschafterrechten -, jedoch kommt der Treuepflicht eine Schranken-

401 Karsten Schmidt, Gesellschaftsrecht, 2. Auflage, 1991, 481 f; Münchener Handbuch des Gesellschaftsrechts, 1995, S. 112; Staudinger-Keßler, 12. Auflage, 1991, Vorbem zu §705 Rn 47; Michael Martinek, Moderne Vertragstypen, Band II, S. 111; Friedrich Kübler, Gesellschaftsrecht, 4. Auflage, 1994, S. 44; Werner Hüffer, Zur gesellschaftsrechtlichen Treuepflicht als richterlicher Generalklausel, Festschrift Steindorff 1990, S. 59; Müko-Ulmer, 2. Auflage, 1986, §705, Rn 82.

402 Staudinger-Keßler, 12. Auflage, 1991, Vorbem zu §705 Rn 49, 51; Soergel-Hadding, 11. Auflage, 1985, §705 Rn 61; Müko-Ulmer, 2. Auflage, 1986, §705 Rn 158; a.A. Münchener Handbuch des Gesellschaftsrechts-Weipert, 1995, S. 112 f der eine über den allgemeinen Treuegedanken hinausgehende gesellschaftsrechtliche Treuepflichten zu verneinen scheint.

403 Müko-Ulmer, 2. Auflage, 1986, §705 Rn 139; Staudinger-Keßler, 12. Auflage, 1991; Soergel-Hadding, 11. Auflage, 1985, §705 Rn 59.

404 Soergel-Hadding, 11.Auflage, 1985, §705, Rn 59 und 60; Müko-Ulmer, 2. Auflage, 1986, §705 Rn 161.

405 Müko-Ulmer, 2. Auflage, 1986, §705 Rn 160.

funktion zu, wenn es um die Ausübung der gesellschafterlichen Mitgliedschaftsrechte geht[406].

Auf den Sponsoringvertrag gewendet bedeutet dies, daß die Intensität und der Umfang der den Sponsoringpartnern gegenseitig obliegenden Treuepflichten trotz der Imagesensibilität sämtlicher Sponsoringaktivitäten beider Parteien nicht überspannt werden dürfen. Die Sponsoringparteien üben die Geschäftsführung jeder für sich als Einzelgeschäftsführer aus, ohne bei der Vornahme einzelner Geschäftsführungsaktivitäten vorbehaltlich abweichender Vertragsvereinbarungen von einer grundsätzlichen vorherigen Zustimmung des Sponsoringpartners abhängig zu sein. Dabei besteht aus gesellschaftsrechtlichem Blickwinkel heraus kein Bedürfnis für den Schutz allein individueller Belange des Sponsoringnehmers durch den Sponsor und umgekehrt. Der Sponsor hat in seinen Marketing- und seinen sonstigen unternehmerischen Aktivitäten das Image und den damit verbundenen »Werbewert« des Gesponserten nur mit Blick auf den gemeinsamen verfolgten Gesellschaftszweck des möglichst optimalen synergetischen Imagetransfers zu wahren, nicht aber generell und darüber hinaus. Auch der Sponsoringnehmer hat die unternehmerischen Belange des Sponsors in seinen geförderten (und um so mehr in seinen privaten) Aktivitäten nur mit Blick auf den gemeinsamen Gesellschaftszweck zu berücksichtigen.

An dieser Stelle ist nochmals mit Nachdruck darauf hinzuweisen, daß es unter den Sponsoringparteien keinesfalls zu einer Pflicht der subordinativen Fremdbelangwahrung kommt, wie sie aus dem Recht des entgeltlichen Geschäftsbesorgungsvertrags bekannt ist. Eine solche Subordinationsstruktur ist dem Gesellschaftsrecht wesensfremd[407]. Daneben dürfen auch die Reichweite und die Intensität der eigennützigen Informations- und Kontrollrechte nur am gemeinsamen Zweck der Sponsoringpartner gemessen werden. Nur die Daten, die für das gemeinsame Sponsorship unmittelbar von Bedeutung sind, unterliegen der permanenten Informationspflicht der Parteien.

Alle sich aus der sponsoringvertraglichen Innengesellschaft ergebenden Treuepflichten im Detail aufzuzählen, ist schier unmöglich. Allein das Verbot des zweckwidrigen und eigennützigen Verhaltens[408], das Konkurrenz-

406 Staudinger-Keßler, 12. Auflage, 1991, Vorbem zu §705 Rn 42.

407 hierzu siehe Staudinger-Martinek, 13. Auflage, 1995, §675 Rn A 37 ff.

408 Münchener Handbuch des Gesellschaftsrechts, 1995, S. 113; Johannes Weisser, Gesellschafterliche Treuepflicht bei der Wahrnehmung von Geschäftschancen, DB 1989, S. 2010 ; Müko-Ulmer, 2. Auflage, 1986, §705, Rn 158; Staudinger-Keßler, 12. Auflage, 1991, §705 Rn 50.

oder Wettbewerbsverbot[409] so wie einzelne Mitwirkungs- und Kooperationspflichten in der Gestalt einer Neuverhandlungspflicht[410] können an dieser Stelle erwähnt werden. Konkrete Treuepflichten, sofern nicht einzelne Pflichten explizit vereinbart sind, ergeben sich für die Sponsoringpartner bei der Durchführung des Sponsoringengagements in Form von Abstimmungs-, Zustimmungs-, Koordinationspflichten, einer Neuverhandlungspflicht bei eintretenden Veränderungen im vertragsinneren oder vertragsäußeren Klima, und eines vertragsimmanenten Wettbewerbsverbots, das bereits erläutert wurde[411].

IV. Die Bestimmung der Leistungsinhalte durch den Sponsor oder den Sponsoringnehmer nach § 315 BGB

Die Parteien des Sponsoringvertrags leisten einander zunächst diejenigen Beiträge, deren Inhalt sich explizit aus den Vereinbarungen ergibt. Darüber hinaus müssen die zwischen den Sponsoringpartnern offen gehaltenen und nur rahmenartig vereinbarten Verhaltens- und Leistungspflichten im Einzelfall konkret bestimmt werden. Dasselbe gilt für bereits angesprochenen Treuepflichten, seien es Hauptleistungs- oder nur Nebenleistungspflichten. Dabei gründet sich die Konkretisierungsbedürftigkeit der Leistungsinhalte auf den Umstand bewußter Offenheit beim Vertragsschluß, andererseits auch auf die Notwendigkeit der Anpassung bereits konkret vereinbarter Inhalte an im Verlauf des Sponsorships auftretende neue Vertragsumstände. Für diesen Konkretisierungsakt oder -prozeß stehen den Parteien mehrere rechtliche Instrumente zur Verfügung, namentlich die Leistungsbestimmung durch eine Partei gemäß § 315 BGB und explizit vereinbarte oder vertragsimmanente (Neu-)Verhandlungspflichten. Im Falle einer notwendingen Vertragsänderung kann das Institut der Änderungskündigung Bedeutung erlangen.

Die Bestimmtheit oder mindestens Bestimmbarkeit der geschuldeten Leistung ist konstitutive Entstehungs- und Fortbestehungsvoraussetzung eines jeden Schuldverhältnisses[412]. Der für den Sponsoringvertrag typische offen gehaltene und dynamische Leistungsinhalt steht dem Bestimmbarkeitsge-

409 Karsten Schmidt, Gesellschaftsrecht, 2. Auflage, 1991, S. 488 m.w.N.; Müko-Ulmer, 2. Auflage, 1986, §705 Rn 158; Staudinger-Keßler, 12.Auflage,1991, §705 Rn 50; Soergel-Hadding, 11. Auflage, 1985, §705 Rn 62.

410 Norbert Horn, Neuverhandlungspflicht, AcP 181, (1981), S. 255; Karsten Schmidt, Gesellschaftsrecht, 2. Auflage, 1991, S. 111 f; Müko-Ulmer, 2. Auflage, 1986, §705 Rn 164, 165.

411 Zum Wettbewerbsverbot der Sponsoringparteien aus gesellschaftsrechtlicher und kartellrechtlicher Sicht siehe oben Vierter Teil B II 1 und B VII 1.

412 Staudinger-Peter Mader, 13. Auflage, 1995, §315 Rn 1; Karl Larenz, Schuldrecht Allgemeiner Teil, 14. Auflage, 1987, S. 8.

bot des Schuldrechts indes nicht entgegen, denn regelmäßig haben die Parteien entweder explizit oder konkludent Vereinbarungen darüber getroffen, welcher der Sponsoringpartner zu welcher Gelegenheit das Recht haben soll, bestimmte Rahmenverpflichtungen der schuldenden Sponsoringpartei durch Abgabe einer dahingehenden Erklärung zu präzisieren, oder aber eine solche Vereinbarung läßt sich aus den Umständen des Vertrags und der konkreten Situation im Einzelfall im Wege der ergänzenden Vertragsauslegung nach den §§ 133 und 157 BGB ermitteln. Der Sponsoringvertrag räumt den Beteiligten das Gestaltungsrecht nach § 315 BGB zur Konkretisierung rahmenartig vereinbarter Leistungsverpflichtungen ein.

Einer Leistungsbestimmung durch eine Partei im Wege des § 315 BGB ist der konkrete Inhalt von persönlichen Mitwirkungspflichten des Sponsoringnehmers beim Individualsponsoring oder anderen persönlichen Tätigkeitspflichten zugunsten des Sponsors zugänglich. Dabei wird dem Sponsor ein gegenständlich auf eine bestimmte Marketingmaßnahme begrenztes Direktionsrecht eingeräumt. Dies ist für den effektiven und inhaltlich möglichst optimierten Ablauf der Werbemaßnahmen des Sponsors unbedingt erforderlich und widerspricht auch nicht dem Kooperationsprinzip des Gesellschaftsrechts. Denn die Marketingaktivitäten des Sponsors unter Ausnutzen der Persönlichkeits- oder anderer Schutzrechte des Gesponserten sind selbst Beiträge zur Verfolgung des gemeinsamen Zwecks der synergetischen Imageübertragung und fügen sich harmonisch in die zwischen den Sponsoringpartnern arbeitsteilige Verfolgung des gemeinsamen Zwecks ein. Der Zeitpunkt der Mitwirkung des Sponsoringnehmers wird dabei im voraus einverständlich festgelegt, um auf dessen individuelle Verpflichtungen Rücksicht nehmen zu können.

Der Zeitpunkt der Bereitstellung von Ausrüstung oder Organisationsmitteln durch den Sponsor kann ebenfalls über § 315 BGB vom Sponsoringnehmer durch einen bloßen Abruf der Leistung bestimmt werden, wobei die Art der Ausrüstungs- oder Organisationsmittel bereits ex ante im Sponsoringvertrag festgelegt sind. Auch hier ist kein Widerspruch zum Kooperationsmechanismus der Sponsoringbinnengesellschaft zu entdecken. Der Sponsoringnehmer weiß selbst am besten, wann und an welchem Ort er welche Ausrüstungsgegenstände benötigt und zu welchem Zeitpunkt die Bereitstellung von Organisationsmitteln in konkreto am zweckmäßigsten ist. Insbesonders beim Veranstaltungssponsoring muß dem Veranstalter ein an der effektiven Durchführung des geförderten Ereignisses gemessener Dispositionsfreiraum für die Anforderung der Organisationsmittel zugestanden werden.

Hierbei ist zu berücksichtigen, daß sich das Bestimmungsrecht bezüglich der angesprochenen Punkte der Liefertermine oder der persönlichen Mitwirkung nicht nur auf konkretisierungsbedürftige Vertragsinhalte beziehen kann, sondern auch auf die Abänderung von bereits fest vereinbarten

Abmachungen, d.h. deren Anpassung an veränderte Vertragsumstände[413]. Allerdings ist Vorsicht geboten bei dem Festlegen des Umfangs und der Reichweite der Bestimmungsfreiheit. Die bestimmungsberechtigte Partei darf dem Vertrag nicht einseitig durch die Bestimmung einen veränderten Inhalt geben[414]. Dies läßt sich nur im Wege einer einverständlichen Vertragsabänderung erreichen, die entweder über eine Neuverhandlung oder über eine Änderungskündigung rechtspraktisch zu bewerkstelligen ist. Die sponsoringvertragliche Konkretisierungsbefugnis durch einen der Sponsoringpartner steht daher auch nicht in dessen freiem Ermessen, sondern sie hat sich an dem Gebot der Billigkeit, § 315 II BGB, zu orientieren. Was der sponsoringvertraglichen Billigkeit entspricht, kann allerdings nur auf den Einzelfall bezogen beurteilt werden. Bei der Leistungsbestimmung haben der Sponsor und der Sponsoringnehmer auch die berechtigten Interessen des die Leistung schuldenden Partners und etwaige vorausgegangene Verhandlungen zu berücksichtigen[415].

V. Neuverhandlungspflichten

1. Die Grundsätzliche Anerkennung einer allgemeinen Neuverhandlungspflicht im Sponsoringvertrag

Der zweite Weg zu einer Konkretisierung und Anpassung von Leistungsinhalten an die aktuelle Situation des Sponsorships ist der über eine kooperative Neuverhandlung. Dabei treten die Sponsoringpartner während der laufenden Sponsoringbeziehung in Verhandlungen über einzelne Vertragspunkte ein, die entweder zu präzisieren oder aber an eine veränderte Sach- oder Rechtslage anzupassen sind. Am Ende der Neuverhandlungen steht eine einverständliche Abrede, die dann Inhalt des Sponsoringvertrags wird. Dies mag eine konkrete Leistungsabrede sein, eine von der vorherigen Vereinbarung nunmehr abweichende Abmachung oder schlicht die einvernehmliche Erkenntnis, daß alles beim alten bleiben soll.

Das BGB schweigt zu einer solchen Pflicht. Es geht im Gesellschaftsrecht allein auf nicht behebbare Störungen des Vertragszwecks ein, wenn es in § 726 BGB die Beendigung der Gesellschaft bei unmöglicher Erreichung des Gesellschaftszwecks anordnet. Wie sich die Parteien im Falle behebbarer Störungen oder notwendiger Konkretisierungen des Vertragsinhaltes zu verhalten haben, bleibt indes offen. In Literatur und Rechtspre-

413 BGH DB 1976, S. 670; Staudinger-Peter Mader, 13. Auflage, 1995, §315 Rn 24.

414 Staudinger-Peter Mader, 13. Auflage, 1995, §315 Rn 62; Münchener Handbuch des Gesellschaftsrecht, Band 1, 1995, S. 127.

415 Zum Begriff der »Billigkeit« siehe Karl Larenz, Schuldrecht Allgemeiner Teil, 14. Auflage, 1987, S. 81; Staudinger-Peter Mader, 13. Auflage, 1995, §315 Rn 62 f.

chung wird eine Neuverhandlungspflicht der Parteien dauernder Schuldverhältnissen grundsätzlich anerkannt[416]. Die sich um dieses Institut rankende Diskussion knüpft an zwei Problempunkte an: Einerseits geht es um die Frage des die Neuverhandlungspflicht auslösenden Tatbestandes, andererseits geht es um die Problematik der Durchsetzung und der rechtstechnischen Bewältigung einer Neuverhandlungspflicht.

Bisher wird eine Neuverhandlungspflicht vorbehaltlich einer expliziten vertraglichen Vereinbarung überhaupt nur dann angenommen, wenn sich die Vertragsumstände derart grundlegend gewandelt haben, daß die Fortsetzung des Vertrags mit unverändertem Inhalt für eine oder beide Parteien unzumutbar wäre[417]. Als Rechtsgrundlage für eine Neuverhandlungspflicht werden die Institute des Wegfalls der Geschäftsgrundlage und die allgemeine oder in Gesellschaftsverträgen die besondere gesellschaftsrechtliche Treuepflicht bemüht[418]. Vereinzelte Stimmen halten eine Neuverhandlungspflicht in Dauerrechtsverhältnissen für vollkommen entbehrlich, da im Falle des Wegfalls der Geschäftsgrundlage eine Vertragsanpassung über § 242 BGB ipso iure stattfände oder der Vertrag schlicht aufzulösen wäre[419]. Zur rechtstechnischen Bewältigung der Neuverhandlungspflicht wird auf die parallele Problemkonstellation der Wandelung eines Kaufvertrags nach § 465 BGB hingewiesen[420]. Überdies wird

416 Jürgen F. Baur, Vertragliche Anpassungsregelungen, Heidelberg 1983, S. 100; Stephan Salzmann, Die Neuverhandlungsklausel als ein Problem ergänzender Vertragsauslegung, Diss. München 1986, S. 27,28; Wilhelm Haarmann, Der Wegfall der Geschäftsgrundlage bei Dauerrechtsverhältnissen, 1979, S. 247 f; Karsten Schmidt, Gesellschaftsrecht, 2. Auflage, 1991, S. 111; Münchener Handbuch des Gesellschaftsrechts, Band 1, 1995, S. 127; Norbert Horn, Neuverhandlungspflicht, AcP 181 (1981), S. 255; ders., Die Vertragsdauer als schuldrechtliches Regelungsproblem, in Gutachten I, 1981, S. 551 (629); Werner Flume, Das Problem der Zustimmungspflicht, in Festschrift Fritz Rittner 1991, S. 119; ders., Allgemeiner Teil des Bürgerlichen Rechts, Erster Band, Die Personengesellschaft, 1977, S. 278 f BGH NJW 1961, S. 724; BGH NJW 1970, S. 706; BGH NJW 1985, S. 974; BGH NJW 1987, S. 952.

417 Karsten Schmidt, Gesellschaftsrecht, 2. Auflage, 1991, S. 113; Norbert Horn, Neuverhandlungspflicht, AcP 181(1981), S. 275; ders., Die Vertragsdauer als schuldrechtliches Regelungsproblem, in Gutachten Band I, 1981, S.629.

418 Karsten Schmidt, Gesellschaftsrecht, 2. Auflage, 1991, S. 114; Staudinger-Keßler, 12. Auflage, 1991, Vorbem zu §705, Rn 49; Norbert Horn, Neuverhandlungspflicht, AcP 181 (1981), S. 271, 272; Volker Emmerich, Das Recht der Leistungsstörungen, 3. Auflage, 1991, S. 354; Müko-Roth, 3. Auflage, 1994, §242 Rn 563; a.A. Weipert in Münchener Handbuch des Gesellschaftsrechts, 1995, S. 114, der nicht die gesellschaftsrechtliche Treuepflicht, sondern den allgemeinen Treuegedanken des Privatrechts bemüht.

419 Stephan Salzmann, Die Neuverhandlungsklausel als ein Problem ergänzender Vertragsauslegung, Diss München 1986, S. 80; Helmut Kollhosser in Festschrift Harry Westermann 1974, S. 175 f; Horst Konzen AcP 172 (1972) S. 336 ff; Norbert Horn, Neuverhandlungspflicht, AcP 181 (1981), S. 276; BGH WM 1969, S. 335; BGH NJW 1972, S.1081 f; a.A. Norbert Horn, Die Vertragsdauer als schuldrechtliches Regelungsproblem, in Gutachten Band I, 1981, S. 631; ders., Neuverhandlungspflicht, AcP 181 (1981), S. 276; Dieter Medicus, Bürgerliches Recht, 17. Auflage, 1996, Rn 168; für den Gesellschaftsvertrag ablehnend BGHZ 10, S. S. 44 (51); BGH NJW 1972, S. 152 ff; offen gelassen bei Karsten Schmidt, Gesellschaftsrecht, 2. Auflage, 1991, S. 116.

420 Norbert Horn, Die Vertragsdauer als schuldrechtliches Regelungsproblem, in Gutachten Band I, 1981, S. 630, 631; ders., Neuverhandlungspflicht, AcP 181 (1981), S. 280.

die Effizienz einer Neuverhandlungspflicht unter dem Aspekt des Zwanges zur Freiwilligkeit von allen Stimmen vehement in Zweifel gezogen.

Auf die gesamte Meinungsvielfalt und alle Einzelaspekte der Diskussion um die Voraussetzungen und die Reichweite einer Neuverhandlungspflicht in Dauerschuldverhältnissen einzugehen, ist hier nicht der geeignete Platz. Jedenfalls kann aber an dieser Stelle auf die Unzulänglichkeit einer Neuverhandlungspflicht hingewiesen werden, wenn deren Auslösung auf die Extremfälle existenzieller Störungen im Vertragsumfeld reduziert bleibt. Denn eine derartige Beschränkung des Anwendungsbereiches des nach der hier vertretenen Ansicht durchaus effizienten Kooperationsmechanismus der Neuverhandlungspflicht wird den Wirkungszusammenhängen und den Bedürfnissen in relationalen Langzeitschuldverhältnissen mit dynamischen Leistungsinhalten nicht gerecht. Die Unvorhersehbarkeit vertragsäußerer und vertragsinnerer Umstände, die die Leistungsbeziehung beeinflussen können, ohne sie dabei grundlegend infrage zu stellen, macht eine allgemeine Pflicht zur Neuverhandlung zur wirkungsvollen und beiderseits wirtschaftlich optimierten Vertragsdurchführung geradezu notwendig. Hierin eine Verwässerung des ehernen Grundsatzes »pacta sunt servanda« durch ein angebliches Aufweichen der Vertragsverbindlichkeit zu sehen[421], ist kurzsichtig. Denn eine Pflicht zur Neuverhandlung stellt die übrigen vertraglichen Verpflichtungen nicht grundsätzlich in Frage, sondern ersetzt diese erst, wenn ein Einvernehmen hierüber erzielt wurde. Dies ist Ausdruck der privatautonomen Gestaltungsfreiheit vertraglicher Schuldverhältnisse. Bezüglich der Konkretisierung von Vertragspflichten durch (Neu-) Verhandlungen kann ein Relativieren der Vertragsbindung nicht besorgt werden, denn eine vertragliche Leistung, die in konkreto zu fordern ist, gelangt erst durch die Verhandlungen der Vertragspartner zum Entstehen.

In den USA hat sich das Prinzip der »renegotiation« nicht nur im Fall von sogenannten »hardship-clauses«, sondern allgemein bei der Durchführung von komplexen Kooperationsverträgen bewährt[422]. Für aus den Vereinigten Staaten von Amerika importierten Vertragstypen erweist sich die Annahme einer allgemeinen und impliziten Neuverhandlungspflicht daher als außerordentlich fruchtbar, wie der Sponsoringvertrag noch verdeutlichen wird. Überdies bietet unser Zivilrecht in § 2 MHRG, § 9a ErbbauVO oder etwa § 16 BetrAVG[423] selbst Ansätze zur Etablierung eines

421 Norbert Horn, Neuverhandlungspflicht, AcP 181 (1981), S. 264.

422 Jürgen F. Baur, Vertragliche Anpassungsregelungen, Heidelberg 1983, S. 28; Norbert Horn, Neuverhandlungspflicht, AcP 181 (1981), S. 262.

423 Einer Mieterhöhungsklage ist zwingend eine Neuverhandlung über die Miethöhe vorzuschalten; die Anpassung des Erbbauzinses und der Betriebsrenten ist ebenfalls von einer Neuverhandlung abhängig.

Rechtsinstituts mit dem Namen Neuverhandlungspflicht, ohne daß ein vertragspathologischer Zustand des Wegfalls der Geschäftsgrundlage für die Auslösung einer solchen Pflicht Voraussetzung wäre[424].

Der Sponsoringvertrag ist für die Existenz einer allgemeinen Neuverhandlungspflicht nicht nur als Rahmen-, sondern als vertragliche Hauptleistungspflicht[425] ein prototypisches Beispiel. Mit der Qualifikation des Sponsoringvertrags als einer relationalen Rechtsbeziehung[426] geht eine immer wiederkehrende Überprüfung der Leistungsinhalte mit dem Ziel der Ausrichtung an einer gesellschafterlichen Zweckoptimierung einher, die nur über eine allgemeine, permanent bestehende Pflicht der Parteien zu Neuverhandlungen zu bewerkstelligen ist. Dabei läßt sich die (Neu-) Verhandlungspflicht auf mehrere unterschiedliche Anspruchsgrundlagen stützen, je nachdem, ob es sich um Tatbestände handelt, die eine vertragskonkretisierende Verhandlungspflicht, oder um solche, die eine vertragsändernde Neuverhandlungspflicht auslösen.

2. Rechtsgrundlagen der sponsoringvertraglichen (Neu-)Verhandlungspflicht

a. Vertragliche Neuverhandlungsklauseln [427]

Die Suche nach der Rechtsgrundlage einer permanenten Hauptleistungspflicht zu Neuverhandlungen im Sponsoringvertrag beantwortet allein die Frage nach dem »Ob« der Neuverhandlungen. Weitere Fragen sind die nach dem »Wann« und dem »Wie« und diejenige nach den Folgen und den Sanktionen gescheiterter Neuverhandlungen.

Die prominenteste Rechtsgrundlage einer sponsoringrechtlichen Neuverhandlungspflicht ist deren explizite Formulierung im Vertrag. Die Sponsoringparteien versprechen einander von Anfang an die grundsätzliche Bereitschaft, über bewußt offen gelassene oder im Verlaufe des Sponsorships konkretisierungs- und korrekturbedürftige Punkte in (Neu-)Verhandlungen einzutreten. Sie vereinbaren, daß auf den Vorschlag oder das Angebot einer Partei der andere Teil mit einem Gegenangebot oder der Annahme reagiert, solange, bis Einigkeit über den unklaren Vertrags-

424 Hierzu Norbert Horn, Neuverhandlungspflicht, AcP 181 (1981), S. 266 – 271.

425 A.A. Norbert Horn, Neuverhandlungspflicht, AcP 181 (1981), S. 282, der die Neuverhandlungspflicht nicht als Hauptleistungspflicht, sondern nur als rahmenartige Nebenleistungverpflichtung wertet.

426 Dazu siehe oben Dritter Teil G III.

427 Zur grundsätzlichen Anerkennung von Neuverhandlungsklauseln siehe jüngst BGH BB 1978, S. 580; BGH WM 1994, S. 1936; Staudinger-Peter Mader, 13. Auflage, 1995, §315, Rn 24; Stephan Salzmann, Die Neuverhandlungsklausel als ein Problem ergänzender Vertragsauslegung, Diss. München 1986; Jürgen F. Baur, Vertragliche Anpassungsregelungen, Heidelberg 1983.

punkt herrscht. Dabei darf man sich die rechtspraktische Durchführung dieser vertraglich vereinbarten Neuverhandlungspflicht nicht als schematisch ablaufendes Angebot-Annahmeritual vorstellen. Vielmehr besteht bei den Sponsoringparteien hinsichtlich der bewußt offen gelassenen Vertragspunkte regelmäßig von Anfang Einigkeit nicht nur über deren Präzisierungsnotwendigkeit, sondern auch über die möglichen Konkretisierungsoptionen. Zu gegebener Zeit wird dann eine dieser bekannten Optionen durch mündliche Absprachen oder oft nur konkludent in eine konkrete Leistungspflicht umgesetzt.

b. Die allgemeine Zweckförderungspflicht, gesellschafterliche Treuepflicht

Aber auch ohne die ausdrückliche Verabredung von Neuverhandlungspflichten ist dem Sponsoringvertrag bezüglich sämtlicher ausdrücklich oder konkludent offener Leistungsinhalte eine Neuverhandlungspflicht immanent. Diese läßt sich der personengesellschaftsrechtlichen Grundstruktur des Sponsoringvertrags wegen aus der allgemeinen Kooperationspflicht ableiten, die der Pflicht zur Förderung des gemeinsamen Zwecks innewohnt[428]. Die Gesellschafterpflichten erschöpfen sich eben nicht allein in der Leistung der vereinbarten Beiträge, sondern gehen darüber hinaus, indem sie in eine allgemeine Gemeinschaftsförderungspflicht münden. Aber auch die gesellschafterliche Treuepflicht gebietet eine permanente Bereitschaft der Gesellschafter, über unklare Vertragspunkte neu zu verhandeln, um die Erreichung des gemeinsamen Zweckes nicht zu gefährden oder zu vereiteln[429]. Diese Neuverhandlungspflicht des Gesellschafters kann sich im Einzelfall nach allgemeiner Ansicht in Literatur und Rechtsprechung zu einer konkreten Zustimmungspflicht zur Anpassung des Gesellschaftsvertrags verdichten[430].

Was für die Präzisierung von offenen Leistungsinhalten gilt, kann im Falle der Anpassung dynamischer Leistungsverpflichtungen an die aktuelle Sponsoringsituation keiner anderen Beurteilung unterliegen. Die Errei-

428 Münchener Handbuch für Gesellschaftsrecht, 1995, S. 112; Karsten Schmidt, Gesellschaftsrecht, 2. Auflage, 1991, S. 481; Staudinger-Keßler, 12. Auflage, 1991, Vorbem zu §705, Rn 43; Müko-Roth, 3. Auflage, 1994, §242, Rn 563, 583.

429 Norbert Horn, Neuverhandlungspflicht, AcP 181 (1981), S. 272; Karsten Schmidt, Gesellschaftsrecht, 2. Auflage, 1991, S. 113; Müko-Ulmer, 2. Auflage, 1986 §705 Rn 164; Soergel-Teichmann, 11. Auflage, 1990, §242 Rn 155, 269.

430 Stephan Salzmann, Die Neuverhandlungspflicht als Problem ergänzender Vertragsauslegung, 1986, S. 82; Norbert Horn, Neuverhandlungspflicht, AcP 181 (1981), S. 272; Karsten Schmidt, Gesellschaftsrecht, 2. Auflage, 1991, S. 113; BGHZ 44, S. 40 (41); BGHZ 64, S. 253; BGHZ 68, S. 81; BGH NJW 1985, S. 974; BGH NJW 1987, S. 952.

chung des gemeinsamen Zweckes des synergetischen Imagetransfers verlangt von beiden Seiten des Sponsoringvertrags die grundsätzliche Bereitschaft zu einer immediaten Reaktion auf neue und veränderte Markt- und Medienverhältnisse. Die Primärleistungsinhalte sind dabei gegebenenfalls über Neuverhandlungen abzuändern, oder aber auch bei Einvernehmen beizubehalten. Auch hier sind die allgemeine gesellschaftsrechtliche Zweckförderungsverpflichtung und die gesellschafterliche Treuepflicht die rechtlichen Grundlagen, auf die eine Pflicht zu Verhandlungen über korrekturbedürftige Vertragspunkte zu stützen ist.

3. Die eine Neuverhandlungspflicht auslösenden Tatbestände

a. Die Aufforderung einer Partei unter Nennung eines plausiblen Grundes

Die Neuverhandlungspflicht über bestimmte Vertragspunkte setzt immer dann ein, wenn eine Partei die andere unter Angabe plausibler Gründe dazu auffordert. Die Plausibilität eines Grundes ergibt sich aus dessen sponsoringgesellschaftsrechtlicher Zweckerreichungsrelevanz. Immer dann, wenn Umstände für eine Neuverhandlung angeführt werden, deren Eintritt für die Zweckerreichung der Sponsoringbinnengesellschaft bedeutsam ist, sind Verhandlungen hierüber aufzunehmen. Dies ist insbesonderes dann der Fall, wenn Veränderungen im Vertragsumfeld zusätzliche Pflichten der Sponsoringpartner erforderlich machen, sei es ein erweiterter Präsenz- oder Mitwirkungsbedarf des Individualathleten bei den Marketingaktivitäten des Sponsors oder ein zusätzlicher Bedarf an Organisations- oder Ausrüstungsgegenständen, der den bisher festgelegten Umfang sprengt. Auch ein Wechsel in der Modell- oder Produktpolitik des den gesponserten Athleten, Verein, Verband oder Veranstalter ausstattenden Sponsorunternehmens kann Verhandlungen über neue Sachleistungsinhalte erfordern. Dasselbe gilt für die Lizensierung von im Laufe des Sponsorships neu entstehenden Schutzrechten.

Man geht sicher nicht zu weit, wenn man im Sponsoringvertrag eine Neuverhandlungspflicht bereits dann annimmt, wenn sie mit Umständen begründet wird, die der Erreichung des Sponsoringziels nützlich sind. Denn die Optimierung des Imagetransfers unter den Sponsoringpartnern ist erklärter Gesellschaftszweck, dem sich die Geschäftsführungshandlungen und das sonstige sponsoringbezogene Verhalten der allgemeinen Zweckförderungs- und der gesellschafterlichen Treuepflicht gemäß anzupassen hat. Dient die vorgeschlagene Vertragsänderung oder -anpassung der unveränderten oder optimierten Verwirklichung des Sponsoringvertragszwecks, so ist hierüber von beiden Partnern in Neuverhandlungen einzusteigen.

b. Der Wegfall der Geschäftsgrundlage

Eine Neuverhandlungspflicht auf den Wegfall der Geschäftsgrundlage zu stützen, ist nicht unbestritten, denn der Wegfall der Geschäftsgrundlage soll nach einer stark vertretenen Ansicht den Vertrag ohne entsprechende Parteierklärung ipso iure und ohne eine konsensuale Neuregelung durch die Parteien an eine Leistungspflicht nach Treu und Glauben anpassen[431]. Demgegenüber befürworten die Rechtsprechung und ein Teil der Literatur[432] eine Anpassung von Gesellschaftsverträgen zu Recht nach dem Einigungsmodell, wonach eine Vertragspflichtenanpassung durch den Richter nicht gegen den Willen beider Parteien und nur durch deren Konsens vollzogen werden kann. Darüber hinaus wird man einer einvernehmlichen Pflichtenanpassung zur Erreichung des gemeinsamen Zwecks aus vertragspsychologischen Gründen den Vorzug einräumen müssen, denn erst die Übereinstimmung und das Einvernehmen der Gesellschafter über die veränderten Vertragspflichten kann eine nachhaltige kooperative Zweckverfolgung sicherstellen.

So ist die Lage auch beim Sponsoringvertrag. Den Sponsoringparteien brächte eine Anpassung der Leistungsverpflichtungen durch eine dritte Seite, d.h. den Richter, gleich aus mehreren Gründen wenig Nutzen. Zunächst ist der rechtswirkliche Befund nicht zu leugnen, daß nicht nur im Falle des Wegfalls der Geschäftsgrundlage sponsoringvertragliche Konflikte gerade nicht vor dem Richter ausgetragen werden[433]. Der Richter wird also keine Gelegenheit zu einer Vertragsanpassung erhalten. Desweiteren kann im individuell geprägten und komplexen Sponsoringgeflecht nur eine einvernehmliche Verhandlungslösung eine weitere fruchtbare Kooperation sicherstellen. Eine Vertragsanpassung ipso iure ist dann schlicht bedeutungslos, da sich die Parteien über den Weg des Konsenses zu einer Anpassung der Leistungs- und Beitragsverpflichtungen verständigen.

Der Wegfall der Geschäftsgrundlage ist ein für die Erreichung des sponsoringvertraglichen Zweckes bedeutsamer Umstand. Die Erreichbarkeit des gemeinsamen Zweckes selbst ist stets Geschäftsgrundlage eines jeden Gesellschaftsvertrags, denn wenn der Gesellschaftszweck unerreichbar

431 Karl Larenz, Schuldrecht Allgemeiner Teil, 14. Auflage, 1987, S. 330; Horst KonzenAcP 172 (1972) S. 336 ff; Norbert Horn, Neuverhandlungspflicht, AcP 181 (1981), S. 276; BGH WM 1969, S. 335; BGH NJW 1972, S.1081.

432 BGHZ 10 S. 44 (51); BGH NJW 1959, S. 2203;BGH NJW 1960, S. 434; BGH NJW 1967, S. 1081; BGHZ 54, S. 145 (154); BGH NJW 1972, S. 152; BGHZ 64, S. 253; BGHZ 68, S. 81; OLG Hamburg NJW-RR 1992, S. 207; Soergel-Teichmann, 12. Auflage, 1990, §242 Rn 269 f; Norbert Horn, Neuverhandlungspflicht, AcP 181 (1981), S. 276; Volker Emmerich, Das Recht der Leistungsstörungen, 3. Auflage, 1991, S. 357; Müko-Ulmer, 2. Auflage, 1986, §705 Rn 164.

433 Dazu siehe oben Erster Teil A I.

geworden ist, endigt die Gesellschaft, § 726 BGB. Der Wegfall der Geschäftsgrundlage ist insoweit deckungsgleich mit dem Begriff der Unmöglichkeit in § 726 BGB[434]. Allerdings ist die Geschäftsgrundlage einer Gesellschaft nicht nur auf die Erreichbarkeit des Gesellschaftszwecks beschränkt. Die klassischen Fallgruppen der Äquivalenzstörung und der Zweckvereitelung[435] können eine Gesellschaft treffen[436], ohne daß deshalb zwingend die Erreichung des Gesellschaftszwecks dauernd unmöglich würde. Richtigerweise wird man indes einschränkend einräumen müssen, daß in Personengesellschaften die Vertragsäquivalenz und die Leistungszweckerreichung nicht Geschäftsgrundlage der Gesellschafter untereinander sein kann, da sich eine Äquivalenz allenfalls zwischen Gesellschaft und Gesellschaftern einstellt[437]. Im Übrigen sind nur interessengegensätzliche Austauschverhältnisse einer Äquivalenzstörung und einer Leistungszweckvereitelung zugänglich[438].

Der gesellschaftsrechtliche Sponsoringvertrag bietet allerdings ein gegenüber der idealtypischen BGB-Gesellschaft differenziertes Bild: Der Sponsoringvertrag ist ein zweigliedriger rein schuldrechtlicher Innengesellschaftsvertrag mit einer notwendigen Austauschkomponente. Die Leistungsverpflichtungen der Sponsoringbeteiligten sind zwar gesellschaftsrechtliche Beitragsleistungen, stehen sich aber durchaus in einem Äquivalenzverhältnis gegenüber, denn sie werden nicht der Gesellschaft, sondern dem jeweils anderen Gesellschafter gegenüber geschuldet. Man kann ohne weiteres von einem Gleichgewicht des Sponsoringvertrags sprechen, wenn man die Leistungen des Sponsors denen des Sponsoringnehmers gegenüberstellt. Der Fall der Äquivalenzstörung als Variante des Wegfalls der Geschäftsgrundlage ist im Recht des Sponsoringvertrags im Grundsatz also denkmöglich.

434 Münchener Handbuch des Gesellschaftsrechts, 1995, S. 105; Karsten Schmidt, Gesellschaftsrecht, 2. Auflage, 1991, S. 112; Staudinger-Keßler, 12. Auflage, 1991, §726 Rn 5; Müko-Ulmer, 2.Auflage, 1986, §726 Rn 4.

435 H.P. Westermann, in Festschrift für Hefermehl 1976, S. 225 ff; MüKo-Roth, 3.Auflage, 1994, §242 Rn 562; Einteilung der Fallgruppen aus Volker Emmerich, Das Recht der Leistungsstörungen, 3. Auflage, 1991, S. 331 ff; Karl Larenz, Schuldrecht Allgemeiner Teil, 14. Auflage, 1987, S. 320 ff (324); Dieter Medicus, Bürgerliches Recht, 16. Auflage, Rn 156 ff; Soergel-Teichmann, 11. Auflage, 1990, §242 Rn 251 ff; Helmut Köhler, Grundprobleme der Lehre von der Geschäftsgrundlage, JA 1979, S. 498 ff.

436 Den Fallgruppen des beiderseitigen Motivirrtum, der Vernichtung der Sozialexistenz und der übermäßigen Leistungserschwerung ist beim Sponsoringvertrag weder unter dem Aspekt der Vertragsanpassung noch unter demjenigen der Vertragsauflösung Beachtung zu schenken, da sich hier keine sponsoringtypischen Probleme ergeben.

437 Karsten Schmidt, Gesellschaftsrecht, 2. Auflage, 1991, S. 118; BGHZ 44, S. 40.

438 Volker Emmerich, Das Recht der Leistungsstörungen, 3. Auflage, 1991, S. 337; Karl Larenz, Schuldrecht Allgemeiner Teil, 14. Auflage, 1987, S. 324; Ulrich Huber, Verpflichtungszweck, Vertragsinhalt und Geschäftsgrundlage, JuS 1972, S. 57 ff (59).

Als sponsoringtypisches Beispiel für eine vertragliche Äquivalenzstörung dient der vehemente Anstieg des »Werbewertes« des Sponsoringnehmers während der Laufzeit des Sponsorships, so daß die zu Anfang vereinbarten Geldleistungen als zu niedrig bemessen gelten können. Hierin einen die Anpassungsbedürftigkeit begründenden Tatbestand des Wegfalls der Geschäftsgrundlage mit der Folge einer Neuverhandlungspflicht zu sehen, läßt außer Betracht, daß nur unvorhersehbare Ereignisse, die nicht dem Risikobereich einer Partei zuzurechnen sind, geschäftsgrundlagentauglich sind[439]. Der Anstieg des »Werbewertes« des Sponsoringnehmers, in der Regel derjenige des Vereins oder des Einzelathleten, ist zwar in konkreto nicht präzise vorhersehbar, jedoch ist ein solcher Anstieg nicht zuletzt durch das Sponsorship selbst bezweckt. Die Parteien wissen um die abstrakte Möglichkeit einer Verteuerung lizenzfähiger Rechte und Mitwirkungspflichten des Sponsoringnehmers im Laufe eines Sponsorships, was die Annahme der Preisstabilität dieser Rechte und Pflichten als Geschäftsgrundlage ausscheiden läßt. Die kurz bemessene regelmäßige Laufzeit des Sponsoringvertrags von ein bis drei Jahren ist ein zusätzlicher Umstand, der eine Vertragsgleichgewichtsverschiebung zulasten des Gesponserten durch eine Verteuerung seines Werbewertes unter dem Aspekt der Unzumutbarkeit am Festhalten des unveränderten Vertrags als belanglos kennzeichnet.

Die Beurteilung des umgekehrten Falles der völligen werblichen Entwertung des Sponsoringnehmers, beispielsweise wegen kontinuierlicher sportlicher Mißerfolge, führt zum selben Ergebnis. Die Schwankungsanfälligkeit des Werbewertes einer Veranstaltung, einer Mannschaft oder auch eines Einzelathleten ist ein von beiden Parteien bewußt eingegangenes offenes Risiko und damit ein abstrakt vorhersehbares Element im vertraglichen Umfeld des Sponsoring. Folglich scheidet die Nichtrealisierung dieses Risikos als Geschäftsgrundlage für den Sponsoringvertrag generell aus. Daß sich aus der genannten Schwankung der werblichen Nutzbarkeit eines Sponsoringnehmers im Einzelfall Kündigungsrechte ergeben können, ist eine von der Geschäftsgrundlage zu trennende Frage, die an anderer Stelle zu beantworten ist.

Der Eintritt bestimmter unvorhersehbarer Ereignisse kann den Zweck der sponsoringvertraglichen Beitragsleistungen vereiteln. Zu denken ist an die dauernde Erkrankung oder den dauernden Ausschluß des gesponserten Einzelathleten von prominenten Wettkämpfen, der Konkurs des Sponsor-

439 Karl Larenz, Schuldrecht Allgemeiner Teil, S. 325; Dieter Medicus, Bürgerliches Recht, 16. Auflage, 1993; Rn 165; Soergel-Teichmann, 11. Auflage, 1990, §242, Rn 238; Müko-Roth, 3. Auflage, 1994, §242 Rn 506; Volker Emmerich, Das Recht der Leistungsstörungen, 3. Auflage, 1991, S. 332.

unternehmens, die witterungsbedingte Absage von gesponserten Veranstaltungen. Beim Sportsponsoring können ein veränderter Wettkampf- oder Veranstaltungsplan seitens von am Sponsoringvertrag nicht beteiligten Verbänden den Wegfall der Geschäftsgrundlage aus dem Gesichtspunkt der Zweckvereitelung rechtfertigen. So kann zum Beispiel ein für einen bestimmten Termin vorgesehenes Catering oder andere Dienstleistungen des Sponsors für den Veranstalter eines Ereignisses durch das Verschieben der Veranstaltung oder das Kreuzen der Veranstaltung mit einem Konkurrenzereignis quasi vollkommen bedeutungslos werden.

Die rechtliche Beurteilung des Einflusses solcher Ereignisse auf den Sponsoringvertrag bemißt sich anhand zweier Parameter. Zunächst ist mit Blick auf § 726 BGB wiederum die Frage nach der verbleibenden Möglichkeit der Erreichung des Sponsoringvertragszwecks zu stellen. Fällt die geförderte Veranstaltung z.B. wegen eines Streiks der eingeladenen Athleten[440] oder witterungsbedingt[441] aus, so läßt dies ohnehin keinen Raum mehr für Neuverhandlungen zwischen Sponsor und Veranstalter, sondern läßt den Veranstaltungssponsoringvertrag gemäß § 726 BGB enden, da in diesem Extremfall die Erreichbarkeit des Sponsoringzwecks schlicht nicht mehr gegeben und eine Kündigung aus wichtigem Grund nach § 723 BGB sinnlos ist. Läßt das unerwartete Ereignis demgegenüber eine Zweckerreichung generell noch zu, bleibt Raum für das Institut des Wegfalls der Geschäftsgrundlage als eine Neuverhandlungspflicht auslösender Tatbestand.

Eine Neuverhandlungspflicht ist allerdings nur unter der Voraussetzung anzunehmen, daß diejenige Partei, die die Neuverhandlungen anregt, nicht das Risiko der Verwendung der neu zu verhandelnden Leistung zu tragen hat[442]. Dabei hat eine explizite oder implizite vertragliche oder eine eindeutige normative Risikoverteilung bezüglich eines unerwartet eintretenden Ereignisses grundsätzlich eine Ausschlußwirkung für das Heranziehen des Instituts des Wegfalls der Geschäftsgrundlage[443]. Sämtliche Möglichkeiten der Zweckvereitelung im Recht des Sponsoringvertrags aufzuspüren und einer rechtlichen Beurteilung zu unterziehen, ist schlicht unmöglich. Als für das Sponsoring relevant sind das Verwendungsrisiko für Ausrüstungsgegen-

440 So bei Fußballspielen der ersten italienischen Fußballprofiliga im Januar 1996 oder bei einem automobilen Formel 1-Rennen, als die Fahrer aus Sicherheitsgründen den Start verweigerten oder beim Streik von Skirennläufern, die wegen Sicherheitsbedenken einem Abfahrtsrennen fern blieben.

441 Zuletzt die kurzfristige Absage der »Alpinen Skiweltmeisterschaften« 1995 in der Sierra Nevada in Spanien wegen nachhaltigen Schneemangels.

442 Soergel-Teichmann,11.Auflage, 1990, §242 Rn 229 ff; Volker Emmerich, Das Recht der Leistungsstörungen, 3. Auflage, 1991, S. 332 und 344.

443 Soergel-Teichmann,11.Auflage, 1990, §242 Rn 223, 229; Staudinger-Jürgen Schmidt, 13. Auflage, 1995, §242, Rn 1065; Müko-Roth, 3. Auflage, 1994, §242, Rn 537.

stände, für Werbeflächen in Sportstadien aber auch für die Verwertbarkeit von Lizenzen oder für die vom Sponsor zu erbringende Dienstleistungen wie Catering oder das Stellen von Sicherheitspersonal zu nennen, deren rechtliches Schicksal bei einer Zweckvereitelung sich nach den allgemeinen Regeln richtet und hier deshalb nicht weiter verfolgt werden soll.

Man wird im Ergebnis folgende sponsoringrechtliche Gesetzmäßigkeit für die Auslösung einer (Neu-)Verhandlungspflicht aufstellen können: Wenn unvorhersehbare und nicht in den Risikobereich einer Partei fallende Umstände, die den sponsoringrechtlichen Gesellschaftszweck positiv oder negativ zu beeinflussen vermögen, auf Anregung eines Vertragspartners Neuverhandlungspflichten auslösen, dann muß dies erst recht im Extremfall des Wegfalls der Geschäftsgrundlage gelten. Denn ein solcher Fortfall zeitigt stets eine sponsoringvertragliche Zweckrelevanz, da das Merkmal der Unzumutbarkeit einer unveränderten Vertragsfortsetzung tatbestandliche Voraussetzung für dieses Institut ist[444]. Man wird im Sponsoringvertrag also nicht erst die für den Wegfall der Geschäftsgrundlage relevante Grenze der Unzumutbarkeit einer Fortsetzung des Vertrags unter Beibehaltung unveränderter Bedingungen abwarten müssen, um eine Neuverhandlungspflicht entstehen zu lassen[445].

c. Änderungskündigung und Teilkündigung

Eine Neuverhandlungspflicht wird in der Literatur auch dann angenommen, wenn einer der Vertragspartner eines Arbeits- oder Dienstvertrags eine Kündigung unter dem Vorbehalt der Annahme eines Änderungsangebots ausspricht[446]. Dieses Institut mag auf den ersten Blick in die sponsoringvertragliche Beziehung insofern passen, als bei langfristigen Sponsoringengagements persönliche Tätigkeitsverpflichtungen des Sponsoringnehmers den überwiegenden Teil der Leistungsverpflichtungen ausmachen und somit eine inhaltliche Nähe zum Recht der Verträge über Tätigkeiten gegeben ist. Jedoch liegen beim Sponsoringvertrag in all seinen Erscheinungsformen weder die der Änderungskündigung zugrundeliegende Interessenkonstellation noch ein wirtschaftliches oder rechtliches Bedürfnis nach der Einbeziehung des Instituts der Änderungskündigung in das Recht des Sponsoringvertrags vor.

444 Soergel-Teichmann, 11. Auflage, 1990, §242 Rn 245; Staudinger-Jürgen Schmidt, 13. Auflage, 1995, §242, Rn 1196; Müko-Roth, 3. Auflage, 1994, §242, Rn 540.

445 So auch Fritz Nicklisch, JZ 1984 S. 757 (766); a.A. BGH NJW 1970, S. 706; BGH NJW 1985, S. 974; BGH NJW 1987 S. 952; Karsten Schmidt, Gesellschaftsrecht, 2. Auflage, 1991, S. 114.

446 Norbert Horn, Neuverhandlungspflicht, AcP, 181 (1981), S. 267; Staudinger-Neumann, 12. Auflage, 1979, Vorb zu §620 BGB Rn 58; Schmidt/Trenk-Hinterberger, Grundzüge des Arbeitsrechts, S. 150; Josef Esser/Eike Schmidt; Schuldrecht Band I, Allgemeiner Teil, 8. Auflage, 1993, S. 287.

Eine Änderungskündigung stellt das gesamte vertragliche Sponsoringgefüge infrage, da die Zustimmung zur Abänderung der Vertragspflichten gleichsam mit der einzig verbleibenden Alternative der Vertragsauflösung erzwungen wird. Es ist dem Kooperationsmechanismus der Sponsoringbeziehung jedoch fremd, eine Vertragsanpassung an veränderte wirtschaftliche, soziale und rechtliche Rahmenbedingungen über eine rechtliche wie psychologische Druckausübung auf den Vertragspartner zu beschreiten. Die gesellschaftsvertragliche Interessengleichrichtung der Sponsoringpartner gebietet eine einvernehmliche Vertragsänderung und läßt damit eine Änderungskündigung interessengegensätzlicher Austauschschuldverhältnisse oder subordinativer Interessenwahrungsverträge ausscheiden. Kündigungen zur Beendigung wie auch zur Anpassung eines Vertrags belasten die Vertrauensbeziehung der Partner untereinander, deren Existenz und Funktionieren indes unabdingbare Voraussetzung für einen Gesellschaftsvertrag und insbesondere für den in hohem Maße auf Vertrauen gegründeten Sponsoringvertrag sind. Die sich einer Änderungskündigung anschließenden Neuverhandlungen wären von Anfang an mit einem konsensschädlichen Mißtrauen belastet. Daneben besteht beim Sponsoringvertrag anders als bei einem Arbeitsvertrag für den zur Tätigkeit Verpflichteten kein Bedürfnis nach einem weitreichenden vertraglichen Bestandsschutz, der über das Institut der Änderungskündigung gewährt wird. Es fehlt dem Sponsoring an der für den Arbeitsvertrag typischen wirtschaftlichen und sozialen Abhängigkeit des Verpflichteten von seinem Vertragspartner.

Weiterhin scheidet auch die Möglichkeit einer teilweisen Kündigung des Sponsoringvertrags unter Festhalten an den übrigen Vertragsbestandteilen aus[447]. Eine Kündigung erfaßt grundsätzlich das gesamte Vertragsverhältnis unter Einbeziehung sämtlicher Abreden und läßt sich gegenständlich nicht auf einzelne Vertragspflichten reduzieren, über deren Neubegründung dann zu verhandeln wäre[448]. An dieser Stelle ist der vertragstypologischen Qualifikation des Sponsoringvertrags als einheitlichem Vertrag zwingend Rechnung zu tragen, was wegen des organischen Rechts-, Sinn- und Wirtschaftszusammenhangs der einzelnen Beitragsleistungsverpflichtungen eine isolierte Außerkraftsetzung einzelner Bestandteile des Sponsoringvertrags verbietet.

447 Hinsichtlich der im Sponsoring nicht anwendbaren Ausnahme des §712 BGB siehe oben Vierter Teil C I 1.

448 BAGE 40, S. 199; BAG NZA 1990 S. 191;BAG BB 1991, S. 1268; Günter Schaub, Arbeitsrechtshandbuch, 7. Auflage, 1992, S. 995; a.A. Josef Esser-Eike Schmidt, Schuldrecht Band I, Allgemeiner Teil, 8. Auflage, 1993, S. 287, der die teilweise Kündigung grundsätzlich zuläßt, jedoch von der Zustimmung des anderen Teils abhängig machen will.

Insgesamt ist das Institut der Kündigung zu schwerfällig, als es dem Bedürfnis der Sponsoringpartner nach einer kooperativen, vertrauensvollen und vor allem immediaten Anpassung des Vertragsgefüges an die gegenwärtige Situation im vertraglichen Binnengefüge und im vertraglichen Umfeld entsprechen könnte. Eine Neuverhandlungspflicht auf eine akute Kündigungssituation zu stützen, ist im Recht des Sponsoringvertrags mithin interessenwidrig.

4. Die Durchführung und die Grenzen der Neuverhandlungspflicht

Eine Pflicht zu Neuverhandlungen ist nur dann sinnvoll, wenn den Parteien objektiv eine Einigungsmöglichkeit verbleibt. Dies ist bei Verhandlungen zur Präzisierung offener Leistungsinhalte unzweifelhaft der Fall, während sich die Einigungsmöglichkeiten bei einer Vertragsanpassung an veränderte Umstände schwieriger gestalten. Denn ist weder eine Fortsetzung des Vertrags unter unveränderten Bedingungen, noch eine Anpassung an veränderte Bedingungen objektiv zumutbar, so greift eine Neuverhandlungspflicht ins Leere. Diese Unzumutbarkeit markiert gleichzeitig die Grenze des Wegfalls der Geschäftsgrundlage von der Vertragsanpassung zur Vertragsauflösung durch Einräumung eines außerordentlichen Kündigungsrechts nach § 723 BGB.

Die Bewerkstelligung der Neuverhandlung präzisierungsbedürftiger Tatbestände im Sponsoringvertrag bereitet rechtspraktisch keine Probleme, denn ohne eine hinreichende Präzisierung kann die konkrete Leistungspflicht nicht entstehen. Anders und ungleich schwieriger ist die Neuverhandlung über anpassungsbedürftige Punkte abzuwickeln. Das in der Literatur zitierte Parallelproblem des § 465 BGB[449] kann im Sponsoringrecht keine Anerkennung finden. Soll der Sponsor, wenn eine einvernehmliche Neuverhandlung nicht zu einem Ergebnis führt, erst einen Anspruch auf Neuverhandlungen und später den Anspruch aus dem durch Urteil angepaßten Vertrag geltend machen? Oder soll er nach dem Scheitern der Neuverhandlungen unmittelbar einen Anspruch aus dem (fiktiv) angepaßten Vertrag geltend machen können? Dies ist rechtstechnisch wohl möglich, geht indes an den realen Bedürfnissen und Interessen beider Sponsoringpartner deutlich vorbei. Die Sponsoringbeziehung lebt von der Möglichkeit, flexibel und immediat auf unerwartete Situationen reagieren zu können. Diese Dynamik ist typischer Wesenszug eines jeden Sponsoringvertrags. Man würde die Existenz des Sponsoringvertrags insgesamt in Frage stellen, verwies man die Parteien bei der Verhandlung über anpassungbedürftige Vertragsregelungen auf den Weg des § 465 BGB.

449 Nobert Horn, Neuverhandlungspflicht, AcP 181 (1981), S. 277, 278; ders., Die Vertragsdauer als schuldrechtliches Regelungsproblem, in Gutachten I, 1981, S. 630.

Vielmehr gilt im Recht des Sponsoringvertrags folgendes: Die Neuverhandlungen sind gemessen an der Art des Sponsoringvertrags innerhalb einer angemessenen Frist durchzuführen[450]. Die Frist verkürzt sich, je kürzer das Sponsorship bemessen ist. So kann eine Neuverhandlungsfrist im Veranstaltungssponsoring auch auf nur einen einzigen Tag beschränkt sein. Die Verhandlungsführung selbst unterliegt dem Grundsatz von Treu und Glauben[451]. Dabei haben sich die Neuverhandlungen im Rahmen einer für beide Parteien zumutbaren Anpassungsbandbreite zu bewegen. Überzogene Anpassungsforderungen, Scheinverhandlungen, ungebührliches Verschleppen der Verhandlungen oder ein sonstiges Verursachen des Scheiterns der Verhandlungen sind als treuwidriges Verhalten zu qualifizieren und können bei Verschulden Ansprüche aus positiver Vertragsverletzung auslösen[452]. Scheitern die Verhandlungen über die Anpassung einer für den Vertrag existentiellen Klausel, so ist zu fragen, ob die Anpassungserklärungen gemäß § 894 ZPO durch ein richterliches Urteil zu ersetzen ist[453]. Im Ergebnis muß für das Sponsoring folgende Lösung gelten: Scheitern Verhandlungen über konkretisierungsbedürftige Tatbestände, so kann daran gedacht werden, die beratenden Agenturen einzuschalten und durch deren Votum die Präzisierung der Leistungspflicht vornehmen zu lassen. Ansonsten kann die Rechtsfolge eines Scheiterns der Verhandlung über eine Vertragsanpassung nur die Vertragsauflösung durch eine Kündigung nach § 723 BGB oder im Extremfall der durch die Nichtanpassung verursachten Unmöglichkeit der sponsoringvertraglichen Zweckerreichung nach § 726 BGB Auflösung ipso iure sein. Jedenfalls ist nicht unmittelbar eine Klage auf Leistung aus dem fiktiv angepaßten Sponsoringvertrag zu erheben, wie es der h.M. zufolge im Fall der Wandelung des Kaufvertrags gemäß § 465 BGB der modifizierten Vertragstheorie und der Herstellungstheorie folgend möglich sein soll[454].

D. Leistungsstörungsdebatte

I. Einleitung – Probleme der Rechtsanwendung

Die Sponsoringvertragsparteien verabreden ein bestimmtes Rechtsfolgenprogramm, das den gesetzlichen Regeln vorgeht, solange es sich im Rahmen des dispositiven Rechts und der Schranken der §§ 134, 138 BGB

450 Norbert Horn, Neuverhandlungspflicht, AcP 181 (1981), S. 287.

451 Norbert Horn, Neuverhandlungspflicht, AcP 181 (1981), S. 283.

452 Norbert Horn, Neuverhandlungspflicht, AcP 181 (1981), S. 286; BGH LM §242, BGB Nr. 57; BGH WM 1958 S. 700 f.

453 Norbert Horn, Neuverhandlungspflicht, AcP 181 (1981), S. 285.

454 Erman-Grunewald, 9. Auflage, 1993, §462 Rn 5; Karl Larenz, Schuldrecht Besonderer Teil, Band II 2, 13. Auflage, 1986, S. 54; BGH WM 1983, S. 1391; zum Ganzen ausführlich Staudinger-Honsell, 13. Auflage, 1995, §465, Rn 3 ff, 7, 8.

bewegt. Hierin mögen die Sponsoringpartner ein vermeintlich wirksames Selbstregulativ sehen, dessen vertragliche Installierung ihnen die Illusion eines geringen Bedürfnisses nach einem Rückgriff auf normiertes Leistungsstörungsrecht vermittelt. Jedoch ist der Sponsoringvertrag -wie jeder andere Vertrag auch- anfällig für allgemeine und besondere Leistungsstörungen, denen nicht in voller Bandbreite mit einem vertraglichen »self-executing-program« begegnet werden kann. Ein Rückgriff auf das gesetzlich normierte und gewohnheitsrechtlich anerkannte Leistungsstörungsrecht ist auch im Sponsoringvertrag unverzichtbar.

Bei der Begutachtung der möglichen Störungen im Verhältnis der Sponsoringpartner zueinander ist eine scharfe Trennung der vertraglichen Leistungsbeziehungen einerseits von den individuellen Aktivitäten der Sponsoringpartner andererseits vorzunehmen. Die Durchführung der geförderten Tätigkeit selbst ist nicht Gegenstand einer Leistungsverpflichtung zwischen Gesponsertem und Sponsor[455]. Der Wegfall oder die Änderung der geförderten Tätigkeit des Einzelathleten, der Mannschaft des gesponserten Vereins oder Verbands oder der Durchführung des gesponserten Ereignisses bleibt indes nicht ohne rechtliche Konsquenzen für den Sponsoringvertrag. Das gesellschaftsrechtliche Recht zur Kündigung aus wichtigem Grund, § 723 I BGB, und das Institut des Wegfalls der Geschäftsgrundlage nehmen sich dieser Problematik an.

II. Allgemeines Leistungsstörungsrecht und Schadensersatz, insbesondere die Haftungsmilderung nach § 708 BGB

Das allgemeine Leistungsstörungsrecht der gesellschaftsrechtlichen Beitragsleistungen ist unter dem Aspekt der Kündigung aus wichtigem Grund nach § 723 BGB zu begutachten. Es besteht weitgehend Einigkeit[456] darin, daß im Recht der in Vollzug gesetzten BGB-Gesellschaft unabhängig von einer Zwei- oder Mehrgliedrigkeit die allgemeinen Leistungsstörungsinstitute des Verzuges, der Unmöglichkeit und der positiven Vertragsverletzung im Hinblick auf die Vertragsbeendigung von den Rechtsfolgen des Rücktritts nach §§ 324, 325, 326 BGB losgelöst und durch das Recht des Gesellschafters zur außerordentlichen Kündigung der Gesellschaft nach § 723 BGB ersetzt werden, wenn nicht durch die Leistungs-

455 A.A.Thomas Hauser, Der Sponsoring-Vertrag im schweizerischen Recht, S. 183, 192; sehr unklar und zweideutig Neal George Weiand, Kultur- und Sportsponsoring im deutschen Recht, S. 61.

456 Staudinger-Keßler, 12. Auflage, 1991, §723, Rn 59, 88, 89; Müko-Ulmer, 2. Auflage, 1986, Vor §723 Rn 7; Müko-Roth, 3. Auflage, 1994, §242 Rn 583; BGHZ 9, S. 157 (161); BGHZ 29, S. 171; BGHZ 41, S. 104 (108); BGHZ 50, S. 312 (314); BGH WM 47, S. 420; BGH NJW 1967, S. 1082.

störung im Beitragsschuldverhältnis ohnehin die Erreichung des Gesellschaftszwecks unmöglich geworden ist und sich die Gesellschaft deshalb quasi von selbst gemäß § 726 BGB auflöst[457].

Selbst im Falle der von keiner Seite zu vertretenen Unmöglichkeit des § 323 BGB wird eine Kündigungsmöglichkeit dem schlichten Wegfall der Leistungspflicht im Gesellschaftsrecht vorgezogen[458]. Dabei wird diskutiert, ob statt der beiderseits unverschuldet unmöglich gewordenen Sacheinlage eine Bareinlage in Geld zu leisten ist[459]. Dies ist im Sponsoring ein nicht zu beschreitender Weg, um der spezifisch sponsoringrechtlichen Leistungsstörungsproblematik zu begegnen. Denn die sponsoringvertraglichen Sachleistungspflichten sind derart individuell auf das konkrete Sponsorship abgestimmt, daß eine schlichte Geldeinlage die Sacheinlage niemals funktionsgerecht zu ersetzen vermag und damit der Zweckerreichung nicht zuträglich ist. Verbleibt bei der unmöglich gewordenen Sachleistungspflicht noch die grundsätzliche Möglichkeit der sponsoringvertraglichen Zweckerreichung, so wird man eine Neuverhandlungspflicht der Sponsoringvertragsparteien über eine eventuelle Lieferung einer alternativen Sache annehmen müssen, die bei Unzumutbarkeit oder Sinnlosigkeit einer Alternativleistung durch das Recht zur außerordentlichen Kündigung nach § 723 BGB ersetzt wird[460].

Mit dem Ausschluß des Rücktrittsrechtes und der Verneinung der Anwendbarkeit der §§ 320 ff BGB auf die sponsoringvertraglichen Leistungsstörungen ist allerdings noch keine Aussage darüber getroffen, was eine Schadensersatzverpflichtung als Folge der eingetretenen Leistungsstörung angeht. Den Sponsoringvertragsparteien wird es im Falle einer nachhaltigen Leistungsstörung im Beitragsschuldverhältnis nicht immer nur auf die Auflösung des Vertrags, sondern gerade auch auf die Kompensation entstandener Schäden ankommen.

Hat einer der Sponsoringpartner die Unmöglichkeit seiner Beitragsleistung zu vertreten, stellt sich die Frage nach einer Schadensersatzpflicht gegenüber dem anderen Sponsoringpartner. Die Rechtsgrundlage eines Schadensersatzanspruchs hängt dabei maßgeblich von der Einordnung der gesellschaftsrechtlichen Beitragsleistung als synallagmatische Leistungspflicht ab. Zwar gehört der Sponsoringvertrag als Innengesellschaft, wie gesehen, zu

457 Dazu unten Vierter Teil E II.

458 Münchener Handbuch des Gesellschaftsrechts, Band 1, 1995 S. 995; Staudinger-Keßler, 12. Auflage, 1991, §705 Rn 21,22; Karsten Schmidt, Gesellschaftsrecht, 2. Auflage, 1991, S. 474.

459 Karsten Schmidt, Gesellschaftsrecht, 2. Auflage1991, S. 476; Staudinger-Keßler, 12. Auflage, 1991, §705 Rn 22; Münchener Handbuch des Gesellschaftsrechts, Band 1, 1995, S. 996.

460 So auch Staudinger-Keßler, 12. Auflage, 1991, §705 Rn 22.

den genetisch, nicht aber zu den kausal und funktional synallagmatischen Verträgen, so daß die Beitragsleistungen der Sponsoringvertragspartner nicht dem Regelungsprogramm der §§ 320 ff unterliegen[461]. Damit scheidet § 325 BGB als Schadensersatznorm für den Sponsoringvertrag aus. Der allgemeinen Ansicht, daß sich der Schadensersatzanspruch in einem solchen Fall auf § 280 BGB stützen läßt[462], ist auch für den Sponsoringvertrag zu folgen. Sollte die Unmöglichkeit der Beitragsleistung auf einer schuldhaften Verletzung einer gesellschaftsvertraglichen Pflicht beruhen, so kommt alternativ ein Schadensersatzanspruch aus positiver Vertragsverletzung in Betracht, denn die schuldhafte Herbeiführung der Unmöglichkeit einer Beitragsleistung, sei es die der eigenen oder die des anderen, stellt eine Verletzung der gesellschafterlichen Zweckförderungspflicht dar. Im Verzugsfall ist ohnehin § 286 BGB anwendbar, unabhängig von der Frage ob die verspätete Beitragsleistung synallagmatisch ist oder nicht[463]. Daher haben die Sponsoringparteien dem jeweils anderen Teil den aus der Verspätung resultierenden Schaden auf der Grundlage des § 286 BGB zu ersetzen.

Eine zwischen dem Sponsor und dem Gesponserten begründete Verpflichtung zum Schadensersatz wegen Unmöglichkeit und Verzugs aus den §§ 280, 286 BGB und aus positiver Vertragsverletzung besteht nur unter Berücksichtigung des § 708 BGB. Dies resultiert aus der Qualifikation des Sponsoringvertrags als bürgerlichrechtliche Innengesellschaft. Zwar kann wegen des schuldrechtlichen Charakters der sponsoringvertraglichen Innengesellschaft und mangels einer Gesamthand eine Schadensersatzpflicht gegenüber der Gesellschaft nicht bestehen, jedoch steht dies einer Haftungsbeschränkung auf die »diligentia quam in rebus suis« der Gesellschafter untereinander nicht im Wege[464]. Danach hat der Sponsoringpartner nur diejenige Sorgfalt bei der Ausübung seiner Gesellschafterrechte und Erfüllung seiner Gesellschafterpflichten walten zu lassen, die er in der Besorgung eigener Angelegenheiten anzuwenden pflegt.

461 Karsten Schmidt, Gesellschaftsrecht, 2. Auflage, 1991, S. 474 f; Staudinger-Keßler, 12. Auflage, 1991, §705 Rn 19; Münchener Handbuch des Gesellschaftsrechts, Band 1, 1995, S. 110; Soergel-Hadding, 11. Auflage, 1985, §705 Rn 44;.Karl Larenz, Schuldrecht Besonderer Teil, 12. Auflage, 1991, S. 374; Erman-H.P.Westermann, 8. Auflage, 1989; §705 Rn 38; Kurt Ballerstedt, Der gemeinsame Zweck als Grundbegriff des Rechts der Personengesellschaften, in JuS 1963, S. 253 (254).

462 Münchener Handbuch des Gesellschaftsrechts, Band 1, 1995, S.112 und 995; Staudinger-Keßler, 12. Auflage, 1991, §705 Rn 27; Müko-Ulmer, 2.Auflage, 1986, §705 Rn 143; Karsten Schmidt, Gesellschaftsrecht, 2. Auflage, 1991, S. 477; Soergel-Hadding, 11. Auflage, 1985, §705 Rn 45; Erman-H.P.Westermann, 8.Auflage, 1989 §705, Rn 43.

463 Soergel-Hadding, 11. Auflage, 1985, §705 Rn 45; Karsten Schmidt, Gesellschaftsrecht, 2. Auflage, 1991, S. 477, Münchener Handbuch des Gesellschaftsrecht,Band 1, 1995, S. 112; Staudinger-Keßler, 12. Auflage, 1991, §705 Rn 28.

464 Münchener Handbuch des Gesellschaftsrechts, Band 1, 1995, S. 135; Soergel-Hadding, 11. Auflage, 1985, Vorb zu §705, Rn 30; Müko-Ulmer, 2. Auflage, 1986, §705 Rn 19, 20; Karsten Schmidt, Gesellschaftsrecht, 2. Auflage, 1991, S. 1463.

Praktisch relevant wird die Haftungsminderung im Sponsoring, wenn es um die schuldhafte Verletzung von Treuepflichten geht. Insbesondere die öffentlichen Äußerungen des Sponsoringnehmers über das Unternehmen des Sponsors müssen vor dem Hintergrund der dem Sponsor regelmäßig nicht unbekannten »rebus suis« gesehen werden, bevor der Sponsor wegen eines angeblichen Imageschadens gegen den vorlauten Sponsoringnehmer ins Feld zieht.

Allerdings ist im Einzelfall präzise zu ermitteln, ob nicht eine Abbedingung der dispositiven Vorschrift des § 708 BGB bei verschiedenen Beitragsleistungspflichten der Sponsoringpartner als vereinbart anzunehmen ist. Gerade die für die Durchführung der geförderten Tätigkeit existentiellen Beitragspflichten, wie die der Bereitstellung von Ausrüstungsgegenständen durch den Sponsor oder der persönlichen Mitwirkung des Sponsoringnehmers an den Marketingaktivitäten des Sponsors, deren Erfüllung oftmals durch Vertragsstrafeabreden gesichert ist, sollen von der Haftungsfreistellung für die der betreffenden Sponsoringpartei übliche Fahrlässigkeit nicht erfaßt werden. Denn gerade die Sicherung der gehörigen Erfüllung durch Vertragsstrafeabreden führt deutlich vor Augen, welch hohen Stellenwert für die Parteien nicht nur die Erfüllung, sondern vielmehr gerade die gehörige Erfüllung der Beitragsverpflichtung einnimmt und welche existenzielle Bedeutung der gesicherten Leistungspflicht für die Durchführung des Sponsoringvertrags zukommt. Keinesfalls wird sich einer der Sponsoringpartner damit einverstanden erklären, daß die nicht gehörige Erfüllung der geschuldeten Beitragsleistung nur deshalb sanktionslos bleibt, weil der schuldende Vertragspartner mit eigenen Angelegeheiten üblicherweise nachlässig und minder sorgfältig umgeht.

Im Ergebnis ist für die Haftungsmilderung der Gesellschafter untereinander zu differenzieren zwischen der Verletzung primärer Beitragsleistungspflichten und derjenigen von Nebenleistungspflichten. Man wird generell für den Sponsoringvertrag die konkludente Abbedingung der Vorschrift des § 708 BGB für durch Garantie- oder Vertragsstrafeversprechen gesicherte Leistungspflichten annehmen können, so daß nur im Falle einer schuldhaften Verletzung ungesicherter Verpflichtungen im Sponsoringvertrag eine Bedeutung zukommt.

III. Sach- und Rechtsmängelgewährleistung im Sponsoringvertrag

Die Lieferung mangelhafter Ausrüstungs- oder anderer Gegenstände an den Sponsoringnehmer ist unter dem Gesichtspunkt der verschuldensunabhängigen Sachmängelhaftung nach den §§ 459 ff BGB zu beleuchten. Es muß mit Nachdruck bezweifelt werden, ob der Sponsor nach den gesetzlichen Sachmängelvorschriften wie ein Garant haften und in den Rechtsfolgen wie vom Gesetz vorgesehen behandelt werden soll. Zwar bejahen einige Stimmen eine wenn auch nur modifizierte Anwendbarkeit kaufrechtlicher Gewährleistungsvorschriften auf die Sacheinlageleistungen des Gesellschafters[465], jedoch erweist sich bei näherer Betrachtung das gesamte Regelungsgefüge des Kaufrechts als für den Sponsoringvertrag und seine Sachleistungsinhalte unpassend. Dies liegt in dem Regelungsanliegen der §§ 459 ff begründet, die das punktuelle vertragliche Äquivalenzverhältnis durch die Institute der Wandelung und Minderung sichern wollen. Allerdings stehen diesen beiden Möglichkeiten, auf die Lieferung einer mangelhaften Sache seitens des Sponsors an den Sponsoringnehmer zu reagieren, die kooperative und dauerhafte Struktur des Sponsoringvertrags entgegen. Unabhängig davon, daß die Parteien nicht stets eine Eigentumsübertragung vereinbaren und schon deshalb in diesen Fällen das Kaufrecht nicht paßt, ist den Sponsoringpartnern mit einer Wandelung der Sachleistungspflicht oder gar einer Minderung nicht geholfen. Ihnen geht es weniger um die Einpendelung eines vertraglichen Gleichgewichts zwischen der Sach- und der entsprechenden Gegenleistung, sondern vielmehr um die Realisierung ihres Sponsoringkonzeptes und um die Erreichung des gemeinsamen Zweckes. Diese Ziele können im Falle einer Lieferung mangelhafter Sachen, ob zu Eigentum oder nur zur Nutzung, nur über eine Pflicht zur Nachlieferung einer mangelfreien Sache oder, wenn überhaupt möglich und sinnvoll, über eine Nachbesserung der mangelhaften Sache erreicht werden.

Dies steht durchaus in Einklang mit der gesellschaftsrechtlichen Zweckförderungspflicht der Sponsoringpartner. Keinesfalls kann hierin eine unzulässige Erhöhung des Beitrags nach § 707 BGB gesehen werden, denn der Sponsor schuldet eine für das Sponsorship taugliche, also eine -anders als beim Kaufvertrag- gänzlich mangelfreie Sache. Regelmäßig ist der vom Sponsor geschuldete Gegenstand für die Durchführung des Sponsorships von derart existentieller Bedeutung, daß eine Wandelung oder eine Minderung nach kaufrechtlichen Vorschriften schlicht absurd ist.

Ebenso verhält es sich mit der kaufrechtlichen Gefahrtragungsregel des § 447 BGB. Sponsoringvertragliche Sachleistungen sind, ohne daß es einer ausdrücklichen Vereinbarung bedarf, ihrer Natur nach Bringschulden, so daß erst am Ort des Sponsoringnehmers die Gefahr auf diesen übergeht. Selbst bei einem zufälligen Untergang der Beitragsleistung hat der Sponsor die Sache sponsoringgerecht bereit zu stellen und notfalls nachzuliefern. Auch in diesem Fall scheidet eine Anwendung des § 707 BGB aus. Allenfalls kann bei einer nachhaltigen Gleichgewichtsverschiebung durch den zufälligen Untergang des Gegenstandes zulasten des Sponsors eine Neuverhandlungspflicht aus dem Gesichtspunkt des Wegfalls der Geschäftsgrundlage entstehen[466].

465 Münchener Handbuch des Gesellschaftsrechts, Band 1, 1995, S. 995; dagegen generell ablehnend Karsten Schmidt, Gesellschaftsrecht, 2. Auflage, 1991, S. 478.

466 Dazu siehe oben Vierter Teil C V 3b.

Bei der Übertragung von Rechten des Sponsoringnehmers zur Nutzung durch den Sponsor ist die Anwendung der kaufrechtlichen Vorschrift der §§ 437, 440 BGB auf eine Rechtsmängelhaftung im Sponsoringvertrag schon wegen des Verweises in § 440 I BGB auf die Vorschriften der für den Sponsoringvertrag unpassenden §§ 320 ff BGB systemwidrig. Sollte der Veranstalter oder der Verein/Verband nicht Inhaber der dem Sponsor versprochenen lizenzfähigen Rechte sein, rückt ohnehin die Vorschrift des § 726 BGB ins Blickfeld, wonach sich die sponsoringvertragliche Innengesellschaft mangels einer Möglichkeit der Zweckerreichung ipso iure auflöst. Zumindest aber lösen derartige Rechtsmängel das Recht zur außerordentlichen Kündigung des Sponsoringvertrags durch die benachteiligte Partei nach § 723 I S. 2 BGB aus, wenn der Veranstalter nicht kurzfristig die lizenzfähigen Rechte zu beschaffen in der Lage ist.

Die Anwendung mietrechtlicher Gewährleistungsvorschriften auf die sponsoringvertraglichen Pflichten zur vorübergehenden Gebrauchsüberlassung von Werbe- oder Cateringfläche an den Sponsor ist nur beim Bandenwerbungs- oder reinen Cateringvertrag, also beim Sponsoring im weiteren Sinne von Bedeutung. Die Minderung des Mietzinses nach § 537 I BGB oder die Pflicht des Sponsoringnehmers zur Leistung von Schadensersatz oder zur Mängelbeseitigung nach § 538 BGB mögen dort probate Mittel zur Wiederherstellung des durch den Sachmangel aus der Balance geratenen Vertragsgleichgewichts sein. Der Sponsoringvertrag im engeren Sinne bezieht indes mietrechtliche Komponenten nur als einen von vielen Bausteinen in ein komplexes vertragliches Gesamtkonzept ein, das eine partikuläre Beurteilung der einzelnen Teilleistungen nach normiertem Mietmängelgewährleistungsrecht ebenso und mit gleicher Begründung ausscheiden läßt, wie diejenige nach kaufrechtlichen Vorschriften. Eine Pflicht des Gesponserten zu einer -wenn überhaupt möglichen- Beseitigung des Mangels der dem Sponsor zur Nutzung überlassenen Werbefläche aus § 538 BGB herzuleiten, ist dabei nicht nötig, da sich dies bereits aus der allgemeinen Zweckförderungs- und Kooperationspflicht des Sponsoringnehmers in seiner Funktion als Gesellschafter ergibt.

Damit ergeben sich die Folgen eines mangelhaften Gegenstandes, der dem Sponsor oder dem Gesponserten zur Nutzung für die Zeit des Sponsoringvertrags überlassen wurde, aus der Beurteilung, ob einerseits der Sponsoringzweck vereitelt ist, dann § 726 BGB, oder die Vertragsfortsetzung trotz Möglichkeit der Zweckerreichung unzumutbar ist, dann § 723 BGB, oder ob schlicht eine Neuverhandlung über eine Ersatzleistung des Sachleistungsschuldners einsetzt. Sollte die Mangelhaftigkeit der zu Eigentum oder zur vorübergehenden Nutzung übergebenen Sache durch ein Verschulden eines der Sponsoringpartner herbeigeführt sein, so stehen dem anderen Teil Schadensersatzansprüche aus positiver Vertragsverletzung zu. Darüber hinaus stellt ein derartiges Verhalten eine Verletzung einer wesentlichen Gesellschafterpflicht dar, was nach § 723 I S. 2 BGB geeignet ist, eine außerordentliche Kündigung des Sponsoringvertrags durch den anderen Teil zu rechtfertigen.

IV. Ersatzleistungen aufgrund eines Garantie- oder Vertragsstrafeversprechens

Eine Verpflichtung zur Schadensersatzleistung des Sponsoringnehmers kann sich auch aus einer sponsoringvertraglichen Garantieabrede ergeben, wenn der Veranstalter dem Sponsor eine bestimmte Mediencoverage zugesichert hat, die dann nicht eingehalten wird. Ebenso verhält es sich, wenn der geförderte Verein oder Verband dem Sponsor gegenüber die Mitwirkung der Mannschaftsathleten zusichert und die Sportler dann die Mitwirkungsleistung nicht erbringen. Regelmäßig gestalten die Sponsoringpartner die Garantie als sogenannte Folgegarantie aus, denn der Garant, regelmäßig der Sponsoringnehmer, wird nicht in der Lage sein, den garantierten Erfolg selbst herbeizuführen; er ist also nur zur Zahlung eines -regelmäßig schon im Vertrag festgesetzten- Geldbetrages verpflichtet. In Wahrheit handelt es sich dabei nicht um einen Schadensersatz-, sondern um einen echten Erfüllungsanspruch, der mit dem Nichteintritt des garantierten Erfolgs entsteht[467]. Berücksichtigt man den existentiellen Wert des garantierten Erfolges für die Durchführung des Sponsorships und dessen überragender Bedeutung für die Erreichung des sponsoringvertraglichen Zwecks, so wird deutlich, weshalb die Auslösung der Garantiehaftung vom Verschulden des Garanten unabhängig ist und sein muß. Die Haftungsmilderung des § 708 BGB an dieser Stelle auf den Sponsoringvertrag anzuwenden, ist mithin system- und interessenwidrig.

Mit dem Entstehen des Garantieanspruches durch die ausbleibende Mitwirkung der Vereins- oder Verbandsathleten oder die mangelhafte Mediencoverage des gesponserten Sportereignisses kann das Entstehen eines Rechts zur außerordentlichen Kündigung nach § 723 I S. 2 BGB verbunden sein, wenn dadurch die Fortsetzung des Sponsoringvertrags unzumutbar wird.

Ähnlich verhält es sich mit der Verwirkung einer Vertragsstrafe durch den Sponsor oder den Sponsoringnehmer nach den Vorschriften der §§ 339, 340 BGB. Sollte der dem Vertragsstrafeversprechen unterliegende Teil sei-

467 Soergel-Mühl, 11. Auflage, Vor §765 Rn 38; Wolfgang Fikentscher, Schuldrecht, 8. Auflage, 1992, Rn 1008; Staudinger-Norbert Horn, 13. Auflage, 1995, Vorbem §765, Rn 73; Müko-Pecher, 2. Auflage, 1986, Vor §765 Rn 3.

ne Leistung nicht oder nicht in gehöriger Weise erfüllt haben, so ist er zur Zahlung der versprochenen Geldsumme verpflichtet. Nach überwiegender Ansicht ist hier allerdings der verschuldenbsabhängigen Garantie gegenüber nur ein vom Schuldner zu vertretendes Leistungshindernis geeignet, die Vertragsstrafepflicht auszulösen[468], wobei im Falle der sponsoringvertraglichen Innengesellschaft wiederum im Einzelfall zu prüfen ist, ob die Haftungsmilderung nach § 708 BGB Beachtung findet.

Das Vertragsstrafeversprechen der Sponsoringparteien soll regelmäßig die Erfüllung nicht nachholbarer und höchstpersönlicher Beitragsleistungen wie die Mitwirkungspflichten des Individualgesponserten oder die Bereitstellung der versprochenen Ausrüstungsgegenstände durch den Sponsor sichern. Deshalb wird die Strafe nur im Falle der Nichterfüllung verwirkt sein, mit der Folge, daß der Sponsor vom Sponsoringnehmer die Geldzahlung nicht neben, sondern nur anstelle der Erfüllung im Sinne des § 340 I BGB verlangen kann. Gemäß § 340 II BGB ist die Geltendmachung eines weiteren, d.h. über die Vertragsstrafensumme hinausgehenden Schadens im Rahmen z.B. einer positiven Vertragsverletzung oder der §§ 280, 286 BGB nicht ausgeschlossen, wenn die Vertragsstrafe in ihrem Betrag unterhalb des tatsächlich entstandenen Schadens liegt[469].

Ein wichtiger Anwendungsbereich der Vertragsstrafe im Sponsoring liegt neben der Sicherung der gehörigen Erfüllung vertraglicher Pflichten in der Möglichkeit einer präzisen Bezifferung der Schadenersatzsumme im Falle der Nichterfüllung. Denn ein sich für den Sponsor oder auch für den Sponsoringnehmer ergebender Schaden aus der Nichterfüllung vertraglicher Pflichten läßt sich ex ante und ex post nur schwer in Höhe und Umfang ermitteln[470]. Uneffektive Werbung mit dem Sponsoringnehmer, bereits gezahlte Gelder an den Sponsoringpartner, Aufwendungen in Erwartung der fehlerfreien Durchführung des Sponsorships und der Imageschaden des Sponsoringpartners sind in Geldbeträgen nur schwer auszudrückende Elemente, aus denen sich die Vermögenseinbuße der geschädigten Sponsoringpartei zusammensetzt. Sollte allerdings die Abrede der Sponsoringparteien allein die Funktion der antizipierten Schadensberechnung erfüllen, so liegt keine Vertragsstrafeabrede im Rechtssinne vor, son-

468 Karl Larenz, Schuldrecht Allgemeiner Teil, 14. Auflage, 1987, S. 378; Wolfgang Fikentscher, Schuldrecht, 8. Auflage, 1992, Rn 111; Müko-Gottwald, 3. Auflage, 1994, §339 Rn 16; Staudinger-Volker Rieble, 13. Auflage, 1995, Vor §339, Rn 28, Soergel-Lindacher, 12. Auflage, 1990, Vor §339 Rn 42; Müko-Gottwald, 3. Auflage, 1994, Vor §339, Rn 16; BGHZ NJW 1972, S.!894.

469 Müko-Gottwald, 3. Auflage, 1994, §340 Rn 4 und 7; Soergel-Lindacher, 12. Auflage, 1990, §340 Rn 6 und 11.

470 Zu den fragwürdigen Methoden der Schadensermittlung im anglo-amerikanischen Recht des Sponsoringvertrags siehe Stephen Townley-Edward Grayson, Sponsorship of Sport, Art and Leisure, London 1984, S. 66 ff mit den dazugehörigen cases.

dern allein eine Pauschalierung des Schadensersatzes, auf die die §§ 339 ff BGB keine Anwendung findet, da es in einem solchen Fall an der für die Vertragsstrafe konstitutiven Sicherungsfunktion der Abrede mangelt.

Mit dem Eintritt des die Fälligkeit der Vertragsstrafe auslösenden Ereignisses kann regelmäßig ein Recht zur außerordentlichen Kündigung des Sponsoringvertrags unter den Voraussetzungen des § 723 I S. 2 BGB einhergehen.

V. Die Haftung der Sponsoringparteien im Außenverhältnis Dritten gegenüber

Im anglo-amerikanischen Recht des Sponsoringvertrags wird die Frage diskutiert, ob der Sponsoringnehmer durch seine Werbung für ein bestimmtes Produkt des Sponsors gegenüber dem Verbraucher vertraglich oder deliktisch haften soll[471]. Im deutschen Recht kann sich demgegenüber ein Einstehenmüssen für fehlerhafte Waren oder Leistungen des Sponsors für den Sponsoringnehmer aus keinem rechtlichen Gesichtspunkt heraus ergeben. Das vertragliche Mängelgewährleistungsrecht aus §§ 459 ff BGB trifft nur die Partner eines Kaufvertrags, an dem der Sponsoringnehmer gegenüber dem Käufer eines mangelhaften Produkts nicht beteiligt ist. Auch aus Delikt wird der Gesponserte regelmäßig gegenüber dem Benutzer von Produkten aus dem Hause des Sponsors nicht verpflichtet sein, da eine Kausalität zwischen dem Werbeverhalten des Sponsoringnehmers und einem Schadenseintritt an den Rechtsgütern des Verbrauchers nicht herzustellen ist. Schließlich ist aus dem Blickwinkel der Produkthaftung eine Schadensersatzpflicht des Sponsoringnehmers nicht zu begründen, da dieser nicht als Hersteller des Produkts im Sinne des § 1 ProdHaftG qualifiziert werden kann. Selbst wenn der Sponsoringnehmer an der Entwicklung des Produkts z.B. durch Tests oder Beratungsleistungen beteiligt sein sollte, so ist seine Ersatzpflicht gemäß § 1 II Nr 1 ProdHaftG schon deshalb ausgeschlossen, weil er das Produkt nicht in den Verkehr gebracht hat.

Eine Haftung der Sponsoringpartner über die bilaterale Vertragsbeziehung hinaus ist allein aus dem Gesichtspunkt der Schutzwirkung des Vertrags für Dritte möglich. Beim institutionellen Sponsoring von Vereinen und Verbänden können Dritte mit der vertraglichen Leistung derart in Berührung kommen, daß eine dem Gläubiger der vertraglichen Leistung ähnliche Schutzbedürftigkeit gegeben ist. Die nicht am institutionellen Sponsoringvertrag beteiligten Athleten werden durch die Benutzung der

471 Stephen Townley-Edward Grayson, Sponsorship of Sport, Art and Leisure, London 1984, S. 76 ff mit der Prüfung eines kollateralen Vertrags zwischen Sponsor, Sponsoringnehmer und Verbraucher, der Zusicherung von Eigenschaften durch den Sponsoringnehmer oder etwa einem Einstehenmüssen des Gesponserten für fehlerhafte Produkte des Sponsors.

Ausrüstung des Sponsors der Sponsorenleistung in einer für den Sponsor vorhersehbaren und überschaubaren Weise nahegebracht, daß beispielsweise Mangelfolgeschäden an den Rechtsgütern der Athleten bei einem Verschulden des Sponsors auch von den Sportlern selbst aus dem Sponsoringvertrag geltend gemacht werden können[472]. Der geförderte Verein oder Verband hat natürlich ein besonderes Interesse an der Einbeziehung der Athleten in den Schutzbereich eines Ausrüstungsvertrags.

Eine vertragliche Haftung der Sponsoringpartner beim Veranstaltungssponsoring auf die Besucher der gesponserten Veranstaltung auszudehnen, sprengt den Rahmen der Überschaubarkeit aus Sicht der Leistungsverpflichteten. Kaum wird sich der Wille des Veranstalters ermitteln lassen, die zahlreichen, manches Mal gar unüberschaubar vielen Zuschauer einer prominenten Sportveranstaltung in den Schutzbereich des Sponsoringvertrags einzubeziehen. Sollte es sich um eine entgeltliche Veranstaltung handeln, so können die Besucher bei einem Verschulden des Veranstalters aus dem Benutzungs- und Mietvertrag gegen diesen Ansprüche herleiten, ohne daß es einer fragwürdigen Konstruktion des Sponsoringvertrags als eines solchen mit Schutzwirkung für die Besucher bedarf. Einen seltenen Grenzfall wird die Möglichkeit der teilnehmenden Athleten einer geförderten Sportveranstaltung darstellen, aus dem Veranstaltungssponsoringvertrag gegen den Sponsor vorzugehen, wenn dieser Ausrüstungsgegenstände geliefert hat, die den Sportlern Schaden zugefügt haben[473].

E. Die Beendigung des Sponsoringvertrags

I. Die ordentliche Vertragsbeendigung

Die Vertragsdauer des Sponsoringvertrags ist in aller Regel befristet, so daß der Sponsoringvertrag grundsätzlich mit dem Ablauf der Zeit endet, für die er eingegangen ist, ohne daß es einer Kündigung bedarf. Die Parteien vereinbaren regelmäßig den Ausschluß einer Möglichkeit zur ordentlichen Kündigung, um dem Sponsorship einen rechtlichen und wirtschaftlichen Bestandsschutz zukommen zu lassen. Nach dem Wortlaut des § 723 I S. 2 BGB ist allerdings auch ohne Ausschluß des ordentlichen Kündigungsrechts der Sponsoringvertrag seiner Befristung wegen nur durch eine Kündigung aus wichtigem Grund auflösbar. Sollte der Sponsoringvertrag ausnahmsweise einmal unbefristet abgeschlossen sein, wie dies bei

472 Karl Larenz, Schuldrecht Allgemeiner Teil, 14. Auflage, 1987, S. 227, Dieter Medicus Bürgerliches Recht, 17. Auflage, 1996, Rn 846, Müko-Gottwald, 3. Auflage, 1990, §328 Rn 71.

473 Ein Tennisspieler verletzt sich bei einem gesponserten Turnier wegen eines durch den Sponsor mangelhaft verlegten Spielbodens.

der exotischen Form des lebenslangen Sponsoring prominenter Einzelpersonen Usus ist, ist eine ordentliche Kündigung unter Einhaltung einer Frist und ohne Angabe von Gründen auch ohne eine dahingehende ausdrückliche Vereinbarung möglich, wie sich aus der Vorschrift des § 723 I S. 1 BGB i.V.m. § 724 S.1 BGB ergibt[474].

Der befristete Sponsoringvertrag endet zwar ipso iure mit dem Verstreichenlassen des Beendigungstermins, jedoch wird die Beendigung insbesonderes beim Individual- und Institutionensponsoring gegebenenfalls durch die Nichtausübung einer Verlängerungsoption eingeleitet. Die sponsoringvertragliche Treuepflicht gebietet dabei den Sponsoringpartnern, die Ausübung oder Nichtausübung der Verlängerungsoption rechtzeitig, d.h. vorbehaltlich einer besonderen vertraglichen Abrede je nach Laufzeit drei bis sechs Monate vor Vertragsende anzuzeigen und über die Bedingungen, zu denen der Vertrag verlängert werden soll, sofern diese noch nicht vertraglich festgelegt sind, zu verhandeln.

Das Veranstaltungssponsoring endet ebenfalls mit Ablauf der Zeit, für die es eingegangen ist, wobei die Vertragsdauer durch die Dauer der geförderten Veranstaltung zuzüglich einer Vor- und Nachbereitungszeit bestimmt wird. Dieser Sponsoringvertragsvariante sind Verlängerungsoptionen fremd, so daß der Sponsoringvertrag seiner innengesellschaftlichen Qualifikation entsprechend gemäß § 726 BGB bereits ipso iure endet, wenn »der vereinbarte Zweck erreicht«, oder die Erreichung des Zwecks wegen der Beendigung der Veranstaltung unmöglich geworden ist.

Der Sponsoringvertrag endigt mit Eintritt der gesetzlich normierten Auflösungsgründe des Todes oder der Konkurseröffnung über das Vermögen eines Gesellschafters, §§ 727 I, 728 BGB. Letzterem Fall steht auch nicht die Gesamthandslosigkeit der Sponsoringgesellschaft entgegen[475], da die zwingende Norm des § 728 eben nicht zwischen der idealtypischen Gesamthandsaußengesellschaft und atypischen Erscheinungen der BGB-Gesellschaft ohne Gesamthandsvermögen differenziert[476]. Überdies ergibt sich die Rechtsfolge der Auflösung des Sponsoringvertrags wegen des Konkurses eines Sponsoringbeteiligten bereits aus § 736, der das Ausscheiden des bankrotten Gesellschafters anordnet. Da eine Fortsetzung

474 Staudinger-Keßler, 12. Auflage, 1991, §723 Rn 39 und §724 Rn 1; Müko-Ulmer, 2. Auflage, 1986, §723 Rn 13; Soergel-Hadding, 11. Auflage, 1985, §723 Rn 10.

475 Staudinger-Keßler, 12. Auflage, 1991, Vorb §728, Rn 4, §728 Rn 16; Soergel-Hadding, 11. Auflage, 1985, §728 Rn 3 und 10.

476 Soergel-Hadding, 11. Auflage, 1985, §728, Rn 8; Karsten Schmidt, Gesellschaftsrecht, 2. Auflage, 1991, S. 1476; Müko-Ulmer, 2. Auflage, 1986, §728 Rn 4; a.A. Konrad Wernicke, Der Konkurs des Gesellschafters einer vermögenslosen BGB-Gesellschaft, WM 81, S. 862.

einer BGB-Gesellschaft mit nur einem Gesellschafter rechtlich undenkbar ist, ist die Auflösung der Gesellschaft bei Wegfall eines der beiden Gesellschafter zwingend, so auch beim stets zweigliedrigen Innengesellschaftsvertrag des Sponsoring.

Schwieriger gestaltet sich die Beantwortung der Frage, ob die Vorschrift des § 725 BGB, d.h. die Kündigungsmöglichkeit durch einen Gesellschaftergläubiger, auf die gesamthandslose Innengesellschaft anwendbar ist. Nach einer prominenten Ansicht, soll entgegen den klaren Wortlaut der Norm die Kündigung der Gesellschaft durch einen Gesellschaftergläubiger auch bei der gesamthandslosen Innengesellschaft, also dann auch beim Sponsoringvertrag möglich sein[477]. Eine derartige Kündigungsmöglichkeit eines Gläubigers des Sponsors oder des Sponsoringnehmers ist nicht nur praxisfern, sondern auch systemwidrig, denn die Vorschrift des § 725 BGB macht überhaupt nur Sinn, wenn die Gesellschaft, die durch den Gesellschaftergläubiger gekündigt wird, ein Auseinandersetzungsguthaben aufweist. Nur dann existiert ein Pfändungsobjekt im Sinne des § 859 ZPO, auf das der Gesellschaftergläubiger zugreifen kann. Ein Auseinandersetzungsguthaben findet sich indes nur in der idealtypischen BGB-Gesamthandsgesellschaft, zu der der Sponsoringvertrag bekanntermaßen nicht zählt. Nach der rechtspolitischen Beschränkung des Gläubigerkündigungsrechts auf wirtschaftliche Extremfälle[478] scheint es unbillig, die Anknüpfung der Norm an die Existenz eines Anteils am Gesamthandsvermögen zu ignorieren und den Anwendungsbereich der Norm über deren Wortlaut hinaus auszudehnen. Im Ergebnis kommt eine Auflösung des Sponsoringvertrags gemäß § 725 BGB durch die Kündigung seitens eines Gesellschaftergläubigers nicht in Betracht.

II. Die außerordentliche Vertragsbeendigung

1. Die Kündigung aus wichtigem Grund

Zu einer außerordentlichen Beendigung des Sponsoringvertrags kommt es, wenn eine der Parteien den Vertrag unter Angabe eines wichtigen Grundes ohne Einhaltung einer Frist vor Ablauf der Zeit, für die er eingegangen wurde, kündigt. Zu den Standardvereinbarungen der Sponsoringvertragsparteien gehört diejenige eines außerordentlichen Kündigungsrechts, wobei die Nominierung einzelner, nicht abschließender Auflösungstatbestände nicht unüblich und rechtlich ohne weiteres zuläs-

477 Müko-Ulmer, 2. Auflage, 1986, §725, Rn 3.

478 Staudinger-Keßler,12. Auflage, 1991, §725, Rn 19; BGH WM 1956, S. 1027.

sig ist[479]. Die Verletzung vertraglicher Leistungs- oder Verhaltenspflichten, insbesondere die Verletzung des Exklusivitätsgebotes werden als eine außerordentliche Kündigung rechtfertigende wichtige Gründe regelmäßig explizit in das Sponsoringvertragswerk aufgenommen. Der Struktur des Sponsoringvertrags als Dauerschuldverhältnis einerseits und der Qualifikation als Innengesellschaft andererseits verdankt der Sponsoringvertrag allerdings eine gesetzliche Zubilligung des außerordentlichen Kündigungsrechts, ohne daß die Parteien ein solches explizit vereinbaren müßten. Dabei läßt sich das Recht der außerordentlichen Kündigung entweder auf das Regelungsgefüge der §§ 542, 553, 554, 620, 626, 723 BGB wegen der Qualifikation des Sponsoringvertrags als Dauerschuldverhältnis[480] oder wegen dessen gesellschaftsrechtlicher Qualifikation ausschließlich auf § 723 I S. 2 BGB stützen. Die Möglichkeit einer Kündigung aus wichtigem Grund besteht der vertragstypologischen Einordnung des Sponsoringvertrags als atypischem Gesellschaftsvertrag wegen auch für den (unerkannt) fehlerhaften Sponsoringvertrag[481].

Allgemein anerkannt und deshalb einer Diskussion überflüssig ist der Befund, daß das Recht zur außerordentlichen Kündigung eines Gesellschaftsvertrags nach § 723 I S.2 BGB funktional verschiedene Institute des Zivilrechts im Bereich des Rechts der Willensmängel und der allgemeinen Leistungsstörungen. ersetzt. Die Anfechtung wegen Irrtums, Täuschung und Drohung nach den §§ 119 ff, 142 BGB, die nachträgliche Unmöglichkeit der (Beitrags-)Leistung nach §§ 275, 323 ff, der gesetzliche Rücktritt nach §§ 325, 326, 346 ff BGB oder der Rücktritt wegen positiver Vertragsverletzung und die Vertragsauflösung wegen Wegfalls der Geschäftsgrundlage gehen im Institut der Kündigung aus wichtigem Grund nach § 723 I S.2 BGB auf[482]. Dieser Grundsatz beansprucht uneingeschränkte Geltung auch bei der bloß schuldrechtlichen Innengesellschaft[483]. Daher sind die

479 Staudinger-Keßler,12. Auflage, 1991, §723 Rn 76, Die Grenze der Zulässigkeit der Vereinbarung von Kündigungsgründen soll dort liegen, wo dem Kündigenden die Kündigung durch den Ausschluß von Gründen erschwert und somit der zwingende Charakter der außerordentlichen Kündigung umgangen wird.

480 Karl Larenz, Schuldrecht Allgemeiner Teil, 14. Auflage, 1987, S. 30 und 252; Josef Esser-Eike Schmidt, Schuldrecht Band I, Allgemeiner Teil, 8. Auflage, 1995, S. 286; Müko-Kramer, 3. Auflage, 1994, Einleitung zu §241, Rn 87, 88 und Joachim Gernhuber, Das Schuldverhältnis, 1989, S. 390, 391 sprechen sich für eine Gesamtanalogie der Kündigungsvorschriften in §§565, 595, 609, 621, 622, 723 BGB auf sämtliche Dauerschuldverhältnisse aus.

481 Staudinger-Keßler, 12. Auflage, 1991, §705 Rn 125; §723 Rn 88; a.A. für die Innengesellschaft offenbar Müko Ulmer, 2. Auflage, 1986, §705, Rn 263, 276 und Soergel-Hadding, 11. Auflage, 1985,§705, Rn 78 und 92.

482 Staudinger-Keßler, 12. Auflage, 1991, §723, Rn 59, 88, 89; Müko-Ulmer, 2. Auflage, 1986, Vor §723 Rn 7; Müko-Roth, 3. Auflage, 1994, §242 Rn 583; BGHZ 9, S. 157 (161); BGHZ 29, S. 171; BGHZ 41, S. 104 (108); BGHZ 50, S. 312 (314); BGH WM 47, S. 420; BGH NJW 1967, S. 1082.

483 Das ergibt sich bereits aus der Anwendbarkeit der Grundsätze über die fehlerhafte Gesellschaft auf die in Vollzug gesetzte Innengesellschaft, Staudinger-Keßler, 12. Auflage, 1991, §705, Rn 21 f und 87 ff; §723 Rn 60 und 88.

Tatbestände der Anfechtbarkeit des Sponsoringvertrags, der nachträglichen objektiven wie subjektiven Unmöglichkeit der Beitragsleistung, des Verzuges der Beitragsleistung und des Wegfalls der Geschäftsgrundlage von deren regelmäßigen Rechtsfolgen der Anfechtung, des Rücktritts und der Vertragsauflösung ipso iure zu trennen und als Auslöser eines außerordentlichen Kündigungsrechts der Sponsoringvertragsparteien vorbehaltlich abweichender vertraglicher Vereinbarungen zu bewerten.

Aber nicht nur das tatbestandliche Vorliegen der klassischen allgemeinen Leistungsstörungsinstitute stellt einen wichtigen Grund im Sinne des § 723 I S.2 BGB dar. Das Gesetz stellt in § 723 I S.2 2.HS BGB beispielhaft zwei typische Fälle eines wichtigen Grundes vor, ohne daß zwingend eine Identität mit den allgemeinen Leistungsstörungsinstituten zu bestehen hat. Insbesondere sollen nach der Vorschrift des § 723 I S. 2 2. HS BGB die vorsätzliche oder grob fahrlässige Verletzung wesentlicher Gesellschafterpflichten oder die Unmöglichkeit der Erfüllung der Gesellschafterpflichten einen wichtigen Grund zur Kündigung darstellen. Auch andere Gründe, die sich nicht in das allgemeine Leistungsstörungsrecht einfügen lassen, vermögen eine außerordentliche Kündigung des sponsoringvertraglichen Gesellschaftsvertrag zu rechtfertigen.

Allen in § 723 I S.2 BGB normierten und durch die Rechtsprechung und Lehre anerkannten Fallgestaltungen des wichtigen Grundes ist kumulativ eine Kündigungsvoraussetzung hinzuzufügen, namentlich die der Unzumutbarkeit der Vertragsfortsetzung für die kündigende Partei unter unveränderten Bedingungen und unter Abwägung des Bestands- und des Beendigungsinteresses und aller Umstände des Vertrags[484]. Eine dahingehende Beurteilung muß hier wie sonst einer Einzelfallbetrachtung vorbehalten bleiben, so daß auch für alle einzelnen Konfliktsituationen im Sponsoring keine allgemeingültigen Parameter aufgestellt werden können.

Auf den Sponsoringvertrag gewendet ist immer dann ein Grund zur außerordentlichen Vertragsbeendigung durch Kündigung zu bejahen, wenn das sponsoringvertragliche Vertrauensverhältnis durch das Vorliegen eines Umstandes oder Ereignisses in der Person oder dem Verhalten einer Partei nachhaltig gestört ist oder Ereignisse im Vertragsumfeld eingetreten sind, die die Erreichung des Gesellschaftszwecks nachhaltig behindern und die nur unter unzumutbaren Bedingungen beseitigt werden können. Verstöße gegen vertragliche Treue- und Wohlverhaltenspflichten, Verstöße gegen das Konkurrenz- und Wettbewerbsverbot,

484 Staudinger-Keßler, 12. Auflage, 1991, §723 Rn 65; Müko-Ulmer; 2. Auflage, 1986, §723 Rn 20; Karsten Schmidt, Gesellschaftsrecht; 2. Auflage, 1991, S. 1365.

Unmöglichkeit der persönlichen Mitwirkung durch den Sponsoringnehmer an Marketingaktivitäten des Sponsors oder etwa die nachhaltig mangelhafte Ausstattung des Sponsoringnehmers mit für die Ausübung der geförderten Tätigkeit unverzichtbarer Ausrüstung können, sofern die Vertrauensbeziehung nicht mehr wiederhergestellt werden kann, zur fristlosen Kündigung des Sponsoringvertrags berechtigen.

Beide Parteien eines Sponsoringvertrags müssen sich über die außerordentliche Sensibilität der sponsoringvertraglichen Vertrauensbeziehung im Klaren sein, wenn sie ihre Geschäftsführungshandlungen oder auch außergeschäftliche Tätigkeiten ausüben. Ein Fehlverhalten nicht nur im geschäftlichen, sondern auch im außergeschäftlichen Bereich kann, sofern eine Rückwirkung auf das sponsoringvertragliche Ziel des positiven Imagetransfers zu befürchten steht, einen zur Kündigung berechtigenden Treuepflichtverstoß darstellen. Zu denken ist dabei zuvörderst an das Verhalten im privaten Bereich des gesponserten Einzelathleten, das sich negativ auf dessen Image und folglich auf den Imagetransfer zum Sponsor auswirken kann. Im Einzelfall ist allerdings zu prüfen, ob das Image des Sponsors auch wirklich unter einem nachgewiesenen Imageverlust des Gesponserten zu leiden hat. Insbesondere ist bei dieser Beurteilung eine gewisse Toleranzbereitschaft der Öffentlichkeit ins Kalkül zu ziehen. Auch Imageverluste des Sponsors durch publikumswirksames Fehlverhalten des Managements können die Sponsoringbeziehung derart belasten, daß dem Sponsoringnehmer ein außerordentliches Kündigungsrecht zuzugestehen ist[485]. Das bloße Risiko eines Imageschadens mag für sich genommen allerdings noch keinen wichtigen Grund zur Kündigung des Sponsoringvertrags darstellen.

Dabei muß hier wie sonst außer Betracht bleiben, ob das Fehlverhalten auf einem Verschulden des Kündigungsgegners beruht oder nicht[486]. Wesentlich ist allein die Beantwortung der Frage, ob das die Kündigung auslösende Verhalten geeignet ist, die Wirkungsmechanismen und den Gesellschaftszweck des Sponsoringvertrags nachhaltig infrage zu stellen. Die Beantwortung der Verschuldensfrage ist allein bei der Erhebung von Schadensersatzansprüchen aus positiver Vertragsverletzung, §§ 280, 286 BGB oder im vorvertraglichen Bereich der culpa in contrahendo plaziert[487].

485 Man denke nur an den Imageverlust der Deutschen Bank im »Fall Jürgen Schneider«oder den Imageverlust der »Öger-Tours« nach dem tragischen Flugzeugabsturz in Puerto Plata, Domenikanische Republik im Januar 1996, woraufhin der Fußballclub der Bundesliga »Hamburger Sportverein« seine Sponsoringnehmeraktivitäten für Öger-Tours vorübergehend einstellte.

486 Müko-Ulmer, 2. Auflage, 1986, §723 Rn 22, 23.

487 Hierzu siehe oben insbesondere Vierter Teil D I.

2. Der Wegfall der Geschäftsgrundlage

Die Fallgruppen des Wegfalls der Geschäftsgrundlage als Auflösungstatbestand sind dieselben wie bei der Frage des Anpassungstatbestandes[488]. Dabei sei nochmals darauf hingewiesen, daß der Wegfall der Geschäftsgrundlage den Sponsoringvertrag seiner Qualifikation als -wenn auch atypische- BGB- Gesellschaft wegen mit Ausnahme des Extremfalles des § 726 BGB nicht ipso iure auflöst, sondern derjenigen Vertragspartei, die sich darauf zulässigerweise beruft, nur ein Recht zur außerordentlichen Kündigung nach § 723 I S.2 BGB einräumt. Kann nach dem zur Neuverhandlungspflicht Gesagten eine Vertragsanpassung an die veränderte Situation wegen des endgültigen Scheiterns der Neuverhandlungen nicht vorgenommen werden und ist einer Partei die unveränderte Fortsetzung des Sponsoringvertrags unter Berücksichtigung aller Umstände nicht zumutbar, so kann diese Partei die Auflösung des Sponsoringvertrags ohne Einhaltung einer Frist durch Kündigung nach § 723 I S. 2 BGB verlangen.

Ein für den Sponsoringvertrag realtypisch wichtiger Fall des Wegfalls der Geschäftsgrundlage als wichtigem Grund zur außerordentlichen Kündigung ist der Wegfall der geförderten Tätigkeit des Sponsoringnehmers, unabhängig davon, ob der Wegfall seitens des Gesponserten verschuldet oder unverschuldet ist. Nach der hier vertretenen Ansicht ist die Ausübung der gesponserten Tätigkeit des Einzelathleten, der Mannschaft oder des Veranstalters gerade nicht Inhalt einer sponsoringvertraglichen Beitragsleistungsverpflichtung. Vielmehr kann in der Ausübung der geförderten Tätigkeit durch den Sponsoringnehmer die sponsoringvertragliche Geschäftsgrundlage gesehen werden, bei deren Wegfall ein Recht zur Kündigung des Sponsoringvertrags zugunsten des Sponsors entsteht. Die Frage des Verschuldens gewinnt erst dann an Bedeutung, wenn es um Schadensersatzansprüche aus positiver Vertragsverletzung geht[489].

III. Zur Frage nach einem Bestands- und Kündigungsschutz im Sponsoringvertrag

Bei der außerordentlichen Kündigung moderner Vertragstypen, wie z.B. dem Leasingvertrag, wird analog §§ 550, 553, 554 BGB eine Abmahnung als Voraussetzung für eine außerordentliche Kündigung für erforderlich

488 Volker Emmerich, Das Recht der Leistungsstörungen, 3. Auflage, 1991, S. 331 ff; Karl Larenz, Schuldrecht Allgemeiner Teil, 14. Auflage, 1987, S. 320 ff (324); Dieter Medicus, Bürgerliches Recht, 16. Auflage, Rn 156 ff; Soergel-Teichmann, 12.Auflage, 1990, §242 Rn 251 ff; Helmut Köhler, Grundprobleme der Lehre von der Geschäftsgrundlage, JA 1979, S. 498 ff.

489 Dazu siehe oben Vierter Teil D I.

gehalten[490], die sich aus dem Grundgedanken des § 326 BGB herleitet. Auf dem selben Gedanken beruht das Erfordernis einer Abmahnung durch den Arbeitgeber bei der verhaltensbedingten außerordentlichen Kündigung eines Arbeitnehmers[491]. Grund für diesen außergesetzlichen Bestandsschutz ist das Schutzbedürfnis des Vertragspartners, der auf diese Weise letztmalig gewarnt werden soll, bevor ihn die schwerwiegenden Rechtsfolgen einer immediaten Vertragsbeendigung treffen. Beim Arbeitsrecht tritt die dem Arbeitgeber gegenüber bestehende Weisungsgebundenheit des Arbeitnehmers als Argument für dessen Schutzbedürftigkeit hinzu.

Beide Gedanken tragen indes beim Sponsoringvertrag nicht, da dieser nicht wie der Leasing- oder Arbeitsvertrag primär auf einen Leistungsaustausch ausgerichtet ist und die Sponsoringpartner rechtlich nicht unter die Weisungsmacht des jeweils anderen subordiniert sind. Die Struktur des Sponsoringvertrags als Kooperationsvertrag gebietet auf der Grundlage der gesellschaftsrechtlichen Zweckförderungspflicht ohnehin eine der Kündigung vorausgehende Verständigung der Sponsoringpartner über die Folgen eingetretener Beitragsleistungsstörungen. Insbesondere die im Gesellschaftsvertrag gegenüber schlichten Austauschverträgen gesteigerte und allen Beteiligten obliegende Treuepflicht bildet die Grundlage einer Verhandlungspflicht über Störungen im Vertrauens- und im Leistungsbereich der Mitgesellschafter. Das Gesellschaftsrecht selbst bietet also einen ausreichenden Schutz vor einer unvorhersehbaren Vertragsbeendigung durch eine außerordentliche Kündigung, ohne daß es einer besonderen Abmahnungspflicht auf der Grundlage einer Analogie zu § 326 BGB oder dem Arbeitsrecht bedarf.

Man wird allerdings bei Störungen im Leistungsbereich des Sponsoringvertrags, unabhängig von einem etwaigen Vertretenmüssen, das endgültige Scheitern von Neuverhandlungen über die Leistungsinhalte als Voraussetzung für eine Kündigung aus wichtigem Grund aus Treuegesichtspunkten heraus fordern müssen. Hier geht das Bestandsinteresse regelmäßig dem Beendigungsinteresse der Parteien vor, da Störungen im Leistungsbereich den angestrebten Imagetransfer nicht zwingend behindern oder vereiteln müssen und sich die Störungen im Leistungsbereich des Sponsoringvertrags regelmäßig beheben lassen. Anders verhält es sich bei Störungen im Vertrauensbereich. Dort steht regelmäßig eine Imagebeeinträchtigung zu befürchten, die der flächendeckenden medialen Ver-

490 Michael Martinek, Moderne Vertragstypen, Band 1, S. 205.

491 Wolfgang Zöllner-Karl-Georg Loritz, Arbeitsrecht, 4. Auflage, 1992, S. 251; Günter Schaub, Arbeitsrechtshandbuch, 8. Auflage, 1996, S. 386, 387; Manfred Löwisch, Arbeitsrecht, 3. Auflage, 1991, Rn 1253 und 1322.

breitung des Sponsorships wegen nur schwer behebbar ist. In diesem Falle die Kündigung aus wichtigem Grund von einer vorangehenden Neuverhandlung abhängig zu machen, ist interessenwidrig, da eine Neuverhandlung zu keinem anderen Ergebnis als der Vertragsauflösung führen wird.

Das (scheinbare) Verbot der Kündigung zur Unzeit gemäß § 723 II BGB erfaßt den Sponsoringvertrag nur in seiner Variante des Veranstaltungssponsoring. Dann nämlich kann die Situation eintreten, daß der Veranstalter eines Ereignisses durch den Rückzug des Sponsors an der Durchführung oder Fortsetzung der Veranstaltung faktisch gehindert wird, wenn der Sponsor für die Veranstaltung existentielle Beiträge leistet. In diesem Falle paßt der Normzweck des § 723 II BGB, dem übereinstimmend der gesellschaftliche Bestands- und der mitgesellschafterliche Individualschutz innewohnt[492]. Selbst der den Kündigungsgrund auslösende Mitgesellschafter soll vor der unvorhergesehenen Beendigung der Gesellschaft bewahrt werden, es sei denn, das Vertrauensverhältnis ist durch einen wichtigen Grund für die Kündigung zu gerade diesem konkreten Zeitpunkt derart gestört, daß dem Kündigenden eine auch nur kurzfristige Fortsetzung der Gesellschaft unzumutbar ist. Scheinbar ist das Verbot nur deshalb, da die unzeitige Kündigung nach dem klaren Wortlaut des § § 723 II S. 2 BGB zwar eine Schadensersatzpflicht des Kündigenden auslöst, jedoch deren Wirksamkeit nicht berührt wird.

Allerdings hat der kündigende Sponsor unter Zumutbarkeitsgesichtspunkten und auf die gesellschaftliche Treuepflicht gestützt dem Veranstalter angemessen Gelegenheit zu gewähren, sich für die Durchführung der Veranstaltung »lebensnotwendige« Sach- und Dienstleistungen anderweitig zu besorgen, bevor es zur Auflösung des Sponsoringvertrags kommt. Hier muß die Beurteilung im Einzelfall Aufschluß über die Zumutbarkeit einer Vertragsfortsetzung auch nur für kurze Zeit geben. Denn keinesfalls ist aus der Problematik einer immediaten Ersatzbeschaffung essentieller Sach- und Dienstleistungen ein generelles Verbot der Kündigung aus wichtigem Grund für den Veranstaltungssponsoringvertrag abzuleiten.

IV. Die Auflösung der Sponsoringinnengesellschaft und die nachvertragliche Abwicklung

Die typologische Qualifikation des Sponsoringvertrags als Innengesellschaft folgt einem Auflösungs- und Abwicklungsritual, dem schlichte Austauschverträge nicht unterliegen. Auflösung und Abwicklung des Sponsoringvertrags

492 Soergel-Hadding, 11. Auflage, 1985, §723, Rn 24; Staudinger-Keßler, 12. Auflage, 1991, §723 Rn 83; Müko-Ulmer, 2. Auflage, 1986, §723, Rn 35.

richten sich nach bürgerlichem Gesellschaftsrecht. Allerdings sind Innen- und Außengesellschaft im Falle der Auflösung unterschiedlich zu behandeln, da die Innengesellschaft ohne Gesamthandsvermögen ausgestattet ist, sich die Beziehungen der Gesellschafter untereinander also allein schuldrechtlichen Regelungen unterstellen lassen[493]. Eine gesamthänderische Außengesellschaft wird als Rechtsträgerin liquidiert und bis zur Befriedigung der Gläubiger zur Vollbeendigung gebracht. Die Auflösung einer gesamthandslosen Innengesellschaft läßt sich dagegen durch schlichte Verrechnung der unter den Gesellschaftern bestehenden Ansprüche abwickeln, denn sie hat weder ein Gesamthandsvermögen, wie es die Auseinandersetzung nach dem Wortlaut des § 730 I BGB fordert, noch Gläubiger. Daher stellt die Auflösung der Innengesellschaft einen Fall der sofortigen Vollbeendigung der Gesellschaft ohne das Interimsstadium der Abwicklungsgesellschaft dar[494].

Auf den Sponsoringvertrag gewendet bedeutet dies, daß in Ermangelung eines Gesellschaftsvermögens zu gesamten Hand die §§ 730 ff BGB zumindest nicht unmittelbar anwendbar sind und die Sponsoringpartner ihre Abwicklungsansprüche unter sofortiger Auflösung der Gesellschaft gegenseitig und bei gegenseitigen Zahlungsansprüchen schlicht durch Verrechnung geltend machen können. Die Frage, ob die §§ 730 ff BGB im Wege einer Gesamtanalogie[495] oder über eine Analogie im Einzelfall[496] als Anspruchsgrundlage für die Rückgabe von Gegenständen und die Verrechnung schuldrechtlicher Ansprüche der Sponsoringpartner Anwendung finden sollen, wirkt sich im Ergebnis beim Sponsoringvertrag nicht aus.

Auf Verlangen hat der Gesponserte die ihm nicht zu Eigentum überlassenen Gebrauchsgüter wie bestimmte Ausrüstungsgegenstände, Automobile, Werbe- oder Organisationsmittel an den Sponsor nach Maßgabe des § 732 BGB analog herauszugeben. Dem Sponsor obliegt die Pflicht der Sperrung von Surrogaten des Persönlichkeitsrechts des Sponsoringnehmers neben und über eventuell vereinbarte vertragliche Aufbrauchsfristen hinaus. Im Falle einer außerordentlichen Beendigung des Sponsoringvertrags durch Kündigung aus wichtigem Grund kann der Sponsoringnehmer zu einer teilweisen Rückzahlung von Sponsorengeldern gemäß § 738 I 2 BGB analog verpflichtet sein, deren Höhe sich an dem Verhältnis der durchgeführten zu der ursprünglich vereinbarten Gesamtdauer des Spon-

493 Staudinger-Keßler, 12. Auflage, 1991, Vorbem §705, Rn 97.

494 Müko-Ulmer, 2. Auflage, 1986, §723 Rn 10 und §730 Rn 10; Staudinger-Keßler, 12. Auflage, 1991, Vorbem §705 Rn 97; BGH NJW 1990, S. 573 ff; Münchener Handbuch des Gesellschaftsrechts, Band 1, 1995, S. 320; Soergel-Hadding, 11. Auflage, 1985, §730 Rn 4.

495 Soergel-Hadding, 11. Auflage, 1985, §730 Rn 4, Münchener Handbuch des GesellschaftsrechtsBand 1, 1995, S. 320; Müko-Ulmer, 2. Auflage, 1986, §730 Rn 11.

496 Karsten Schmidt, Gesellschaftsrecht, 2. Auflage, 1991, S. 1478.

soringvertrags bemessen läßt. Einen Sonderfall in der nachvertraglichen Abwicklung des Sponsoringvertrags stellen langlebige Produkte aus dem Hause des Sponsors dar, für die der Sponsor mit den Persönlichkeitsrechten des Sponsoringnehmers geworben hat, indem er das Produkt selbst nach dem Gesponserten benannt hat[497]. Hier ist dem Sponsor aus der gesellschaftsrechtlichen Treuepflicht eine angemessene nachvertragliche Aufbrauchsfrist zuzugestehen, sofern hierüber nicht ohnehin bereits im Vertragswerk ausdrückliche Vereinbarungen getroffen wurden.

Nachvertragliche Wettbewerbsverbote bestehen vorbehaltlich einer ausdrücklichen Vereinbarung und innerhalb der dann geltenden Schranken der §§ 74 ff HGB beim Sponsoring nicht. Auch die sponsoringvertragliche Treuepflicht vermag für die Zeit nach der Beendigung des Sponsorships ein Wettbewerbsverbot nicht zu begründen, denn mit Beendigung des Sponsorships ist eine Image- oder sonstige Schädigung des ehemaligen Sponsoringpartners durch den Umstand der Eingehung neuer Sponsoringengagements nicht möglich. Allerdings kann die sponsoringvertragliche Treuepflicht in den nachvertraglichen Zeitraum hineinwirken, indem sie Grundlage für eine Verschwiegenheitspflicht hinsichtlich der Vertragsinterna der Sponsoringparteien gegenüber neuen Sponsoringpartnern und der Öffentlichkeit ist.

F. Zusammenfassung des Vierten Teils

Der Abschluß, die Durchführung und die Beendigung und Abwicklung des Sponsoringvertrags richten sich nach bürgerlichem Gesellschaftsrecht, soweit nicht für die Anwendung der §§ 705 ff BGB eine Außenwirkung oder eine gesamthänderische Bindung des Gesellschaftsvermögens Voraussetzung ist. Auftragsrechtliche Vorschriften finden auf die Sponsoringparteien über § 713 BGB keine Anwendung. Auskunfts- und Offenlegungspflichten nach § 716 BGB, besondere Treuepflichten und die Pflicht zu Neuverhandlungen machen neben den primären Beiträgen die prominenten Inhalte des sponsoringvertraglichen Pflichtengefüges aus.

Im vorvertraglichen Verhandlungsstadium treffen die künftigen Sponsoringpartner bereits Verschwiegenheits- und Treuepflichten so wie Aufklärungs- und Informationspflichten hinsichtlich ihrer Vermögenssituation, ihrer Marketingstrategien und eventuell konfligierender beabsichtigter oder bereits geschlossener Drittsponsoringverträge.

497 Z.B. die Benennung eines Tennisschlägers oder eines Automobiltyps nach dem Sponsoringnehmer, »Opel-Corsa-Modell Steffi Graf«.

Vertragliche Konkurrenzverbote halten regelmäßig einer Beurteilung nach § 138 BGB und anhand kartellrechtlicher Parameter der §§ 1 und 18, 20, 21 GWB stand, da ein Wettbewerbsverbot der Sponsoringpartner untereinander gesellschaftsrechtlich unabdingbar und deshalb als sittengemäß und kartellrechtsneutral zu qualifizieren ist.

Die Folgen eines fehlerhaften Abschlusses des Sponsoringvertrags richten sich nach der Lehre von der faktischen oder fehlerhaften Gesellschaft, mit der Konsequenz, daß die Folgen der Nichtigkeit die Sponsoringvertragsparteien erst ex nunc mit Kenntnis von der Nichtigkeit vorbehaltlich schützenswerter Interessen der Allgemeinheit oder Dritter treffen. Die Abwicklung eines durch einvernehmliche Auflösung, Kündigung oder Zeitablauf beendeten Sponsoringvertrags wird über eine Analogie der §§ 732 und 738 BGB bewerkstelligt.

Allgemeine Leistungsstörungen und die Folgen einer Lieferung mangelbehafteter Gegenstände gehen beim Sponsoringvertrag im Institut der Kündigung aus wichtigem Grunde nach § 723 BGB und im Institut der Neuverhandlung auf. Insbesondere besteht eine nur durch den gemeinsamen Zweck der Durchführung des Sponsorships mit einer bilateralen Imageüberleitung begrenzte Pflicht zur Nachlieferung mangelfreier Ware.

Fünfter Teil: Vertragsmuster, Ausblick und Ergebnisse

A. Muster eines Sponsoringvertrags

I. Vorbemerkungen

Die nachfolgende Aufstellung von Vertragsklauseln eines Sponsoringvertrags darf nicht dahin mißverstanden werden, daß jeder Sponsoringvertrag diese Regelungen Wort für Wort, Satz für Satz in sich aufnehmen müßte. Die oft zitierte Vielseitigkeit der sponsoringvertraglichen Beitragsleistungspflichten einerseits und die Abstimmung des Sponsorships auf die individuellen Bedürfnisse der Sponsoringpartner andererseits machen die Vorlegung eines Mustervertrags im Verständnis eines allgemeingültigen Mindestregelungsgefüges illusorisch. Allein die Grundvarianten des Sponsoring, Individual-, Institutionen- und Veranstaltungssponsoring, erfordern eine spezifisch auf das jeweilige Sponsorship zugeschnittene - und daher auf eine andere Sponsoringform nicht übertragbare- Regelung.

Die im folgenden dargestellten und formulierten Klauseln sollen vielmehr einen Anhaltspunkt bieten, auf welche Weise die Sponsoringpartner der normativen Bedeutung ihrer rechtspraktischen Vertragsrituale Rechnung tragen können. Die folgenden Regelungen verstehen sich mehr als ein Kodifikationsmodell, bei dem nicht verschwiegen werden kann und darf, daß der Sponsoringvertrag noch weit entfernt ist von einer Kodifikationsreife. Das Ziel und der Anspruch dieser Untersuchung kann auch nicht die Schaffung einer Kodifikation sein.

II. Musterhafte Vertragsklauseln im Sponsoringvertrag

1) Präambel

Die XY GmbH, nachfolgend »Sponsor« genannt, und der Z, Z-Verein, Z-Verband, die Z-GmbH (Veranstalter), nachfolgend »Sponsoringnehmer« genannt, schließen folgenden Sponsoringvertrag zur kooperativen Durchführung eines Sponsorships. Das Sponsorship besteht darin, daß der Sponsor die Aktivitäten des Sponsoringnehmers (dessen sportliche und wirtschaftliche Aktivitäten und die Durchführung der konkreten Veranstaltung) durch die nachstehenden Leistungen aktiv unterstützt und der Sponsoringnehmer in der Öffentlichkeit die Verbindung zum Sponsor aktiv und positiv darstellt. Ziel der kooperativen Durchführung des Sponsorships ist ein beiderseitiger Imagetransfer zur Marktwertsteigerung beider Parteien.

2a) Beitragspflichten des Sponsors

Der Sponsor verpflichtet sich, dem Sponsoringnehmer die in der Anlage zum Vertrag präzise aufgeführten Geld-, Sach-, Dienstleistungen zu dem vereinbarten Zeitpunkt zur Verfügung zu stellen.

Sollen Gegenstände in das Eigentum des Sponsoringnehmers übergehen, so ist dies ausdrücklich zu vereinbaren.

Sollte ein bestimmter Bereitstellungstermin nicht verabredet sein, so hat der Sponsor je nach Bedarf des Sponsoringnehmers Ausrüstungs- und sonstige Gegenstände dem Sponsoringnehmer auf Abruf an den gewünschten Ort zu liefern.

Mangelhafte Ausrüstungs- und sonstige Gegenstände sind auf Verlangen des Sponsoringnehmers unverzüglich durch Nachlieferung mangelfreier Ware zu ersetzen.

Der Sponsor verpflichtet sich, die ihm übertragenen Nutzungsrechte und Lizenzen des Sponsoringnehmers nur zu Sponsoringzwecken zu gebrauchen und jede zweckwidrige Benutzung zu unterlassen.

2b) Versicherung des Sponsors beim Exklusivsponsoring

Der Sponsor versichert, frei von Vertragspflichten gegenüber Wettbewerbern des Sponsoringnehmers zu sein, und verpflichtet sich, während der Vertragsdauer auch keine solchen Verpflichtungen einzugehen.

3a) Beitragspflichten des Sponsoringnehmers

Der Sponsoringnehmer verpflichtet sich, dem Sponsor Lizenzen an seinem allgemeinen Persönlichkeitsrecht einzuräumen und an den Marketingaktivitäten des Sponsors aktiv und einvernehmlich mitzuwirken. Die Parteien haben sich über Art und Umfang der Mitwirkung des Sponsoringnehmers und über die Termine durch Verhandlung zu verständigen. Art und Umfang der Mitwirkung des Sponsoringnehmers richten sich insbesondere nach der Nützlichkeit für die Verfolgung des gemeinsamen Zwecks. Auf die individuelle Karriere- und Terminplanung des Sponsoringnehmers ist Rücksicht zu nehmen.

Der Sponsoringnehmer verpflichtet sich, die ihm zur Präsentation und Benutzung überlassenen Gegenstände des Sponsors nur zur Förderung des gemeinsamen Zwecks zu gebrauchen und jede zweckwidrige Benutzung zu unterlassen.

3b) Versicherung des Sponsoringnehmers beim Exklusivsponsoring

Der Sponsoringnehmer versichert, frei von Vertragspflichten gegenüber Wettbewerbern des Sponsors zu sein und verpflichtet sich, solche Verpflichtungen während der Sponsoringvertragsdauer auch nicht einzugehen.

Der Sponsoringnehmer versichert, daß die Einbeziehung derjenigen Athleten, die an den Marketingaktivitäten des Sponsors mitwirken sollen, durch eine Aktivenvereinbarung vertraglich gesichert ist.

4) Laufzeit des Vertrags

Die Vertrag läuft zunächst ein Jahr. Beide Parteien haben eine Option auf Verlängerung des Vertrags zu unveränderten Bedingungen für ein weiteres Jahr. Die Option ist spätestens drei Monate vor Ablauf der Basislaufzeit von einem Jahr durch schriftliche Erklärung gegenüber dem Vertragspartner auszuüben oder die Nichtausübung der Option mitzuteilen.

Ist bei langfristigen Sponsoringverträgen über eine Basislaufzeit von zwei Jahren den Sponsoringpartnern eine Verlängerungsoption eingeräumt, so ist diese vorbehaltlich abweichender vertraglicher Vereinbarungen bis spätestens sechs Monate vor Ablauf des Sponsoringvertrags durch schriftliche Erklärung auszuüben oder die Nichtausübung anzuzeigen.

Beim Veranstaltungssponsoring: Die Vertragslaufzeit beginnt am xx.yy.zz und endet am xx.yy.zz.

5) Bestimmung der Leistung durch eine Partei

Vereinbaren die Sponsoringparteien rahmenartige Leistungspflichten, so hat der Gläubiger der Leistung das Recht, durch Erklärung die Leistungspflicht des Schuldners hinsichtlich Art und Umfang der Leistung und hinsichtlich der Leistungszeit und des Leistungsortes zu konkretisieren. Bei einer möglichen Abweichung vom vertraglich festgesetzten Rahmen haben die Parteien in Neuverhandlungen einzutreten, sofern dies für die Verfolgung des gemeinsamen Zweckes nützlich ist.

6) Zustimmungs- und Abstimmungspflichten

Der Abschluß weiterer Sponsoringverträge durch den Sponsor oder den Sponsoringnehmer unterliegt der vorherigen Zustimmungspflicht des jeweils anderen Sponsoringpartners. Die Zustimmung darf nicht aus unbilligen Gründen verweigert werden. Unbillig ist ein Verweigerungsgrund dann, wenn er sich nicht auf die Verfolgung des gemeinsamen Zwecks stützen läßt. Insbesondere Abschlüsse mit Nichtkonkurrenten des Sponsoringpartners dürfen nicht untersagt werden.

Der Sponsoringnehmer hat den Sponsor laufend über seine öffentlichkeitswirksamen Medienauftritte vorab zu unterrichten und mit ihm inhaltliche Fragen abzustimmen. Der Sponsor hat den Sponsoringnehmer über seine Marketingstrategie laufend umfassend zu informieren und die Einsätze des Sponsoringnehmers vorab einvernehmlich abzustimmen. Darüber hinaus sind die Sponsoringpartner nur dann zur gegenseitigen Information und Abstimmung ihrer Marketingaktivitäten verpflichtet, wenn sponsoringvertragliche, nicht aber rein private oder allgemeine Belange des jeweils anderen Partners unmittelbar involviert sein können.

7) Allgemeines Wohlverhalten

Während der Laufzeit des Sponsoringvertrags haben die Parteien alles zu unterlassen, was den erkennbaren Interessen des Vertragspartners zuwiderläuft. Insbesonderes sind Aktivitäten zu unterlassen, die dem Image des Vertragspartners nachhaltig schaden könnten. Ein Verstoß gegen diese Wohlverhaltenspflicht berechtigt zur Kündigung ohne Einhaltung einer Frist.

8) Salvatorische Klausel

Sollte eine Verpflichtung des Sponsoringvertrags unwirksam sein, so tritt an ihre Stelle eine Neuverhandlungspflicht über den unwirksamen Vertragsteil, wenn beide Parteien mit der Fortsetzung des im übrigen wirksamen Vertrags einverstanden sind.

9) Folgen der Nichtigkeit

Ein nichtiger Sponsoringvertrag ist hinsichtlich der Zeit, in der er von den Parteien als wirksam vollzogen wurde, insoweit als wirksam zu behandeln, als dies zur Wahrung berechtigter Interessen der Parteien oder zum Schutz Dritter erforderlich ist. Dies gilt auch im Fall der Anfechtung des Sponsoringvertrags.

10) Folgen der Unmöglichkeit

Wird eine Leistung des Sponsors oder Sponsoringnehmers durch von ihr nicht zu vertretenden vertragsäußeren oder vertragsinneren Umständen erheblich erschwert oder entwertet, so kann die benachteiligte Partei Neuverhandlungen über die Anpassung des Vertrags verlangen. Ist eine Anpassung innerhalb einer angemessenen Frist nicht möglich oder zumutbar, so kann die benachteiligte Partei die Auflösung des Vertrags durch Kündigung ohne Einhaltung einer Frist verlangen.

11) Kündigung

Der Sponsoringvertrag kann in der Zeit, für die er eingegangen ist, nicht gekündigt werden. Davon unberührt bleibt das Recht beider Parteien zur Kündigung aus wichtigem Grund nach § 723 BGB. Kündigt eine Partei unter Angabe eines wichtigen Grundes, so ist die andere Partei berechtigt, der Kündigung unverzüglich zu widersprechen, wenn sie ein berechtigtes Interesse an der Fortsetzung des Vertrags hat und die Beseitigung des zur Kündigung führenden Grundes möglich und die Fortsetzung des Vertrags für die kündigende Partei zumutbar ist. Im Falle der außerordentlichen Kündigung des Sponsoring durch den Sponsor von Veranstaltungen und Ereignissen ist dem Veranstalter vor der Kündigung Gelegenheit zu geben, sich existentielle Leistungen des Sponsors anderweitig zu besorgen.

Wichtige Gründe zur Kündigung des Sponsoringvertrags sind insbesondere Pflichtverletzungen eines Sponsoringpartners, die sich nachhaltig auf das Image des Kündigenden auswirken können. Die nachhaltig mangelhafte Lieferung von Ausrüstungs- und sonstigen Gegenständen, der Konkurs einer Sponsoringpartei, gravierende Verstöße gegen das Wettbewerbsverbot und der Nachweis des Dopings durch den Sponsoringnehmer beim Individualsponsoring berechtigen zur außerordentlichen Kündigung des Vertrags.

12) Neuverhandlungen

Ist der Sponsoringvertrag wegen des Eintritts unvorhersehbarer Umstände oder des Widerspruches gegen eine Kündigung aus wichtigem Grund an die neue Sach- und Rechtslage anzupassen, so kann jede Partei verlangen, daß die Sponsoringpartner binnen einer angemessenen Frist über eine einvernehmliche Vertragsanpassung neu verhandeln. Neuverhandlungen können nicht verlangt werden, wenn sie aussichtslos oder einem Vertragsteil unzumutbar sind.

13) Nachvertragliche Pflichten

Nach der Beendigung des Sponsoringvertrags besteht die Pflicht zur Verschwiegenheit über vertragsinnere Daten und Abmachungen weiter fort. Der Sponsoringnehmer ist verpflichtet, die ihm zur Zeit und in Vollzug des Sponsoringvertrags vom Sponsor nicht zu Eigentum überlassenen Gegenstände auf Verlangen des Sponsors zurückzugeben, oder auf ausdrückliches Verlangen deren öffentliche Benutzung zu unterlassen. Der Sponsor ist verpflichtet, die ihm seitens des Sponsoringnehmers zur Zeit und in Vollzug des Sponsoringvertrags eingeräumten Nutzungs- und Verwertungsrechte nicht über die Vertragsdauer hinaus auszuüben. Eventuell erstellte Werbemittel, die mit Schutzrechten des Sponsoringnehmers versehen sind, sind zu vernichten oder dem Sponsoringnehmer auf dessen Verlangen herauszugeben.

Eine Aufbrauchfrist wird vorbehaltlich einer expliziten Vereinbarung nur dann gewährt, wenn es sich um langlebige Wirtschaftsgüter handelt, deren Nutzung oder Veräußerung ohne die Berührung der allgemeinen oder besonderen Persönlichkeitsrechte des Sponsoringnehmers wirtschaftlich sinnlos wäre. In einem solchen Fall ist eine angemessene Aufbrauchsvergütung zu zahlen.

B. Ausblick und Tendenzen

I. Vertragliche Zukunftsentwicklungen

Das Sponsoring steht trotz einer gewissen Konturierung zu einer Verkehrstypizität nicht nur rechtswissenschaftlich, sondern auch in der Ausschöpfung seiner realtypischen Möglichkeiten noch am Anfang einer in Richtung und Ausmaß unabsehbaren Entwicklung.

Aus der generalisierenden Realtypologie herausfallende Sponsoringverträge sind auch heute schon bei der Vielseitigkeit der Erscheinungsformen und der noch ausstehenden Entwicklungsmöglichkeiten des Sponsoring nicht überraschend. Als die prominentesten Exoten des Sponsoring können Vertragsgestaltungen gelten, in denen der Sponsor selbst als Veranstalter eines Ereignisses auftritt, wie dies zum Beispiel beim Hoechst-Marathon in Frankfurt/Main der Fall ist. Aber auch das Auftreten von regelmäßig nur mittelbar am Sponsoring beteiligten Medien als Sponsor ist eine exotische Variante, die bei dem Fernsehsender RTL großen Anklang findet.

Neue Medien wie das »Internet« eröffnen Sponsoren und Sponsoringnehmern eine Vielzahl neuer Sponsoringforen, die sich neben dem Fernsehen und den Printmedien als Trägermedium für die Sponsion zwischen Förderer und Förderungsempfänger etablieren werden. Hierbei können Online-Dienste als Sponsoren aber auch als Sponsoringnehmer fungieren oder schlicht als Medium, das ein Sponsorship öffentlichwirksam verbreitet.

Aber auch in der konkreten Vertragsgestaltung zeichnet sich eine Zukunftsentwicklung ab, deren Charakteristik in der Gleichgewichtsverschiebung der Interessenlagen liegt. Auf das Sportsponsoring bezogen werden die Sponsoren zunehmend versuchen, Einfluß zu nehmen auf die Karriereplanung der gesponserten Individualathleten, um die Popularität und die Erfolge des Sponsoringnehmers vollkommen zu vereinnahmen, wie dies heute bereits in Ansätzen der Fall ist[498]. Dem steigenden Opportunismus und Egoismus im Sponsoringvertrag auf seiten des Sponsors ist in der Vertragsgestaltung nur durch klare und eindeutige Abstimmungs- und Zustimmungsrechte des Sponsoringnehmers zu begegnen.

498 So bestimmt ein prominenter Sponsor verschiedener Individualathleten deren Teilnahme an den Olympischen Sommerspielen 1996 in Atlanta/USA, auch wenn dies deren individueller Turnier- und Wettkampfplanung möglicherweise widerspricht.

Aus derselben Motivationslage heraus tendieren die Sponsoren dazu, ihren Einfluß auf vereins- und verbandsinterne Entscheidungen mit Blick auf die Mannschaftszusammensetzung, »Spielereinkäufe« oder die Öffentlichkeitsarbeit zu verstärken oder beispielsweise die Zusammenstellung von Programmen in Theater, Konzerten, Festivals in ihrem Sinne zu beeinflussen. Auch hier ist in der Vertragsgestaltung auf die Wahrung der verbands- und vereinsrechtlichen, der künstlerischen und kulturellen Bewegungsfreiheit des Sponsoringnehmers zu achten, damit die Sponsoringinnengesellschaft nicht zu einer »societas leonina« degradiert.

II. Wirtschaftliche und politische Entwicklungen

Wenn auch das Sport- und Kultursponsoring in naher Zukunft die wirtschaftlich stärksten Formen des Sponsoring bleiben, werden sich die gegenwärtig in der Aufbauphase befindlichen Varianten des Sozio- und Ökosponsoring fest auf dem Sponsoringmarkt etablieren können.

Im Zuge der weltweiten Vernetzung sämtlicher Medien wird eine Internationalisierung des Sponsoring zu verzeichnen sein. Dies bietet gerade dem Sendungssponsoring noch erhebliches Wachstumspotential. Lokales Sponsoring wird wirtschaftlich eher eine untergeordnete Rolle einnehmen, woran auch die expandierenden Aktivitäten der im Jahre 1993 ins Leben gerufenen Sponsoringbörse für Klein- und Mittelstandsunternehmen in St. Gallen, CH, nichts zu ändern vermag.

Das Sponsoring wird aus Sicht von Veranstaltern großer Ereignisse zunehmend als Finanzierungsinstrument für Kunst, Sport und Kultur funktionalisiert werden, da öffentliche Haushalte diesen Sparten immer weniger Mittel zur Verfügung stellen.

C. Ergebnisse der Untersuchung in Thesen

- Das Sponsoring läßt sich in zwei qualitativ voneinander zu unterscheidende konzentrische Kreise einteilen: Das Sponsoring im engeren und dasjenige im weiteren Sinn.
- Das Sponsoring im nur weiteren Sinn erschöpft sich in Rechtsnatur und Vollzug in verkehrstypischen Nominat- und Innominatverträgen, wobei Austauschverträgen wie Miete Pacht und Lizenz eine entscheidende Rolle zukommt.
- Das Sponsoring im engeren Sinne läßt sich als eine atypische bürgerlich-rechtliche Innengesellschaft mit einer notwendigen Austauschkomponente qualifizieren. Der dem Sponsor und dem Sponsoringnehmer gemeinsame Zweck besteht in der Verfolgung eines bilateralen

synergetischen Imagetransfers und der gemeinsamen, kooperativen Durchführung des Sponsorships. Die wechselseitig auszutauschenden Geld-, Sach-, Dienst- oder sonstige Leistungen sind gesellschaftsrechtliche Beitragsleistungen. Die Sponsoringpartner bilden kein Gesamthandsvermögen. Sie sind jeweils für sich Einzelgeschäftsführer, eine gemeinsame Vertretung findet nicht statt.

- Der Abschluß, die Durchführung und die Beendigung des Sponsoringvertrags richten sich in erster Linie nach den gesellschaftsrechtlichen Normen der §§ 705 ff BGB. Die Abwicklung des aufgelösten Sponsoringvertrags verläuft entlang einer Analogie zu den Vorschriften der §§ 732, 738 BGB.
- Sponsoringvertragliche allgemeine Leistungsstörungen werden über das Institut der Neuverhandlung, den Wegfall der Geschäftsgrundlage oder das Recht zur außerordentlichen Kündigung nach § 723 BGB bewältigt. Davon unberührt bleiben Schadensersatzansprüche nach den Vorschriften der §§ 280 und 286 BGB. Mangelhafte Sachleistungen sind durch Nachlieferung fehlerfreier Ware zu ersetzen, ohne daß kauf- oder mietgewährleistungsrechtliche Vorschriften Anwendung finden.
- Der Sponsoringvertrag ist ein einheitlicher Vertrag. Die einzelnen Bestandteile des Vertrags sind organisch derart miteinander verwoben, daß keinesfalls von einer Vertragsverbindung ausgegangen werden kann.
- Der Sponsoringvertrag ist ein Vertrag sui generis im engeren Sinne. Er hebt sich von typengemischten oder typenkombinierten Verträgen durch den Befund ab, daß die Addition verkehrstypischer Leistungspflichten von einer kontinuierlichen Kooperation der Sponsoringpartner überlagert und begleitet wird.
- Der Sponsoringvertrag ist ein moderner Vertragstyp und ein verkehrstypischer Innominatvertrag.

Giuseppe Orsi / Kurt Seelmann /
Stefan Smid / Ulrich Steinvorth (Hrsg.)

Prinzipien des Rechts

Frankfurt/M., Berlin, Bern, New York, Paris, Wien, 1996. 159 S.
Rechtsphilosophische Hefte. Herausgegeben von Giuseppe Orsi, Kurt Seelmann, Stefan Smid und Ulrich Steinvorth. Bd. 6
ISBN 3-631-30441-2 · br. DM 53.–*

Das Recht arbeitet nicht nur mit einzelnen Normen, sondern auch mit Prinzipien, die, etwa als verfassungsrechtliche Prinzipien, die Normgebung regeln, die aber auch bei Kollisionen zwischen Normen entscheiden und die Auslegung von Normen bestimmen. Solche Prinzipien können ihrerseits miteinander kollidieren, wie z.B. Menschenrechtsschutz und Staatssouveränität, was zu schwierigen ethischen und rechtstheoretischen Abwägungen führt.

Aus dem Inhalt: Rechtsregeln und Rechtsprinzipien · Recht, Ethik und Technik · Unabhängigkeit des Staatsanwalts · Menschenrechte und Staatssouveränität · Grundnormkonzept und Kantianismus bei Kelsen

A note from the Oklahoma Living magazine staff:

Webster's dictionary defines the word ***'déjà vu'*** *as being "an illusion that one has previously had a given experience." On the 3rd day of December, 2002, freezing rain once again blanketed nearly two-thirds of Oklahoma, leaving thousands of people without electric power. It was a scene eerily reminiscent of the January 29-30, 2002 ice storm, which had occurred just 307 days before. This time, however, the damage was much less severe.*

By 12:00 noon on Wednesday, December 4, more than 60,000 Oklahomans had lost electric service due to an early winter ice storm. The footprint was nearly identical to the January storm, but ice buildup on trees and powerlines was much less. Only one to two inches of rain fell over much of western, central, northern and northeastern Oklahoma, compared to three or four inches of freezing rain which had fallen in the January event. In northwest Oklahoma, snow accumulations from four to ten inches were reported in the December 3-4 winter storm.

Electric utility crews from American Electric Power, OG&E, the Municipal Electric Systems of Oklahoma, and the Electric Cooperatives of Oklahoma worked around the clock to once again restore electric service. By noon Thursday, December 5, most customers had their lights back on.

This latest storm is a reminder that Mother Nature's wrath does not always operate according to schedule or trend. As you browse through the pages of this book, we hope you are doing so in safe, warm and comfortable surroundings made possible by something that should never be taken for granted: ***electricity!***